比较文学与世界文学学科教材系列

比较文化学新编

A NEW STUDY ON COMPARATIVE CULTURE

▶ 方汉文/著

北京师范大学出版集团
BEIJING NORMAL UNIVERSITY PUBLISHING GROUP
北京师范大学出版社

图书在版编目（CIP）数据

比较文化学新编/方汉文著. —北京：北京师范大学出版社，
2011.1（2022.6重印）

（比较文学与世界文学学科教材系列）

ISBN 978-7-303-11523-5

Ⅰ.①比… Ⅱ.①方… Ⅲ.①比较文化－高等学校－教材
Ⅳ.①G04

中国版本图书馆 CIP 数据核字（2010）第 174861 号

营　销　中　心　电　话　010-58807651
北师大出版社高等教育分社微信公众号　新外大街拾玖号

出版发行：北京师范大学出版社　www.bnupg.com
　　　　　北京市西城区新街口外大街 12-3 号
　　　　　邮政编码：100088
印　　刷：北京虎彩文化传播有限公司
经　　销：全国新华书店
开　　本：730 mm×980 mm　1/16
印　　张：25.5
字　　数：404 千字
版　　次：2011 年 1 月第 1 版
印　　次：2022 年 6 月第 5 次印刷
定　　价：39.00 元

策划编辑：马佩林　　　　责任编辑：马佩林
美术编辑：毛　佳　　　　装帧设计：张同龙
责任校对：李　菡　　　　责任印制：马　洁

各种文化不是各种界限分明的单个文化的集合，实际上，各个与其他文化密切接触的文化趋向于吸纳其他文化的特点；因而，绝大多数群体是各种文化混杂的不同组合。

托马斯·索厄尔（Thomas Sowell）

总 序

方汉文

进入 21 世纪，学科建设已成为高等院校科研与教学之中枢，特别是创新型的精品课程与优秀课程教材系列的编撰更是学科建设之基石。

《比较文学与世界文学学科教材系列》即是当代本学科建设的一项代表性工程，也是中国高等院校教材进入国际化实践过程的成果。

西方学术中"学科"（discipline）一词的本义之一是"界限"，学科的基本意义就是对研究对象作出界限的规定，划分特定的研究范围。古希腊的亚里士多德在《形而上学》一书中，把理论科学分为物理学、数学和第一哲学（也称为神学）；应用科学则包括伦理学和政治学两大类；艺术是独立的学科。

中国学术的学科与教材更是渊源有自。春秋时期，孔子在教学生学习"六艺"的过程中，删定的"六经"（《诗》、《书》、《易》、《礼》、《乐》、《春秋》），其实就是最早的教材，这一点从《论语》中孔子多次说到的"学诗"中可以看得很清楚。中国的学科正式划分是在汉唐时期，特别是唐代之后，科举制度与传统教育都使古代学术与社会的联系更加紧密，当然，学科的教材也基本确定，"四书五经"等成为学科的主要教材。

比较文学学科自 20 世纪进入中国以来，教材建设一直极受重视。新千年来临后，中国学者提出建构中国特色的比较文学理论体系的观念。这一观念鲜明地反映在教材创新进程中，打破了传统的模仿国外教材的局面。各个研究方向的多种教材纷纷推出，呈现出多元化的教材布局，为本教材系列的诞生提供了条件。

本教材系列是一套面向全国高等院校学科建设与教学实践的规范性教材，其内容、结构与目标定为：

一、理论创新性：对本学科教学的基本内容与中国学者所提出的新理论体系予以全面反映，"周虽旧邦，其命维新"。当代中国高等院校的科研与教学实践是理论创新的沃土，从中可以看得相当清楚。

二、汇融当代国际学术与教学研究的新观念，编撰普及型与专著型相结合、具有国际理论视域的教材，特别是对 21 世纪以来本学科的国际新进展深入研究，扩展研究范围，以此推进中国高等院校教材的国际化，这是本教材系列的目标之一。

三、本教材系列是在全国多所重点大学与地方院校教学第一线的优秀教师，特别是近年来留学归国的学者们的鼎力合作下形成的。他们具有丰富的教学科研与教材编撰的经验。撰写者承担了国家与教育部的多项科研课题，成果屡次获得省部级以上奖励、被列入教育部研究生教学用书，他们中很多人也是各级精品课程与优秀课程的主持者。

本教材系列的目标在于以革故鼎新、披沙砾金的精神，为教学与科研提供规范性的、最受广大师生欢迎的精品课程与优秀课程教材。

学科建设乃学术研究之千秋功业、高等教育之津梁；教材系列堪称学科之中坚、教学之基石。愿 21 世纪中国高等院校学科教材在国际化的进程中得以流被海内外，偕同广大师生与读者与时俱进。

目 录

第一章　比较文化学学科的
历史阶段

第一节　比较文化的滥觞与学科意识萌生

联合国教科文组织编写的 21 世纪第一份《世界文化报告》（2000）的主题是"文化的多样性、冲突与多元共存"，撰写者们认为：

> 现在，文化的特征（identity）和表达、文化的多样性和多元共存、文化的发展和遗产成为联合国教科文组织所管文化领域中的核心问题。……文化的特征和表达受到了全球化进程多种方式的挑战。……文化多样性的丧失不仅仅对文化本身，而且对整个人类发展都会带来严重的后果。①

文中强调了全球化时代中对文化多元化等多种思潮的关注和坚持，指出继承和研究文化多样性的重要性，强调如果放弃这种努力，将会给世界带来"严重后果"。我们认为，这绝非杞人忧天，也不是危言耸听，而是对当前世界文化关系及其发展的冷静客观的判断，并且具有一定的前瞻意义，尤其值得具有数千年历史传统的中国文化的继承者们深入体会个中三昧。

当今是一个经济全球化的时代，从 15 世纪的环球海上航线开通之后，世界不同文化体系之间出现了大交流，特别是欧洲 18 世纪启蒙主义之后，西方科学技术突飞猛进，为世界文化作出了重要贡献，也加速了西方文化的扩展。从那以后，西方文化逐渐在世界居于主导地位，并且由此开始了"现代化"的历程。这是世界经济发展的大趋势，但也存在文化发展的隐患。其中重要的就是多种独立文化被消解与所谓的"一体化"（unification）进程，使得人类文化的多样性面临考验。这就使我们不得不重新反思人类文化多样性的理念与模式。简而言之，世界多民族文化处于一种转型的关键时期。

---

① 联合国教科文组织编：《世界文化报告（2000）——文化的多样性、冲突与多元共存·序言》，关世杰等译，1 页，北京，北京大学出版社，2002。

16世纪西方列强的殖民主义大规模扩张，使东西方文化之间的关系发生了转化，特别是17—18世纪，欧洲开始重新认识与评价亚洲与东方各国。不同文化类型之间开始了直接交往的新阶段，比较文化学这门新学科应历史的呼唤而萌生。东西方文化的交流，使得东方古老文明的智慧再次引起世界的关注。这也给予东方与中国学者一次创造的契机。几个世纪以来，中国学者主要是接受和学习西方的学科模式和学科思想。现在中国学者则面临着创造新学科的可能，因为多种文化的创造取代了单一文化的创造，这已经是现代学科发展的重要趋势。比较文化学，是中国学者可以显示自己理论创造力的一个新学科。

要建构比较文化学学科，首先要对于人类文化进程有新的认识。

人类文化从滥觞到今天，已经有相当长的历史了。从距今约1万年前的新石器时代农业文明开始，人类进入新的发展阶段。一般认为，人类没有文字之前的时代属于史前时代，最接近现代的是青铜时代，大约距今2500至5000年。青铜时代之前的新石器时代约在距今1万年至纪元前7500年的时期；旧时器时代在距今约40万年至1万年的时期。从旧石器时代至今，在这不算短的历史时代中，人类从原始人进化到现代人，创造了宇宙中原来没有的许多事物。人类的创造尽管分门别类，形态万千，如农业、牧业、渔业、林业、工业、国家政治制度、城邦与城市、法律、道德伦理、学术思想、文学艺术……但所有这些从广义角度看都是一种文化的创造。可以说，人类行为的实质就是不同文化的创造。当今世界上有数百个国家，成千上万的民族，各自都有自己的文化。既然人类历史是如此久远，人类社会、国家民族的划分又是如此之多，从比较的角度来研究人类文化，正是保护人类文化多样性、促进文化多元共存的重要途径，因此比较文化学学科的诞生是必然的。

不同文化的发展是共时的也是历时的，每一种文化都有它的历史起源与历程。从纵向考察，不同的历史时代有不同的文化，甚至同一时代也会有多种不同的文化。我们以欧洲旧石器时代文化为例，中国著名考古学家裴文中曾经把它的不同历史时期的文化列表如下：

旧石器时代前期：

舍利文化期（Chellean）

阿舍文化期（Acheulian）

旧石器时代中期：

莫斯耶文化期（Mousterian）

旧石器时代后期：

奥瑞聂文化期（Aurignacian）

梭鲁特文化期（Solutrean）

马格德林文化期（Magdalenian）

新旧两石器时代过渡期：

阿奇文化期（Azilian）①

可以看出，仅仅欧洲旧石器时代就有如此多样的史前文化形态，更不要说世界其他地区和民族的多种多样、形态各异的文化了。世界文化的演变呈现两种特征：一方面，每一种文化的更替期越来越短，所以时代愈晚近，文化形态的多样性愈加强；另一方面，不同文化之间的互相混合与融合加剧，比如欧洲的希腊罗马文化与后来的基督教文化融合起来，形成了地中海—大西洋文化。中国的黄河长江文化从上古时代起就与周边民族文化互相交往与融合，中国文化本身即是由汉族与"夷蛮狄戎"各民族的文化共同构成，这是多民族合一的大中华文化体系。因此，就需要我们对于不同历史时期的文化形态进行比较研究，以便了解随着时代的发展，文化形态在嬗变中，形成了什么样的文化传统。特别是对于一些有世界性影响的文化类型，只有通过比较，才能了解不同文化的特点，才能知道文化传统是如何传承与革新的。

另外，从共时性的角度来看，也就是世界文明之间的平行的、横向的联系中，我们也必须通过比较才能看到它们之间的差异与同一。世界文化在不同地域的不同民族中产生，它们之间有共同性，也有差异性。如何看待不同文化之间的关系，这是文化研究的重要课题。世界文化类型可以说是千差万别，甚至同一个民族都可能有多种文化。任何一种文化都可以作为比较研究的目标，这是毫无疑义的。但为了能从本质上把握世界文化，揭橥世界文化的共性与特性的联系，为了研究的需要，我们从具体的类型入手，划分世界文化体系，进行比较研究。在本书中，我们将世界文化划分为八大文化体系，以东西方文化的不同形态关联为主线来进行共时与历时方法相结合的比较研究。

历时的与共时的、历史的与现实的文化比较研究都是不可缺少的。而且历时与共时的文化比较研究各自都只是从一种视域进行的研究，只有把两者结合起来，才可能对多样的文化体系有实质性与具体性的掌握。这就是比较文化学的主要目标。为此我们必须建立一种专门的学科来研究世界多种多样的文化体系，如它们之间的差异与同一、它们的历史发展规律与特殊性。这一学科就是

---

① 裴文中：《旧石器时代之艺术》，14页，北京，商务印书馆，1999。

比较文化学。

作为一门学科，比较文化学基本上经历了三个大的阶段。

第一阶段是从上古到 19 世纪，这是比较文化的史前期，是最初的发展时期。这个时期，由于多种文化类型与体系之间的互相交流与影响，产生了初步的文化比较，这种比较以直观的、形式上的比附为主，是对同一与差异的初步区分，为以后的比较文化研究奠定了基础。

中国是最早进行文化比较的国家之一，这种比较是从古代中国与异域文化和周边民族文化的比较研究开始的。中国文化与其他古代文化一样是多元起源的，多种文化来源之间的比较自然成为重要视域。这种比较可以追溯到甲骨文中对于异域文化的记载，殷墟卜辞中有大量关于"土方"、"鬼方"、"牧方"等民族的记载，这是与殷相邻的异邦。罗振玉编的《殷虚书契菁华》第五一三片所刻的"方征于牧"等，就是对北方少数民族的征伐。据有关考证："牧国在殷之北，则土方亦必在殷之北。……卜辞中所之土方与鬼方必为猃狁之部族无疑。"① 直到周宣王时才消除了猃狁之患，这些已经消失的古代民族在汉语典籍中留下了宝贵的资料。其余关于中原与周边民族交流的记录也相当多见，其中最为重要的是所谓周穆王西行的记载。公元 279 年在汲县战国魏安厘王墓中出土的《穆天子传》，古代典籍《竹书纪年》《史记》中都有关于周穆王西狩的记载，是相当宝贵的文化比较研究史料。全面分析文化联系的是《尚书·禹贡》，书中指出：

> 九州攸同，四隩既宅。……四海会同，六府孔修。……五百里甸服：百里赋纳总，二百里纳铚，三百里纳秸服，四百里粟，五百里米；五百里侯服：百里采，二百里男邦，三百里诸侯。五百里绥服：三百里揆文教，二百里奋武卫。五百里要服：三百里夷，二百里蔡。五百里荒服：三百里蛮，二百里流。东渐于海，西被于流沙。朔、南暨声教，讫于四海。禹锡玄圭，告厥成功。

这一段话可能是世界上最早的比较文化研究之一，其中已经把"淮夷"、"海岱"等不同区域之间进行比较，指出了各地人民有生活习俗、政治制度、

---

① 郭沫若：《郭沫若全集》，第 2 卷（考古编），439～440 页，北京，科学出版社，1983。

地理环境等方面的差异。所以，当代学者从比较考古学的角度来看待《尚书·禹贡》，认为其中的区域划分包括了黄河、长江等中华两河流域文化，而且是中原文化与边远地区文化之比较。[①] 笔者认为这种分析正是一语中的。从具体的文学、历史、哲学观念的比较来说，中国古代史料中也早有先例，其中广为人知的就是春秋时期的"季札观乐"的记载，可以视为最早的文学与文化的比较研究范例。

吴国的公子季札（公元前576—前485）是泰伯的二十代孙，吴王寿梦的季子。《左传·襄公二十九年》中所记载的季札来鲁国观乐，就是古代民族文化之间的比较：

> 吴公子季札来聘……请观于周乐，使工为之歌《周南》、《召南》。曰："美哉！始基之矣，犹未也，然勤而不怨矣！"为之歌《邶》、《鄘》、《卫》，曰："美哉！渊乎！忧而不困者也。吾闻卫康叔武公之德如是，是其《卫》风乎！"为之歌《王》，曰："美哉！思而不惧，其周之东乎！"为之歌《郑》，曰："美哉！其细已甚。民弗堪也。是其先亡乎？"为之歌《齐》，曰："美哉！泱泱乎！大风也哉！表东海者，其大公乎！国未可量也。"为之歌《豳》，曰："美哉！荡乎。乐而不淫，其周公之东乎！"为之歌《秦》，曰："此之谓夏声，夫能夏则大，大之至也。其周之旧乎？"为之歌《魏》，曰："美哉！沨沨乎！大而婉，险而易，行以德辅，此则明主也。"为之歌《唐》，曰："思深哉！其有陶唐氏之遗民乎？不然何忧之远也。非令德之后，谁能若是？"为之歌《陈》，曰："国无主，其能久乎？"自《郐》以下无讥焉。

季札在这里绝不是简单地评价为他演奏的诗歌与音乐，而是从批评诗乐入手，检讨了各国的政治、历史与文化。他首先赞美的是"二南"，实际是对周王朝的赞颂，对邶、鄘、齐、卫和秦等国的政治经济大加赞美，而对郑、陈等国的社会生活则有尖锐的批评。在不同文化的比较中，有褒有贬，态度鲜明，都是依据各国的社会政治经济状况所作的评价。

司马迁的《史记》中开始有《匈奴列传》《南越尉佗列传》《东越列传》《朝鲜列传》等周边少数民族或者古代的异己民族的记载，把这些民族的社会

---

① 参见李学勤：《比较考古学随笔》，4～5页，桂林，广西师范大学出版社，1997。

制度和生活习俗与中原进行比较，已经是一种相当系统的比较文化研究。其中记录最为详尽的是"西域"各民族文化，笔者曾提出比较文化中的"二东三西"之说：所谓"三西"即指古代的西域各国、古代的"西土"——印度、现当代的西方——欧美各国。这三者都与中国文化之间有大规模的历史交流，包括古代丝绸之路的开通，佛经的东传，佛教、基督教与伊斯兰教在中国、中亚与东南亚的传播，郑和船队的远洋航海，元代蒙古大帝国对于西亚和欧洲民族的西征，谱写了中外比较文化多姿多彩的乐章。从司马迁开始，中国的比较文化已经掀开重要的一页。《史记·大宛列传》已经不同于以前典籍中对于异域的描绘，真切地记载了当时中国西北地区的众多古代民族，认为中国西方是安息、条支、黎轩、奄蔡四国。据学者考证，安息相当于波斯；奄蔡在里海东北角；条支位于阿拉伯半岛，就是唐代所说的大食；而黎轩可能就是所谓的大秦，到达古罗马的疆域了。进入唐代，中外交流的研究进一步发展，《大唐西域记》更是以作者玄奘西行求法的经历与丰富的史料为比较文化研究写下光辉篇章，这是比较文化学的经典之一。《大慈恩寺三藏法师传》《大唐西域求法高僧传》《往五天竺国传》《经行记》《西域番国志》《唐大和上东征传》《南海寄归内海传》《诸番志》《释迦方志》《西游录》《异域志》《真腊风土记》等也是比较文化学早期的重要著作。

西方的比较文化研究起源于古希腊，雅典时代前后就有了关于埃及、波斯以及中国等东方文化的记载。阿里斯提士（Aristeas）的《阿里麻斯比》一书，已经记述了当时在中亚地区的"塞人"。在相当长的时期内，有的西方学者一直把游牧的"塞人"当成中国人。据亨利玉尔（Henry Yule）的《古代中国闻见录》（*Cathay and the Way Thither*）记载，罗马时期的地理学家斯脱拉波（Strabo，约公元前54—前24）曾经有过关于中国人即所谓赛里斯（Sares）人的记述："诸王共拓疆域至赛里斯及佛利尼国（Phryni）而止。"据笔者之见，这里的"塞人"可能并非中国人，而是当时居于亚欧之间的一些古代游牧民族，只是当时的罗马人已经风闻东方有一个大帝国叫中国，所以将赛里斯人错认为是中国人。奥古斯都（Augustus）时代，诗人马罗（P. V. Maro）的诗中屡次提到赛里斯，但对于它的所在之地却说得不太清楚，只是说在中亚细亚及极东的地方。但是无可怀疑的是，从汉武帝开始，中国就已经与西方的"大秦"有了直接交往。

《史记·大宛列传》中记载了"黎轩善眩人"的事迹：

> 初，汉使至安息，安息王令将二万骑迎于东界。……汉使还，而

后发使随汉使来观汉广大，以大鸟卵及黎轩善眩人献于汉。

这个黎轩，按照法国考古学家伯希和（Paul Pelliot）在《通报》（1915）中的看法就是现在埃及的亚历山大里亚，当时正在罗马帝国治下。以笔者所见，中国典籍中所说的乌提散、迟散与阿荔散等，皆为当时的亚历山大里亚（disan）的音译，都是指希腊化时期的埃及。由于汉语与埃及和希腊语言文字不同，所以只能音译。

中国与埃及的国家外交是汉桓帝延熹九年的大秦王安敦遣使来华，《后汉书·西域传》中是这样评价大秦国的：

> 其人民皆长大平正，有类中国，故谓之大秦。土多金银奇宝，有夜光璧、明月珠、骇鸡犀、珊瑚、琥珀、琉璃、琅玕、朱丹、青碧。刺金缕绣，织成金缕罽、杂色绫。作黄金涂、火浣布，又有细布，或言水羊毳，野蚕茧所作也。合会诸香，煎其汁，以为苏合。凡外国诸珍异皆出焉。

这个"大秦"应当就是古代罗马大帝国。公元138年，罗马皇帝哈德良逝世，其义子安东尼（即《后汉书》中所说的"大秦王安敦"）即位，他于公元161年卒于位上，由他的女婿马克·奥里略即罗马皇帝位。而安东尼生前派出的使臣是汉桓帝延熹九年即公元166年才到达中国，这位使臣取海路来华，路途至少用了六年时光。我们不能不感慨于古代东西方交通的艰难，同时，也要对这位长途跋涉、开辟东西方直接交通的第一位西方使臣的历史功勋予以肯定。东方的汉代中国与西方罗马由此实现首次外交，实在令人庆幸！

从此，汉唐之后，中国诗文中才出现了"夜光璧"之类外来事物，说明东西方交流已经深入到社会生活的各个层面。这是东西方克服高山大海的阻隔，实现互相交往的罕见记录，也是比较文化研究的一个重要事件，其意义非常重大。[①]

自从中世纪之后，特别是蒙古大军西征，对东西方文化都造成了巨大损失，但是统一的元帝国对东西方文化的交流亦具有利的方面。马可·波罗

---

① 参见方汉文：《比较文明史：新石器时代至公元5世纪》，167页，上海，东方出版中心，2009。

（Marco Polo）、奥多里克（Odoric de Pordrnone）、贝因卡宾（Pain del Cap-ine）、鲁布如可（G. de Rubrouck）等西方探险家来到中国，传闻中的东方古国——中国——对西方才变得真实可信。《马可·波罗游记》《奥多里克东行述》把中国的风土人情、社会典制介绍给西方，使得欧洲大为震惊，对于这种远在东方的异类文化的巨大成就感叹不已。但其中也有不少是对中国的一知半解所造成的误会。可惜的是，横跨欧亚大陆的元帝国存在时间很短，它灭亡后，中国与西方的直接交往再次断绝。

直到 17、18 世纪，欧洲再次掀起"中国热"。先是欧洲传教士大批进入中国，如德国利奇温（Reichwein A.）的名著《18 世纪中国与欧洲文化的接触》一书中所说："17 及 18 世纪，耶稣会士是沟通欧洲和远东文化的桥梁。"他们所开始的重要工作之一是翻译中国经典，初步建立了"汉学"系统。应当说欧洲汉学的建立是西方的"东方学"（Orientalism）整体中的一个方面，是从古代以来西方对于东方的研究的总合性成果。以《东方学》一书著称于世的赛义德（Edward W. Said）曾经对于东方学的发展有过简洁的描述：

> 在基督教西方，东方学的正式出现被认为是从 1312 年维也纳基督教公会（Church Council of Vienne）决定在"巴黎、牛津、波洛尼亚、阿维农和萨拉曼卡"等大学设立"阿拉伯语、希腊语、希伯来语和古叙利亚语"系列教席开始的。……一般说来，直到 18 世纪中叶，东方学研究者主要是圣经学者、闪语研究者、伊斯兰专家或汉学家（因为耶稣会传教士已经开始了对中国的研究）。……到 19 世纪中叶，东方学已经成为一个几乎无所不包的巨大的学术宝库。[①]

虽然这只是对东方学历史最粗略的描述，但是我们也可以从中看到，17—19 世纪的 300 年间，东西方文化间的交流出现高潮。而且在西方的东方学研究中，汉学研究后来居上，成为这一领域的中坚。

要特别指出的是，虽然至今还没有一种普遍认可的世界汉学确立标志，但笔者认为，综观西方的汉学研究史，至晚到法国《北京传教士关于中国历史、科学、艺术、道德、习俗等的论丛》（即《中国论丛》）已经确立了相当有影响的、全面的汉学研究。西方从 1776 年到 1791 年出版的这套丛书，共 15 卷，

---

① ［美］爱德华·W. 赛义德：《东方学》，王宇根译，61～63 页，北京，生活·读书·新知三联书店，1999。

是中西文化交流研究的巨著。我们不妨把问世于 18 世纪后期的这一套丛书作为国际汉学确立的重要标志。

从此之后，中国和西方的文化交往不断加强，各种文化比较的研究论著纷纷问世，出现了一批有影响的对于中国和东方感兴趣的学者和作家，特别是欧洲的启蒙主义者们，如莱布尼茨、沃尔夫、歌德、施莱格尔、伏尔泰、狄德罗、波维尔、霍尔巴赫、魅奈。他们高度评价中国与东方的文化，认为中国在政治、社会构成、理论科学、道德、文学艺术等许多方面并不比西方差，甚至有的地方还可以成为西方的楷模。当然也不可否认有许多贬低中国文明的观点，认为中国文化是低于西方的，中国人与其他东方人一样没有自由观念，没有自发的民主精神等。无可否认的是，中西、东方与西方文化比较已经成为令众人瞩目的领域了。

由于自然地域关系，与欧洲交往较早的古代东方国家如印度、阿拉伯与西方之间的文化交流与比较研究就更早。4000 多年前的印度河文明就是东西方人种共同创造的。印度文化史家这样认为，公元前 1500 年前后，古印度河文明消失，代之而起的是早期吠陀文明。西方学者认为，吠陀文明是外来的雅利安人创造的。无论这种说法是否全面，大约在公元前 1500 年到前 1000 年左右，印度古代典籍《梨俱吠陀》成书，标志着新文明时期的形成。这个时期的开始就是以不同语系、不同民族的混融为标志的。来自西方的芬兰—乌戈尔语系、伊朗语系、古印度语系甚至斯拉夫语系的成分，说明这是一个相当丰富的多种文明交汇的时期。从那以后，印度文化始终与欧洲及西亚各国的交流相当多，可以说直到当代，仍然有这种特点。当然亦未可忽略，印度的文化比较有自己的特色，那就是对于来自东西方的多种民族文化的融合，文化多样性在这里表现鲜明。

阿拉伯与西亚地区地处东西方之间，自古就担负着沟通东西方文化的重任。特别是阿拉伯半岛西南的也门地区，西有曼德海峡，控制着红海向印度洋的出口，是欧洲、亚洲、非洲交通的必经之道。西方与中国、西方与印度的交通都要经过这里，从公元前 1200 年起，就有埃及人、亚述人、腓尼基人、印度人、中国人先后通过这里开辟商路。以后历代，一直是基督教、佛教、印度教、犹太教、伊斯兰教等多种教派混杂发展的地区。在文化发展中，阿拉伯民族也形成了自己的特色，阿拉伯人善于吸收其他民族的长处，转而为自己所用，《古兰经》中明显有其他古代经典中得来的教益。《古兰经》吸收了大量《圣经》的成分，这是众所周知的事实。但很少有人知道这样的事实，《古兰经》也与印度文化关系密切。据学者考证："《古兰经》里有不少印度语汇，如姜、麝香、胡椒……都是印度产物，阿拉伯不生产这些东西，自然不可能有这类词汇，只能将印度词汇音译过去，时间久了便演变为阿拉伯词汇。……印度的故事、小说颇为丰富，阿拉伯人极其欣赏，著名的《卡里莱和迪木乃》以及《水手辛底巴德游记》等都是来源于印度的。"① 阿拉伯人还书写了比较文化史上光辉的一页——"百年翻译"运动，公元9—10世纪的两百年间，历经几代王朝翻译家的努力，几乎所有重要的希腊罗马经典都被翻译为阿拉伯语，吸收了西方文化的精华，阿拉伯文化得到了极大的飞跃。这种大规模的翻译运动，同时也是一种文化比较研究过程。其规模之大，影响之巨，可以说除了中国的佛经翻译运动之外，世所罕见。

18世纪以后，启蒙主义思想对东西方都有巨大影响，原有的自发性的、直观的文化比较已经不能满足现实的需要，对于世界文化体系性的研究要求不断增长，由此进入了文化比较研究的第二个大的发展阶段。

第二节　比较文化研究的中期阶段

从18—19世纪中后期，欧洲出现了一种被法国学者布吕奈尔（P. Brunel）等人称为"比较主义"的学科建构新潮：1821年前后，有比较宗教学、比较神话学、比较政治学、比较史学、比较哲学、比较经济学、比较文化学……一批比较主义学科问世，形成一股学术"比较"的高潮。欧洲比较主义思潮的出现是世界学术史上的重要事件，比较文化等学科正式登上历史舞台。可惜的是，对于这一历史思潮的认识，由于受到黑格尔等人错误观念的影响，至今仍有许多不正确的看法。我们有必要予以简略的分析以正视听。

从世界学术发展史来看，比较主义的产生有其动因，它是15世纪之后的环球交通形成之后，一种世界主义观念迅速萌生，带动了比较方法的革命。可以说已经有学者注意到这一点，我们择其要者说明，以示不敢掠人之美。比如美国学者韦斯坦因（Ulrich Weisstein）在《比较文学与文学理论》一书的附录"历史"部分，指出了比较文化与19世纪的自然科学与社会科学学科之间的历史时代关联。② 美国学者约翰·迪尼（John Deeney）则指出："虽然本文的中心论点是比较文学，但是我认为我们应该先考虑有关任何比较研究（诸如：比较语言学、比较宗教、比较法律、比较哲学）等的一般先决条件。"并

---

① 纳忠：《阿拉伯通史》，上卷，564页，北京，商务印书馆，1997。

② 参见［美］乌尔利希·韦斯坦因：《比较文学与文学理论》，刘象愚译，168页，沈阳，辽宁人民出版社，1987。

且他还说明这种先决条件之一就是与"比较性的思维习惯"相关的思维方式。① 所有这些看法，都说明比较主义思潮与比较文化学的形成有直接联系。虽然当时的比较文化学已经成为众多"比较主义"学科中的一门，是应时而生的新学科，但是它的学科思想基础、学科研究对象与方法等仍然不够清晰。

"比较主义"为比较文化研究提供了思维和方法。这种比较研究的产生也有特定的历史语境。

西方率先进入工业化时代，经济全球化的雏形已经出现，这就是由于资本主义发展所引起的世界性的经济共同市场的形成。面对大工业化时代的到来，马克思提出了"世界历史"的观念，在1845—1846年间与恩格斯合写的《费尔巴哈》一书中指出：

> 大工业通过普遍的竞争迫使所有个人的全部精力处于高度紧张状态。……它首次开创了世界历史，因为它使每个文明国家以及这些国家中的每一个人的需要的满足都依赖于整个世界，因为他消灭了各国以往自然形成的闭关自守的状态。②

19世纪中期是马克思使用"世界历史"概念较多的一段时期，这个概念从本质上来说，是指现代工业化进程中，世界各民族在大工业生产的推动下，产生世界性的生产与消费联系，客观上实现了经济的全球化。同时，马克思也指出，这种经济全球化必然带来民族文化之间的竞争与比较，并且不无讽刺地说到当时思想开放、经济发达的资本主义强国英国与法国是不怕比较的，而相对落后的、封建观念浓厚的德国则是害怕比较的。③

其次，近代社会科学的思想和方法对于比较文化也有相当大的促进，特别是那些与"比较主义"密切相关的思想方法，比如近代以来的实证思潮就对文化研究有极大影响。实证方法并不是什么新的发明，任何学术研究都必须有确实的证据与论证。以中国学术为例，汉学是实证研究的重要阶段，已经有了系统的实证研究方法。清代的考据学与中国历史上的汉代学术有一定关联，所以

---

① ［美］约翰·迪尼：《中西比较文学理论》，刘介民编译，24～25页，北京，学苑出版社，1990。

② 《马克思恩格斯选集》，第1卷，114页，北京，人民出版社，1995。

③ 关于马克思的"世界历史"概念，参见方汉文：《马克思"世界历史"理论与当代后殖民主义批评》，载《马克思主义研究》，2009 (8)。

梁启超等人把清代学术比作欧洲的与古代希腊有联系的文艺复兴运动：

> ……清学之研究方法，既近于"科学的"，则其趋向似宜向科学方向发展。今专用之于考古，除算学、天文外，一切自然科学皆不发达，何也？凡一学术之兴，一面须有相当之历史，一面又乘特殊之机运。我国数千年之学术，皆集中社会方面，于自然界方面素不措意，此无庸为讳也。而当时又无特别动机，使学者精力转一方向。且当考证新学派之初兴，可开拓之殖民地太多，才智之士正趋焉，自不能分力于他途。……其实欧洲之科学，亦直至近代而始昌明，在彼之"文艺复兴"时，其学风亦偏于考古。盖学术进化必经之级，应如是矣。①

这种比较的意义是积极的，但是也未可讳言，未经历新时代科学精神洗礼的旧学者们毕竟对于西方文艺复兴精神的理解有限。如果说清代考据学近似于西方文艺复兴，只是看到二者形式上所共有的"复古"，而学术精神则大相径庭。因为文艺复兴是一场思想运动，绝不仅仅是学术研究方法的革新，当然，更不是复古。如果只将文艺复兴的意义看成是研究方法的变化，或者一种对古希腊罗马的"复兴"，那就差之毫厘，谬以千里了。以笔者之见，若是仅从学术方法角度看，清代考据学倒是与它前后相距不远的西方实证主义思潮十分接近。西方文化中的实证方法是哲学实证论的直接产物。从 18 世纪后期以来，欧洲文艺发展受到哲学与科学影响，出现了实证主义的思潮。孟德斯鸠根据人类生活的历史，认为地理等自然环境对于人类文化的影响很大，自然环境决定了文化与文学的类型。由于孟德斯鸠、卢梭和耶拿浪漫派的影响，史达尔夫人 (Germaine de Staël) 提出了一种复合型的实证主义文学理论。她在《论文学》（《从文学与社会制度的关系论文学》）中声称，她的目的是"考察宗教、风俗和法律对文学的影响，反过来，也考察后者对于前者的影响"。19 世纪中后期，孔德的实证论与达尔文进化论更是扩大了实证主义的影响。法国实证主义艺术理论家泰纳认为，人文科学和自然科学在研究方法上是相近的，应由事实作出判断，对于各种文学流派要一视同仁，研究文学的规律性，要有广博的知识。在《英国文学史·序言》中，他提出文学发展取决于"种族、时代、环境"这三种主要影响。泰纳的《艺术哲学》把艺术家的创造比作植物的生长，

---

① 梁启超：《清代学术概论》，27～28 页，北京，东方出版社，1996。

艺术家只是一个大的艺术家族的代表，犹如一株植物的"一根枝条"。艺术家在一定的社会环境中生活，如同植物在相应的自然中生长一样。这样就从思想情感、风土人情、道德宗教、政治法律等各种不同角度来考察文学。实证主义文化研究还有伏尔泰、勃兰兑斯（Georg Morris Cohen Brandes）等著名学者予以推动，成为全欧洲的一种重要思潮。

欧洲的历史文化学派是与此相联系的另一股推动力量，从赫尔德（Johan Gottfried Von Herder）到黑格尔都属于广义的历史文化学派学者，是比较文化研究的先行者。这一学派的早期代表是意大利学者维柯（Giovanni Battista Vico），维柯是较早对于各民族文化共同规律进行思考的学者，他认为原始人的思维方式与现代人不同，原始人还没有掌握抽象思维，他们认识世界是通过感觉想象即形象的思维，这种思维的特点有两条：一是以己度物的隐喻；一是想象的类概念。这种思维方式特别适合于诗，所以最初的语言是诗，原始人用诗来表达自己的思想，最初的诗也是语言，而哲学是以后抽象思维的产物。维柯实际上开创了历史文化学派的先河，对于后世的比较文化研究发展有不可或缺的启示作用。

这里我们要指出：赫尔德、洪堡特（Wilhelm von Humboldt）等在文化比较研究上持夹杂着文化相对论与自我中心主义的矛盾态度。一方面，他们承认世界文化的多样性，世界文化是多民族创造的，各民族都有自己的文化贡献；另一方面，他们又暴露出欧洲中心主义甚至日耳曼中心主义的观念，他们认为，德意志民族或所谓的"日耳曼人"对于世界文化的贡献是无与伦比的。这就使得他们实际上在对于世界文化的比较中持一种"文化相对论"的态度。例如，赫尔德就认为："任何一个民族在其内部总有其福佑的中心，就像每一个球体总有引力中心一样。"① 这里是把民族文化看做一个独立的有机整体，它是具有相对抗性的。外部文化、异族文化的融入，只是本民族文化对于外部的同化，经过同化的异质文化才能进入本民族文化核心。

这里我们顺便提到世界学术史上的一桩公案，黑格尔曾经因为袭用赫尔德的历史哲学观念被很多人批评。俄国学者阿·符·古留加曾经指出："黑格尔接受了赫尔德关于人类辩证发展的思想，他更深刻地表述了支配着社会的历史必然性的思想，然而他的成就却往往是以丧失赫尔德所达到的某些科学成果作

---

① 转引自［瑞士］E. 霍伦斯坦：《人类同等性和文化多样性》，张敦敏译，载《哲学译丛》，1993（3）。

为代价换取来的。"①

这一评价确是一语中的，黑格尔的《历史哲学》和《美学》几乎是全部照搬了赫尔德的文化史观，把欧洲中心主义观念发挥得淋漓尽致。例如，他在《美学》中就说过："人们只有对本民族的民歌才能共鸣，不管我们德国人怎样会适应外国的生活方式，发自另一民族心灵深处的最好的音乐对我们总不免有些隔膜。"在这种观念的指引下，他对中国抒情诗与印度神话都大加贬抑，这可以说是与赫尔德一脉相承的。反而倒是康德曾经在与赫尔德的辩论中无情地批判过自己的不肖门徒赫尔德，指出他的文化理论中的欧洲中心主义。康德在《评赫尔德〈人类历史哲学观念〉》一文中不无讽刺地说：

> 著者先生的意思可能是：如果从没有被文明国家所访问过的塔希提岛上的幸福的居民，注定了要在他们那种宁静的散懒之中生活上几千个世纪，我们就可以对如下的问题作出令人满意的答复了：到底他们为什么居然存在？以及这个岛屿如果是被幸福的牛羊而不是被处于单纯享乐之中的幸福的人们所盘踞，难道就不会同样地好么？②

从这里可以看出，康德虽然被人们视为一个不出书斋的学者，但他已经突破了欧洲中心主义的樊篱。世界上没有任何一个民族的文化是完全独立地创造出来的，即使是一些昔日被称之为"土著"的原住民文化，也常常是与其他部族相交流、相混杂和融合后所形成的。但是西方的一些历史文化学者不能认识到这一点：历史的创造常常是合力的作用，是多民族共同努力的结果。所以，在早期的欧洲"人类学"研究中，经常可以看到，欧洲人以开发者与启蒙者的身份去研究文化落后民族，甚至欧洲的比较语言学、比较宗教学的先驱者中，亦有不少人是本着文化殖民心态去观察"原始民族"文化的。

经历了环球航线开通之后的海外探险，17、18世纪的殖民扩张，19世纪之后欧洲比较文化学才进入了理论建构的时期。但它的发展始终存在内在的观念冲突，概括来说，主要表现为以下几个方面：

其一，从学科的起源与历史发展角度对学科性质进行反思已经不可回避，特别是与比较文化学关系最密切的人类学等，更是首当其冲。除体质人类学等

---

① 〔俄〕阿·符·古留加：《赫尔德》，侯鸿勋译，75页，上海，上海人民出版社，1985。

② 〔德〕康德：《历史理性批判文集》，何兆武译，56～57页，北京，商务印书馆，1997。

之外，从摩尔根、弗兰茨·波瓦斯的经典人类学，马林诺夫斯基的文化人类学，到法国列维-斯特劳斯的结构主义人类学，列维-布留尔的原始思维研究，卡西尔的哲学人类学，普列汉诺夫的原始艺术理论等，人类学成为比较文化的核心学科之一。与人类学密切相关的是神话学，包括马克斯·缪勒的比较神话学、诺思洛普·弗莱的神话原型批评等；此外还有"比较主义"的一系列学科，包括比较文学、比较史学、比较哲学、比较经济学等。这些学科对于东西方文化研究的贡献很大，特别是对于建立以"关于人的科学"这个构想是有贡献的。但是，这些学科建立的语境与部分理论观念也带有殖民时代的色彩，美国学者弗·杰姆逊（Fredric Jameson）是较早对后殖民主义进行反思的学者之一，他论及摩根的人类学研究时说：

> 摩根的经历是奇特的，他加入了一个印第安部落，成为原始部落中的成员。当时很多美国人对印第安社会的研究是与屠杀印第安人同时进行的。……由此可以看到人类学也并不是一门纯洁清白、无利害关系的学科，恰恰相反，人类学的出现是与对原始部落群的侵略屠杀分不开的。①

人类学引进了结构主义等方法，学科的方法论有了飞跃，但是其学科基本观念仍然有明显的历史痕迹——从启蒙主义直到后殖民主义的西方思想观念体系——有一些西方人类学家也认识到这一点。美国著名人类学家马歇尔·萨林斯（Marshall Sahlins）说：

> 最后，不怎么启蒙的就是：在资本主义晚期，人类学竟成为一种赎罪式的"文化批评"，即以一种道德上值得赞许的分析方式大量使用其他社会的例子来作为改正我们最近所遇到的任何麻烦的托词。②

我们认为，这种观念不仅在人类学中存在，在比较文化研究中同样存在。

---

① ［美］弗·杰姆逊：《后现代主义与文化理论》，唐小兵译，10页，西安，陕西师范大学出版社，1986。

② ［美］马歇尔·萨林斯：《什么是人类学的启蒙？——20世纪的一些教训》，见马戎、周星主编：《二十一世纪：文化自觉与跨文化对话》（一），94页，北京，北京大学出版社，2001。

比较文化学是以科学观念与方法来研究世界不同文化的同一性与差异性的学科，它不是为某一种思想潮流或观念服务。它既不是发达文化对其他文化的启蒙，也不是任何一种文化用来说明自我价值的工具。它是多元文化交流的桥梁，是文化对话的途径与频道。

其二，多种研究观念与学科发展之间存在冲突，主要表现形式如下：

（1）首先在文化起源论中，有的欧洲学者主张"中心文明传播论"，欧洲文明是世界的中心，其他文明是从欧洲传播而来，用"东方文化西来说"对待东方。早在 17 世纪，德国耶稣会传教士祈尔歇（Athanasius Kircher）就散布中国文化西来说，他在《中国文化图说》中认为：中国文字是外来的，《圣经》中所说的闪的子孙率埃及人来到中国，传授了埃及文字，中国文字是在古埃及文字基础上产生的。在他之后又有法国著名学者德经（Joseph de Guignes）、日本当代学者板津三郎等人支持这种说法。其实正如中国学者李学勤先生指出，这些所谓中国文化研究者竟然没有接触过真正的中国古代文字——甲骨文，所以连研究的基本条件都不具备，只能是信口雌黄而已 [1]。对于东方文化的另一种古代文化——印度文化，西方学者更是不尊重历史事实，自从德国比较语言学者发现了印度梵语与希腊语属于同一语系之后，他们就断言印度文化是外来传播的产物，印度的吠陀文明被认为是雅利安人创造的。雅利安人则是来自欧洲或其他地区的，至少不会在伏尔加河和乌拉尔山脉以东，他们的语言文字在公元前 2000 至前 1500 年间，经过芬兰—乌戈尔语言传入印度。这种理论不仅把印度文化的起源归于西方雅利安文化的东传，就连伊朗文化、波罗地—斯拉夫文化也被看做是雅利安文化的流末。在他们看来，真正的印度本地自创的文化——印度河流域文明早已灭亡了，真正的印度传统是来自于西方。[2] 虽然西方人喜欢大讲西方文化的东传，但是关于埃及文化和印度文化对于希腊的影响，西方当代学者却讳莫如深。实际上古代希腊人倒是并不否认自己曾经接受外来影响。古希腊哲学是西方文化的骄傲，它的早期思想中有代表性的就是俄耳甫斯教派，它起源于锡罗斯岛的费利基德和他的学生毕达哥拉斯，杰出的希腊人物也是来自于各个城邦的。毕达哥拉斯哲学观点的中心是"灵魂轮回

---

① 参见李学勤：《比较考古学随笔》，129～130 页，桂林，广西师范大学出版社，1997。

② 直到 1984 年（印度新德里）牛津大学出版社出的 A. L. 巴沙姆（Basham）主编《印度文化史》中，还是把印度文明的真正起源归结为雅利安人的迁徙。可参见此书的中译本，闵光沛等译《印度文化史》第 3 章的相关论述，北京，商务印书馆，1999。

说"，就连柏拉图也受到它的影响。黑格尔最赞赏的另一个希腊哲学家恩培多克勒也是这一学说的崇拜者。这种学说其实最早出现于印度吠陀注释散文体的《梵书》和《奥义书》（约在公元前 700－前 500 年，毕达哥拉斯生于公元前 580 年）中。所以尽管希腊历史学家希罗多德认为这个学说起源于埃及，但也有学者根据宗教渊源认为它是出于古代印度哲学的。① 新柏拉图主义者普罗提诺就更明显地接受吠檀多和瑜伽学说，这与当年毕达哥拉斯的弟子十分相似。可是对于这种文化现象，西方学者一直置若罔闻。

（2）比较文化学的文化起源与发展史观念受到多种思想影响。从 19 世纪到 20 世纪中期，欧洲学者以"世界历史"观念为指导，用比较方法研究文化起源与历史发展。第一次世界大战结束后，德国学者奥斯瓦尔德·斯宾格勒（Oswald Spengler）的《西方的没落》，提出用"比较文化形态学"的方法来研究世界文化，作者承认各种文化的独立性，同时也认为欧洲中心论是错误的。他把文化看成是一种生成与变化的形态，如同生命的诞生、成长、青春与衰老的过程。这部书的主旨可以表述为：其一，"世界历史"的观念是一种高级的"浮士德式"历史观，不同于中国与埃及的纪年式历史观。斯宾格勒认为："浮士德文化所特有的对本来的人类历史和远为广泛的世界历史的区分，产生了如下的结果，就是，自巴洛克时代结束以来我们的世界图景已经包含了几种视野，它们被一个叠着一个地配置在同样多的断面中……然后我们才有诸高级文化的'世界'历史（直至今日仍叫做这个名称），而各种文化因素的历史、家族历史以及最后还有西方那种高度发展的特长即传记，又都隶属于这种世界历史。"② 简单说，就是强调东方（包括埃及与中国等）的历史是单一的国家纪年或编年史，而西方是世界历史的共时观念的创造者。其二，世界历史是文化史，各民族有自己的文化，西欧中心论是不符合比较文化形态研究的事实的。其三，文化发展是一种"有机"形态，德意志文化成为西方文化的"宿命"历史的代表，这种文化形态以德国作家歌德的名著《浮士德》的人物形象为代表，追求绝对和无限的空间意识，这种文化是世界文化不可避免的终结，这就为西方的殖民主义扩张提供了理论基础。其四，书名其实是一种柏拉图

---

① 关于柏拉图哲学与印度哲学的关系，可以参见 B.J. 乌尔维克的《柏拉图的启示》（伦敦，1920）中的有关说明。印度《摩奴法典》第 1 章的梵天传说与柏拉图《对话集》的关联也引起 H.G. 罗林森的关注，可参见中文译本《摩奴法论》，蒋忠新译，北京，中国社会科学出版社，1986。

② ［德］奥斯瓦尔德·斯宾格勒：《西方的没落》，上册，齐世荣等译，116 页，北京，商务印书馆，1963。

"岩洞映象"式的假象,表面上反对西欧中心,给人的错觉是西方文化的没落。其实相反,正是肯定西方的"无限空间"追求,以此作为历史的规律,主张西方资本主义是世界历史的归宿。

斯宾格勒的理论是比较文化研究中的沉重孽债,是一种历史的反动,贻害无穷。希特勒法西斯分子们曾经将其作为理论武器,为第二次世界大战的侵略行为张目。直到今天,美国的弗朗西斯·福山(Francis Fukuyama)的《历史的终结及最后之人》等著作仍然在鹦鹉学舌,将资本主义作为世界历史的终结。可笑的是,斯宾格勒虽然号称是哲学家,其实其哲学思想极为贫乏,《西方的没落》一书的哲学基础完全抄袭了黑格尔的《历史哲学》,斯宾格勒为掩盖历史真相,有意不提黑格尔,将自己的灵感归之为歌德与尼采。其实正是欲盖弥彰,所以福山的话倒是一语道破了其中玄机。他说道:

> 像黑格尔那样谈论世界历史,甚至会遭到那些自以为把握了世界错综复杂的现实及其悲剧的知识分子的讥笑。因此,只有本世纪具有一定知名度的世界普遍史编写者(如施本格勒和汤因比)才能描绘西方价值和制度的衰落,这在情理之中。①

福山也看出,斯宾格勒不过是将黑格尔历史哲学普及化,他甚至未将斯宾格勒看成是一个哲学家。

(3)学科基础理论体系有待建构。随着比较文化学科的发展,建构学科的认识论、本体论和研究实践论已经成为迫切的任务。如果没有这种建构,学科则无发展的动力。特别是一些学科核心范畴与观念的研究,对学科发展至为重要。如世界文化体系划分就一直居于重要地位,而这些观念范畴则受制于学科理论,如无深刻的理论为依据,则无正确的观念。以英国历史学家阿诺德·汤因比(Arnold Toynbee)的《历史研究》为例,这位杰出的历史学家曾经受到斯宾格勒的比较文化形态学濡染,虽然在其后期的著述中曾经努力摆脱这种影响,但是已经表现出无能为力的倾向。《历史研究》一书第三部"文明的成长"、第四部"文明的衰落"、第五部"文明的解体"中,明显受斯宾格勒文化形态学的生成与衰老的影响,用一种机械论的生物学理论来解释文明历史;第一部第六章"文明的比较研究"中,汤因比企图克服"希腊模式"即欧洲中心

———————————

① [美]弗朗西斯·福山:《历史的终结及最后之人》,黄胜强、许铭原译,79页,北京,中国社会科学出版社,2003。

的模式，但是终究无法进入到中国与东方的历史观念之中，正因为这种理论的欠缺，使得他在文明划分这个中心范畴上陷入困惑，他最初将世界文明划为分31 种，后来又根据生成形态划分为 33 种，时而又有其他划分。① 这种紊乱划分的根本原因在于他的理论观念的混乱，特别是斯宾格勒的文化生成论的作用。最终，《历史研究》这部杰出的著作虽然以资料翔实取胜却因理论观念薄弱而令人为之扼腕，不胜遗憾。也正因为如此，我们在本书中以统一的比较文化新辩证论来进行研究，将世界文明划分为八大文化文明体系，建立了前人所没能建立的新理论范畴。

19—20 世纪，正是中国从封建国家进入现代先进国家的时期，从晚清到新中国，出现了一批比较文化研究的论著。这个历史时期的文化交流发达，东西方都有大量的历史资料与学术著作，如阿拉伯的伊本·胡尔达兹比赫的《道里邦国志》、穆根来的《中国印度见闻录》、法国伯希和的《蒙古与教廷》……这些论著为比较文化研究留下了宝贵的资料。特别是日本等国家，由于特殊的历史命运，产生了一批有影响的比较文化学论著。如福泽谕吉的《文明论概略》就是其中之一，作者比较了中国儒学、日本文化与西洋文化，认为中国儒学虽然对于日本的文明进程产生过决定性作用，但是现代日本应当向西洋文化学习，这种学习并不意味着全盘西化，而是主张在日本独立的基础上学习西洋。但是其理论的不足之处也是相当明显的，如福泽谕吉认为先进文化与落后文化之间是一种对立关系。他说道：

> 从总的情况看来，不能不说日本的文明落后于西洋。文明既有先进和落后，那么，先进的就要压制落后的，落后的就要被先进的所压制。在从前闭关自守时代，日本人还不知道有西洋各国，然而，现在已经知道有西洋国家，并且也知道了他们的文明情况。同他们的文明相比，知道彼此之间有先进和落后的差别，也知道我们的文明远不及他们，并知道落后的要被先进的压制的道理。②

虽然这种观念在今天看来已经相当可笑，但是并不意味着其已经完全灭

---

① 参见［英］汤因比：《历史研究》，刘北成、郭小凌译，52～53 页，上海，上海人民出版社，2000。

② ［日］福泽谕吉：《文明论概略》，北京编译社译，168 页，北京，商务印书馆，1959。

绝，文明优劣论仍然有相当的市场。日本作为传统的东方国家，经历了明治维新后，"脱亚入欧"成为东方各国中西方化最彻底的民族，所以日本国内对比较文化学研究历来极为重视。国际学者同样对日本的命运相当关注，美国学者鲁思·本尼迪克特（Ruth Benedict）的《菊与刀——日本文化的类型》（1946）一书，就是西方学者从比较文化角度来研究日本的名作之一，书中用比较的方法剖析日本文化，指出日本文化是一种耻感文化。这种文化与西方基督教的"原罪文化"不同，原罪是来自于自我内心的罪恶感，而日本人的耻感则是外部社会的作用。"菊与刀"并存是日本人矛盾性格的象征。"谨慎的教育往往使他们行动怯懦，但他们却又能勇敢得近于鲁莽。在等级制下他们可以表现出极为驯服，但却又很不轻易接受上级的驾驭。他们非常殷勤有礼，但却又保留着傲慢不逊。"① 直至今日，这本书对于日本文化类型与国民性格的分析仍被认为是最为中肯的评价之一，不能不承认其得益于比较文化，得益于他人视域的审视。

第三节　当代比较文化研究

20世纪中期以后，在经济生活方面，科学技术的高度发展推动了新的全球化浪潮，多种新技术的使用使全球的经济发展更加一体化，成为破除文化疆域的推动力，使全球化成为世界性共识。特别是在工业生产与国际贸易、金融、投资、劳动力等的全球范围内的合作与流通，这是当代世界经济发展的重要特征。另外，世界范围内的政治、军事等领域，主要是权力的使用与分配等方面的合作，也是一个重要方面。再如后工业社会中，科学技术和通讯信息方面的研究与应用的联系更加紧密，全球通讯卫星的资源共享日益普及，标志性的事件是中国的火箭把西方的卫星送上天空，如此等等。当然最重要的还是文化领域的交往流通，如法律、道德、宗教、文学艺术等领域的交流。当代是比较文化学的全盛时代，也可以说，比较文化学是当代最重要的学科之一。

在当代比较文化学的发展中，欧美学者的影响仍是相当大的。我们上文已经指出，继斯宾格勒的《西方的没落》、汤因比的《历史研究》之后，美国福山的《历史的终结及最后之人》、赛义德的《东方学》、艾金伯格的《中国的欧洲》以及亨廷顿的《文明的冲突与世界秩序的重建》都广泛流行。一些世界性的学术组织，如"比较文明学会"等相继成立，使得比较文明与比较文化进入

---

① ［美］鲁思·本尼迪克特：《菊与刀——日本文化的类型》，吕万和等译，201页，北京，商务印书馆，1990。

高等院校教学与科学研究之中。如国际比较文明学会在 20 世纪 70 年代成立，现在已经发展成一个有影响的国际组织。它对于比较文化学科的发展也有一定的推动作用。特别值得注意的是，东方学者在这一国际组织中活动积极，成为重要力量。

东方学者特别是中国、日本等国的学者论著引起世界的关注，早期的有冯元钧、张星烺、向达等著名学者的中西交通史研究，以后又有朱谦之的《比较文化论集》，季羡林、金克木、钱钟书、汤一介、乐黛云等人的有关论著代表了中国学者的成就与贡献。在新时期，中国比较文化研究最重要的特点之一是从中外交通史的研究发展到比较文化学科理论的建构。中国有世界上最悠久的历史学传统，史学资料的搜集、编纂、整理都堪称世界之最。如中华书局出版的《中外关系史丛刊》《中外关系史名著译丛》等，都是具有划时代历史意义的工作。但比较文化学的研究并非只是历史学科的范围，中外关系史只是从历史事实角度进行研究，另外有许多重要的方面有待于比较文化学者来研究。比较文化学的特点之一就是要求从理论高度来认识世界文化的特征及其发展的历史规律，要求中国学者对于比较文化学的原理、方法、范畴等方面作出新的贡献。汝信主编的《世界文明大系》是一套全面研究世界文明的大型丛书，将世界文明分为 11 个专题：古代西亚北非文明、印度文明、伊斯兰文明、儒家文明、犹太文明、西欧文明、斯拉夫文明、非洲黑人文明、日本文明、美国文明和拉丁美洲文明。编者申明："我们只是打算从探讨以上这些主要的文明入手，求得从总体上把握世界文明的发展过程，并对各个文明的主要特征有宏观的了解。"①

金克木的《比较文化论集》（1984）收入了印度、日本及中外文化比较方面的论文共 19 篇，是新时期出版的最早的以"比较文化"命名的文集，作者在自序中曾经谈过自己对于比较文化的理解：

> 至于"比较文化"，更有各种说法，也不一致，不过都指的是着眼于不止一种的不同文化的研究，所谓"跨文化的研究"。文化既有古今中外之异，而一个民族、一个地区、一个时期内，也有阶级、阶层、社会集团、氏族等各不相同的文化。大概认为人类有各种不同文化并以此为背景进行研究都可以算是比较文化吧？这并不是专指两两相比。②

---

① 汝信：《世界文明大系·总序》，见潘光、陈超南、余建华：《犹太文明》，3 页，北京，中国社会科学出版社，1999。

② 金克木：《比较文化论集·自序》，1 页，北京，生活·读书·新知三联书店，1984。

这种对于比较文化的定义或理解在今日看来当然显得不够严密，但是从其历史语境看，仍然算得上是一种相当敏锐而质朴的见解。文集中收入的关于本尼迪克特的《菊与刀》与另一位美国人类学家密德（Magret Mead）的评论，当然使当时对比较文化学知之甚少的国内读者耳目一新。

季羡林、乐黛云等学者在比较文学与比较文化方面的论著，结合文学与文化，注重原理建设，成就突出。乐黛云主编的《比较文学原理新编》（北京大学出版社，1998）中就把跨文化研究作为比较文学研究的重要新阶段，而季羡林先生为这本书所写的序中，就说明自己要谈的是"中西比较文化"的研究。钱钟书《管锥编》以其博雅风趣、机敏多智、搜罗细密而风行于世。实际上，目前比较文化的研究在比较文学界已经蔚然成风。其他各学科的文化比较也如春云乍展，如历史学与考古学家李学勤先生的《比较考古学随笔》也是重要的比较文化学成果，虽然名为"随笔"，但涉及相当多的重要学术问题，特别是对近年国内出土文物、地下文献、古代文字与美洲、埃及、中亚、越南等地的发现所作的比较研究，可以说是独树一帜。一般学者只作文献比较，而李学勤先生作为一个考古学家，更重视考古实证的比较，这其实是继王国维、郭沫若等人之后的一种创新。王国维曾经把自己用甲骨文、金文与经史著作互为参证的方法称为"二重证据法"，重视"地下的新材料"与纸上材料之间的互证。顾颉刚、闻一多等人加入了一些民俗学、人类学的方法。香港学者饶宗颐的《符号·初文与字母——汉字树》（上海书店出版社，2000）也可以说是一部比较文化学的著作，专注于古代文字比较，假设大胆，结论新颖，有自己的特色。

海外学者中，美国成中英教授的《论中西哲学精神》（东方出版中心，1991），把中国哲学与西方现代哲学进行比较研究，特别是从本体范畴所进行的研究，颇有新意。哈佛大学张光直教授的《中国青铜时代》（生活·读书·新知三联书店，1999）等历史学专著，在比较历史方面把中国古代史研究推向世界，其中也有相当精彩的比较，如中国古代文化与美洲文化之间的联系等。

日本于1983年成立了日本比较文明学会。日本比较文明学会会长、著名学者伊东俊太郎在1995年美国召开的国际比较文明学会第24届会议上，当选为该学会会长。日本学者山本新的《文明的构造与变动》（1962），提出了所谓"周边文明论"的观点，也是对于欧洲中心主义的一种批判。但这部书的理论结构明显受到汤因比文化理论的影响，即使是作者不同意汤因比的某些结论，甚至反对这些观点，但由于没有自己的理论基础，以致不能真正从理论上批判。因为要批判汤因比的历史理论，关键在于批判斯宾格勒的哲学理论，而斯宾格勒的理论则又建立在从古希腊开始的西方理论传统之上。如无釜底抽薪之功，仅是扬汤止沸，治标不治本，必不能奏效。梅棹忠夫的《文明的生态史观》（1967）从人与自然的关系来论述文明的意义，是一种很有新意的理论，强调要把文化与生活结合起来，并且对西方文化观念提出了不同见解。近年来，由伊东俊太郎、梅棹忠夫与江上波夫等共同编辑的《讲座·比较文明》的出版，标志着日本的比较文化与比较文明研究进入了一个新阶段。

比较文化学在日本各高校已经相当普及，中国高校现正在开设相关课程。从 2001 年起，苏州大学开设比较文化学课程，同年开始招收硕士与博士研究生。2009 年，广州外语外贸大学开始招收比较文化学博士研究生，为比较文化学在中国的开拓作出了贡献。国内一些学术刊物与高校学报，如《重庆文理学院学报》等报刊开辟了"比较文明与比较文化研究"专栏，标志着这一学科在中国的起步。

第四节　比较文化学的理论体系建构

意大利学者维柯说过：

> 古人全力耕耘我们实际上忽略的某些艺术；我们也从事着他们显然漠视的一些艺术。他们明智地结合起了许多已由我们分开的学科；我们也把他们失策地分开的学科结合了起来。最后，许多学科在外表和名称上都发生了变化。①

这可以看做是欧洲这位致力于发展"新科学"的思想家的肺腑之言。如果将其用于说明全球化时代的比较文化学建构，其实十分贴切。这是时代所赋予的重任，建立前人所未见的这样一种具有开拓性质的学科。

比较文化学这门从西方起源的学科，21 世纪经过世界学者的共同努力，特别是在其进入中国后，建立了完备的理论体系。日本学者与中国学者为此作出了努力，而理论体系的最终建构是由中国学者完成的。笔者先后出版了《西方文化概论》（中国人民大学出版社，2006）、《东方文化史》（上海外语教育出版社，2007）、《陶泥文明》（山东美术出版社，2008）、《比较文明史：新石器

---

① ［英］利昂·庞帕编译：《维柯著作选》，陆晓禾译，65 页，北京，商务印书馆，1997。

时代至公元 5 世纪》（东方出版中心，2009），勾勒出了比较文化与文明学科理论体系的基本框架。这倒不是笔者个人的功绩，而是得益于传统中国学术与世界学术的互相融合。

学科理论体系建构主要有以下方面的工作：（1）建立了理论基础，包括文化逻辑、文化认识论、本体论与实践论；（2）梳理了文明与文化的起源和发展史，提出了关于文明起源时代与发展规律的新见解；（3）总结了比较文化的方法论，并且检讨了研究方法的成果与经验；（4）在前人研究的基础上，进一步划分了世界文化体系，对全球化时代的文化关系进行了系统研究；（5）批驳了"文明冲突论"、"历史终结论"与"文明分裂论"。

兹将以上诸方面扼要论述，以提供研究的线索。

1. 比较文化学的理论基础。最基本的理论问题是文化多元论（Cultural Pluralism）和文化一体论（Cultural Unification）之间的争论。对于这两种理论目前的理解多种多样，甚至对于每一个概念都有相反的理解。

笔者认为：文化一体论与文化多元论不能对立起来，文化之间的关系是辩证的，这种辩证性指的是文化的同一性与差异性的统一。世界各民族的文化各有其特征，这些特殊性使得世界文化之间具有差异性，承认这种差异性与同一性，把它与互动认识论相比较，新辩证论所强调的差异性与同一性的逾越，是它们的扬弃，经过这一过程达到新的合一。《墨经》所提出的"同异具于一"的逻辑与庄子"天地一指，万物一马"的观念代表了古朴的辩证思维，《庄子·德充符》引孔子所说：

> 自其异者视之，肝胆楚越也；自其同者视之，万物皆一也。夫若然者，且不知耳目之所宜，而游心乎德之和。物视其所一而不见其所丧，视丧其足犹遗土也。

"心德之和"，正是这种辩证观念使人们反思人类思维的起始——比较，任何差异和同一都是比较的结果，而解决同一与差异的二律背反只有依靠比较返回到思维本身，这倒不是解铃系铃的缘故，而是因为问题本身的历史就是它的解决。黑格尔就曾研究过比较观念在差异性与同一性联系中的作用。他把事物的差异性看做是"直接的差别或差异（die Verschiedenbeit）"，导致事物的各自独立，使差别外在于事物本身，成为"比较者"。事物之间的关系由此确定，有了相等和不相等的划分：

　　因此我们所看到的，不是同一，而是差别。但我们并不停留在这里，只是把这些事物认作各不相同，就算完事，反之，我们还要进一步把它们彼此加以比较，于是我们便得到相等和不相等的范畴。……此外，比较的任务即在于从当前的差别中求出同一，则我们不能不认数学为最能圆满达到这种目的科学。①

　　黑格尔的比较观念本身就是一种辩证观念，可是这种辩证法却有马克思所说的"头足倒置"的缺点，只是精神观照。具体说来有以下不足之处：其一，他只把"比较"视为一种方法，而没有认识到这是差异性与同一性辩证关系的思维方式；其二，只在"同中求异、异中求同"的认识层次上，不能超越异同比较论；其三，尽管黑格尔口头上也承认差异性，但他的理论体系仍然是同一性思维的产物。这种思维把差异只看做整体中的部分，抽象为绝对同一与差异的关系。这种关系经由自我映射为等级金字塔：同一是多样在差异中的统一，差异是同一的演绎。同一对差异、整体对部分、普遍对特殊、必然对偶然、无限对有限。对世界的解释是规律性的、因果性的、必然性的。因此，一大批后现代理论家，如拉康、福柯、罗兰·巴尔特和德里达等都把批判黑格尔以来的"同一性思维"作为目标。

　　我们把中国传统辩证论与西方当代辩证理论结合起来，可以这样简略地表述这一新辩证观念，它主要涉及三个方面的关系，即人与自我的关系、人与自然的关系、人与社会的关系。

　　其一，关于人与自我的关系，我们认为这种关系主要不是黑格尔那种以自我意识为中心的精神现象学研究，也不是弗洛伊德的自我、本我和超我的无意识研究，而是以自我的认识论为主体。在认识论中，首先是逻辑层次，差异性与同一性是辩证的统一关系，它们必须得到对方的承认，都存在于比较这种具体的联系中。哈贝马斯曾经说过："同一和差异不应当视为一种先验原则，相反，这对范畴涉及的是具体对象的自身性质。"②所以，笔者主张在墨经"同异俱于一"的观念与西方后现代的"差异逻辑"观念基础上，发展出新辩证的同一性与差异性互相逾越（transgressions）关系，同一性与差异性之间的逾越

----

① ［德］黑格尔：《小逻辑》，贺麟译，252 页，北京，商务印书馆，1982。

② ［德］哈贝马斯：《语式的伦理解释》，127 页，法兰克福，1991；转引自《世界文学》，1996（6）。

是新辩证论的逻辑基础。①

其二，在人与自然的关系方面，也就是所谓的天人观方面。传统认识论中，西方的天人相胜、人为自然立法（康德语）等观念；中国先秦的天人合一、汉代的天人感应、魏晋的天人新义等理论，都有一定的历史价值。但新辩证论主张人与自然的互为逾越与互为保存，创造新的天人观。人类是自然的产物是不可回避的事实，人类必须承认自然的他在性与存在合理性，人不能以宇宙的中心自居而破坏自然环境。只有认识自然客观存在的意义才能理解自然对于人的价值。

从黑格尔以后，"自然的人化与人化自然"的观念被滥用，把自然看做只为人类存在的自然，"人化"是这种观念的中心，这种观念对于人与自然的关系是有害的。天行其道，不为尧存，不为桀亡。自然有自然的规律，所以古人有"天人相参"（范蠡）之说。新辩证观念认为必须承认自然规律，把保护自然、保护环境作为人化自然的前提，这才可能有人与自然共同发展的前途。

其三，在人与社会，也就是人与人的关系中，主体与他人之间的互为主体是认证的关键，这就意味着要承认他人的主体性，否定自我中心论。哈贝马斯等后现代主义者的"主体间性"理论在一定程度上反映了这种认识，承认了他人具有主体性。虽然在现实中，这些人的承认只是理论上的，并没有真正把东方也看做一种文化主体，但比起其他西方中心论者已经有所进步。互为主体的认证，并不意味着文化差异的完全消失，它只是说明在全球化进程中，对话正趋于深入。也正是在这种接近中，双方的不同之处才可能会更为突出。

总之，以辩证逻辑取代形式逻辑，以文化互补与融合理论取代冲突论，推动世界文化之间的多样化发展，是比较文化学的理论基础。

2. 关于文明起源与历史发展。我们全面论证了人类文明起源与历史阶段问题，认为人类文明起源于农业经济，文明是独立起源的，提出了文明历史阶段的四分法：

> 人类社会历史阶段按其类型与历史时期划分，但长期以来，划分的方法因为标准的不同而相异。比较流行的划分有这样三种：第一种是按照社会进化程度划分，即摩尔根的三阶段划分法，分为蒙昧阶段、野蛮阶段和文明阶段；第二种是按照生产阶段划分，一般分为渔

---

① 参见方汉文：《文化认识论的逻辑基础》，载《光明日报》（学术版），2000-05-30。

猎采集社会、农业社会、工业化社会等；第三种是按照社会的物化形态划分，可以分为石器时代（包括旧石器、新石器时代等，也有人从中划分出一个中石器时代）、青铜时代和铁器时代，人们习惯称为三分法。

我们在三分法基础上提出四分法，即石器时代、陶泥时代、青铜器时代和铁器时代，四分法更为符合历史事实。①

3. 比较文化学学科的定义、研究方法与范围等。我们首先对"文明"与"文化"之间的异同进行了分析，指出"文明"通常用以指民族的传统与思想意识层面，如说到古希腊的历史、城邦制度、哲学与历史时，我们常用"文明"一词；而"文化"则更多用于民族的社会生活创造，着重在于实践层面的构成与事物。从语法、语义而言，"文明"多为概括意义，而"文化"多为具体所指。如中国的武术、戏曲、音乐等常用"文化"来说明。但是我们更要强调的是：无论在现实生活中还是学术研究中，二者的区分并不明显，常不加区分地使用。所以我们在"比较文化"与"比较文明"的研究中，将二者结合起来，使用"比较文明文化学"学科。这是我们不同于日本学术界的，日本的比较文明与比较文化研究区分较大。

我们首次将比较文化学研究定义为：对世界不同民族文化（文明）体系的同一性与差异性的研究，从中寻求共同的发展规律。由此也确定了，从文化体系角度比较研究是重要的方法。

4. 世界文化体系的划分。鉴于长期以来各种文化划分不同，我们主张以"文化体系"来取代斯宾格勒和汤因比的文化类型的划分，体系包括了文化的传承与传播，有源与流的关系。体系的划分是一种整体视域，将世界文明作为一个整体，比较的研究不是成双捉对的比附，而是成为统观的研究。

在本书中，我们依据当代世界的文化形态，参考其历史，将世界各类文化的体系划分为八个主要体系，这八个大的文化体系并不是同时形成，而是在不同历史阶段产生的，其中最先产生的是所谓"四大古代文明"，指古代埃及、西亚、中国与印度，这是传统世界史中最流行的看法。现代社会中，以八大文化体系划分是较为适宜的。

5. 关于比较文化的纷争。无可讳言，比较文化学科与其他学科一样，是充满不同观念的对立与纷争的。特别是一些具有较大影响的或者直接涉及政治

---

① 方汉文：《陶泥文明》，7 页，济南，山东美术出版社，2008。

与意识形态的错误观念，我们有必要在研究中予以批驳。如美国亨廷顿的"文化冲突论"、从赫尔德到黑格尔等人的"欧洲中心论"、福山的"历史终结论"以及部分邪教和恐怖主义的思想等等，不一而足，我们都一一驳斥。当然，对于更多的现代理论，如后现代主义者的"差异逻辑"论、法兰克福学派理论家特别是哈贝马斯对"理性中心"的批判，应当说是有一定的学术依据，我们都区别圈分，取其精华，去其糟粕，合理地利用其正确成分。即使是一些通俗性的说法，如美国学者阿尔文·托夫勒的"21世纪的知识、财富和暴力三种力量的转移说"，我们也撷取其合理的内核，以建构比较文化学的新理论构架。至于当代马克思主义与比较文明学家们的理论创新，我们当然会合理利用。总之，我们的立场是驳论中有立论，以立论为主，全面阐释了我们关于文化多样化与文化融新的理论。

第二章 学科中心范畴与基本观念

第一节 学科意义的"比较"

比较，是人类思维和行为的基本方式之一，无论衣、食、住、行和言谈议论，从来离不开比较，这是众所周知的事实。购物要"货比三家"，出行要比较哪条线最快捷方便，甚至吃饭、穿衣、买菜、住店等都要进行比较，根据时宜，进行选择。比较可以帮助人们认识事物的特性，区分差异与同一，进而评价其优劣，决定弃取。

但是，这些只是生活常识意义上的"比较"，在比较文化学这样的学术研究中，"比较"有着特定的含义。

首先是认识论意义的"比较"思维与逻辑。对于学术研究而言，思维模式与逻辑是其前提，比较的思维模式决定了这种学科研究的性质。中国古代思想家早已认识到"比较"思维与逻辑的意义。中国传统逻辑的核心观念之一——合同异——其实就是古代以比较为中心的逻辑，这种逻辑以《易经》中的阴爻与阳爻之间的排列对比为起始，在《墨经》的"墨辩"中形成体系。这种思维模式对中国认识论与世界认识论都有重大的意义。在后现代主义学术中，西方学者创造出了"差异逻辑"，其实与中国古代的易—墨逻辑异曲同工，都是一种以比较为中心的辩证逻辑，它不同于西方传统的亚里士多德的形式逻辑。这种思维方式与逻辑的再现，反映出全球化时代多元文化的冲撞与融合的特点，是对"理性中心论"的一种逆反。

其次，最重要的当然是"比较"的学术方法论，这就是以比较作为学术研究的主要手段，在不同文化的历史形态与文化体系之间进行的比较，这种比较不同于传统的形式类比，它是以历史主义观念对于事物同一性与差异性的判断、取用和扬弃。中国古代学术起源于"六经"，即诗（《诗经》）、书（《尚书》）、易（《周易》）、礼（《周礼》）、乐（《乐经》）和春秋（《春秋》），这是古代的哲学、历史、政治、文学、伦理和艺术六门学科的学习，不同学科的学习就要有比较方法，区分类型，才能掌握。所以章学诚归纳道：

> 夫子曰："天下同归而殊途，一致而百虑。"君子之于六艺，一以贯之，斯可矣。物相杂而为之文，事得比而有其类。知事物名义之杂

出而比处也，非文不足以达之，非类不足以通之；六艺之文，可以一
言尽也。夫象欤，兴欤，例欤，官欤，风马牛不相及也，其辞可谓文
矣，其理则不过日通于类也。故学者之要，贵乎知类。（《文史通义·
易教下》）

古代的六艺其实也就是"六经"，是最早的学习内容。由于事物是互相混
杂发生的，所以学习的方法是"事得比而有其类"，就是通过比较分类来进行
研究。方法产生于学习对象，因为事物是"名义杂出"而"比处"，只有通过
分类比较，才可能达到对事物的类别的认识。

这种方法的典型形态在欧洲"比较主义"思潮中发展最为充分，以历史联
系研究与所谓的"平行研究"两大类比较方法为主。

历史联系研究也称为"影响研究"，在学术史上，通常称之为历史实证方
法，它是影响研究的核心。什么是历史实证方法？"实证"即"positivus"（拉
丁文"确实的"），这是一种以实证论为观念的方法，实证论的观点是只承认实
证的事实，即经验的事实与现象，以它作为研究和观察事物的唯一根据。实证
论认为科学就是经验事实与经验现象的记录与描述，将事物之间的关系简化为
因果关系。西方近代实证论的根源可以追溯到英国唯物论者，特别是休谟等人
的理论。19世纪以来，孔德、斯宾塞等人发展了实证论，形成了系统的学说。
20世纪又兴起了新实证论，如逻辑实证论等。实证论的目的是反对哲学中的
形而上学方法，以事实和现象来解释原理。中国清代学者将中国的历史实证发
展到了极点，将考据学方法作为主要研究手段。

在比较文化研究中，历史实证考察是主要方法之一。它根据人类社会生产
的不同形态，主要从渔猎采集经济、农牧文明、工业文明与科技文明等阶段，
从不同文化体系之间的历史接触与作用来研究其关系。希腊历史学家希罗多德
的《历史》一书，就是以研究古希腊与波斯战争为主，进而扩展到东西方多个
民族之间历史关系的描述。司马迁《史记》一书中，也记录和研究了中原周边
民族特别是西域的匈奴等民族之间的关系。

平行研究就是不同文化体系间逻辑关系的比较，这种比较是超越历史联系
之上的，以一定的文化标准对不同文化进行价值评价，指出其特性。中国与西
方文化之间的差异经常从平行的价值评估上进行研究，无论是中国还是西方对
此都有研究成果。我们这里仅以德国学者马克斯·韦伯（Max Weber）的《儒
教与道教》一书中的比较为例。作者对欧洲基督教中的清教徒与中国的儒教
（家）进行比较，这两种信仰之间并没有直接的联系，但是作为宗教信仰或者

精神信仰，都曾在各自的历史上产生过重大作用，一定程度上主导了文化发展的方向。研究两者的差异性与同一性，索解中西文化发展轨迹不同的原因，是作者进行这种比较的目的。作者认为：

> 越是追溯历史，中国人及其文化（在那些对于我们西方十分重要的特点上）就越像我们这里的情形。无论是古老的民间信仰、古代的隐士、最古老的《访经》（疑为《诗经》——笔者注）中的民歌、古代的战争国王、哲学学派的对立、封建主义，还是战国时期资本主义发展的萌芽，在我们眼中同西方现象之间的亲缘关系，似乎远远胜过同儒教中国文化的各种被视为独特的素质之间的关系。①

我们虽然不能认同韦伯的结论（包括全书中关于儒学、清教与资本主义的关系），但是他的研究方法却具有比较文化学学科的特点。首先是超越一般的文化交流关系之上，对于不同文化信仰的本质特性进行人类共同文化的比较。这种比较可以将世界东方的古老中国文化与西方欧洲的宗教改革进行跨越时空的认同，这是比较文化学研究方法的精华所在。

更为重要的方法是比较作为世界体系视域的观照，从中揭示人类文化的规律性与周期性。自从世界大航海交通形成以后，全球化的视域就逐步形成。比较主义学科包括比较文化学就是全球化时代的产物。工业化将世界市场结为一体，世界文化的一体化进程启动。不同民族在全球化竞争中必然形成比较，这种比较方法是"世界历史"的视域，黑格尔等人提出了"世界历史"理论，马克思指出，世界大工业化必然促成世界文化比较。比较主义诸学科就是这种比较的实践。他针对当时封闭的德国思想界说道：

> 但是对于像比较解剖学、比较植物学、比较语言学等等科学，他自然是一窍不通的；这些科学正是由于比较和确定了被比较对象之间的差别而获得了巨大的成就，在这些科学中比较具有普遍意义。
>
> 法国人、北美洲人、英国人这些大民族无论在实践中或理论中，竞争中或科学中经常彼此进行比较。而害怕比较和竞争的德国人，都是些小店主和小市民，他们躲到哲学标签的制造商为他们准备好的无

---

① ［德］马克斯·韦伯：《儒教与道教》，王容芬译，283页，北京，商务印书馆，1995。

比性这个挡箭牌后面去。①

马克思所推崇的比较解剖学等学科，正是当时风行欧洲的取得令人刮目相看的成就的"比较主义"学科。他所说的竞争，也正是大工业化所推动的经济全球化进程。全球化与比较文化的世界体系视域，就是"实践方面"与"理论方面"的互相契合，从而形成了这种比较方法。这是一个伟大的历史时代，工业化的突飞猛进带动思想学术的空前活跃，全球范围内的竞争与比较促进了学科的发展。

进入 20 世纪之后，世界体系的方法论已经成为中心观念，特别是在韦伯等人的传统研究和美国学者伊曼纽尔·沃勒斯坦（Immanuel Wallerstein）的"现代世界体系"研究中，后者虽然没有使用比较文化学之名，却具有比较文化学之实。美国纽约大学教授沃勒斯坦将 1450 年至今的世界经济看成是一个世界体系，认为自己所使用的不是多学科的方法（multidisciplinary approach），而是一体化的方法（unidisciplinary approach）。这种一体化的方法就是将东西方的经济在世界一体化进程中进行比较研究，尤其重要的是，他认为这种比较既是体系的，也是辩证的，差异性与同一性是并存的。他说道：

> 在比较两个不相关的单位时，防止谬误的办法之一是认可反面意见的合法性，并加入另外一个变量——一定时代的世界脉络，或者正如沃尔弗拉姆·艾哈伯德所说的，加入"世界时间"。这意味着，在考虑 17 世纪的法国可能已经具备 20 世纪印度的某些结构特征时，二者都已被人们从世界脉络的向度看作是大不相同的。这在概念上是清晰的，但是在加以比较和测定时，就格外复杂了。②

如果从思想源流来看，沃勒斯坦基本遵循了马克思关于世界大工业生产导致全球经济文化一体的观念，进一步将世界体系作为自己的理论的核心，所应用的方法其实是以比较为主的，只不过是一种"体系化的比较"。牵动他视线的仍然是东方与西方两大形态，可贵之处在于他不是将两者绝对地对立起来，

---

① 《德意志意识形态》，见《马克思恩格斯全集》，第 3 卷，518 页，北京，人民出版社，1960。

② ［美］伊曼纽尔·沃勒斯坦：《现代世界体系——16 世纪的资本主义农业与欧洲世界经济体的起源》，第 1 卷，尤来寅等译，5 页，北京，高等教育出版社，1998。

而是将双方看成是世界体系的共同构成，随着世界体系的发展而变化。

以上三个层次的比较意识与方法并不矛盾，它们虽然有不同的层次划分，有各自的重心，但是在比较文化学中，却是互动与互补的。从根本上来说，这是由于研究方法与对象之间有一种对应关系，多元文化必然有多元化的方法。另一方面，则由于决定方法的除了对象之外，还有指导方法的逻辑这种全球化时代的辩证逻辑，无论是来自于中国的辩证逻辑还是西方的差异逻辑，都对比较文化中的"比较"起了决定性作用。

第二节 "文化"与"文明"范畴

对于这门学科，"文化"当然是首先要明确的概念。

"文化"是当代世界应用最广，也是争议最大的词之一，所以英国学者伊格尔顿（Terry Eagleton）在他的《文化的观念》一书的开篇就感叹道：

> "文化"（culture）据说成了英语中最为复杂的两三个词之一，它有时被认为是与它相对的词——自然（nature）——通常一起获得最为复杂的词的赞誉。[①]

其实不仅在英语中，在汉语中，"文化"同样也是最复杂的词之一，甚至比起英语来，可能有过之而无不及。常见的关于"文化"的理解有以下方面：

1. 文化是一种民族特性，包括特有的思维与行为。以人类学家的理论为代表，人类学者提出了自己的文化概念，如美国学者鲁本·本尼迪克特所提出的文化概念：

> 文化是通过某个民族的活动而表现出来的一种思维和行为模式，一种使该民族不同于其他民族的模式。[②]

这个概念有两个方面值得注意，一方面，把文化理解为思维与行为模式，基本上是偏重于人的精神活动方面，这是人类学家特别注重的语言、风俗等方

---

① Terry Eagleton，*The Idea of Culture*，London：Blackwell Publisher，2000，p. 1.

② ［美］本尼迪克特：《文化模式》，张燕等译，45～46 页，杭州，浙江人民出版社，1987。

面，本尼迪克特的概念也未能免俗，充分显示了论者的身份；另一方面，它的重点是强调民族的文化特性，是某一民族所特有而不同于其他民族的地方。这是与其他定义所不同的，一般定义都强调民族文化的共性。

2. 我们在《易经》中可以看到这样一段话：

> 刚柔交错，天文也。文明以止，人文也。观乎天文，以察时变；观乎人文，以化成天下。

这段话里出现了"文明"，并且也是后世的"文化"一词的来源，因为其中的"观乎人文，以化成天下"，实际上就是以后的"文化"一词的出处。这里的"文化"是指以人文精神改变蒙昧和野蛮，某些方面可以与西方18世纪的一些文化学者的看法相呼应，他们也认为，文化是使人类向高雅境界前进的因素。

3. 认为文化是人类所创造的一切物质与精神产物的总和，这是对文化的基础层次也是总体性理解，这种理解在东西方都相当普遍，英国人类学家泰勒说："文化是人类在自身的历史经验中创造的包罗万象的复合体。"这些都是对涵盖主客活动各方面的全面理解。

4. 还有一种是大多数人并不太熟悉的观念，精神分析学家弗洛伊德晚年关心文化问题，也发表了他的一种见解，他从精神分析角度对文明与文化提出了自己的看法，我们也录以备考。弗洛伊德说：

> 所谓人类文明，对我来说意味着，人类生命是从其他动物状态发展而来，而且不同于野兽生命的所有那些方面——我不屑于对文化和文明加以区分——如我们所知，人类文明常常向观察者展示两个方面。一方面，它包括人类为了控制自然的力量和汲取它的宝藏以满足人类需要而获得的所有知识和能力；另一方面还包括人类为了调节人与人之间的相互关系，特别是调节那些可资利用的财富分配所必需的各种规章制度。①

虽然弗洛伊德的文化定义有自己的独到之处，可以说在文化研究中别树一帜，但毕竟知音不多。笔者认为，从人类的综合创造力方面理解文化不仅是当

---

① 车文博主编：《弗洛伊德文集》，第5卷，156～157页，长春，长春出版社，1998。

代文化研究的主流，而且是文化研究深入的一种表现。这就是第二种观念为代表的，即从人类思维与行为模式方面理解文化的主体能动性质，这种理解把人作为能动的人、创造性的人来理解，区分了人与其他"类"之间的不同。但不可忽视的是，人的主体创造离不开对象与工具，同时，人的行为不仅是思维性的，也是意识性的与实践性的。人，不用脑袋走路，所以需要从人的心理意识方面和社会生产实践的角度来认识文化。人是实践的人，所以也不能完全排斥从意识甚至从无意识角度来认识人，弗洛伊德的定义有助于从意识和无意识角度对于人类文化进行界说。

5. 另外一种观点是加拿大学者、著名的文学理论家弗莱（Northrop Frye）的文化观，弗莱把一个民族的文化看成是民族的自我认证的产物，文化的构成是结构性的，这种观点体现了弗莱的结构主义思想。文化结构可以分为不同层次。首先是基础层次，这就是衣、食、住、行和风俗习惯，也包括男婚女嫁、言谈方式等。其次是其中间的层次，这是政治、经济、宗教、社会制度及上层建筑等，这些成分决定了意识形态。这个层次是所谓的文化传统，它是由历史所形成的。最后一个也即最高级的层次，是民族的创造力的表现，特别是文学和艺术。这是很具有民族特性的产物。①

最后还可以提到这样一种看法，文字的使用和发明对人类历史作用巨大，所以恩格斯等人都曾经将文字发明、铁器的使用作为人类进入文明社会的重要标志之一。这也是一种有影响的看法，即语言文字符号的使用是人类文化创造的代表。德国哲学家恩斯特·卡西尔认为，可以从文化的工具特性方面来认识它，卡西尔认为这种工具是符号：

> 符号化的思维和符号化的行为是人类生活中最富于代表性的特征，并且人类文化的全部发展都依赖于这些条件，这一点是无可争辩的。②

卡西尔无非是说，符号使人成了人，符号玉成文明。但其缺憾之处在于，他不知道早他一千四五百年，中国古代文艺理论家刘勰已经指出了语言对于文化和文明的关键作用，刘勰说：

---

① N. Frye：“Levels of Cultural Identity，” in *The Eternal Act of Creation*，Ed.，by R. Denham，Indiana：Indiana University Press，1993，pp. 168-169.

② ［德］恩斯特·卡西尔：《人论》，甘阳译，35页，上海，上海译文出版社，1985。

心生而言立，言立而文明，自然之道也。（《文心雕龙注·原道》）

刘勰的说法又是来自于孔子，孔子为了反对当时的"道不可言"的不可知论，为《易》作了"文言"，提出"有德者必有言"，"言之无文，行之不远"的观念，把《易》中的"观乎天文，以察时变；观乎人文，以化成天下"中代表文化的"文"变为实践性的"言"。这是中国文化发展史上的一次重要转变，奠定了中国文学以言辞之美为审美基础、以言辞意象融合为形式特征的主流。卡西尔的另一大缺憾在于，他没有理解马克思的"文学生产"和"精神生产"的理论，马克思多次谈到语言的感性特征和社会实践性，把它看做社会生产的工具，笔者曾经指出：

　　语言，即使作为工具，也要赋予其活动的特性，它不是一般的载体，工具，它是生产工具，精神生产的工具，它把人的思维情感外化为现实，又从这一"思维现实"对整个社会生活发生作用。①

从刘勰的"言立而文明"到马克思的语言实践论和卡西尔的符号思维，我们可以看出先贤对于文化的思索有内在的一致性，这就是把文化看做人类的思维方式和语言符号的实践，尽管在不同民族中有不同的模式，但是基本观念是相通的。

综观关于文化的定义可以看出，如果从单一的视域或标准来定义文化显然都不能涵盖它的全部，而任何一种简略的表达则更能道破其实质。有鉴于此，我们主张从统一的结构层次来定义文化，从这种观念来看，文化可以划分为不同的层次：

民族精神与思维模式——社会经济类型——语言符号与再现系统

这其实是三种不同层次的结构，民族精神与思维模式是意识形态的层次，它是人类精神活动的主要构成，可以说是文化的内在要求，是文化的心理与意识层次。当然，这种文化层次不是凭空形成的，是在人与自然、人与社会的实践中形成的。可以说，这就是"化"字的含义。"彻头彻尾、彻里彻外谓之化。"它的构成包括了民族的宗教与信仰、民族性格特征（如人类学所说的文

---

① 方汉文：《缪斯与霓裳羽衣——文学和语言的比较》，45页，西安，陕西人民教育出版社，1992。

化模式等）。第二个层次是社会经济类型，包括经济生产与国家制度等，这是社会构成的核心。第三个层次是语言符号与再现系统，包括语言、民俗、文学艺术等方面，是人类活动的最基本层次。我们也可以把它看做是"文"字的最贴切解释。《易·系辞》曰：

> 道有变动，故曰爻。爻有等，故曰物。物相杂，故曰文。

在比较文化学中，我们借用"道"、"物"和"文"来相适配，代表上述三个层次。这三个层次的研究的地位并不完全一样，因为比较文化学主要是研究作为整体性的文化类型，所以，它最主要的研究层次是象征意义最为突出的民族精神、民族的心理素质、民族的思维方式这一层次的特征。但是，这一层次与民族的语言、风俗又是融合为一的。所以我们把它作为一个整体来进行比较研究，这个整体的核心是民族精神与思维特征。

这样，比较文化学的研究与其他研究就不重合。比如，对于不同民族语言的比较研究，是比较语言学的任务；对于不同宗教的比较是比较宗教学的任务；对于不同风俗的比较是比较民俗学的工作等。

这样我们可以把文化简单总结一下。所谓文化，首先，文化的总体意义，是人的内在要求与外部世界互相作用的方式，是人类精神与物质活动的总称。所以它是内外结合的。其次，作为具体的文化因素，它包括人的精神活动如心理和意识的活动，也包括人类的物质生产与精神生产，还有具体的生活方式，这都是文化的内容。也就是说，文化是构成人类精神与物质活动的具体因素。它不等同于具体的活动，如物质的商品生产、科学技术、文学艺术活动等，但又存在于它们的每一种具体方式之中。这也就是我们可以从每一件商品中（如中国出产的茶叶与丝绸、美国的可口可乐等）、每一种艺术形式中（如中国的京剧与昆曲、意大利的歌剧、欧洲的油画等），都可以看出特有的民族文化精神的表现。所以，我们既不能把文化无限扩大化，一切都称之为文化，同时也不能把文化与具体的行为方式或某一物品相等同。这样，我们在理解"文化"这一概念时，也要避免千篇一律地把它简化为"一切精神与物质产品的总和"之类的说法。当然，正像我们上文所说，并非这种定义是错误的，而是在比较文化研究中，我们要有更为精确的文化概念。

与文化（culture）相关的是"文明"（civilization）一词，这两个词由于意义和所指相近，经常被混用。我们尝试对二者进行分析：

据中国历史学家朱寰先生的见解：

据我所知，这两个词都来自古罗马，拉丁文 cultio 'cultura，原意为耕种和栽培，引申有开拓、教化、培养、修炼之意；拉丁文 siv-is 意为市民、公民，sivitas 意为都市、城市，civilizo 意为教化、开化。由此可见，culture 一词源自农业生产，注重人的内在修炼，较为侧重精神品位；civilization 源自城市生活，与都市的开化有关，较为侧重外在的物质品位。①

说到西方的文化与文明概念的差异，我们不能不提到英国文化唯物论者雷蒙·威廉斯（Raymond Williams）的工作，他对于西方语言中文化与文明的概念进行了详细的梳理，从历史与逻辑的意义上区分了两者的语义差异，同时他也对于各自的意义进行了阐释。所以威廉斯认为文化源出于"驯养和对于自然物种的生长的照顾"。到 16 世纪之后，开始用于人类活动的全部范围，按照培根（Francis Bacon）的意见，这就成了真正意义上的"文化和对于思想的濡养"（the culture and manurance of mind）。所以，威廉斯认为文化本身就是一个历史概念，它不是固定不变的，而是与时代一同演进的。比如近代以来的文化，特别是在欧洲启蒙主义之后，文化范畴就有了历史意义的进化。赫尔德《历史哲学》中所说的"文化"应当是复数的，即反对普遍主义的。强调文化相对论的观念，意在区分文化的不同层次。这种历史观念对文化影响非常大，也使得"文化"与"文明"范畴分化。文化重要的是表达人类的"理智的、精神的和美学的发展"，同时，它也包括某种特定的生活方式，某个民族、某个时期的群体的、理智的，尤其是艺术活动的实践。所以这种文化其实也是一种相当广泛的定义，包括了从无意识到人类意识活动的最高级形式，纳入了从人类学到美学的一切内容。② 英国学者伊格尔顿在《文化的观念》中曾经把文化看做是文明的实际形式，而文明则是人类发展的宏大叙事，并且对于威廉斯的文化定义有所批评。但实际上伊格尔顿本人关于文化范畴仍然蹈袭了威廉斯的基本含义，没有大的不同。

"文化"与"文明"这两个范畴之间有什么不同？

---

① 朱寰：《从文明的冲突说起》，见东北师范大学世界文明研究中心主编：《文明比较研究》，2000（1）。

② Raymond Williams, *Keywords：A Vocabulary of Culture and Society*, London：Fontana, 1983, pp. 3-49.

在这方面存在多种看法。第一种看法是，文化与文明之间没有根本的不同，这两个范畴可以通用。人类学家泰勒的《原始文化》一书中就提出，文化与文明两个概念基本相同，没有必要再作进一步的区分。

第二种看法完全相反，即认为文化与文明两个范畴完全不同，不宜于混用，至于它们之间的区分，也有不同看法。有的学者，特别是一部分德国学者较早提出文化与文明应当区分开来，这些学者因此被称为"德国学派"。其实并不是所有的德国学者全都是这种见解，这种称呼只是一种历史名词，不可胶柱鼓瑟。虽然有这个所谓的"德国学派"的存在，但实际上他们并没有完全统一的意见，我们只能取其中的代表性看法。例如洪堡特就认为：

> 文明，也即各个民族在其外在的社会建制、风俗、习惯方面，以及在与此有关的内在心态方面的人化过程（Vermenschilchung）。在这种崇高的社会生活的基础上，再加上科学和艺术，就构成了文化。①

简单说，他认为文化的范围大于文明，文化与文明有共同的社会生活基础，但是文化除了社会生活基础之外，还要加上科学与艺术的成分。这样文明就仅仅偏重于风俗人伦与人类精神的进化，而文化则有了科学与艺术的实践，甚至可以具有与物质相结合的一个方面。如果按这一看法来衡量，古代民族一般有其文明的历史，但并不具有现代意义的科学与物质的文化成分。另外一些德国学者则强调文化与文明之间的另外一些差异，比如巴特（R. Barth）等人的看法是，文化是人类对于自然物质作用的过程，而文明是人类自身进步的因素等。

还有一些学者持相反的看法，即认为文明以物质的成分为主，而文化偏重于精神。陈序经先生曾经论述过这一看法，他指出：

> 然而，也有些人以为文明是偏于物质方面的东西，而文化是偏于精神方面的东西。比方，张伯伦（H. St. Chamberlain）在其《十九世纪的基础》（*Die Grundlagen des 19 Jahrhunderts* 2. *Aufl*, 1900）一书里，以为工业经济、政治、教会是属于文明，而世界观（Wel-

---

① ［德］威廉·冯·洪堡特：《论人类语言结构的差异及其对人类精神发展的影响》，姚小平译，36～37页，北京，商务印书馆，1999。

tan-Schauung）（包括宗教与道德的观念）与艺术，是属于文化，可以说是趋向于这种看法。①

　　以上的不同看法集中于精神—物质关系，以此来作为区分文明与文化的标准，在文化研究中，这是最重要的区分标准之一。

　　除了以上看法之外，我们还要提到，由于研究者的专业与学科视域不同，所以还有多种看法。例如，从历史时代来看待文明与文化，突出地表现在部分人类学家们之中，人类学家以研究文化为主要对象者居多，特别是在文化人类学这一学科。人类学家把文化作为原始民族生活状态与思维的模式，而把文明看成是社会进步所带给人类的成果。这就从历史时态方面来研究二者的关系，既不主张完全相同，也不作绝对的划分。我们认为，人类学家从历史时代角度来看待两者的差异，当然具有一种历史进化的视域。在他们看来文化是民族自发的创造，而文明是启蒙以后的文化。不是所有的民族都有文明时代，直到现代仍然有少数民族并没有所谓的文明。非洲森林中至今仍然生活着一些保持原始社会生活习俗的民族，如生活在刚果盆地热带雨林深处的俾格米人，现在仍然保持传统的文化习俗；生活在美洲的印第安人、爱斯基摩人也只是部分接受了现代文明；赤道人种的澳大利亚原住民直到 19 世纪仍然过着独特的早期社会生活，直到被欧洲殖民者迫害之前，他们的文化与现代文明是不同的。对于他们来说，文化就是传统的生活状态，而文明则是指现代以来的外部影响。所以在人类学语汇中的文化与文明都是有特定含义的，与一般的文化理论有所不同。但是我们也要看到，这种观念其实是以所谓的"文明民族"为中心的视域。事实上，任何民族都有自己的文化，也有文明进化，没有完全与世隔绝的民族文化。

　　也要说到这样的一种看法，即文明可以被理解为一定历史时代的观念，而文化却可以被看成是现实与再现的成分。除此之外，还可以有更多细微差别的不同理解。我们以历史学家汤因比关于文明与文化的理解为例，来说明理解的多样性。汤因比认为：

　　　　我同意并采用 P. 巴格比（Bagby）对文化所下的定义，即文化是"一个社会成员内在和外在行为的规则，但那些原本是明显遗传下来

---

　　① 杨深编：《走出东方——陈序经文化论著辑要》，343 页，北京，中国广播电视出版社，1995。

的规则不算文化"。巴格比附加的解释是：由于文化是"在历史中业已成型或重复出现的成分"，所以"文化是历史可被认知的一面"。……怀特海说："世上每一个因具有高级活动而闻名的时代，在其顶峰阶段，以及在造成这一顶峰阶段的代表人物中间，都能发现某种深刻、普遍的特征，它们被不声不响地接受，在人们日常发生的行为上打下自己的印记。"……如果依从怀特海的说法，我就应在精神的意义上给文明一个定义。它也许可以称之为创造一种社会状态的努力，在这个社会状态中，整个人类成为一个无所不包的大家庭的成员，将在一起和谐地生活。我相信，这就是迄今已知的所有文明一直有意无意追求的目标。①

汤因比的《历史研究》一书在西方声誉甚高，被看做是世界文明研究的皇皇巨著，特别是被英国学术界所肯定，但是却引起德国与俄国一些学者的微词。我们认为，首先应当肯定这部巨著的贡献，它是从比较文化与比较文明的角度来研究世界历史的著作，同时在资料梳理方面有巨大功绩，应当注意到其理论的薄弱。但是也应看到，比较文化史的研究不同于一般的世界史，它要求作者有更高的理论水平与分析能力，汤因比所使用的斯宾格勒理论本身就显示出一种紧贴于事实描述的特点，特别是一些基本范畴与重要观念，全无新意。因此汤因比的著作与他使用的概念都有不能超越现象本身，议论恒钉，正如中国古人所说"不能持论"、不能"越世高谈"的特点。他关于文明、文化的区分，也暴露出这一特点。但也正是在这一点上，他也不得不避开明显的斯宾格勒色彩。为了说明这种关系，我们不惮繁复，再引用斯宾格勒的文化与文明的定义：

> 每种文化都有它自己的文明。文化和文明这两个词一直是用来表达一种不确定的、多少带有一点伦理意义的区别的，在这本书里是第一次当作一种周期性的意义来用，用以表达一种严格的和必然的有机连续关系（organic succession）。文明是文化的不可避免的归宿，……这样，我们就第一次懂得了为什么罗马人是希腊人的后继者，从而古典晚期的埋藏得最深的秘密也就第一次得到了说明。关于罗马人是未曾开启一种伟大发展、反而结束了这种发展的野蛮人这一

---

① ［英］阿诺德·汤因比：《历史研究》，刘北成、郭小凌译，19页，上海，上海人民出版社，2000。

事实的意义，除此之外，还能有什么呢？……一句话，希腊的心灵，罗马的才智。这一对照就是文化与文明的区别素。①

这里容易产生的误解是斯宾格勒把文明看成是历史时代的特征，其实恰恰相反，他是把文明作为文化的终结的意义，从而有周期性发展。这就是他所说的："作为一种历史进程，纯粹的文明就是要不断地摧毁那些业已变成无机的或僵死的形式。"他的公式是，文化—文明的不断循环，文明破坏旧有形式，以创造新的文化。这种观念其实是一种古老的神话的再现，时代是循环发展的，春夏秋冬，萌生—成长—死亡—重生，如此而已。

我们把汤因比的说法作为一种见解，并不代表所有的历史学家，只是说明历史学界相当流行的一种观念是把文明作为一种"历史认可"，而把文化看成是一种生活状态，也就是死亡的文明与生活的文化。也有人表达相异的观念，如黄盛璋先生就认为：

> 在我看来，文化是人类对自然加工、改造即用劳动创造出来的在物质或精神方面的各种表现；文明则是文化发展到一定高度，从而脱离野蛮状态的一个社会阶段。在一定时间和地区内，一种文明常是由多种文化汇合而形成。就原始文化和文明而论，最简单的区别，一是有低级与高级发展之不同；二是有个体与综合的差异。一般理解：文化和自然相对待，文明和野蛮相对待，文化可以有糟粕，文明只能为精华。考古证明，野蛮时代已有各类文化，但不能称为"文明"，文明高于文化，且为综合与精华的表现，概括地说：文明是文化长期汇流成的河。例如，中国文明就是由各地区、各时期、各种不同的文化汇合而成。某一时期，某一地区文化即使再重要，也不能代表或称为中国文明。基于这一认识，我们认为：作为一个社会源远流长，根深蒂固的精神基础的，应是文明，而不是文化。②

可以说，这种理解是基本正确的，只是表达有不足之处，如"文明高于文

---

① ［德］奥斯瓦尔德·斯宾格勒：《西方的没落》，上册，齐世荣等译，54 页，北京，商务印书馆，1963。

② 黄盛璋：《〈亚洲文明〉代序》，见黄盛璋主编：《亚洲文明》，第 2 集，2 页，合肥，安徽教育出版社，1992。

化"等论断就有一定局限性，不宜过于强调。

至此，我们可以阐明关于文化与文明概念的最主要看法。

我们认为，文明与文化是两个相关联但又有各自意义与用法的概念。文化与文明不能断然分隔开来，这是因为它们的所指有共同部分，这是众所周知的事实。但是，毕竟所指范围又有相对差异，在长期的使用过程中，二者又产生了相对的意义的不同，所以我们主张：

从基本的意义上，文明首先是指人类一定历史发展阶段所形成的形态。这一形态是历史的累积，表明人类脱离原始社会与野蛮生活，因此它具有历史类型学的意义。其中既包括有世界影响的古代文明，如埃及文明、中国文明、印度文明、巴比伦文明、希腊罗马文明等；也包括地区性的文明，如爱琴文明、米诺文明、西伯利亚文明、阿尔梅特文明、玛雅文明、印加文明……在文明形态中，以"东方文明"与"西方文明"为代表形态，这种划分从公元前 5 世纪的希腊—波斯战争之后就成为比较文明的规则，至今不衰。

另外，就成分而言，文明包括文化的基本构成，所有的文化都是一定文明的实践形式，它不仅包括文明社会中的文化，也包括各种原始文化，如中国的仰韶文化与龙山文化等、美索不达米亚的哈拉夫文化等。与文明相比，文化更注重现实的实践性质。一般来说，文化主要是指具体的、感性的实践行为，更侧重于社会生活的各个具体层面；而文明是概括的、全面的构成，更侧重于传统的总体性，包括民族的信仰、宗教、意识等精神层次，也包括社会生活的各种具体实践成分。

这只是相对的区分，不是一个绝对标尺。我们说"西方文明"时，指的是由于西方历史文化所形成的这个传统，这个文化形态。而说到"西方文化"时，既包括西方文化的历史传统，也包括文化当前的与历史的实践方式。举例来说，我们说武术、京剧、中医等是中国的"文化"，但一般不说它们是中国的"文明"；说"相扑"是日本的文化而不说它是日本的"文明"；说可口可乐与爵士音乐是西方文化，但很少说它们是西方"文明"。这种含义上的差异是明显的，它代表了人们观念中对于文明与文化的具体区分。

我们要注意的是，汉语中的"文明"一词有不同用法，我们所研究的主要是文明（civilization）的学术意义。在日常生活中，"文明"一词有另外的用法，如"行为文明"、"精神文明"与"物质文明"等，而且还有一些时代所留下的词汇，如"文明戏"、"文明棍"等，不属于研究的范围。例如《易经》中说"天下文明"，指的是人类从蒙昧转向智慧与知识的历史过程，当然，其并不是具体某一个历史朝代的所指。

有鉴于文化与文明的意义的基本同一性与其在语义中的复杂性，我们一般不对文明与文化作绝对区分，而是在运用中将二者互相联系而又有所区分。

最后要提到的是，"文化"一词的意义在当代西方文化研究中得到了最广阔的意义泛化。从20世纪中期起，文化研究与文化批评在西方蓬勃兴起，出现了文化唯物论、新历史主义等一大批学者，文化是他们的中心观念之一。文化对于他们来说是对于学科界限的突破，是"历史大联合"（弗里德里克·杰姆逊语），是一个无限广阔的范围，这就与传统的文化概念有所不同。同时，也使得当代"文化"概念的内涵与外延扩大了。20世纪30—90年代，由于经济全球化的形成，文化产业得到了空前未有的发展，推动了西方当代"文化研究"的诞生。虽然英国文化研究学派经常贬低法兰克福学派，但是，事实上"文化研究"这个词正是法兰克福学派所创造的。20世纪30年代，法兰克福学派开始一种文化与传媒的跨学科研究，主要包括媒体的政治经济学批评、文本分析、大众接受研究等，他们的主要目的是反映社会大众对于意识形态的影响。他们所面对的社会现实是商业化的文化大生产与工业化社会的文化传播。20世纪60年代，伯明翰大学的当代文化研究中心其实是文化研究的第二代，他们同样是以马克思政治经济学原理为基础的，关注的是文化媒体与大众文化之间的关系。他们推崇大众阐释，但同时肯定高雅文化在反抗资本主义文化生产中的积极作用。如果要讨论它的历史功过，可以说没有充分揭示反对文化霸权的意义，将通俗文化与精英文化对立等策略，应当是这种时间延续不甚久的英国文化研究学派的短处。20世纪末兴盛的是文化研究的第三代，即所谓后现代主义文化研究，这种命名已经足以说明这一文化研究的基本特性，即以后现代理论为主要线索的文化研究，这与前两代以西方马克思主义理论为基础的文化研究是根本不同的。美国学者道格拉斯·凯尔纳（Douglas Kellner）认为，第三代文化研究——后现代主义文化研究——体现了从国家垄断资本主义时代向后福利主义社会转型的历史特点，这是跨国化与全球化的资本时代，"容纳于信息/娱乐社会中的差异、多样性、折中主义、民粹主义和剧增的消费主义。从此角度看，大量的媒介文化、后现代主义建筑、购物中心及后现代奇景成为技术资本主义新阶段的推动者和殿堂，因为它作为资本的最新阶段，包含了后现代的形象和消费文化"。

笔者认为，这种概括基本准确，但显得比较感性，我们可以把后现代文化研究定义为：以后现代理论为指导的跨学科文化研究。因为在这种文化研究中，形形色色的后现代理论规定了文化研究的方向与内容，包括女性主义、解构主义、后殖民主义、后精神分析、文化人类学学说、阐释学、接受理论、东方主义与西方中心主义、西方马克思主义等多种理论学说使后现代文化呈现一种理论强化的态势。它涉及电视、电影、出版业、新闻传媒业、互联网、政治经济学、哲学、历史、文学、心理学、人类学、社会学和伦理美学，等等。

所以笔者主张：文明与文化两个概念可以区分，但是在学科研究中，文明与文化的研究可以合一，比较文明学与比较文化学可以作为两者的一体化研究。简单说，就是文化与文明的概念要分清，但是作为学科而言，将二者合为一个学科，有利于全面地研究。这一点对于全球化时代的文明文化研究尤其重要，特别是自从欧洲的"文化研究"思潮兴起后，将"文化"限定在"大众媒体"范围的孤立研究、脱离历史传统的研究，已经遭到各国有识之士的反对。我们将二者在比较文明文化的研究中合为一体，将会有利于研究的深入。但是在学科方向确定之后，在研究的实践中可以有所区分，比较文明学侧重于文明形态如东方文明与西方文明之间的比较，既有文明之间的交流与对抗、影响与融合的研究，也有逻辑的比较；比较文化学则以世界文化体系之间的影响与作用，多样性的民族特性研究为主。总之，两者合中有分，分中有合，以同一学科为主体。

第三节　比较文化学的定义

现在我们再来回答：什么是比较文化学？

要说明什么是比较文化学，就要求我们提供比较文化学的定义。一般说来，定义某一个学科，就是指出它的研究对象、范围和方法，说明它的特性与名称，也就是所谓的"释名以彰义"，即解释它的名称来源并且说明其意义，这是我们首先要做的工作。

前人曾经提出过多种多样的比较文化学定义，对于理解我们的定义有一定帮助，我们不妨先简略回顾。

第一种是最直率也是最简陋的定义，即将比较文化学看成是不同文化之间的对照与比较，或者再说明不同文化的背景等因素，关键是"跨文化"的研究。例如我们上文已经提到的《比较文化论集》中的看法：

> 文化既有古今中外之异，而一个民族、一个地区、一个时期内，也有阶级、阶层、社会集团、民族等各不相同的文化。大概认为人类有各种不相同的文化并以此为背景进行研究的都可以算是比较文化研究吧？这并不是专指两两相比。①

---

① 金克木：《比较文化论集·自序》，1页，北京，生活·读书·新知三联书店，1984。

这个定义虽然相当简单，但是却有它的历史语境。首先，它承认不同民族都有自己的文化，这一观念是值得肯定的。因为从古代到近现代，无论是西方还是东方，都存在文化上的自我中心主义，其表现形式之一就是只承认本民族文化，而将其他民族看成是野蛮、蒙昧或者落后的，因此并不存在比较研究的价值，只是对野蛮民族进行征服，或者进行冒险探秘。15世纪末期的世界大航海交通之后，这种观念仍然没有改变，随之而来的就是以西班牙和葡萄牙为先锋的"美洲征服"，以后欧洲列强全部参加进来，将亚洲、非洲和拉丁美洲的众多民族看成是"野蛮民族"，进行殖民扩张。即使是中国、印度、埃及、巴比伦这样的文明古国，也被欧美国家视为"落后民族"，加以侵略与征服。其次，这一定义也注意到不同文化的"背景"，即承认文化的历史语境，并且指出并非"两两相比"，这一点则是研究方法上的重要特征。比较研究中最常见的是所谓"两两相比"，如英美、法德、中日、中印、日俄……一对一的比较。这种比较虽然不可一概否定，甚至可以说是一种基础的比较。但是相对比较文化学研究而言，更重要的是具有一种世界文化视域，将世界文化作为一个整体来研究。而这种研究的方法以比附式居多，视域是有限的，所以这种比较的理论深度与历史维度都有不足之处。

相对于以上简单比附研究的不足，第二种比较文化研究的定义显然有一定的不同。我们以德国斯宾格勒《西方的没落》一书中的看法为例。他强调的是比较文化的方法更新，他提出：

> 因此，历史思想负有双重的任务，一种是用比较方法处理各个文化的各别生活过程；另一种是考察各种文化中间的偶然的、不正常的关系对于这些文化的意义。①

我们将这种研究称之为"类型学研究"的定义，这是斯宾格勒、汤因比、亨廷顿等西方学者的主要研究模式，代表了他们关于比较文化研究的看法。

这种类型学研究的定义比起第一种来说有了很大的不同，类型学研究具有的特色就是一种整体形态，文明的各种成分作为一个综合的整体予以分析，这里强调的是内部成分的互相联系，所有成分成为一个有机体，因此文明也是一个有机体。另外就是具有历史视域，将文化看成是一种历史发展的过程。这都

---

① ［德］奥斯瓦尔德·斯宾格勒：《西方的没落》，上册，齐世荣等译，127页，北京，商务印书馆，1963。

是值得肯定之处。

但是这种定义及其观念方法也有致命的缺陷。类型学研究将文化看成是一种有机体。甚至使一些人相信，文明如同其他有机体一样，是会生长死亡的。这正是从斯宾格勒到汤因比的相同之处。斯宾格勒认为西方文明正在走向没落，所有文明都要经过三个大的阶段，第一个是前文明阶段，第二个是文明阶段，第三个是后文明阶段，然后走向灭亡，并且周而复始，如生命的存在一样。汤因比罗列了大批所谓已经死亡的文明，在他所说的主要文明中大多数已经不存在了。亨廷顿则认为世界十四种主要文明中，至少七种已经不复存在。

这种观念显然是不妥的，文明是一种有机体，但这种有机构成并不等于生物有机，而是一种文明系统。这是西方机械论思想经常犯的一个错误，包括康德在研究艺术时，也曾经用生物有机体来说明艺术，艺术如同生物一样，会生长死亡。其实无论文明还是艺术，它们都是人类实践的产物，不是自然有机物。人类创造的时效性在于它们自身存在的条件及其对于社会历史的作用，当这种功能与作用不复存在时，文明与艺术就会消失。《荷马史诗》只能存在于古代希腊文明的历史生活之中，如果没有这种条件，《荷马史诗》就会成为遗产，它不会在后世的历史条件下存在。正如前人所说，《荷马史诗》不可能与火药时代共同存在，没有历史条件，任何文明都是不可能存在的。

历史类型学一般是比较性的，比较方法是其主要的手段，可以说它是一种类型之间的类比方式。研究者们在比较时，往往就抛弃了历史，变成一种互相的比附。如果没有历史，比较有什么可比性呢？这种比较的结果就是一种文明的中心论与优劣论，一般来说，其最后终结是欧洲文明的中心论。黑格尔的结论是日耳曼精神是世界精神的最后代表。斯宾格勒的最后结论也大同小异，认为德国是西方最后一个民族，它负有完成西方历史最后一个阶段的伟大使命。汤因比一方面说自己反对欧洲中心论，另一方面却又把西方文明作为世界文明的中心。这种比较方法其实不是真正的历史比较，没有历史主义观念，没有把文明的发展过程中各民族的作用真实体现出来。

这一切都要求我们要超越传统的比较，建立一种新的对于东西方文明中不同逻辑、不同认识论、不同评判价值与模式的辩证观念，在这种观念上，才有多元文明时代的比较方法。而且，这种方法不只具有方法论的意义，它还是从人类思维基本形式发展而来的，这是在比较思维基础上的比较方法，当然，它是一种历史与逻辑相结合的比较。

对于比较文化学这门学科，我们可以有以下简明的定义：比较文化学是对世界文化体系与文明形态的同一性与差异性进行研究的学科，它的目的是掌握世界文化发展的规律性与不同文化体系的特性。比较文化学是以比较意识、比较思维方式和比较方法为特征的研究学科，而不是简单的形式比较或比附，也不是只有比较的方法论意义，这就是比较文化学的本体论、方法论和实践论的统一。

这里要说明的是：第一，"世界文化体系"有两重意义，一是将世界文化划分为八大文化体系，基本可以涵盖各民族文化，具有一定的代表性与广泛性；二是将世界文化作为一个大的系统，各个文化体系既相互独立，彼此之间又有联系，现代的研究越来越多地发现世界各文化体系之间的联系。传统的看法认为，上古时代的东方民族与西方民族之间并没有文化联系，但是新的发现却足以推翻这种见解。西方学者沃尔特·勃克特（Walter Burkert）在《东方化革命》（1992）一书中指出，很可能在人类新石器时代后期到青铜时代，东方的陶器等就传入地中海地区，东西方文化之间已经产生接触。他认为迈锡尼青铜器的纹饰具有东方化特征，证明可能是从地中海东岸的安纳托利亚经塞浦路斯一线传入希腊，同时，在线形文字 A 和 B 中也可以找到古代东方事物的记录。当然，希腊文字与美索不达米亚地区的楔形文字之间的互相通用与假借，同样说明了公元前 8 世纪中期的东西方交流是多么频繁。① 其他类似的发现层出不穷，证明了世界各文化体系之间的交流是多么丰富多彩。

"同一性与差异性"这一对概念的意义在于，它更全面地体现了比较文化学研究意义与价值。传统的研究一般只是在不同文化之间寻找"同"或"异"，这种研究都不能体现同一性（identity）与差异性（difference）的理论意义。比较文化既不是求同，也不是求异，它是对事物之间的本质特性的认定。中国古代即有"同异之辩"，它的目的是认识事物的本质特性，而不是形式上的同异对比。同一性是本质与来源的共性，而差异性则表达出独特的特质，这样就可以对不同文化有辩证的认识。

所以，我们强调比较文化学研究中的思维方式、研究方法与实践的结合，只有这样才是比较文化学，而不是形式比附或者盲目求同或求异。

作为一门学科，它的定义中所有的概念都要有一定的科学性，也要有实际意义。因此，我们对于以上定义中的有关概念还要进行一定的解释。

---

① Walter Burkert，*The Orientalizing Revolution Near Eastern Influence on Greek Culture in the Early Archaic Age*，translated by Margaret E. Pinder and Walter Burkert，Cambridge，Mass.：Harvard University Press，1992，p. 33.

第三章　比较文化学学科的研究对象

比较文化学是对世界文化形态和体系的同一性与差异性进行研究的学科，它的目的是掌握世界文化不同文化形态发展的规律性与不同文化体系的特性。可以说，文化形态和体系就是这门学科的研究范围，而在这个范围之内，世界文化体系之间的历史联系，它们的同一性与差异性，就是学科的直接研究对象。这样我们必须解释：什么是世界文化体系与形态？它是如何产生和形成的？应当如何划分世界文化体系等等，这都是比较文化学研究的题中应有之义。

第一节　文化起源的理论

关于文化的起源与诞生，有两种互为对立的理论观念：文化传播论与多元文化起源论。

什么是文化传播论？

文化传播论者认为世界文化起源于一个共同的中心，并且从这个中心向世界各地进行传播。这种理论通常以非洲北部的古代埃及文化为人类发达文化的起源。所谓发达文化是相对于没有进化到人类"文明社会"的原始文化与原住民文化而言的。因为埃及文明邻近欧洲最古老的地中海文化，但是古埃及文化的年代远远早于地中海，这一点已经为世界所公认。所以相当长的历史时期内，西方学者认为世界其他文明是从埃及传播而来的。

世界古代文明中，美索不达米亚文化与埃及距离很近，自然被认为是最易于传播的。另外两种东方古代文明，即印度文明与中国文明，也被认为是从埃及传播而来的。文化传播论虽然把埃及作为世界文明的发源地，但是文化发展的重心却是欧洲，因为希腊文明与埃及和近东文明都有相当密切的关系，而美索不达米亚与埃及文化先后衰落，所以只有希腊罗马文明才是真正的文明中心。这样世界文明的真正传播是以希腊罗马文化为中心的，埃及文明传播论就变成了实际上的地中海文明传播论。印度文明很早就被看成是一种外来文明，19世纪比较语言学与比较宗教学家们发现，印度古代语言与欧洲古代语言之间有过历史联系，从而论证了印、欧语言同属一个语系。以后又陆续发现古代雅利安人对于印度文明的影响，于是把印度文明看成是欧洲雅利安人文明的产物。这种观念忽略了古老的印度河文明的存在，以后受到印度学者与多数西方学者的批评，现在已逐渐式微。

由于中国古代文明是在一个相对封闭的环境中独立发展起来的，与其他古代文明之间的接触一直很少，所以关于中国文明是如何产生的成了传播论者永远解不开的谜团。特别是环球航线开通以来，欧洲开始接触到发达的中国文化，中国文化起源的独立性就一直遭到一些西方学者的质疑：从中国猿人到旧石器时代的石器，从殷墟文字到四大发明，从农业上的稻谷生产到郑和航海，无一不被怀疑，但其批评也最缺乏证据。我们仅列举其中有代表性的例子，其余不一一述及。

其一是中国人种外来说。在发现中国北京猿人及山顶洞人时，西方学者魏敦瑞就提出一种看法，认为山顶洞人的头骨有三种类型：第一种是蒙古人种的祖先，与欧洲同时期的克鲁马努人有一定关系；第二种与北极的爱斯基摩人有关，在他看来，不是北京猿人远行到北极，而是爱斯基摩人来到了中国北方；第三种则与南洋群岛的美拉尼西亚人有关，当然，也是古代美拉尼西亚人登上亚洲大陆，来到北京附近活动。在此之前，更有西方学者提出，中国猿人不能成为独立人种，只能是爪哇直立人的一支。中国学者当即对此进行了驳斥，裴文中、吴新智等中国考古学家以确凿的证据与深入的研究证明，中国猿人与爪哇人分别是不同历史时期不同来源的人类，不能混为一个人种。山顶洞人三个完整头骨都是蒙古人种，具有原始性质。从来没有任何爱斯基摩人和美拉尼西亚人的特殊性质。① 驳斥了中国人种外来说，从根本上推翻了中国文明外来说，这是无须再加以说明的了。这场斗争的性质并不仅仅是民族文明独立性之争，而是科学认识与主观臆断和伪科学之间的斗争。中国考古学虽然起步晚，但成就突出，目前的研究结果已经完全可以说明中国人种独立起源，以上种种荒谬见解不攻自破。

其二是所谓中国文字是从埃及传播来说。这种说法的历史十分久远，最早提出者可能是 17 世纪德国耶稣会士祈尔歇（Athanasius Kircher），他的《中国图说》（1667）认为，《圣经》中犹太人闪的子孙带领埃及人来到中国，向中国人传播了埃及文字，以后中国人才有了自己的文字。此说一起，直到 20 世纪，三百余年间不绝如缕。中国学者早已驳斥了这种毫无根据的说法，中国古代的陶文与甲骨文研究证明，中国是世界上最早创造文字的国家。特别值得注意的是，近年来还有李学勤先生所作《古埃及与中国文字的起源》等文，专门

---

① 见裴文中：《旧石器时代之艺术》，119、139~140 页，北京，商务印书馆，1999。

对这一问题作了透彻的分析，① 可供参考。

其三是中国的彩陶文化是从欧洲传播来的说法。中国新石器时代广泛应用彩陶器，分布十分广泛。同一时代彩陶在欧洲与近东也有发现，所以著名的西方考古学者安德森（J. G. Andersson）曾经断言，中国所发现的彩陶与欧洲等地的彩陶有联系，他曾经提出：

> 远东方面发现彩陶的地方，西起新疆的婼羌，东达辽东半岛，东西距离，跨有三十六经度，几乎与近东方面，西起东欧，远达西部印度及西部突厥斯坦，彩陶发现的最大区域，完全相等。……我们如谓远东各省的彩陶，实构成了一个文化丛，与近东彩陶文化同其复杂与丰富，亦决非过甚之词。一旦中亚方面的许多地方，如果经过详细的考察，则远东与近东两大区域便可联系起来。到时我们便可明白东西文化交流的实况。②

对于中国彩陶外来说，已经有相当多的批评，我们上文也已经涉及其中的部分观点，这种说法的无根据性已经被世界学术界所公认，而且类似说法近年来也不再出现于学术界。所以没有必要再逐一进行驳斥了。

其四是近年来又有些人认为中国早期青铜器也是来自异域，如中国西北的齐家文化和中原二里头文化共有的早期青铜器制作工艺是从西伯利亚和伊朗等地区传来的。美国哈佛大学费正清研究中心的胡博（Louisa G. Fitzgerald-Huber）博士的论文《齐家和二里头：关于远距离文化的接触问题》③ 就提出了这样的看法。中国学者李学勤撰文讨论了其中伊朗南部沙克尔曼省克尔曼东北的沙赫达德（Shahdad）出土的金属器与中国的红铜爵、觚形器之间的关系。李学勤先生本着科学严谨的态度，引证中国考古学家石璋如先生、杜金鹏先生关于爵的演变的看法，说明中国爵的研究状况。同时他也主张对于"不同文化中的类似文化因素，即使彼此没有传播、影响的联系，也是应该比较研究的"。

笔者对于这种态度是赞同的，但也认为，考古挖掘与文明史的研究结合起

---

① 李学勤：《古埃及与中国文字的起源》，见李学勤：《比较考古学随笔》，129～135页，桂林，广西师范大学出版社，1997。

② 转引自周谷城：《世界通史》，上，130页，石家庄，河北教育出版社，2000。

③ Louisa G. Fitzgerald-Huber, Qijia and Erlitou: The Question of Contacts with Distant Cultures, *Early China*, vol. 20, pp. 17-86.

来，可能会对于中国文明起源与其他文明之间的关系会有更大的推动。青铜器不只是重要礼器，而且是代表一个时代的生产力的发明，所以更宜慎重。共时性的比较研究与历时性的传播研究应当泾渭分明，中国青铜器的独立创造关系到民族文明特性的根本问题，不能轻易下结论。从目前研究成果来看，中国青铜器是独立创造的这一结论毋庸置疑。

其五是所谓"西方三大发明"对于中国的影响之说。世人所熟知的是中国四大发明对世界的影响，但是西方学术界相当多的学者却坚信：西方三大发明——马车、骑马术和冶金术——对于中国古代文明发展有直接作用。一位名叫库兹尼娜（E. E. Kuznina）的学者于 1998 年在美国出版的《东中亚铜器与早期铁器时代的人们》一书所收入的论文中，即作如是说。[①] 她坚持认为，古代西方三大发明决定了中国文明的进步。此外，比如中国古代的马车是中国独立的发明还是来自外国，这一类问题也不断被西方学者们所提出。1983 年英国考古学家皮格特（S. Piggott）就提出，中国马车来自高加索地区。[②] 全球化时代，东西方的学术交流相当频繁，所以西方学者的见解立即受到中国学者的关注，中国学者就这一问题与西方展开辩论，以有力的证据证明，中国马车早在古代即已经存在，无须从高加索引进马车。[③]

还有其他一些关于文明起源的争论，这里不再赘述。从中可以看出，关于文明起源的争论涉及不同文化形态与体系之间的关系，属于比较文化学研究的范围。我们有理由对此进行应答，对这一重大问题给以有学术依据的解释。

我们主张文明的多元起源，这也包含两种含义：（1）文明是在世界不同地区独立形成的；（2）文明形成的条件是多种的，并不能单纯以某一种条件作为文明形成的绝对标准。两者之间有一定的联系，但并不相同。

多元起源论是世界上有重要影响的学说，并且正在受到越来越多的支持。英国剑桥大学教授丹尼尔（G. Daniel）是颇有影响的当代西方学者，他所提出的世界古代六大文明是埃及文明、两河流域文明、印度文明、中国文明、墨西哥文明（包括阿尔梅克文化与玛雅文化）和秘鲁文明，但是埃及文明与两河流

---

① E. E. Kuznina, "The Tarim Basin People and Pastoralists of Asian Steppes", In *The Bronze Age and Early Iron Age Peoples of Eastern Central Asia*, Ed. by Victor H. Mair, Philadelphia：University of Pennsylvania Museum, pp. 63-93.

② S. Piggott, *The Earliest Wheeled Transport from the Atlantic Coast to th Caspian Sea*, Ithaca, New York：Cornell University Press, 1983, p. 103.

③ 参见王海城：《中国马车的起源》，载余太山主编：《欧亚学刊》，第 3 辑，1～75 页，北京，中华书局。其中涉及中外学者关于中国马车起源的一些争论。

域文明之间的交流与传承关系是众所周知的，所以不能看成是独立起源文明。这样看来，真正独立起源的可能只有五种。也有的学者发表这样的看法，认为美洲文明从发展形态与连续性以及所达到的文明程度来说，都不能与旧大陆文明相比，只能说是次文明形态。但是这种说法显然是不合适的。我们应当承认，以上六种文明至今为止没有确凿证据证明有互相濡染关系，应当说都是独立起源的文明。如果以国际学术界关于古代文明的条件来衡量，那么美洲主要文明应当说都已经达到古代文明社会的标准。

文明是不是连续的，这也是一个分歧之处。一般来说，西方学术界认为，古代文明大多数已经灭绝。埃及文明、两河文明都是起源最早但也过早地消亡的文明。埃及古国从公元前 4000 年前开始统一，到公元前 12 世纪前后的新王国后期，埃及帝国终于衰落。人类历史上的尼罗河时代在拉姆塞斯三世（公元前 1182—前 1151）时期突然结束，使得这一伟大古代文明实际上不再继续。公元前 4000—前 3000 年间，美索不达米亚平原上的文明之花绽放，苏美尔人等创造了灿烂的文明传统。但是好景不长，公元前 2006 年埃兰人就攻破了乌尔第三王朝的城邦，从此，苏美尔人退出了历史舞台，这也标志着两河流域古代文明的衰落。可以说，这两种古代文明都未能持续多久。

关于印度文明是否为持续文明，目前还有一些分歧。传统的理论认为，古代印度河流域的文明早已灭亡，可能早在雅利安人进入印度次大陆之前，哈拉巴与略有不同的印度河—恒河文明就已经不存在了。所以印度文明其实是后来的雅利安人重新建立起来的，雅利安人所创建的以吠陀经典为中心的文明持续至今，这样就不能说印度古代文明是持续的。而且印度历史上屡经异族征服，穆斯林与西方国家的入侵极大地改变了印度原有文明的中心地位。这些都有可能成为印度古代文明灭亡的证据。但有些研究印度文明的西方学者近年来发表看法，认为印度文明是一种持续的文明。如 A. L. 巴沙姆在《印度文化史》等著作中，强调作为一种民族的文化传统来说，印度是最古老的持续文明。他写道：

> 没有一个国家像印度那样，有如此漫长而绵延不断的文化。虽然世界上还有更加古老的文明（以埃及和伊拉克地区的最为著名），但这些文明实际上已被那里的居民遗忘，并且被新入侵的文化所掩盖，以致没有人还能记诵《死者之书》或《吉尔伽美什史诗》，在现存的传说中也没留下任何关于拉美西斯二世或汉谟拉比这些伟大帝王的记录。……另一方面，印度的婆罗门却至今还在每天祭拜时反复诵唱

3000多年前编写的吠陀颂歌，而传说则使人们追忆起在大约同一时代的那些英雄式的首领，以及他们进行的伟大战役。在文化传统延续的时间长短方面，中国次于印度，而希腊仅列于第三。①

如果说巴沙姆把印度文化传统从具有雅利安文化特性的吠陀时代算起，那么美国的乔纳森·马克·基诺耶（Jonathan Mark Kenoyer）就连印度河文明都算上了，他也认为：

> 印度河和历史时代早期城市间的许多连续性，可能是人们生活在类似环境、有类似原料的结果。但是其他连续性明显是社会和意识形态连续性的反映。这些变化表明，文化进化的动态过程导致出现了社会经济组织和政治复合体的新形式。②

这位作者可能是把文明的"持续"概念与"影响"概念没有作严格的区分，其实这是两个不同的范畴。文明的持续一般是指这种文明占主导地位，不曾有过间断；而影响则是指这种文明的作用力的存在。两者之间的差异是明显的，民族文明的影响可以说是永恒的，它一般不可能消失，如埃及文明对于当代埃及，两河文明对于今日的伊拉克社会的影响都不会完全消失，"拉美西斯与汉谟拉比二世"这些伟大帝王对于这些地区的历史作用也不会消失得无影无踪。但是，这些地区古代文明传统的中断是一种历史事实，远在古代就已经由于军事征服或经济衰落或中心转移等各种各样的原因而产生了。总之，两者相差甚远，不宜混淆。具体到印度文明而言，经历了三次大的变革，这种变革不同于中国文明经历蒙古人的入侵和清朝统治时代，印度文明实现了较大的文明形态转换。公元前1500年前后，雅利安人入侵印度，灭亡了印度河文明；12世纪末期，伊斯兰教民族战胜印度教，统治印度；从17世纪起，英国殖民者进入印度。这三次大的文明形态转换，给印度留下了深刻的印痕，永远无法抹去。

这里存在的疑问是：西方学者为何如此关心中国文化的起源并且极力坚持

---

① ［澳大利亚］A.L.巴沙姆主编：《印度文化史》，闵光沛等译，2～3页，北京，商务印书馆，1999。

② ［美］乔纳森·马克·基诺耶：《走近古印度》，张春旭译，325～326页，杭州，浙江人民出版社，2000。

中国文化外来说？夏鼐先生曾经有过一种说明：

> ……荷兰著名考古学家法兰克福（H. Frankfort）在50年代初便指出世界范围内独立发展的文明可能只有三个：近东（埃及、两河流域），中国和中、南美（墨西哥、秘鲁）。后者远在新大陆，与旧大陆遥隔重洋，一般认为它们的起源与旧大陆无关。只有中国文明的起源这一问题，成为传播论派和独立演化论派的争论的交锋点。它不仅是中国史学和中国考古学中的一个重要课题，也是世界文化史上的一个重要课题。[①]

其实学术争锋固然重要，但依笔者之见，从这个窗口里恰恰可以看出，意识形态的背景毋宁说更为关键。在全球化时代，文化多样性的前提又往往是文化多元起源论。反之亦然，否认多元起源论之后，必然会承认全球一体化的观念至上。

在简述了文明起源的理论之后，我们要重申的是，文明多元起源与人类多元起源一样，是我们所坚持的理论观念。同时，我们认为，文明的起源应当在一个更为广阔的视域里来看，以往的文明起源论主要是从政治经济学、历史学、哲学、考古学等方面来研究，所以有标准与条件的不同。如今，在比较文化学发展的当代，我们应当以文化为主要对象，从比较文化学学科本身出发，进行关于文明起源、发展与终结的研究，就会有新的认识与新的理论。这是一种以文化为本位并且以文化为本体的研究，是文化研究回归自身的必然。

第二节　农业经济与人类文明诞生

农牧业文明其实是人类所创造的第一个文明社会，在此之前的渔猎采集生产时代，虽然也有学者称之为"文明"，我们有时也沿用此说，但实质上并没有真正达到文明社会的标准，只能说是前文明阶段。文明的标准与条件如我们所强调，是一个系统结构，是三个主要层次，渔猎生产时代离这三个层次中的任何一个都相差甚远。归根结底，文明是人类从受自然控制的被动生产生活向主动创造型生产生活的转化；文明是人类相对于自然与蒙昧的创造，这是渔猎

---

① 夏鼐：《考古学论文集》，下，661页，石家庄，河北教育出版社，2000。

生产所不可能达到的，而只有在农业生产中，才可能说达到了这一总体目标。但是从另一方面看，农牧业文明中，人类又只是一定程度地摆脱了自然的桎梏，即作为人类主体的创造性虽然得到了体现，但这种创造性又只是直接依托于自然环境。人类还没有能力改变自然的主要条件，这种情形可以说至今依然存在，人类仍然不能控制风霜雨雪、冬寒夏热、地震海啸等自然变化。从宏观看，地球环境的变化对于整个农业文明生产的兴衰起落仍然具有重要的作用。当然，从根本上来说，自然是人类之母，它也根据自己的变化塑造了人类文明，使得人类文明模式永远深深烙上环境的印记。人类文明不是与自然对抗，而是与自然达到和谐，这是文明发展的最终目的。

文明起源初期，也正是地球的全新开端，被看做是一个现代间冰期，是近300万年来地球从最寒冷的第四纪最后一次大冰期后开始转暖的一个时期。这个时期开始于1万年前，在这个时期中，农牧业应运而生。在距今9000—6000年前，地球表面温度达到历史新的高度，成为一个高温期。这样就使得各大陆中心地区温度达到相当高的地步，从而形成了热低气压地区。而地球表面大部分地区是海洋，海洋温度升高缓慢，所以气压也相对低。这样会造成地表陆地与海洋之间温差加大，特别是主要大陆——欧亚大陆与海洋之间的温差加大，从而形成全球性的西南季风。这种季风挟带着大量的雨水，向大陆深入，温暖的季风改变了大陆干燥的气候，使得农牧业生产大面积展开。世界五个大的农业文明区域就在此时形成。

可惜好景不长，这种季风从距今6000—3000年前最为强劲，这也正是美索不达米亚文明，以及埃及、中国、古印度、美洲等主要农业文明兴旺发达的时期。近3000年来，地球环境发生变化，西南季风渐衰，使得大陆气候趋于干旱、沙漠化。各主要农业文明几乎都逐渐衰落（其中有个别农业文明，如中国农业因为青藏高原的崛起而得以幸免），两河、埃及等地都沦为沙漠或沙化土地。那么，为什么近3000年来地球气候发生如此之大的变化？据地球科学家米兰柯维奇（Milankovisch）等人的看法，这是由于地球运动的原因。因为地球轨道偏心率、地轴倾斜度和岁差现象三者是变化的，使得地球接受太阳能量而产生变化，从而引起地球气候的变化。根据这种解释，大约6000年前，北部非洲、东亚、中近东、南亚、中南美这些地区受到不同的季风影响，气候变得多雨温润，适合于农牧业发展，由于多种条件的结合，最终使得这些地区成为世界农业文明的中心。

但是，我们不要盲目赞同米兰柯维奇的学说，因为地球环境毕竟只是农业文明诞生的外部条件之一。除此之外，部族文明的性质是相当重要的因素，这其中涉及部族的生活方式、政治制度、宗教信仰、周边关系等因素，最终决定了农业文明中心的形成。所以，以上五个古典文明中心都是由有连续历史、有文化传统的部族创造的。以上五个古典文明中心，可以分为两个大的类型：一种是以农牧业混合为特征的文明，如美索不达米亚文明、南亚印度河谷文明、中南美文明等，这些文明中农业与牧业都占有重要位置。这里较早形成了城邦制度，可以称之为西亚文明模式，但这些古代文明已经较早地衰落或者转型，都不能看做是完全连续的文明。另一种是以东亚为代表的以农业为主的文明，这一农业文明中，城邑发展以井田等多种形式存在，其中黄河—长江文明是延续时间最长的文明模式，这种文明模式的生产一直是以农业为主体的。当然这种划分不是绝对的，任何一种农业文明都有同时期的牧业存在，这种划分只是对于文明发展特点的掌握。

第三节 比较文化中的"东方"与"西方"

在比较文化与比较文明研究中，最早也是最重要的文明形态划分就是：世界文化分为东方文化与西方文化，我们称之为东西方文化二分法。一方面，近年来，由于亚洲的东亚国家经济的发展，这种发展与中国传统文化的关系也就显现出来。西方学者开始关注这一另类的、异质的文化形态。另一方面，部分学者由于各种原因也提出了文化关系的讨论，如美国亨廷顿的文化冲突论、萨义德的东方学研究等，都使东方—西方的典型文化形态关系受到普遍关注。西方文化形态从近代以来就在世界经济中发挥了重要作用，由于它的特殊地位，相当多的人把它视为人类文化进步的标准形态，也是发达文化的唯一形态。但是近年来的东方文化重新引起关注，作为一种与西方不同的经济文化模式，使人们可以重新思考：文化的典型意义是否可能是多元的？或者说，东方文化特别是在亚洲取得一定成功的中国传统模式，是否可能作为一种与西方文化平等的典型？对当代世界的文化多元产生巨大影响。

由于这种东西方的划分观念在世界各地有不同反映，我们结合世界文化发展的具体形态来分析这种划分。笔者首先要重述我们已经多次说过的一个原则，从人类认识史来看，每一个独立的种族在发展初期，都是以自我文化为中心来看待外来文化的，形成本土文化与异域文化、自我文化与外来文化之间的对立。但不同的文化心理，又会形成对于外来文化的不同反映，并在与外来文化的交流中，不断改变与外来文化间的联系，形成新的认识。东西方的文化融合与文化冲突历史上多次发生，民族间战争的意义如何，传统的评价标准不一。我们认为，从比较文化学角度而论，不同经济制度、不同生产力水平的民族之间的战争，不能完全以生产力水平的高低作为评价的标准。比如，欧洲帝国主义对于中国、印度、越南等东方国家的侵略；美国开国时期，欧洲人对于印第安人的屠杀与掠夺，都不能认为是先进文化对于落后文化的推动。我们反对殖民主义理论，这种理论目前在文化比较中影响还很大。同样，东方国家对于西方的入侵在历史上也曾发生，我们也不主张东方主义，认为这是对于西方扩张的反击，而只能从它对于历史的实际作用来评价。

相当有影响的一种见解是所谓东西方文化冲突论，亨廷顿的理论其实就是东西方文化冲突论的一种代表。除此之外，西方学者如赫尔德、洪堡特、黑格尔、朗克等人，也从不同角度对中国与东方文明进行诋毁，认为东方是专制的，西方是民主的；东方是神秘主义的，西方是科学文明的；东方是原始思维的，西方是逻辑思维的；东方是落后和静止的，西方是前进与发展的……这些见解也必然导致两种文明与文化之间的冲突。这种冲突不一定是战争形式，但冲突的性质是不可调和的。

而且，这种理论不只是西方学者所独有，东方学者也有过类似的说法。其中最著名的是清代辜鸿铭的一句话，这句话反复被西方学者所征引，德国汉学家王海（Thomas Heberer）就曾指出：

> 中国的学者辜鸿铭曾说过："必须承认，一场斗争现在正在欧洲文化与远东文化之间进行着。人们可以将它看作东亚文化与中世纪欧洲文化间的斗争。"（Ku，1921：4）
>
> 这段话让人联想起亨廷顿（Huntington）的"文明的冲突"，从内容上看很有现实意义。然而它却是世纪转折时期的思想家之一辜鸿铭早在1901年便在书中写下的。由此可见关于文化冲突的争论并非我们这个时代的产物，而是早已有其渊源。①

它也是一种历史观念，但并非是各民族所共有，只是文化发展不平衡所产生的结果，历史的发展过程恰可以说明。

古代希腊人有强烈的本土文化与外来文化的区分意识，特别是与波斯文

---

① ［德］王海：《东方与西方：对抗还是合作？——论双方的误会与合解》，见马戎、周星主编：《二十一世纪：文化自觉与跨文化对话》（一），27～28页，北京，北京大学出版社，2001。

化、埃及文化等相关文化之间的联系中，希腊人坚持了自己的文化特点，形成了自己的文化特色，也形成了本土文化与外来文化的形态学比较。在古希腊文化中，波斯文化已经被看成是东方文化的代表，希腊文化则是西方文化的代表，初步形成了西方—东方文化的二分法。其中，古希腊因为城邦民主制，与波斯的君主专制形成对比，西方历史学家已经把两国之间的战争说成是两种不同文化的斗争，希腊文化代表人类进步的民主文化，而波斯等东方文化则是封建文化的代表。公元前 6 世纪后期到公元前 5 世纪中期，古代波斯与古代希腊之间爆发了被称为"古代的世界大战"的战争，直到公元前 449 年《卡利阿斯和约》的签订，战争最终以希腊胜利告终。几乎所有的历史书中都写着，"这是民主制度的希腊人对于专制的东方波斯人的胜利"。这就是所谓的"东方专制主义"名称的来由。

公元前 4 世纪，亚里士多德的学生亚历山大建立了庞大的横越东西方的帝国，西起希腊，东到印度河流域，北至多瑙河，南到尼罗河。这个横跨欧、亚、非三大陆的帝国虽然时间不长，但对于东西方文化的第一次大交流产生了巨大影响。正是由于这种交流才使得希腊哲学与西亚的数学、天文学等相结合，为欧几里得和阿基米德等文化巨人的产生创造了条件。我们可以说，西方古代科学技术的重要成果，如欧氏几何、力学等，是与东方智慧分不开的。

中世纪中后期，西方发动了"十字架对新月的战争"——十字军东征——从 1096 年第一次东征开始，到 1291 年十字军失去了阿克城为止，两百年的连绵战争对于西方和东方都造成了极大的损失。这是西欧封建统治者对东方的掠夺战争，也是基督教排除异教的战争。当时的欧洲是相对落后的，欧洲通过战争不但从东方得到财富，而且学习了东方的文明，为以后的文艺复兴创造了条件。

1209—1279 年，东方人再次在世界舞台上演出了一场悲壮的戏剧，这就是蒙古成吉思汗所建立的庞大帝国西征。这个蒙古大帝国的领土曾经东起朝鲜半岛、西到欧洲东部、北到北冰洋、南到太平洋，土地之辽阔，亘古未有。这样一个帝国从社会经济形态来分析并不是进步的，游牧民族的蒙古人对于农业民族的征服当然是破坏性的。但是，如果从文化交流的角度来说，这种东西方的文化大汇融也有它的特有意义，这种意义并不小于亚历山大帝国与十字军东征等历史事件的影响。

我们必须注意到这一事实，许多西方学者及一些我们的学者，对于东西方文化之间的联系总是持一种不平等的态度，在谈到十字军东征时，虽然也批评它征讨异教的罪恶，但又总要说到它的文化交流意义；而说到蒙古帝国时，却异口同声地认为是"黄祸"。这种西方中心主义的观念明显地表达于每一部历史学著作中。笔者认为这是必须要纠正的现象。其实，中国著名学者范文澜先生早就指出：

> 就古代剥削阶级的扩张来说，也不能一概否定它的后果。以蒙古为例，元朝虽然存在的时间不长，但建立起这么大的一个国家，为中国和欧洲经济文化的交流开展了从来未有的局面。马可·波罗游记将中国的情况介绍到了欧洲，欧洲人想到中国来，到处寻找航路，后来发现了美洲，这是一个伟大的地理发现。美洲发现后，大大促进了欧洲资本主义的发展。蒙古武力扩张的结果，打通了欧亚两洲的交通，促进了欧洲资本主义的发展，不能单看它的军事破坏。①

这种说法是公允的，在古往今来的历史事件评价中，东西方文化之间的关系是一个核心问题。以往的研究中，没有比较文化学的观念，只是把历史上的政治（包括宗教等）或经济关系作为唯一评价标准，不可能不与本民族的自我中心观念产生对立。其结果往往是对于自身文化的单方面肯定，而不能从文化形态的差异性来研究。比较文化学可以使我们把不同文化形态的差异性与同一性作为理解文化的基本出发点，从世界文化的整体性观念来研究文化关系。那么就可以说，无论是亚历山大帝国，还是中世纪的十字军东征，蒙古人对于西方国家的征服，作为文化冲突来看，是不同形态的文化之间的对立。战争，是文化冲突的最极端形式，给社会和人类必然造成损失。从文化交流来说，东方与西方是平等的，东方与西方文化之间有互补性与互动性，对于这种关系，只能用一种辩证观念来分析。不能只承认西方对于东方的推动，不承认东方对于西方文化的促进作用。从人类文化史的总进程来看，文化交流的影响要远远大于文化冲突，东西方文化间的和谐发展是主流。

几千年来，"东方专制主义"与"静止的东方"、"神秘的东方"等说法在西方有极大的市场，几乎成了东方的代名词。当代比较文化学的发展，必然会使这些观念有根本的改变。

再从中国文化的对外关系来看东西方文化形态，早在中国商代的甲骨文中，已经把周边国家如"鬼方"、"犬戎"等作为异域文化区分开来。这种区分不同于殷商与西周等具有基本相同种族特性的文化，而是对于不同民族的区

---

① 范文澜：《中国历史上的民族斗争与融合》，载《历史研究》，1980 (1)。

分。我们可以说这是一种早期的两分法：《尚书·禹贡》中详述了"九州四海"之后，已经有了蛮夷的概念："中邦锡土姓，祗台德先；……五百里要服，三百里夷，二百里蔡；……五百里荒服，三百里蛮。"《周礼·大司马》："乃以九畿之藉，施邦国之政职。……又其外方五百里曰蛮畿，又其外方五百里曰夷畿。"

中土、中邦等概念可能始于夏、商时代，这可以从甲骨文主要发现地的历史可以看出，西周的甲骨文化远不如殷商故地丰富与发达，而殷人很可能把西周及周边地区的文化看成是来自异域的文化。有意思的是，正像罗马人征服了希腊人后把希腊文化作为自己的文化一样，周人的经典中把殷商作为正统的统治者，这就意味着一种文化的认同，用后现代主义的话语来说，就是身份的认证（identity）。众所周知的《国语》"祭公谏征犬戎"一事，就是一个很有说服力的例子。周穆王将征犬戎，祭公谋父谏阻，先是引用诗经"载戢干戈，载櫜弓矢。我求懿德，肆于时夏"来说一番不用兵的大道理。然后说出周人先祖的一段往事："昔我先王世后稷，以服事虞、夏。及夏之衰也，弃稷不务，我先王不窋用失其官，而自窜于戎、狄之间……商王帝辛，大恶于民。庶民弗忍，欣戴武王，以致戎于商牧。"这可说是西周人的一部最有说服力的历史。说明了这个可能是半牧半农的民族，如何在以农业为主的殷商与以游牧为主的西戎之间徘徊，最后战胜了殷商，取得了统治权，自己也成为一个文明发达的民族。所以，当穆王欲西征时，祭公所说明的是本民族与戎、狄之间的一种历史渊源，希望他不要贸然动武。

这一段文化认证的历史，可以从《诗经》中的《公刘》得到直接的证明：

> 笃公刘！匪居匪康。乃场乃疆，乃积乃仓。乃裹糇粮，于橐于囊，思辑用光。弓矢斯张，干戈戚扬，爰方启行。

这是一首何等壮丽的颂歌，一个伟大的民族迁移向他方，可能是归向自己的先祖居住地。有人把它称为民族史诗，确实不负此名。它完全与《圣经》中所描绘的以色列人在摩西的带领下，走出埃及的壮举一样。只不过文化心理平和而且对于文化关系有一种辩证观念的中国人，更忠诚于历史事实。他们没有用神话来美化这一段历史，没有把公刘神圣化。也没有像以色列人那样创造出"过红海"的奇迹，如《圣经》所记载的那样，在耶和华护佑下，摩西用杖指向海，海水退避，让以色列人过海，而把紧随而来的埃及人淹死在海中。中华民族的先祖们尽管经过千难万险，可能战胜过强敌围堵，但当他们取得胜利时，并没有对自己的敌人诅咒不已，没有对于上天神祇敬畏莫名，而只是把千言万语化成最有说服力的诗句：

> 京师之野，于时处处，于时庐旅，于时言言，于时语语。

这本身就是一种文化的归依，对中国文化的敬祖、厚德观念的皈依。所以这种观念不但在中原占有主导地位，而且对于周边民族有巨大影响。从西周以后的千余年间，中国文化的领域不断扩大，形成了西到中亚腹地、东到东海之滨、南到南海诸岛、北到东北亚地区的大文化圈，也是世界上最大的文化圈之一。

从早期的华夷二分到后期的华夷合一，中经秦、汉、唐、宋、明、清等中国文化的盛世，也有五代、元代及清初时期的不同文化交错、冲突时期。中国文化以一种开放的态度、合流的思想，把多种文化归为一统，这是其他文化中所没有的。

中华文化与蛮夷文化之间的文化比较虽然是一种古代文化形态学的比较，但这种比较对于中国文化的触动，比不上中国文化与印度文化之间文化形态的交流那样作用巨大。

世界主要文化形态中，古代希腊、古代希伯来、古代埃及等与中国之间的直接的、大规模的接触都很晚，整个西方文化与中国的大规模交流也是近代以来才展开。只有印度文化早自汉代就传入中国，从而形成了中国与西方的第一次大型文化交流。在文化形态上，也形成了"东土与西天"，或者说"秦与胡"、"汉与梵"之间的形态比较。

佛经翻译比起公元 3 世纪中期开始的古罗马共和国大型的希腊经典翻译要早了一个世纪。公元 151 年，即东汉桓帝元嘉元年，安世高译出第一部佛经要籍《明度五十校计经》，可以看做中国大规模译经活动的开始。经历了近十个世纪的系统的、有组织的翻译，直到宋宣和二年（公元 1120 年），译经院太平兴国寺被废止，译经活动历时 969 年。这只是对大型译经活动的记录，如果包括零散翻译，则从汉哀帝元寿元年（公元前 2 年）博士弟子秦景宪从大月氏王使伊存口授屠经（参见《三国志》裴注引鱼豢《魏略·西戎传》）开始。虽然是口译，但已是可靠的历史记载了。书面翻译以汉明帝时摄摩腾译《四十二章经》为起始，至少如胡适在《佛经的翻译文学》中所指出，在汉明帝永平八年（公元 65 年）答楚王英诏里有"浮屠"、"伊蒲塞"、"桑门"等梵文，可以看出当时已有佛经译本了。从汉桓、灵时代，经过东晋、南北朝、隋、唐、宋、元各代历久不衰，时至元代仍然是"元典崇尚释氏"，民间私译佛经从未断绝。所以笔者认为汉译佛经从起始到结束，至少有 1500 年左右的历史。其规模之大，影响面之广，参与者之多，在世界译介史上都是空前绝后的。更重要的在于它的政治、历史、文学和文化的效应更为长久。

从中国文化本体来看，从夏商周时代起，中原文化已经在与周边文化包括所谓蛮夷戎狄之间的交往中，建立了一种互相融合与互相切磋、逾越的关系，一种自我与他人之间辩证联系的关系。但相对来说，周边文化都比不上高度发达的汉文化，而佛经文化则大不相同。这是另外一种同样发达的文化进入中国，所以引起了巨大的震动，充分显示了中国文化善于吸收异域文化的特性，中国文化与外国文化互相融合，发展成中国文化的意识形态主流——儒释道合流。从文化发展经验来看，这是中华民族对于世界文化的重要贡献。对它的价值的认识要在文化多元化的 21 世纪才能真正认识。

从汉代到明代最终形成的儒释道三教合流，明清以后到当代则发展为儒释道与西方文明的四者合流。作为西方文明构成的基督教虽然没有佛教那样的地位和影响，但除了一些因传教士个人行为所发生的教案之外，并没有受到意识形态的排斥，仍然保持了自己独立发展的权利。

理性与感性之间的联系是文化差异所形成的不同结果。其实魏晋时代的学者已经看到了文化差异的存在。谢灵运作了可能是最早的中西哲学比较研究：

> 华民易于见理，难于受教，故闭其累学，而开其一极；夷人易于受教，难于见理，故闭其顿了，而开其渐悟。[1]

这可以说是比较公正的，近代学者往往说中国人不擅长理论思维，西方人长于理论思维，这种说法也是比较片面的。古代西方印度与当代西方，都有相当发展的理论，在他们的理论形态中，宗教与想象都是重要的组成部分，刺激了理论思维的发达。中国人的理论思维则以另一种形式表达出来，这就是伦理创造，这种理论思维使得中国的文化以另一种理性文化形态呈现出来。古代科技的发展就是一个例证，证明不同的文化形态都可以发展出科学和技术。但无可讳言的是，印度人的宗教观念远比中国人要强烈得多，所以这里说的理即伦理，却可能是中国人所尊崇的。不过也不可否认，印度佛学的传入，对于中国

---

① （东晋）谢灵运：《辨宗论》，见（清）严可均辑：《全上古三代秦汉三国六朝文》(3)，2612 页，北京，中华书局，1958。

人形而上学思维的发展起了巨大推动作用。

佛经对于中国文学语言产生的作用，归根结底是一种外来的语言系统对本土语言在译介活动中所产生的作用。但这种转换之间，却会对双方语言产生互动作用，激发新的语言创造。我们已经谈到，从比较文化学学科的观念来看，符号系统、逻辑体系、思维机制、宗教伦理、价值观念、道德评价都是文化的基本组成，而且它们处于不同层次上，有纵横交错的互相关联。佛经译介，是来自异域的以上因素与中国文学之间的直接融合，这就使中国文学语言产生了巨变。佛经其实创造出了一种新型的文学语言，无论是语法、修辞、词汇等方面，都是中国以前所没有的，有着强烈的异族异域、另类文化的色彩。笔者曾经在另一部著作中列举了一些这方面的反映，如元稹《和乐天赠杏寂僧》诗中的"欲离烦恼三千界，不在禅门八百条"；元结《无为洞口作》诗中："无求无欲亦忘年"；李冶《偶居》诗"心远浮云知不还，心云并在有无间"；孟浩然《题大禹寺义公禅房》诗"看取莲花净，方知不染心"；刘禹锡《和仆射牛相公寓言二首》诗"只恐重重世缘在，事须三度副苍生"……这些诗句中的用语如："烦恼"、"三千界"、"八百条"、"无欲"、"忘年"、"有无"、"染心"、"世缘"等都是来自佛经，是中印文化交融的产物。从词的形式来看，中国诗中的词汇在唐之前，很少用三个字组成的名词组合，《诗经》和汉魏诗人都不常用这种词。但是佛经语汇引入诗中后，三字词随处可见。另外，不只是词汇的变异，格律、节奏、语法都有明显的外来语言特征，与中国传统诗的语言差异更是显著。如果再从比喻的运用上来说，上古中国诗已经提出用比兴，但佛经的比喻与中国比喻是不同的，受到佛经影响的中国诗中的比喻也与以前不同，大量的连比、排比显出一种铺排和渲染，这是以前所没有的。佛经比喻与中国比喻不同，它注重意义概念的统一。如果说传统比喻是比方于物，是以物比物，佛经的比喻则是以物喻义。如"大乘十喻"：

> 解了诸法如幻、如焰、如水中月、如虚空、如响、如犍阔婆城、如梦、如影、如镜中像、如化。

所有这些比喻都是说明诸法性空，这种比喻方式性质明确，目的说解，"智者以譬喻得解"。唐代诗中的比喻重视意义，我们上文所举的唐诗中的比喻可以说明这一点。但已不再类同于《易经》、《诗经》中的"凡禽鱼草木人物名数万象之中，义类同者，尽入比兴"（皎然《诗式》）。先民思维方式中以兴象之物来引起所要说的话，其中有一种类比思维的关联性，这种关联意义不明确，表现出先民的宗教、崇拜和人与自然合一的易象式思维特征，像"鹤鸣九皋"、"宛彼鸣鸠，翰飞戾天"、"桃之夭夭，灼灼其华"、"岂其食鱼，必河之鲂，岂其取妻，必齐之姜"、"敝笱在梁，其鱼唯唯"，这类兴象正如闻一多所说的有一种"隐语"的性质。① 而从魏晋到盛唐，艺术思维日渐明朗化，不再依恋于兴象。"采菊东篱下，悠然见南山"、"柳塘春水漫，花坞夕阳迟"、"鸡声茅店月，人迹板桥霜"、"五更鼓角声悲壮，三峡星河影动摇"，其中的物象已经没有了隐秘象征的意味，而是具有意义和情感的表征。到了宋代就发展到了极端，"以禅喻诗"流行，诗的含义凸显，不重视比兴，宋诗说理过多，读之无味，终于走向极端而受到批评。无论如何，这一历史现象的根源在于比喻与兴象的脱离，兴寄意义的明确化，兴象被比喻所取代，最终造成了兴义消亡。前人已经注意到文学思维方式变化对于兴义消亡的作用，但很少有人从比喻与兴象的比较角度来观察，我们认为正是佛经比喻说法对于中国文学比喻的促进，使得意义明确的比喻在文学作品中占据主导地位，反而使得兴象衰亡了。

中华民族本是一个务实求真、崇尚理性的民族，它的美学追求是现实的，并且把这种美学精神外化为自然美，形成人与自然的和谐，以人化自然和自然的人化为辩证联系。表现于文学中则以抒情诗为主体，把人的情志以自然物象来表达，以兴象为寄托。但是，这种美学精神自魏晋之后，则演变成一种参悟自然的妙道，展现不可言传的"风骨"的写神的艺术。当西方美术力求用透视法来描绘自然和宗教幻想中的天国、圣母，当达·芬奇、伦勃朗等人正努力于画得"栩栩如生"时，中国人则说："论画以形似，见与儿童邻。"当西方人展现人体的美时，中国的画则寄情于山水。林语堂说："中国艺术的冲动，发源于山水；西洋艺术的冲动，发源于女人。西人知人体曲线之美，而不知自然曲线之美；中国人知自然曲线之美，而不知人体曲线之美。……中国美术，技术系主观的（如文人画，醉笔），目标却在神化，以人得天为止境；西洋美术，技术系客观的（如照相式之肖像），目标却系自我，以人制天为止境。"② 当然，他所观察的是现象，哲学家会有更深的思索，冯友兰曾经说：

　　　　正因为如此，难怪中国的艺术大师们大都以自然为主题。中国画
　　的杰作大都画的是山水，翎毛，花卉，树木，竹子。一幅山水画里，

---

① 闻一多：《神话与诗》，120 页，北京，古籍出版社，1956。
② 远明：《林语堂著译人生小品集》，270～272 页，杭州，浙江文艺出版社，1990。

在山脚下，或是在河岸边，总可以看到有个人坐在那里欣赏自然美，参悟超越天人的妙道。①

如果真从历史上来看，中国人原先并不是"参悟"妙道的，而只是感受于自然的美，产生了《易经》和《诗经》中的兴象，至于"参悟"却主要是佛经翻译之后，产生了中国艺术变化的形象。中国先民原本重感受、重象征，以物象美为直接欣赏对象。在佛经熏陶下，逐渐进入境界，认识到"有"乃不是"真有"，所以"不真故空"。人类的精神美只存在于超越于"空"的"真"中，这才是参悟、是摆脱俗世万有的妙道。这就从具体的物象美上升到抽象的、概括性的自然美。大量山水画、山水诗的出现，代表了这一美学新观念，这是美学精神的显著转变。

从东西不同文化形态关系的比较研究中，特别是它们的历史比较研究中，我们可以看到，东方与西方是两种重要的、有代表性的文化形态。它们的典型意义在于，把人类文化不同形态的主要特征以两极模式表现出来，这种两极性本身就是事物发展中不同阶段性与不同特性的典型形式，如阴和阳、正与反、大与小、冷与热、明与暗等相反相成的特性。比较正是通过这种两极的形式，达到对于文化的本质的认识，文化的本质是通过不同的典型来表达的，所以东西方文化形态的比较，正是比较文化的应有之义，是认识多元文化现象的本质及它的整体性、规律性的必然途径。

第四节　比较文化的形态观念："二东二西之学"

什么是"二东二西"之说？就是世界文化从形态上来说，可以划分为两个东方与两个西方，简称为"二东二西"。

先说所谓"二西"的概念，这是中国早已经有的概念，中国历史上曾经有过两次西方文化大潮。其一是汉唐以来的佛教文化的引入，对于中国文化有较大影响；其二是现代欧美等西方国家对于中国文化的影响，其中也包括俄罗斯文化、后现代主义等文化，至今仍在发展之中。由于古代印度对于中国来说也

---

① 冯友兰：《中国哲学简史》，见《冯友兰选集》，上卷，242 页，北京，北京大学出版社，2000。

是西方，所以学者们通常把两者合称"二西之学"。①

而"二东"的概念则是近年才形成的，美国学者赛义德的《东方学》中提倡一种与西方相对的东方主义，这是后殖民主义的中心概念之一。但他的东方指的不是中国等远东国家，而是以阿拉伯文化为主体的近东文化。所以这就形成了两个东方的概念，所谓"二东"，一是阿拉伯近东；一是以中国为代表的远东（赛义德的另一个"东方"则泛指包括印度等国在内的曾被欧洲殖民的亚洲国家）。二者皆为东方，但中国文化与阿拉伯文化之间还是有巨大不同的。所以笔者认为，不能笼统使用"东方"文化概念，而要明确"二东"概念，这样才有利于文学与文化的研究。而目前，大多数著作中一般使用"东方"的概念，会对于东西方文化的研究造成不良影响。而"二东"文化之间有实质性的不同，并且赛义德认为："当东方不是作为亚洲一词简单的同义语，或不只是从总体上指称遥远、新异的地方时，它在严格的意义上指的是伊斯兰的东方。"②

笔者不知道赛义德先生为什么认为"东方"是亚洲一词"简单的同义语"以及为什么要把印度等国家排除出真正的"东方"的范围。当然，笔者同时也认为，没有必要为中国、日本或印度去争取"东方"的正统地位。但我们认为赛义德关于"东方"一词的结论未免率尔操觚，缺乏一个学者所应有的审慎态度。从历史上看，欧洲人以自己为原点而提出的"东方"是一个随着地理发现、随着对于文化的选择与评价，也随着西方殖民主义扩张等文化观念不断嬗变的范畴。从早期的将埃及、波斯、两河流域、以色列人与印度作为"东方"，到其后将阿拉伯、奥斯曼帝国、蒙古成吉思汗帝国甚至将俄罗斯的部分地区都作为"东方"，16世纪环球海上航线开通后，甚至将南美国家、中国、日本、朝鲜、越南等东亚、东南亚国家作为"东方"，也就是所谓"无边的东方"，历时两千多年，"东方"概念不断拓展变化。这是一个历史的事实，研究东方学的学者为何连这一简单事实都不能正确表述，这是应当引起我们关注的。

因此，我们有必要以历史主义视域来展示西方人认识东方的过程，而且同时也要展示东方人认识西方的过程，这样才是公正的。不仅因为它对于澄清西方人的"东方学"范畴这样一个历史范畴是必要的，更重要的则在于，东西方

---

① 笔者曾经在论著中将古代中国的"西域"与此"二西"并列，合称为"三西"，聊备一说，可供参考。

② ［美］爱德华·W. 赛义德：《东方学》，王宇根译，96页，北京，生活·读书·新知三联书店，1999。

关系目前仍然是世界所关注的中心问题之一。历史总是现实的，因为历史所存在的时间本身就是延续的，没有过去就没有现在。现实总要成为历史的，同样因为现实本身不可能永远是现在时，当现实存在时，一切发生之事已经成为了历史。这是对于历史与现实的辩证关系的理解，从这一意义上，"一切历史都是当代史"这一结论并不过分，只不过西方历史学家把问题简单化了，一切历史只有为当代所用时才成为当代史，历史本身却不会只限于当代，它有着远比当代史更为宏大的历史叙事。

笔者以为，西方与东方都是一个泛指的概念，西方可以包括整个欧洲，也可能只指西欧，或者包括北欧，有时还包括美国与日本。从它的使用中几乎可以看出整个世界史的变迁。如果要把这个概念现实化，必须结合文明发展史的全部过程，而不能只依据部分现象。从这个意义上，东西方两个概念是世界基本文化形态的划分。

西方从地域上指欧洲（包括东部欧洲与俄罗斯、土耳其等跨越欧亚两洲的国家）、美洲、澳洲等地区；东方则指亚洲（包括日本，西亚的中东国家等）、非洲等地区。美洲国家中，中美与南美曾经是欧洲国家的殖民地，现在也被称为东方，其实从文化传统来看，这些地区与远东或者近东国家没有直接关系。非洲国家情况复杂，但由于北非地区的埃及与古代迦太基即突尼斯对于地中海国家一直是东方民族，特别是穆斯林化以后，埃及又成为伊斯兰世界的主要成员，所以被看做是东方国家也是渊源有自。中非与南非虽然存在多种文明，特别是南非，西方文明的影响极大，但是就非洲整体而言，其文化地位与南美洲一样，不是传统意义上的东方，只是在现代的"无边的东方"的思潮中，也被看成东方而已。从地理角度，欧洲人曾经有过一个最简单的划分标准：土耳其的安纳托利亚高原以东为东方，以西为西方。只不过这种简单的划分已经被现代人所忘记了。

至于东方文化的主体，根据文化体系的差异，可以划分为三大部分：一部分是以穆斯林信仰为主的西亚、北非国家，也就是我们常说的西亚地区，不妨称为西亚或亚西文化，它也包括阿拉伯半岛；另一部分则是以东亚与东南亚国家为主的亚东文化，这一地区以儒家文化为主体，兼有其他多种文化，也有人称为东亚文明；还有以印度为中心的南亚文化，古代印度文明传统久远，以后的伊斯兰文化在这一地区仍有一定影响。这种划分中，以色列与日本是两个特殊地区。以色列坚持犹太文化传统，日本文化中原有的中国文明影响与日本文化创造都有特色，从历史来说都是东方。但以色列复国之前，其居民散居世界各地，应当说具有多种文化背景。日本明治维新之后，西方化的潮流长盛不衰，也应看做一个特例。无论如何，东方可以划分为三大东方文明传统，这是毋庸讳言的。从以上简单的讨论可以看出：虽然东方与西方各自有内部体系的划分，但两大文化之间的差异仍然是明显的，因此以东方与西方为两大代表性文化形态的划分是合理的。

以"中东"与"近东"来划分东方的做法当然是不妥的，从欧洲视域来看东方，处处显露出一种后殖民的观念，这是当代东方学者们所不愿使用的。有的学者把东方分为东部亚洲与西部亚洲，简称东亚与西亚，大概是以阿尔泰山一帕米尔高原为划分界限，也是一种说法，可以参考。

第五节　东方与西方的互相认识过程

对于古希腊的雅典来说，埃及的影响是无比巨大的，这是无人不知的事实。这在希罗多德的《历史》一书中说得极为清楚，但是埃及对于希腊甚至罗马来说并不是真正的东方，它们有同一文明源头。在希罗多德看来，真正意义上的东方除了波斯之外就应当是印度，也就是远东国家。在对于东方的发现中，腓尼基起了中间桥梁的历史作用，目前的发现证明，腓尼基人主要是在希腊与近东地区的交易中起了作用。

在古代希腊，是谁先知道远东民族存在的？

据西方著名东方学家德经在《金石和古文字科学院论丛》（539 页，1770）的一篇论文中提出，在古希腊历史学家希罗多德的著作中，首次提到了远东的民族。由于希罗多德著作年代久远，其中对于古代东方民族的记载是不准确的，所以德经本人又作了一定的补充。有人认为希罗多德可能已经知道了中国的存在。

但根据目前资料来看，西方对于远东国家特别是印度与中国两个大国的认识却是经历了一个过程的。

古代希腊一直有关于东方存在"黄金之国"与"赛里斯国"的说法，这种说法出自希罗多德。希罗多德生活于公元前 5 世纪，出生于公元前 484 年，卒于公元前 430—前 420 年间，在他出生六年之前，发生了马拉松战役，希腊人大胜远道来袭的波斯人。希罗多德的《历史》是西方最早的历史著作之一，也是世界史学最负盛名的作品。但是对于中国人来说，如果读到这部名著，就会发现这部书与中国古代史书《史记》、《汉书》等不同，它不是以本民族历史纪事为主，而是以希腊与其他民族的联系为主，这是一种放眼世界的历史，是一种古代世界史的模式。其中相当重要的主题之一就是对于"东方"的研究，这个研究中包括希腊人的敌手——古代波斯，也有其他东方国家。但总体来说，希罗多德关于近东地区的描写是最为详尽的，首先这是因为近东的两河流域与埃及其实是古代希腊文化的直接源流，其次是在此之前发生的波斯与希腊之间的战争使得希腊人关注东方大国波斯，所以对于中近东民族包括阿拉伯人都有大量记载。

另外，如我们上文已经指出，在古代东方化时代，印度与爱琴海地区有一定的交通。曾经有过贸易关系，所以关于远东国家特别是印度的知识也比较多。印度文明源远流长，但是印度文化不重视历史，其民族性格中表现出善于想象、重视信仰与精神世界漫游的特点，这一点可能与雅利安民族特性有关。所以其宗教发达，史诗、神话众多，但是缺乏历史记载，没有"修史"的传统，恰与相邻的中国相反，中国文化观念中，"六经皆史"是其重要观点。一种文化如果不重视"修史"，则是一种极大的缺憾，因为不了解一个民族的过去，也就难以知道它的今天与将来。所以马克思曾经说："印度社会根本没有历史，至少是没有为人所知的历史。"① 所以古代印度与整个南亚，包括部分中亚国家的历史还要依赖于中国历代前往印度取经的高僧法显、玄奘等人所写的书。

但是，由于印度特殊的地理环境，它很早就成为世界最开放的地区之一。自从史前的雅利安人进入印度之后，印度与西方的交往基本没有断绝。首先到达印度的是希腊人斯基拉斯（Skylax），他曾于公元前547年来到印度河，较早向西方传达了印度的生活，可惜他没有著作传世。以后在克特西亚斯（Ctesias）的寓言中也反映了印度人的生活，他到达印度的时间大约是公元前510年。希罗多德本人没有到过印度，他主要是通过波斯人的资料与传闻来研究印度的。希罗多德写道：

> 印度人的大量黄金，就是这样得来的；他们送给大流士的砂金便是这大量黄金中的一部分。印度以东的全部地区是一片砂砾地带；在我们多少确实知道的所有亚细亚民族当中，住在日出的方向，住在最东面的民族就是印度人，因为印度再向东便是一片沙漠而荒漠无人了。印度人有许多民族，他们所说的语言都不一样。他们中间有一部分是游牧民族，一部分不是，有一部分住在河边的沼泽地带以生鱼为

---

① 《不列颠在印度统治的未来结果》，见《马克思恩格斯选集》，第1卷，767页，北京，人民出版社，1995。

食，这鱼是他们乘着一种藤子做的船捕捉来的。①

希罗多德关于印度的记载是第二手资料，所以其中不可靠的成分相当多。他的描述以印度河流域为主，特别是印度河上游的五河地区。他所说的河，可能是指印度河而不是恒河，也就是说，希罗多德的东方印度是上古时期即吠陀时代之前的印度，即雅利安人进入印度之前的印度。据西方史学家之见，恒河为西方所知是亚历山大王东征时才知道的。根据希罗多德的描写，我们也就知道了古代希腊人所说的"黄金之国"实际是指印度而不是中国。而在印度人的史诗中，也有关于东南亚的"金洲"的记载，同时，也有其他一些关于"黄金国"、"金洲"的说法，大多数没有作者亲历，用来指想象中的中国，也是可能的。

西方真正认识印度是亚历山大入侵印度之后，这是从古代印度开始与地中海贸易之后，西方人真正接触了传说中的东方古国印度。在此之前主要是通过波斯等民族的传闻了解印度，甚至关于恒河的记载都有错误。自从亚历山大入侵之后，罗马历史学家阿里安（Arrian，约公元前 180—前 96）的《亚历山大远征记》，普鲁塔克（Plutarch，约公元 46—120）的《希腊罗马名人传》，麦加塞因斯（Megasthenes）的《印度记》（*Indika*）都成为西方研究印度历史的名著。遗憾的是，麦加塞因斯的这部名著已经散佚，只能从其他一些书中辑佚来补充了。关于印度的历史记载，中东与阿拉伯学者的研究占有重要地位，花剌子模的贝鲁尼（Abu-r-Raihan Mohammed ibn Achmed al-Beruni，约公元 973—1050）是伊斯兰的伟大学者，他所著的《印度》（*Al-beruni's India*）就是其中最有价值的著作。尽管如此，对于印度历史的主要发展线索还是存在不少无法解释之处。

综上可见，西方对于印度的了解与对中国的了解完全不同。印度古代宗教、哲学、史诗、神话等都令西方有似曾相识之感，虽然也承认这是一种伟大的东方文明。因为印欧语系的同源性，印度文化容易被西方理解，印度对于西方不是神秘的，也不是完全异类的文明，这与中国是不同的。直到 16 世纪海上大交通，西方对于中国一直有种神秘感。所谓"神秘的东方"，如果从文明来说，主要是指中国而不是指中东或印度。人类对于已知的东西不再是神秘的，中东、印度与欧洲之间的交往早已使得西方理解它们。虽然诗人们对于中东和印度的风情有种种描绘，能引起文人骚客的东方情结，但从文化的总体理

①　［古希腊］希罗多德：《历史》，上册，王以铸译，239 页，北京，商务印书馆，1959。

解来说，只有中国文化对于西方是完全陌生的。中国的无神论思想、儒家学说、长达数千年的中央集权政治、农业文明等都曾经对于西方充满异种文化的吸引力。

第六节　寻觅东方文明："赛里斯国"

古代西方较早接触了近东与印度，并不意味着他们对于中国一无所闻。相反，从古代希腊开始，一种寻找古代中国——赛里斯国——的研究从未停止，而且越来越深入。从古代希腊罗马到近代欧洲，人们普遍相信，人类发达文明除了在西方的欧洲存在外，还存在于另外一个远东的文明古国——中国。中国的文明与印度一样是东方文明的代表，甚至还超过印度，中国文明是唯一完全不同于西方的文明，是一种异类文明。这种吸引力表现为：

一是西方人所喜爱的丰富物产，如丝绸、茶叶、瓷器等是西方所缺少的物产，这是最初引起西方对于中国兴趣的原因之一。以后随着对于中国认识的加深，物品的互补性不再是重要的，而是文化之间的全面互动成为主要动力。

二是其举世皆知的四大发明——火药、指南针、造纸、印刷术以及中国农业种植、陶器制造、冶铜冶铁、种茶、养蚕等技术，在几乎没有见过中国人的情况下，早经过安息人、阿拉伯人远传欧洲，这些高度发达的技术对于欧洲科学的发展和文明的进步起了重要作用。这就不能不引起世界对于东方的关注。

三是因为中国是古代最早的农业文明国家，当希腊人还在用羊毛等物产与其他民族交换时，中国已经与埃及人一样成为农耕民族了，经济繁荣，农产品和畜牧业产品都很丰富，农业文明是发达文明的标志。

四是中国以东方文明的重要特征——非宗教型道德文化与古代科学——令西方人震惊。人类从蒙昧进入文明，除了建立城邦、使用铁器、发明文字等必要条件之外，法律与道德的确立也是不可缺少的标准。中国从上古就以道德与法律结合，不以神的权威来令人信仰，而是以敬祖、儒家学说等来治理国家，这是一种真正的人类启蒙。东方道德在西方传说中被神圣化，中国被说成是无杀无奸的理想世界，这是令古代希腊圣贤与歌德、伏尔泰等近代西方哲人都羡慕不已的。

所以，并不像美国学者赛义德所说，真正的东方只是近东。对于古希腊到近代西方学者来说，近东对于他们是太熟悉了，从十字军东征开始，他们就与中东国家进行战争，同时，中东文化受西方影响很大，从宗教到科学、哲学、法律、经济，从经邦治国方略到国民生计，总体上都受到西方相当大的影响，当然中东民族仍然保持了自己的民族文化特征。但西方人心目中所敬仰，并且带有一种神秘感的东方就是中国。我们从以下的论述可以看到，西方人一直在寻找东方，这个心目中的东方就是中国。这并不是中国自己要成为他们的目的，中国是一个长期处于封建统治下的保守国家，直到近代对于西方的开放还是由于西方的入侵所致。中国被西方所"发现"，并不是中国自愿走向西方，这是历史的真相。

一般认为，最早记录中国人的是古希腊公元前 4 世纪的克泰夏斯（Ctesias），在他的笔下，"赛里斯人和北印度人身材高大，甚至可以发现一些身高达 13 肘尺（Coudée，法国古代长度单位，指从肘部到中指长，约等于半米，下同。——译者）的人，他们可以寿逾两百岁"①。这里所说的赛里斯人就是中国人，希腊罗马人对他们的印象最突出的特点是，他们生产一种西方闻所未闻的纺织品。同时，也有许多历史学家注意到这样的现象——这种东方赛里斯民族"不放牧牛羊"——这就是说，这可能是一个与当时许多游牧民族或者以畜牧业和商业为主要生产的民族不同的农业文明的国家。

引起希腊罗马人最大兴趣的是这种神秘的"赛里斯织品"（Serica）。希腊人的书中已经出现了关于东方纺织品的描写，希罗多德写道：

> 印度位于世界上最东部的地方，印度的一切生物，不拘是四条腿的还是在天空中飞翔的生物，都比其他地方的生物要大得多，例外的只有马（印度的马比美地亚的所谓内塞亚马要小），此外，那里的黄金，不管是从地里开采出来的，还是河水冲下来的，还是用我上面所说的办法取得的，都是非常丰富的。那里还有一种长在野生的树上的毛（指棉花而言—译者），这种毛比羊身上的毛还要美丽，质量还要好。印度人穿的衣服便是从这种树上得来的。②

最值得注意的是，这里所说的"树上的毛"，关于这种"毛"是什么，有

---

① 据米勒（Müller）版本，1884 年巴黎迪多（Didot）书店版本。参见［法］戈岱司编：《希腊拉丁作家远东古文献辑录》，耿昇译，1 页，北京，中华书局，1987。

② ［古希腊］希罗多德：《历史》，上册，王以铸译，242 页，北京，商务印书馆，1959。

两种解释。一种认为这种毛就是棉花，如果这种推测成立的话，这就是说至少到公元前 5 世纪，古代希腊人还不知道棉花的存在，否则无法解释他们惊异的原因。另外一种推测是丝绸，这也就是以后所传说的"赛里斯人的树上的羊毛"。这完全有可能，因为没有人亲眼目睹中国丝的生产与制造过程，把桑蚕与蚕丝说成是"野生树上的毛"，是以讹传讹的结果。类似的描写在希罗多德《历史》中比较常见，如他说印度"有一种蚂蚁比狗小比狐狸大"之类比比皆是，所以其后的历史学家修昔底德曾经嘲笑希罗多德。无论如何，希罗多德没有见过中国丝绸是一个肯定的事实，而且不知道中国的存在，只知道有印度人，这也是无疑的。但是，关于丝绸的描写已经预示着关于中国的存在所引起的震惊。

再一次提到赛里斯人与树上的羊毛的，已经是古罗马著名诗人维吉尔（Virgile，公元前 70—前 19）了，他在《田园诗》中写道：

> 叫我怎么说呢？是赛里斯人从他们那里的树叶上采集下了非常纤细的羊毛。

并非偶然的是，罗马的另一位著名诗人与理论家贺拉斯在自己的《希腊抒情诗集》中提到了"赛里斯国的坐垫"，这可能是罗马人揣测希腊人所具有的奢侈品——与传说中的赛里斯织品同类的东西。除了"赛里斯织品"之外，希腊罗马人还对于神秘的赛里斯人有多种多样的猜测，如"赛里斯的利箭"、"赛里斯人战车"等等。在普罗佩赛（Properce，公元前 50—前 15）的《哀歌》中，这种赛里斯织品的性质就渐趋明显了，他说："赛里斯织物和绚丽的罗绮怎能抚慰他们（不幸的情人）的忧伤？"此处把赛里斯织品与罗绮并立，说明这可能就是希腊人传说中的丝绸。不过大多数人可能对于丝绸的生产还是一无所知，最常见的是把它与棉花混为一谈，这就表明，他们一直不能确切地知道丝的生产工艺。一种重要的日常生活用品能持有如此长久的专利秘密可能是前所未有的，斯特拉波（Strabon，公元前 58—前 21）在《地理书》中描述东方地区时说道：

> 也是出于同一原因（气候的酷热），在某些树枝上生长出了羊毛。尼亚格（Nèarque）说，人们可以利用这种羊毛制成漂亮而纤细的织物，马其顿人用来制造坐垫和马鞍。这种物很像是足丝脱掉的皮织成

的赛里斯布一样。①

　　我们无从得知马其顿人制造坐垫与马鞍所用的材料，但是从中可以看到的是，斯特拉波对于赛里斯织品的了解已比维吉尔多了一些，知道这种织品不是"树上的羊毛"，而可能与一种动物有关。可惜的是，他把这种织品看成是"脱掉的皮"，这虽然是一种天才的猜测，因为它接近了蜕皮的动物如蝉、蛇，但又离事实相差太远。不过，当时即使最天才的人也很难想象出世上竟有由"蚕"这样的动物产生出来的纺织品。

　　可以说，直到公元 77 年前后，西方还不明白丝绸的生产方法。这一年写成的老普林尼（Pline L'Ancien，公元 23—79）的《自然史》一书中还说道："人们在那里所遇到的第一批人是赛里斯人，这一民族因他们森林里所产的羊毛而名震遐迩。他们向树木喷水而冲刷下树叶上的白色绒毛，然后再由他们的妻室来完成纺线和织布这两道工序。由于在遥远地区有人完成了如此复杂的劳动，罗马的贵妇人们才能穿上透明的衣衫而出现于大庭广众之中。"虽然罗马人对于丝绸的生产莫名其妙，但是丝绸成为罗马的最名贵与时髦的衣料已经是无可怀疑的历史事实。甚至埃及女王克里奥帕特拉（Cléopâtre）也与丝绸有了联系，罗马诗人卢坎（Lucain，公元 39—65）在《法尔萨鲁姆》（*Pharsale*）中绘声绘色地写道："克里奥帕特拉的酥胸透过西顿的罗襦而闪亮，这种罗襦是用赛里斯人的机杼织成，并用尼罗河畔的织针编出粗大透亮的网眼。"这种夸张作为一种艺术手法其实并不显得离奇，相形之下，西流士·伊塔里库斯（Sillus Iatlicus，公元 25—101）在《征伐战争》中的描绘，其想象之怪异，就令人难以理解了，他说："赛里斯人居住在东方，眼看着意大利（火山）的灰烬漂白了他们长满羊毛的树林。天哪！这真是蔚为奇观！"可能发生的事实与其想象大相径庭，罗马人的战车一直没有机会开进中国的土地，就是亚历山大王的远征也只是到达印度，而未能进入东方的中国。

　　在这一时期之前和之后所发生的两件事情与此息息相关：

　　第一，公元前 115 年，汉使张骞从西域回到长安，随同他一起来到长安的有乌孙使者，从此，中国通过西域开通了与西方的贸易商道。由于中国出口的商品中有大批的丝绸，这是世界上其他国家所没有的珍品，两千年后，普鲁士李希托芬（Ferdinand von Richthofen，公元 1883—1905）在其《中国亲历旅

━━━━━━━━━━━━━━━

　　①　据法国巴黎米勒版本，1853 年巴黎迪多书店的斯特拉波《地理书》。参见［法］戈岱司编：《希腊拉丁作家远东古文献辑录》，耿昇译，5～6 页，北京，中华书局，1987。

行记》（公元1877—1912）一书中，称中国与西方的商贸通道为"丝绸之路"（silk road），从此，这一名称流行于世。到丝绸之路开通之时，中国丝绸的生产历史大约有三千年，在良渚文化的浙江吴兴县钱山漾出土的丝织品，其时间大约距今为五千年。《礼记·礼运》中所说的"后圣有作，治其丝麻，以为布帛"，应当是历史事实了。当时的希腊人正在猜测这种"树上的羊毛"是如何生产的，可见东西方交通的意义是多么巨大。至少从物质交流上，它会极大推动社会生产的发展。

第二，公元166年，罗马皇帝安东尼（Marcus Aurelius Antoninus，即中国史册所记载的安敦民）生前所派遣的使者来到中国，这是罗马使者首次直接到达中国。盛传多年的"大秦"的正式使臣终于来到汉庭。对此我们上文已经述及，不再赘述，值得注意的是他们所献物品。丝绸之路开通之后，中国与西域双方的物品交流中，互相之间的需求应当是十分明显了。西方对于中国主要是丝绸之类的需求，而中国也有对于大秦产品的需求。

估计大秦使臣是从南中国海上到来，因为他们所奉诸物并不具有西方物产的特色，倒像是从南海所贩运的物品。汉唐两代，中国的象牙虽然并不缺乏，直到中唐时代岭南道还有象的活动。但中国这样的大国对于象牙一类物品的使用量极大。据史书记载，大量的象牙来自岭南、云南南诏国、安南、印度群岛与锡兰狮子国等地。象牙是重要的进口货是无疑的。犀牛角也是从南方进贡的重要物品，中国在宋代之前以使用亚洲犀角为主，明清两代起，士大夫们认为非洲犀角更佳，遂开始改用非洲犀角。无论亚洲犀角还是非洲犀角，以及玳瑁，主要是从海路广州一带进口或者从安南陆州进贡。所以我们从大秦使者所奉之物可以判断，他们是从海路来华。他们所献物品可能是从安南的日南所购，因为象牙、玳瑁与犀角等都是南海和安南的特产。大秦使臣长期漂流海上，多年辗转，所带物品流失，不得不重购新的物品奉献以求恩宠，便利经商，这是十分正常的。

大秦本土的出产也就是罗马物品进入中国的主要有哪些？这个问题前人看法有所不同，很多人都知道，《三国志·魏志·乌丸鲜卑东夷传》裴松之注引《魏略》中曾经有过一段关于所谓"大秦物产"的清单，其中罗列了：

> 大秦多金、银、铜、铁、铅、锡、神龟、白马、朱髦、骏鸡犀、玳瑁、玄熊、赤螭、辟毒鼠、大贝、车渠、玛瑙、南金、翠爵、羽翮、象牙、符采玉、明月珠、夜光珠、真白珠、琥珀、珊瑚，赤、白、黑、绿、紫、黄、青、绀、缥、红、紫十种流离，缪琳、琅玕、水精、玫瑰、雄黄、雌黄、碧五色玉，黄、白、黑、绿、红、绛，

绀、金黄缥、留黄、十种氎緤、五色氍毺、五色、九色首下氎緤、金
缕绣、杂色绫、金涂布、绯持布、发陆布、绯持渠布、火浣布、阿罗
得布、巴则布、度代布、温宿布、五色桃布、绛地金织帐、五色斗
帐、一微木、二苏合、狄提、迷迭、兜纳、白附子、薰陆、郁金、芸
胶、薰草木十二种香。

正像有的学者所指出："从罗马运入的各类商品可以代表西域各国和中国
的贸易。"① 但我们更要强调，实际上这里所列的大多数物产是产自西域、南
海，可能还有来自中东地区和阿拉伯的特产，有的从译名来看就是地道的西域
特产，真正来自大秦的反而不多。那么，来自大秦的是些什么物品呢？

西方学者夏德（Hirt）的《大秦国全录》（*China and the Roman
Orient*）说：

> 从大秦的物产中可以得出答复：琉璃、氍毺、刺绣品和其他织
> 物，以及除少数药材、香木以外，还有商人在叙利亚可以携出的或在
> 沿途购得到的宝石。②

以上物品可以说是真正的罗马产品。很明显，如果直接从罗马到达中国，
这些物品必然是罗马使臣的主要奉献。所以我们可以肯定，正如法国人布尔努
瓦所说，罗马使臣从越南的"日南"来华的可能性是相当大的。

其余还有一些关于早期罗马人入华的记载，如《后汉书·南蛮西南夷列
传》中说：

> 永宁元年，掸国王雍由调复遣使者诣阙朝贺，献乐及幻人，能变
> 化吐火，自支解，易牛马头，又善跳丸，数乃至千，自言我海西人
> 也。海西即大秦也，掸国西南通大秦。

永宁元年，也就是公元 120 年，这位自称来自大秦的"幻人"，也就是魔
术师或杂技演员甚至有可能是教士，成为史载第一位来到中国大陆的罗马人，
时间比我们上文所说到的汉桓帝延熹九年（公元 166 年）来华的罗马皇帝安东

---

① 沈福伟：《中西文化交流史》，53 页，上海，上海人民出版社，1985。
② ［德］夏德：《大秦国全录》，朱杰勤译，95 页，北京，商务印书馆，1964。

尼的使臣们要早 40 多年。民间交流往往早于正式邦交，可以说是世界文化交往的规则之一。

第七节　世界八大文化体系

文化的体系，就是以一种文化传统为基础的全部系统构成。它有民族文化的经典创造，有社会生活的独特道德伦理、政府法律、精神信仰、宗教组织、社会风习、民族心理性格、社会制度、思维与行为方式等的同一性，最重要的是，这些方面的同一性构成了一种契合与调节的机制。这是体系中最重要的一点，由于这种机制，这种文化就具有代谢能力，使得这种文化体系可以存在与延续。

任何一种文化都有自己的特点，这些特点产生于不同的历史环境。当我们观察一种文化时，往往注意到它的主要方面，而忽视其具体环境所产生的不同特征。在古代希腊，人类建立了高度发达的文明社会，古代城邦民主制度得以实行，哲学与文学艺术空前繁荣，古代科学思想十分活跃。但是，这并不代表希腊已经成为完美的社会，比如宗教与道德的规范与社会风习之间的对立冲突往往就令后人惊讶，希腊人中娈童与妓女的活跃就是令后世历史学家们费解的文化现象，这一现象是与雅典发达的法规、崇拜道德与思想的社会风尚并存的。这种传统就是一种体系，它由看起来互相矛盾的方面所构成，但它们的存在都有内部的根据。古代埃及历史上的同族通婚甚至近亲结婚是一种普遍的现象，所以有的学者推测这可能是导致古代埃及灭亡的原因之一。波斯古代社会中，安息国中的弗拉职特斯四世竟然被其妻穆萨与幼子所杀，儿子即位后竟然与其生母穆萨结婚，当时发行的银币上，刻有两人的头像，一面是国王，一面是王后，其实也就是改头换面的希腊女神像。而这位发动政变并且以后下嫁亲生儿子的王后穆萨，当年是罗马人送给国王弗拉职特斯的意大利裔女奴。现在我们所看到的出自苏萨的王后雕像，是来自希腊的工匠所雕刻的，其时代大约是公元初期。这位从西方来到东方的女王，本来应当像中国的文成公主一样，为异邦文化带来发明与技术，可是却带来了安息这个东方古国的内乱，从此之后，安息历史上内乱不止，人称小安息时代开始。这些事件中所透露出来的文化体系之间的差异，令人对于历史有更深刻的理解。

中国文化史上同样如此，唐代中国文化高度发达，封建王朝统治有力，但是王族与大家族中的行为放纵、宫闱内乱又是空前绝后。封建社会压制广大妇女，但是上层妇女却并非如后人想象的那般循规蹈矩，皇后专宠面首，公主再婚，王室与贵族妇女专横跋扈、欺侮驸马或丈夫的行为十分常见。在这种历史事件中，文化向我们展示了它的丰富内容，也提醒我们，作为一种文化体系，它是复杂的，是由多种因素构成的。

从世界历史上看，进入新石器时代之后，世界文明形成的步伐并不一致。据目前的研究来看，文明先在欧洲、亚洲与非洲三个大洲发展起来，这三个大洲中形成了农牧社会中的大型文明集中地。它们集中于非洲北部的埃及文明、亚洲西部的两河文明、亚洲东部的中国文明、亚洲南部的印度文明，这些文明都是独立文明。

稍后的历史时期中，欧洲的地中海文化、美洲文化等先后独立形成。主要文化形成之后，它进入一个稳定与均衡的历史发展时期。这些文化都存在于特定的历史时代，并且对世界文明有自己的贡献。在历史发展过程中，这些文明中有的文化形态经历了多次转变，有的文化基本形态未变，无论其变化过程如何，它们至今仍然都是具有一种独立价值的文化体系。当然，在某些文明中，社会生活形态已经完全改变，但是它的民族文化传统却并没有完全消失，它的价值仍然存在，它仍然是一种文化体系。

直到 15 世纪的海上航线开通之后，世界各国真正联为一体，世界文化大谱系形成。其实，从古代开始，欧洲人、中国人、阿拉伯人都在海上努力探索海上交通。15 世纪，中国的郑和受国家派遣开辟海上航线，远航海外，最远到达东非等地。可惜的是中国过早地从大洋上撤退。就在郑和之后不久，欧洲人实现了环球航行。葡萄牙、西班牙的殖民者们远征非洲、美洲，最终来到东方。公元 1509 年，葡萄牙人与中国人首次在马六甲相逢，此后不久，葡萄牙人在澳门获准定居，西班牙人则来到了南中国海岸的福建省。这是全球航线开通之后，东西方文化所形成的一条直通的航线，以后被人们称为"近代海上丝绸之路"，它是世界两大文化的相逢，标志着世界文化大谱系的诞生。随后，欧洲列强发起世界性的殖民运动，欧洲因此获得了海外市场、资源与劳动力，西方文化成为世界最强有力的文化。也正由于此，世界各文化之间形成了大交往，世界文化的大谱系就是这样形成的。

在本书中，我们依据当代世界的文化形态，参考其历史，对世界各文化体系的划分如下：

1. 亚洲太平洋文化体系：也可称为环太平洋文化或亚太文化体系，包括东北亚的中国、日本、朝鲜到美国的西海岸，如今尚没有这种文化起源与迁移的具体路线，估计这种文化体系在亚洲大陆起源，在远古时代经过白令海峡到了美洲，另外它还分布于东南亚到南太平洋的广袤地区。

2. 南亚文化体系：从南亚到东南亚与亚洲太平洋文化体系交叉，以印度半岛与印度洋为中心的文化体系，它同样传播到东南亚地区，古代曾经有过较大影响，到达东亚与西亚的部分国家与地区。

3. 地中海大西洋文化体系：从地中海向北与向西，包括了东欧、北欧、西欧直到俄罗斯西伯利亚地区，这种文化起源于地中海，以后中心西移大西洋沿岸，其中东西欧洲、南北欧洲都有一定差异，但基本类型是相同的。

4. 伊斯兰文化体系：从阿拉伯半岛、西亚腹地下至波斯湾，直到欧洲的土耳其、中亚、东南亚部分地区与南亚巴基斯坦、伊朗甚至包括了阿富汗、非洲埃及和突尼斯（它们在历史上与西亚和地中海文化有密切关系）等地。这是以伊斯兰教的传播为主要划分的文化体系。

5. 北美大洋洲文化体系：北美洲包括美国、加拿大到澳大利亚、新西兰，主要是由16世纪以后海上交通发展形成的本土文明与外来文化相结合形成的体系，外来文化主要是欧洲移民所带来的地中海大西洋文化传统，在北美地区这一文化占有主流地位。

6. 拉丁美洲文化体系：以拉丁美洲为主体，传统的美洲三大古代文明——玛雅文明、阿兹特克文明与印加文明——被西方殖民主义者毁灭后，混合形成了一种新的文化体系。

7. 非洲文化体系：非洲古代文化历史久远，《圣经》中就已经记载了非洲的古代强国，北非埃及文明也是世界上最早的文明之一，环球海上航线开通之后，东西非、南部非洲和中非地区，在古代文化传统与宗教、民族的同一性基础上形成了非洲的区域文化体系。

8. 犹太文化体系：以色列是古老的犹太文明重新建立的国家，这一文化以犹太民族与宗教为主要构成，除了以色列之外，尚有大量的犹太人分布于世界其他国家主要是欧美地区，他们在相当大程度上保持了犹太文化传统。

这就是我们的八大文化体系划分，由于世界文化体系划分众多，为了区别于其他划分，笔者在多部著作中进行过基本相同的划分，如在《陶泥文明》与《西方文化概论》等著作中也进行过类似的体系划分，与这里的体系可能有些出入，但大体是一致的。可以看出，我们这种划分主要是以区域与文化传统结合进行的一种划分。如果只从历史来划分，许多文化其实已经不存在，它的传统已经由后起的文化所继承，比如古老的波斯文化以后由于伊朗的伊斯兰化，已经并不存在，只是一种历史文化，所以我们就不再列为单独的文化体系。此外，如俄罗斯与中东欧一些国家，传统上以东正教为特有宗教，与西欧国家之间本来有相当多的不同，但由于文化传统上仍有相当大的继承性，我们不再分列。还有土耳其的奥斯曼帝国等曾经十分强大，由于其与阿拉伯文化的联系，我们也不再分别列出。

如上所述，划分文化体系是一种相当流行的做法，几乎所有的文化研究都在进行这种划分。我们认为，这种划分虽然目前已经过多而显得泛滥，但仍然是有必要的，因为世界文化的多样性使得研究者不得不对其进行划分，掌握各自特性。

仅仅划分文化类型并不是文化研究，重要的是通过一定方式的研究掌握文化的规律与其性质，比较文化学是最主要的研究方式，舍此并无他途。而且，必须从东西方文化比较研究入手，以世界文化中最具代表性的文化体系进行比较，这种比较研究是从思维方式的差异、世界文化的最突出形态来进行研究的。早在 17－18 世纪，由于海上大交通的开通，德国科学家莱布尼茨与法国伏尔泰等人就提倡从东西方文化的比较来进行研究，以把握世界文化的规律，这是富于远见的。我们认为，如果只列出世界文化的主要体系，仍然不是比较文化的研究，甚至连真正的文化研究都算不上。只有对于东西方文化的典型形态进行比较研究，才称得上是比较文化学。

第四章　文化体系的生成机制与
比较研究的材料和方法

第一节　文化体系的生成机制

　　我们将世界文化划分为八大体系，基本上可以涵盖世界主要文化。但是亦无可讳言，任何文化体系划分只是一种历史主义观念原则的实践，它不可回避这样一种观念，即各种文化体系都是历史生成的结果，从东西方文明、四大古代文明等观念发展到世界文化体系的划分，只不过是无数民族文化的萌发、成长、湮灭历程的再现。文化的兴衰成败是正常的历史现象，如浩荡长河后浪推前浪，无边芳林新叶替旧叶，永远无休止。无数种文化沉淀于历史之中，其中不乏相当有影响的文化，两河流域的赫梯人、苏美尔人，东亚草原上众多的游牧民族如匈奴人等等，都曾经显赫一时，甚至建立过大型的帝国。其中有的民族是相当杰出的，如地中海岸边的腓尼基人就曾经对人类文明进步有过巨大贡献，腓尼基人发明了拼音文字，这种文字的字母表演化出现代社会多种拼音文字系统。但是不仅腓尼基人在地中海岸边的大城西顿等早就湮灭，而且腓尼基人建立的迦太基也被罗马人夷为平地，罗马元老院的口号"消灭迦太基"终于实现。以致后世的考古学家来到突尼斯，想找寻迦太基城的遗址时，竟然只剩下一片断砖残瓦，当年繁华昌盛的历史名城已经无处寻觅，致使后人无从凭吊这个古国，不胜歔欷。

　　我们总结世界文化体系的生成变化模式大致有四种机制：本源性文化、主合型文化、从合型文化与复合型文化。

　　1. 本源性文化，即原生的文化，保持了本民族传统的文化形态。这种文化形态虽然在全球化时代也受到其他文化的作用，但是从未完全改变文化的核心。其古代类型如美洲印第安人文明（指原住民保存下来的）、非洲中非与东非地区的少数民族文化等。另外一类就是长期保持伊斯兰教传统的阿拉伯国家，欧洲国家则以地中海大西洋文化为主，还有以色列等保持犹太文化特色的国家。当然这种本源性文化并不等于所谓的"纯种族性文化"，因为任何一种具有世界意义的文化体系都必然经历了融合过程，如伊斯兰阿拉伯文化在8—9世纪间对希腊罗马文化的吸收；希腊化时期，地中海文化与犹太文化相融合，从犹太教脱胎的基督教成为罗马的国教，东西方文化大合流。就在同一时期，中国、希腊、中亚和南亚文化在锡尔河和阿姆河流域融合，生成了犍陀罗文明，这种文明又丰富了中国、希腊和南亚的文化。所以并不存在绝对纯粹的本源性文化，这只是一种文化传统的划分。

2. 主合型文化，这也是种最普遍的文化生成机制之一。这种文化形态的特征是以一种传统文化为主体，接受一种或多种文化作用并与之融合，形成一种新的文化。如美国是以地中海大西洋文化为主体，接纳了世界各种民族的融汇所形成的一种文化类型。亚、欧、非多数国家，如亚洲的日本等国家基本上属于这种类型。

3. 从合型文化，这是一种改变传统文化的基本形态或重要因素，较多接受其他文化影响而形成的类型。如北非埃及、苏丹等国家接受伊斯兰教所造成的文化转型，特别是一些文明古国，如西亚曾经是美索不达米亚与巴比伦帝国的旧地，伊朗也产生过盛极一时的波斯帝国，但是经过伊斯兰化之后，原有的文明因素已经处于从属地位，伊斯兰教文化占据支配地位了。

4. 复合型文化，是指本土文化与外来文化基本上完全融合，传统民族文化的形态已经被新型的复合型文化所取代。例如南美洲与中美洲国家中，有多种文化作用。世界第五大国巴西就是这种文化的一种代表，世界经济的"金砖四国"中就有复合型文化的巴西。另一个"金砖"国家——印度——则经历了更多的文化变迁，历史上受到雅利安、莫卧儿与欧洲文化的多重影响。当代印度文化中相当多的因素与英国相关，但是外来文化并非像美国或加拿大那样完全取代了本土文化，而是与本土文化相结合，成为一种多元化的文化体系。土耳其等国家也是如此。

我们特别要强调，文化类型虽然不同，但是所有文化都是平等的，文化无优劣之分。个别文明在一段历史时期中可能在经济发展中占据优势，但并不意味着文化水平高于其他文化。如日本文化就是一个典型的例子，自从明治维新之后的"脱亚入欧"开始，日本成为一种主合型文化，其经济高速发展，这是历史事实。但是，这并不说明所有的主合型文化都会经历日本一样的发展道路。

第二节 材料的处理

对于比较文化研究的学者来说，由于这是一个新学科，材料与证据方面存在的疑问相当多，其中最常见的是两种相对立的错误认识。

其一是唯材料论，自德国的历史主义流派之后，世界史的研究中轻视材料与考据的观念已经得到根本的扭转。19 世纪以德国历史学家利奥波尔德·冯·兰克为代表的历史主义对于欧洲史学有重要影响，兰克创造了自己的史料研究方法，他的早期著作《近代历史学家批判》中就对欧洲近代史中轻视史料真实性，不注重原始材料与第一手资料的学风进行了严肃的批判，他要求历史的真实性。什么是真实性，如何才能具有真实性？事实上从来没有一个历史学家不认为自己的研究是真实的，这就要求有一种鉴定的方法与原则。兰克认为，任何精神现象必须与实际的现象结合起来，看不到的事物必须从可见的事物中得到解释，只有这种解释才是可信的。

但是，同样是兰克，他在《政治论文》中有一段名言：

> 以其全部无可置疑的首创性突然呈现在你面前的精神现实性，是不可能从任何更高的原则之中推导出来的。①

其实，兰克本人是非常重视历史事件的主观意向与精神作用的，他的观念是来自于"活生生的个体"的，兰克从不反对形而上学。相反，兰克极为重视形而上学的解释，他的主要著作《英国史》、《教皇与宗教关系史》等著作都是从民族精神与宗教角度来解释历史的。如今，这种历史主义观念虽然已经过时，但是它的价值并没有因之消失，材料不等于历史，这一原则在文化研究中同样重要。材料，对于我们而言，意味着一种研究方式的基础。对于它的应用应是考古发现与文献的结合，是多种史料的结合，是在史料基础上的个体的精神体验与历史客观现象的结合，这才有可能保持一种文化研究的优秀传统。从19 世纪 20 年代兰克史学的兴起，到 20 世纪 70 年代的罗伯特·福格尔（Robert Fogel）等人的量化史学，世界历史研究一直处于一种材料中心主义观念的统治之下，其原则是兰克等人所确定的。美国史学家格奥尔格·伊格尔斯（Georg. G. Iggers）曾经有过一个概括性的总结：

> 自从利奥波尔德·冯·兰克以来，"科学的"取向就和从修昔底德到吉朋的文学传统共同享有三项基本的前提：（1）他们都接受了真理的符合论（Correspondance Theory of Truth），认为历史是描绘确实存在过的人和确实发生过的事。（2）他们都假设人的行为反映了行为者

---

① 转引自 [德] 迈纳克（Friedrich Meinecke）：《论兰克》，见何兆武主编：《历史理论与史学理论》，430 页，北京，商务印书馆，1999。

的意图，而历史学家的任务则是要理解这些意图以便建立一篇完整一贯的历史故事。（3）他们是随着一种一维的（One-dimensional）、历时的（diachronical）的时间观念在运作的。……就决定了从希罗多德和修昔底德到兰克与从兰克一直到20世纪的历史著作的结构。而正是这些前提，在近代的史学思想中却逐渐受到了质疑。[①]

我们可以说，所谓受到挑战，不仅仅是指来自历史学，更多的是来自人类学、社会学、比较宗教学与比较文化学等不同学科的材料的挑战，这是多学科的挑战，也是一种多元材料观念的挑战；也正是由于同时受到了不同文化中历史材料观念的挑战，文化研究与比较文化研究，带来了多维的时空观念，共时与历时相融合，所以我们称之为"多维与多元材料观念"。

这也就使我们可以反思下面一种更为有害的倾向。

这一种相反的倾向是"史料虚无主义"，就是轻视史料，无视考古发现，或者历史考据的发明。这一倾向有两种表现，一种是精神史的任意挥发，同样是德国史，在德国浪漫主义历史学家与哲学家笔下，就变成了一种没有史料的精神史，这种倾向发端于赫尔德、黑格尔和杜林等人的著作中，大成于部分后现代主义历史学家与文化人类学家等。另一种倾向则是盲目疑古，不相信考古与科学发现，世界各国的文化与历史研究中都存在这种现象，比较典型的是中国20世纪初期的疑古思潮。这种思潮在中国历史学界争论不休，如果从比较文化学角度来看，其谬误程度与原因就昭然若揭了。

中国是一个文化古国，但是文化社会的发展规律在于，文字发明只是社会发展到一定阶段的产物，只有文字发明之后，才可能有文字记载的出现。正像俄国语言学家 B. A. 伊斯特林所说，世界主要的表词文字如埃及、苏美尔、中国与克里特的文字大约都是公元前30—前20世纪前后产生的。从文字产生再到文献形成，又有相当长的历史时期。20世纪初期，一些中国史学家把《史记》看成是中国历史可靠记载的开端，对于汉代之前的历史持怀疑态度，产生了所谓"疑古派"。1922年北京大学的顾颉刚在《与钱玄同先生论古史书》一文中，提出这样一个观点：《说文》中的"禹，虫也，从内，象形。及'内，兽足蹂地也'"。怀疑禹本是古代神话里的动物。[②] 以后顾颉刚等人主编的《古史

---

① ［美］伊格尔斯：《二十世纪的历史学——从科学的客观性到后现代的挑战》，何兆武译，3页，沈阳，辽宁教育出版社，2003。

② 参见顾颉刚：《我与古史辨》，206页，上海，上海文艺出版社，2001。

辨》再次对中国古代史的真实性展开讨论，认为中国古代史是"层累地造成"的。这就是中国20世纪初期的所谓疑古思潮的缘起。以后钱穆曾经描述这一经过：

> 古史之怀疑，最先始于胡氏。其著《中国哲学史》，东周以上，即存而不论，以见不敢轻信之意。近数年来，其弟子顾颉刚始有系统见解之发表。《古史辨》"与钱玄同先生论古史书"："我很想做一篇层累地造成的中国古史。第一，说明时代愈后，传说中的古史期愈长。第二，说明时代愈后，传说中的中心人物愈放愈大。第三，我们在这上，即使不能知道某一件事的真确的状况，但可以知道某一件事在传说中最早的状况。"胡适"古史讨论的读后感"云："这三层意思，却是治古史的重要工具。顾先生的这个见解，我想叫他做'剥皮主义'。譬如剥笋，剥进去才有笋可吃。这个见解，起于崔述。崔述剥古史的皮，剥到经为止，还不算彻底。顾先生还要进一步，不但剥得更深，并且还要研究那一层一层的皮是怎样堆砌起来的……"①

这种思潮的起源其实并不是中国传统，而恰恰是兰克的历史考订史观的变形，当时一些受到西方历史学思想影响的学者其实对于西方历史学观念并不理解，食"洋"不化。傅斯年主持的"中央研究院"历史语言研究所的工作中，相当多的人主张"有一分证据说一分话"，其实只是歪曲了兰克的学说，其精神实质不但与现代史学不相符，就是与更早的实证主义方法也是大相径庭的。中国人学西方科学精神与方法，如若不与本土文化相结合，则难免产生不伦不类的结果。对于西方文化理解较深的严复就反对过这种盲目搬用西方方法的毛病，他对于清末海禁大开之后，盲目学西方经验的做法，曾讥之为"淮橘为枳"。他说过："盖一国之事。同于人身，今夫人身，逸则弱，劳则强者，固常理也。然使病夫焉日从事于超距赢越之间，以是求强，则有速其死而已矣。……此中大半，皆西洋以富以强之基，而自吾人行之，则淮橘为枳，若存若亡，不能实收其效者，则又何也？"②

另外一种疑古思潮是对于古代文字的怀疑。1899年，中国发现了甲骨文，

---

① 钱穆：《国学概论》，330页，北京，商务印书馆，1997。

② 严复：《原强》，见南京大学历史系等编：《严复诗文选注》，51～52页，南京，江苏人民出版社，1975。

经过一个多世纪的研究，商代先公先王的存在与世系已经基本清楚，证实与纠正了《史记》中的有关记载。甲骨文这种对于古代文字的研究既是考古学也是历史学的发现，更是文化研究的发现，这一发现的意义引起了世界学术界的重视。但是一些中国传统学者对于它的意义在当时是认识不足的，如章太炎、钱穆等学者都先后表示过不同意见，虽然两人前后态度有所不同，但根本原因仍然是对书面记载与考古材料不能同等对待。

20世纪的中国甲骨文发现，是世界古文字发现的一个重要方向，与克里特线形文字、苏美尔泥板文字、埃及象形文字是同样重要的世界古文字大发现，引起世界语文学、历史学与考古学的大震动，其历史价值与学术重要性无与伦比。先是孙诒让对于《铁云藏龟》的研究，写成《契文举例》两卷，开文字与历史研究之先河。以后罗振玉的《殷商占卜文字考》《殷虚书契考释》，王国维的《殷卜辞中所见先公先王考》及《续考》，陆续问世，形成所谓"罗王学派"，对于中国古代史贡献巨大。王国维的考据说明，中国上古史记载是属实的，古代典籍中所说的王亥是殷之先公，《山海经》《竹书纪年》《楚辞》《吕氏春秋》《史记》《汉书》等所记载的原本被认为是古代神话的人物，竟然历史上实有其人！王国维所排定的世系与古代史籍基本相同。这一发现如同埃及古代王表的发现，使中国进入有史可考的世界文化古国的行列，一切反对之词都破灭了。郭沫若说：

> 得见甲骨文字以后，古代社会之真情实况灿然如在目前。得见甲骨文字以后，《诗》、《书》、《易》中的各种社会机构与意识才得到了它们的泉源，其为后人所粉饰或伪托者，都如拨云雾见青天。我认定古物学的研究在我们也是必要的一种课程，所以我现在即就诸家所已拓印之卜辞，以新兴科学的观点来研究中国社会的古代。①

郭氏这里所说的"古物学"其实就是考古学，这是历史学家自觉认识到现代考古学发现的意义并以此为工具研究古代文化的由衷之言。

试想，如果兰克等人知道这一伟大历史考证时，将会用怎样的历史伟人与时代精神的理论来阐释它，这也是预料之中的事情，因为现代历史学理论其实正是建立在19世纪与20世纪考古人类学等学科发现的基础之上。

笔者以为，尽管近世以来诸学科的发现数不胜数，但是从历史材料科学角

---

① 郭沫若：《中国古代社会研究》，上，187页，石家庄，河北教育出版社，2000。

度来看，以下发现对于文化研究意义极为重大：

（1）1899年，中国甲骨文发现，罗振玉、王国维、郭沫若和董作宾等人破解甲骨文，排列殷商帝王世系，并利用这一古代文字材料对中国古代文化进行研究。

（2）1900年，在古希腊文化旧地诺萨斯发现了一种线形字，这就是迈锡尼人的文字，英国人文特里斯于1953年成功解译了这种文字，这是公元前13世纪的西方古代文字，从而为西方文化之源——古代爱琴海文化研究——打开了大门。

（3）1788年，入侵埃及的法国军官夏德（Bochard）发现罗塞塔石碑，法国学者让·弗朗索瓦·商博良（Jean Francois Charmpollion）等破译这种文字，识读埃及象形文字，发现历史人物托勒密（Ptolemy）与克里奥帕特拉（Cleopatra）等人的姓名，并初步排出历代国王世系。

（4）19世纪，苏美尔人的楔形文字被解读，波斯波里的贝希斯吞铭文等的成功解释。1964年意大利考古学家在叙利亚的埃布拉遗址发现青铜时代宫殿，随即获得近两万块刻有楔形文字的泥板文书，再次为近东文化研究增添异彩。

我们不能不惊叹于现代世界文化史发现的奇迹，东西方几乎同时发现了时代相近的古代文字，这是文化的胜利，是文化研究的科学方法的成就，也是文化研究材料方面的伟大发现。这些发现并不只是被锁在博物馆玻璃柜里的文物，它将为世界文化研究，特别是为比较文化的研究发挥无比巨大的作用。

有了这种比较文化学的视域，我们再看所谓"古史层累说"等观念，可以说是十分简陋了。人类文化的发现，正是随着时代的前进而越来越多，现代人对于上古历史的发现可以超过古代人，这恰恰是科学与文化研究前进的必然。将来的人们会比我们对于古代文化有更多的认识，古史就是这样层层发现的，而不是人工假造的。愈是古代，愈是不可能知道更古的时代，这是由于科学与文化的不发达，文献与材料无法得到全面整理，古代器物深藏于地下，古人缘何识之？《论语·八佾》中说：

> 子曰："夏礼吾能言之，杞不足征也；殷礼吾能言之，宋不足以征也；文献不足故也。足则吾能征之矣。"

《孟子·万章》中说：

北宫锜曰："周室班爵禄也，如之何？"孟子曰"其详不可得闻也。诸侯恶其害己也，而皆去其籍。"

孔、孟所不知道的殷周之事，后人就更无从得知，所以后人关于殷周的历史只是层累所制造出来的。这其实是一种单线单向思维的观点。孔、孟所不知道的殷周先王先公，20世纪中国学者已经借助于甲骨文可得而知。时代越向后，我们对于古代的历史知识越系统，可知的历史时代就越向前。古史的发现是层层推进的，这不但不是反科学的，而且恰恰是正确的文化研究与方法的观念。

当然，疑古思想与对考古材料的怀疑并不只是中国所独有，世界各国也都不同程度地存在。特别是对于东方文化包括埃及、印度与中国文化的研究，西方学者与部分本土学者经常持怀疑态度（对于希腊史与克里特文化史的研究也存在，但相对于东方文化要少一些）。但是，这毕竟无法改变现代历史与文化研究的大趋势，西方考古学的发达影响着世界，20世纪以来不仅欧洲考古已经成果不凡，而且埃及、印度等国的研究也有了重大发现，形成了新的考古和历史研究的派别与方法。也有一些有见识的中外考古学家对于中国原始与古代文化研究取得了重大成就。王国维所提出的"二重证据法"已经接近新的历史材料观，1925年王国维在清华研究院发表题为《古史新证》的讲演时说过："吾辈生于今日，幸于纸上之材料外，更得地下之新材料。由此种材料，我辈固得据以补正纸上之材料，亦得证明古书之某部分全为实录，即百家不雅驯之言，亦不无表示一面之事实。此二重证据法，惟在今日始得为之。虽古书之未得证明者，不能加以否定，而其已得证明者，不能不加以肯定，可断言也。"[①]

王氏的见解在今日看来已经相当普通，如果与当代历史学理论相比，比起兰克史学都已经十分简单，还称不上一种史学理论，只是一种基本观点而已，但仍然引起中国史学家议论纷纷。王国维对于当时已经出现的欧美比较文化学与人类学、社会学等研究尚不了解。在他之后，世界历史的研究更是日新月异，单线单维的历时向度的研究早已经一去不复返了，当代史学理论的引入，比较文化学新学科的发展正促使中国历史研究发生巨大变化。所以，在本书的材料上，我们提倡多维多元的材料观。如果只是从历史证明与材料的角度，以下方面都是必要的。

---

① 周锡山编校：《王国维集》，第四册，72页，北京，中国社会科学出版社，2008。

（1）文字与典籍的历史记载资料。

（2）古代文字的发现而出现的材料，如苏美尔泥板文字、克里特线形文字、埃及象形文字、中国甲骨文字等，其中的年表、帝王纪、纪事等史料。

（3）考古发掘的材料，特别是 20 世纪以来的世界范围的众多考古发现，大量地下器物为文化研究提供了最宝贵的材料。

（4）口头与文字记录的神话、传说。

（5）共时与历时的现象与人类行为比较研究，特别是比较文化学中的文化间比较，儿童心理学与历史心理学、人类社会的历史结构的研究等。

这就是我们所说的多维（历时与共时）多元（跨文化与跨学科）的研究资料观念，在本书中，我们可以看到这一研究方法的实践。当然，作为这种材料观念的核心并不只是所谓"二重证据"或者多重证据的实现，关键是材料观。历史材料不是历史，如果没有历史观念，任何材料都不可能构成历史，正像人类的本质不是碳水化合物，也不是肉加上骨头，人是有灵魂的动物。这个最简单的例子只是说明，观念是灵魂，而材料只是人体的物质成分。一切材料的运用，最终取决于运用者的观念与方法。

正因为比较学科的比较思维与比较方法的互相作用，所以形成了比较方法明显的多样化。在长期的研究实践中，比较研究的多种学科已具备了多种多样的研究方式，特别是在比较文学、比较法学、比较史学、比较教育学等历史相对长一些的学科中，研究方法的多样化十分引人注目。它的发展趋势可以总结为两个方向的立体交流。一方面是以比较为基本方法特征的多元化方法吸纳，在比较学科中，可以看到各种学科和各种思潮所特有的方法的融入。哲学、历史学、文学等学科的特有方法，特别是一些新兴学科所特有的研究方式纷纷为比较学者所运用。古典主义和人文主义者所用的文本分析、社会历史分析法，法国泰纳（Hippolyte Adolphe Taine）的历史实证主义方法，中国清代学者的文字、音韵、训诂方法，以中国学者郭沫若、范文澜、翦伯赞、吕思勉、侯外庐等为代表的马克思主义历史分析与中国传统历史研究结合，产生一种新的社会历史分析方法，把社会经济与政治制度、历史规律的研究结合起来，形成了独特的比较研究方法。西方的精神分析学、结构主义、格式塔心理学、女性主义、现象学与阐释学、人类学等各种流派的研究方法，各种研究方法与比较方法的结合，促进了比较研究范围的扩大与方法的多样化。这是比较方法向内部丰富了自己。另一方面，比较方法向各个学科渗透，在非比较性的学科中与具体的研究方法相结合，推动了具体研究的发展。当代重要的学科和论著中，几乎无不运用比较方法，甚至相当多的学科就是在比较意识的推动下形成的，虽然它们没有冠以"比较"的名称，比如人类学，基本上与比较主义学科一同起步，西方的文化人类学家如马林诺夫斯基等人的著作都是以本民族文化与所谓"原住民"的文化进行比较，其实就是一种比较文化人类学。哲学中比较意识更是炽烈，马克斯·韦伯的名著《儒教与道教》等著作被称为"比较文化系列"，其中主要是把中国的儒学（韦伯称之为儒教）与西方宗教特别是清教精神、印度宗教等进行比较研究，是一种融历史、哲学、社会学、经济学的综合性比较，所以有人也把它看成是比较文化学。虽然笔者认为它并不能说是真正的比较文化学，但也不否认它具有一定的比较意识。

解构主义理论家德里达（J. Derrida）的《论文字学》（*De La Grammatologie*）可以说是一种新型比较文化学的论著。从所研究的内容来看，是后现代哲学的经典之作，用德里达的话来说是"文字哲学"，这是与传统哲学大相径庭的。书中涉及大量的比较语言学知识，汉语等语言被作为书写语言与拼音语言作为听的语言进行比较，但这种比较不是形式的比较，而且目的不在于说明语言本身的差异，旨在研究由语言差异所形成的文化差异，是对于理性本身的反思，是一种新的比较方式。它的新颖之处在于，它不同于比较语言学前驱如洪堡特对梵语、美洲语言的研究。在洪堡特看来，比较语言的研究应当"成为一项独立的、具有自身用途和目的的研究（zu einem eignen，scinen Nutzen und Zweck in sich slbst tragenden Studium）然后才谈得上为了解人性提供可靠有益的知识"。他的目的是把比较语言研究变成一种纯学术的研究"纯粹为其本身的目的"。在他看来语言本身是研究客体，是一个自为的客体，"对它可以像对任一自然物体那样作客观的研究"。[①] 德里达的比较研究不同于语言文字，是"醉翁之意不在酒"，他所关注的是卢梭的《语言起源论》、孔德哲学等，与对语言原始资料研究是大不相同的。德里达甚至可能连他所谈论的语言如汉语等是如何书写的都不知道，尽管这无疑是有局限性的，但因为他是一种哲理意义上的文化比较，并不妨碍他纵论语言比较。这是问题的关键，也是比较方法不断发展的表征之一。笔者并不赞成德里达的观点，但是认为这种比较研究方式是重要的，它与列维-斯特劳斯的人类学研究方式一样，是一种创新性的比较研究。

比较方法本身就是一种多层次、多类型的多元方法论，不能把比较方法看成是单一的类比或是对照、交流史的考察。

---

① ［德］威廉·冯·洪堡特：《论人类语言结构的差异及其对人类精神发展的影响》，姚小平译，43页，北京，商务印书馆，1999。

但是，我们也要强调，比较的基本原理又决定了它仍然是有核心的，它不是一种泛化的研究。作为方法论，比较研究有自己的基本范畴。其基本范畴来自于比较的特性，这就是历史的交互作用与非历史的评价两种基本方式。

第三节　比较方法的来源

比较方法不仅被运用于文化研究，而且是极为普遍的研究方法。从学科方面而言，诸如比较法学、比较文学、比较经济学、比较政治学、比较神话学、比较语言学……可谓"比比皆是"。这些学科中都有一种共同的比较意识，而且比较方法也是这些学科的重要方法之一。那么这种"比较"意识到底是从何而来的，它的最初意义是什么呢？如果不明白它的来源，则会人人谈"比较"而"比较"亡。

我们必须先要知道："比较"从何而来？

真正的"比"字在甲骨文中并不多见，甲骨文中常见的是与它有关联的"匕"字，从字形上看，这只是比字的一半。《说文解字》（简称《说文》）中认为这个"匕"字就是"比"，后世的"比"是从它发展来的。那么这个"匕"又是从何而来的呢？可以说有两种来源：一种是段玉裁注所说的器具名，就是饭匙：

> 比当作匕，汉人曰匕黍稷、匕牲体。凡用曰匕也，即今日之饭匙也。①

这种意义可能容易理解，《说文》中的这个饭匙的概念是古代的用具，它与祭祖先的祀礼有关。第二种是匕与"妣"相通，"泛指为女性祖先，专指则为祖母"②。甲骨文和金文中"妣"都是常见的字。在甲骨文中，以专名而论有祖己的配偶"妣己"和"妣庚"；祖丁的配偶"妣己"和"妣癸"；武丁则有三位配偶即"妣辛"、"妣癸"和"妣戊"（参见罗振玉《殷虚书契前编》与《殷虚书契后编》所录甲骨）。"妣"是女性的代称应当无疑问，对此罗振玉在《增订殷虚书契考释》中已经指出。简单地说就是，妣与祖相对，妣指女性家长，祖为男性家长，作为一种泛指，不仅只是对于祖先而言，在当时可能已经是一种女性通用的称呼，郭沫若曾指出："男子皆得以祖名，女子皆得以妣

---

① （清）段玉裁：《说文解字注》，385 页，上海，上海古籍出版社，1981。
② 刘翔、陈抗、董琨：《商周古文字读本》，379 页，北京，语文出版社，1989。

名。"这是社会的统一称谓。文化演进中，从牲体的"匕"到人祖之"妣"这个历史过程，虽然已经由于岁月磨蚀，只能依稀辨认其发展的痕迹，但有真知灼见的学者仍然能看到其来源，中国古文字学家杨树达的《释匕》一文中，就认为"妣"的初文就是"匕"，再一次支持了这一说法。[①] 众所周知，郭沫若早期考证文字中常有大胆发现，但却屡次与考证严谨的杨树达先生不谋而合。笔者曾经在《诗言志新解》等论文中，考证"诗"的起源时，即与郭、杨两位的见解相合。[②] 此次又不期而遇，引以为同，实为有幸。

简略说明了"比"字演变的历史，它的意义也就容易理解了。

这就是柏拉图所说的，在万物的同一性之中存在着"居间同一"与"居间不同"的根本特性，它充溢于事物之中，并且呈现于语言与思维之中。思维是经过人类意识不断整理的，而语言则相对容易保存事物的原始风貌，思维中已经淘汰的现象完全可以在语言中找到。其实关于这种语言与思维中所存在的同源相背的关系，我们已经指出这并不是罕见的现象。《诗经·关雎》中"窈窕淑女，君子好逑"一句，《毛诗正义》释为："逑，音求。毛云匹也，本亦作仇，音同。郑云怨耦曰仇。"[③] 君子追求淑女为什么与仇人结怨相通呢？道理也很简单，两者之间有一种共同特性，都是从众人中抽出结为一对，或是爱侣或是仇敌，耦即是"对"，也就是"偶"，配偶也就是一对儿，仇家对立也是一对儿，结为一个单独的对立体这一意义是相同的，两者是一样的。西方人类学家涂尔干（Emile Durkheim）的一段话恰好与中国人对《诗经》的注释不谋而合：

> 　　所以，作为家庭、社会和其他各种组织之基础的那种情感，在事物的逻辑划分上也同样行之有效。事物或相互吸引，或相互对立，这与人们或因亲属关系而联合、或因族间血仇而对抗完全同出一辙。[④]

---

① 杨树达：《释匕》，见李学勤等编：《中国现代学术经典·杨树达卷》，756页，石家庄，河北教育出版社，1996。

② 有关论述参见方汉文：《诗言志新解——兼论文学的起源与语言》，载《人文杂志》，1992（6）。

③ 《毛诗正义》，见《十三经注疏》，影印本，上册，273页，北京，中华书局，1980。

④ ［法］爱弥尔·涂尔干、马塞尔·莫斯：《原始分类》，汲喆译，91～92页，上海，上海人民出版社，2000。

可见古今中外的语言表达规律是相当的，回到我们上文所说的，比的本义之一就是配偶，配偶与仇敌可以分训。那么，比较的意义也就可以从配偶的齐同发展出对立意义的和合。所以钱钟书先生所指出的"背出分训"等语言现象，其意义并不限于语言，它同样具有思维的意义，凡是语言中有的，思维中也都有，这句话是对的。中国人所说的"属辞比事"是微言大义的说法，它形式上是说语言修辞，但实际上是讲思维模式，又是二者合一的一种例证了。

综合以上分析可以看出，从对于事物的差异性与同一性之间关系的认识中，人类进一步发展出逻辑思维的基本原则与方法。归纳是推理的重要形式，它起于比较，此即《墨经》中的"侔与比"：

> 《小取》：侔也者，比辞而俱行也。

曾经注意到这一问题的当代学者庄春波先生指出：

> "侔"是齐、等。比肩而行为侔；比辞而行也为侔。"侔—比"之法取其等同为类。这种推理形式，是在原判断主项、宾项附加"侔"（齐等）辞，从而推出一个新的判断。这种形式的"侔"式推论，按其本质是演绎—分类法。它的复合形式是多辞相比而俱行。①

正是在分类的基础上，才形成了逻辑的类比方法，也正是以类比为依据，才发展出多种比较方式。

我们认为比较观念是逐步完善起来的，从"匕"到"妣"与"比"，就可以看出这一发展过程。人类在认识中观察到事物之间的同一性，也看到它们之间的彼此对立与差异的关系，由此产生了比较方法。比较方法承认同一与差异是事物存在的特性，并且利用同一与差异的特性认识事物，把它作为一种重要手段。比较在思维与逻辑中的作用是非常重要的，中国古代哲学中的墨辨逻辑与合同异之论都是基于比较之上的。当然，也必须反对"同异合一"的诡辩论，人类思想的历史同时在两个舞台上演出，中国先秦学者所探讨的理论问题几乎同时在希腊雅典城中出现，从芝诺到柏拉图、亚里士多德都对同与异有大量的论述。由于篇幅关系，我们不能详述。只需要指出，同与异、类比与比较是希腊学者公认的人类思维的开端，主要表现于：（1）认识的对象是存在，关

---

① 庄春波：《墨学与思维方式的发展》，108 页，北京，中国书店，1997。

于存在是"一"还是"多","有"还是"无",就是从对事物的同与异开始的。
(2) 认识的途径即从众多事物发现单一的本质,如"相"与"型",这就要借
助于从众多事物与单一事物之间的比较中得到。(3) 认识的方法,即综合与归
纳,也是以认识的同与异为基点的。柏拉图《巴曼尼德斯篇》是最典型的例
子,柏拉图区分了"存在"与"非存在",特别指出,"存在"和"异"这两个
"种"是无所不在的。它们可以与一切事物相结合,而且它们之间也可以相结
合。所有的事物都是存在,那么异也是存在。但是异又是异于存在的,所以它
又不是存在的。所以存在与非存在是可以与一切"种"相结合。但由于存在既
然有异,那么它又不是存在,所以对于其种来说,存在也就是非存在的。同
时,不能简单说存在与非存在、同与异的同一,如不能将大说成小,将"不类
似"说成"类似"一样。如果那样就是诡辩了。

经过以上历史源流的梳理,可以看出,无论是古希腊柏拉图的异同论,还
是先秦诸子的"合同异"说,东西方学术之间的距离比起今日要近得多了。无论
东方还是西方的先民,比较观念都是他们思维和逻辑的起点,并且以后形成了他
们认识事物的主要方法之一。明白了这个道理,对于"比较主义"的产生就有了
理解的基础。"比较主义"就是指 19 世纪世界学术发展中,出现了一大批以"比
较"为名的学科,如我们上文所说的比较文学、比较法学、比较经济学、比较历
史学……这些学科是人类思维方式与研究方法在一定历史阶段的产物,当西方学
科与东方学术相逢,彼此的差异与同一必然形成比较,于是产生了大批的比较学
科,这就使得比较在人类思想史上占有了重要的地位。进入现代社会以来,由于全
球化进程的推动,从世界文化的整体性来思考的观念终于形成,超越单一民族的视
角,从比较的、多元的视域来研究客观事物成为历史潮流。这样,比较方法终于从
日常生活的经验方法进入学术研究之中,成为比较文学等学科的方法论。

所以它所带来的并不只是一种单一的方法,而是思维方式与方法观念的变
革,这也是笔者近年来经常论述的一种观念。这一观念将对传统的将比较学科
看成一般的"类比"或"比附"方法运用的观念造成冲击,可以说为一个多世
纪以来众多的比较学科正了名。

是邪,非邪? 有待于历史来鉴证。

第四节　历史实证研究方法

历史交流或称历史关系研究方法是比较文化学的基本手段,这种方法其
实就是科学实证方法在比较文化中的应用,就是通过实证的方法来研究不同

文化体系之间的作用与联系，以证明具有因果联系的影响事实的存在。"实证"即 positivus（拉丁文"确实的"），这是一种以实证论为观念的方法，实证论的观点是只承认实证的事实，也就是可以证明的历史与事实，从理论上来说就是经验的事实与现象，以它作为研究和观察事物的唯一根据。实证论认为研究就是经验事实与经验现象的记录与描述，而与事物之间的关系就是历史联系与因果关系。中国学者梁启超论清代考据学时曾说："其治学根本方法，在'实事求是'、'无证不信'。"① 可以说是实证研究方法的基本特征的总括。

西方近代实证论的理论根源可以追溯到英国唯物论者，特别是休谟等人的理论。19 世纪以来，孔德、斯宾塞等人发展了实证论，形成了系统的学说。20 世纪又兴起了新实证论，如逻辑实证论等。实证论的目的是反对哲学中的形而上学方法，以事实和现象来解释原理，虽然是从客观求是的目标出发，但由于它强调主观经验是唯一的实证事实，所以实证论也可能走向主观经验主义。西方实证论在近代的发展中取得了实际的成就，引起举世瞩目。在生物科学中，达尔文用实证的方法研究生物和人类的进化过程，1859 年出版《物种起源》，揭示了生物形成的历史进程。1871 年出版《人类的起源》再次为人类的历史由来提供了有力的证据。统治人类精神数千年的神灵造人、上帝造人的观念，终于遭到最有力的打击。实证主义精神经过孔德等人的提倡，再次光大于世。实证方法在社会科学、文学艺术等方面的研究也取得极大成就。法国历史学家和艺术理论家泰纳把实证方法运用于艺术史研究，继承了孟德斯鸠、圣伯夫等人的理论，提出种族、环境、时代三因素论，对艺术发展的历史进行解释。他的原则是一切现象的说明必须有事实才能有结论，他认为研究应当"从事实出发，不从主义出发；不是提出教训而是探求规律，证明规律"。他在《艺术哲学》一书中说：

> 什么叫艺术？本质是什么？我想把我的方法立刻应用在这个问题上。——我不提出什么公式，只让你们接触事实。……艺术品和动植物，我们都可以分析，既可以探求动植物的大概情形，也可以探求艺术品的大概情形。②

---

① 梁启超：《清代学术概论》，5 页，北京，东方出版社，1996。
② ［法］丹纳：《艺术哲学》，傅雷译，50 页，合肥，安徽文艺出版社，1991。

　　泰纳的艺术研究方法就是以实证考据为主，而且这是一种宏观的、以欧洲各主要民族文化为视域的比较研究，这种研究勾勒出从古希腊到现代欧洲英、法、德、意、俄等主要民族之间的文化大交流、大汇融的过程。虽然其重点在于艺术，但涉及全部文化的各个层面，可以说基本上也属于比较文化的范围。

　　实证研究方法在中国与西方都有久远的历史与应用，而且在世界主要文化体系发展史上，实证研究都是主要的、起重要推动作用的研究方法。中国学术的发展基本上可以分为八个大的历史阶段：第一是"六经"的创立，这是中国学术的发端。《诗》、《书》、《易》、《礼》、《乐》、《春秋》这六种主要的文化经典的创立，标志着中国文化独立性的确立。据《庄子》等典籍可知，孔子是这六种主要经典的删述者。虽然有很多人反对这一说法，但至今没有明显的证据可以推翻这一说法。第二是诸子学说时代，百家争鸣，春秋战国时代的诸子学说形成了中国文化的高潮。第三是汉代以儒家学说为主体，兼有黄老等学说的汉学。第四则是魏晋时代以玄学为主体的学说。这是印度佛学传入中国以后与中国学术结合所产生的硕果。第五是唐代的佛学研究。第六是宋学，以宋明理学家为中坚，开了一代新风。第七是清代的考据之学。第八是近代以来，由于西方学术传入所产生的新学，这是西方学术与中国学术相结合的产物。

　　中国学术史上，汉儒的经典注释与清代考据之学是中国的实证研究的代表，虽然考据学的起源从春秋时代即已有之。孔子论读《诗经》"多识于草木鸟兽之名"就是名物训诂的起源。《尔雅》等著作是早期考据学研究的杰作。但汉儒的注经除了文字考释之外，相当重要的是理论阐释，这与清人是完全不同的。汉代以后，考据的研究其实从未间断，从文字、音韵、训诂之学到金石之学形成了比较系统的考据研究传统。所以在清代才有中国考据学的高潮，考据的精神与方法都发展到了一个高峰。如果简单总结清代考据学的方法，可以参考梁启超的看法，归为十条：

　　（1）凡立一文，必凭证据，无证据而以臆度者，在所必摈。

　　（2）选择证据，以古为尚，以汉唐证据难宋明，不以宋明证据难汉唐，据汉魏可以难唐，据汉可以难魏晋，据先秦西汉可以难东汉。以经证经，可以难一切传记。

　　（3）孤证不为定说。其无反证者姑存之，得有续证则渐信之，遇有力之反证则弃之。

　　（4）隐匿证据或曲解证据，皆认为不德。

　　（5）最喜罗列事项之同类者，为比较的研究，而求得其公则。

　　（6）凡采用旧说，必明引之，剿说认为大不德。

（7）所见不合，则相辩诘，虽弟子驳难本师，亦所不避，受之者从不以为忤。

（8）辩诘以本问题为范围，词旨务笃实温厚。虽不肯枉自己意见，同时仍尊重别人意见。有盛气凌轹，或支离牵涉，或影射讥笑者，认为不德。

（9）喜专治一业，为"窄而深"的研究。

（10）文体贵朴实简洁，最忌"言有枝叶"。①

笔者认为，清代的实证考据方法与西方近代科学方法有一定相近之处，都是近代以来对于传统学术研究中的形而上学方式的一种反拨。所以它的价值不只是对于中国学术，而且是对于世界学术而言；它的贡献不只在于学风，而尤其在于方法。这是近代以来风靡世界的方法论的开端，西方在17、18世纪之前，学术研究中的方法论也是薄弱的。可以说几乎与中国同时发展了方法论。笔者认为它的主要特点是：

（1）突出研究的方法论意义，提出以考据为主的实证方法论，并且树立了这一方法的基本原则和典型。如以文字、音韵学、训诂学方式对于"六经"、诸子的注、评、释、传等。由于中国文化的传统特色，所以它的方法不但与从希腊化时期到文艺复兴的西方经典阐释不同，也与西方泰纳等人的实证研究有很大的不同。

（2）把方法论与科学研究的根本宗旨结合为一，以近代科学精神研究学术，使得社会科学研究开始科学化。这种科学化是发自中国科学研究的自身要求，而不单纯是西方科学精神的作用。当然从明代后期利玛窦等人引进的西学，先是作用于天算等方面，以后对于其他学术领域也产生一定影响。但中国的研究方法在发展中形成了自己的特色，从方法上与西方方法保持了精神的一致，又有具体的差异。

（3）使中国学术研究与世界学术研究联系起来，使中国传统学术水平与近现代西方学术接近，学科分化明显，经学、文学、史学、地学、天学、文字、音韵、律吕等学科基本形成，这是中国学科分化的一个重要历史时期。这种分化对于学科意识的加强极为重要。

当然必须说明，历史实证研究方法是一个大的范畴，而考据学只是其中一种重要的方式，考据学不等于历史实证研究。但在实证研究中，考据是一种有典型意义的研究方式，它体现了历史实证研究的特色，所以我们是以考据方法来代表历史实证方法的。

在比较文化研究实践中，历史实证方法经常应用于：

---

① 参见梁启超：《清代学术概论》，44页，北京，东方出版社，1996。

一、跨越文化的经验实录性研究

包括行记、游记、航行、探险记等历史文献。这是亲历者所撰写或由他人代笔所形成的文字，具有直观史料的价值。东西方文化交往的历史实证研究中，早期的代表著作首先是中国与周边民族的交往史，特别是中国与西方各民族之间的交往，这种交往的存在早于汉唐时的丝绸之路的开通。其中一部重要著作是《穆天子传》。《穆天子传》即《周王传》《周穆王传》或《周王游行记》，都是同一部书的不同名称。它发现于晋武帝咸宁五年（公元 279 年），是在今日河南汲县魏安厘王墓出土的竹简文书，是我国"古代的考古学"重要发现之一。全书以荀勖本为六卷，记叙周穆王西行之事。中国与西方的交通史可以说是从此开始，关于周穆王西行，史籍早有记载。《史记·赵世家》中有："缪王（即穆王）使造父御，西巡狩，见西王母，乐之，忘归。而徐偃王反，缪王日驰千里马，攻徐偃王，大破之。"这与《左传·昭公十二年》和屈原《天问》中所说的穆王"周行天下"的记载基本相符。书中所记的事件当然不会完全是事实，但正如《四库全书总目提要》中所说："较《山海经》《淮南子》犹为近实。"其中很多成分可以肯定是有历史依据的。虽然历代学者对此看法不一，但我们从中西交通的角度看，仍有可证之处，如洪颐煊所做的一些考据是有一定意义的，他在《校正穆天子传序》中，引《尔雅·释地》所说："觚竹、北户、西王母、日下，谓之四荒。"此书云："纪迹于合山之石，眉曰西王母之山。"与《尔雅》所记相符合。《史记·周本纪》云："穆王崩，子共王伊扈。"司马贞《索隐》引《世本》作："伊扈。"此书云："丧主伊扈。""伊扈即共王也。尤足与经史相证。"这种考据虽然稍嫌粗疏，但对于这部奇书来说，仍然是有力的证据。像《穆天子传》这样的著作，对于古代中西交通史、比较文化史学都是有重要意义的。

佛教东传以来，中西文化比较更受重视，大批关于印度、西域的经验实录性作品产生，如《大慈恩寺三藏法师传》《西游录》《大唐西域记》《大唐西域求法高僧传》《往五天竺国传》《西域行程记》等名著，这是世界比较文化史上的一次大繁荣。在这之前，从来没有一种文化被异己文化学者的研究和观察能达到如此精细入微的地步。这些著作中的大多数都早于 13 世纪的《马可·波罗行纪》，这本书是西方人第一次对中国及整个东方的详细考察。其中唐代玄奘、辩机的《大唐西域记》是最为典型的中国式比较文化史著作，从中可以看到《史记》式的文风，这也是世界比较文化史上的奇迹，而一种佛教经典的精密思理也表现得极为充分。正如玄奘本人写完此书后上进唐太宗的奏表中所说：

……所闻所见，百有卅八国，窃以章亥之所践藉，空陈广袤。夸父之所凌厉，无述土风。班超侯而未远，张骞望而非博。至于玄奘所记，微而详尽，其迂辞玮说，多从剪弃，缀为《大唐西域记》，一十二卷，缮写如别。①

玄奘所说的"截此芜辞，采其实录"是这部书的巨大特色。对于他所说的葱岭之外的 138 个国家的风土人物、社会制度、宗教信仰、经济生活、语言文字、文学艺术都是根据自己的见闻，一一实录。正因为这种实证性，为以后研究这些国家的文化提供了最宝贵的资料。即所谓"具览遐方异俗，绝壤殊风，土著之宜，人伦之序，正朔所暨，声教所罩，著《大唐西域记》，勒成一十二卷"②。研究古代东方的中国、印度及周边地区的历史，这部书是重要的一部，超过希腊人对于印度等地的所有记述。实际上，印度的历史文献确实是依靠中国僧人们的论著得到了极大的补充。近现代以来，几乎所有研究印度历史的著作，不论是印度历史学家撰写的，还是出自西方学者的手笔，没有不大量引证玄奘的《大唐西域记》的，正是中国僧人与学者的著作为印度历史文化留下了最珍贵的资料。

世界比较文化史上有两个宗教奇迹：一个是中国唐代至明清，中国和尚西行印度取经与东渡日本传法；另一个是 16 世纪以来西方传教士到亚洲传教。两者都是比较文化史上的重大事件。研究整个中亚、南亚等地的历史，非要读一读汉唐以来对于世界文化有重大贡献的、包括玄奘在内的中国西行高僧们的著作，特别是晋法显《佛国记》、释道安《西域志》、支僧载《外国事》、智猛《游行外国传》、竺法维《佛国记》等。可惜的是，这些著作大部分已经失传了，不过《洛阳伽蓝记》、《出三藏记》等仍是可供参考的。

东西方文化交流中，西方对于中国文化的记载，最早的实录性作品当属《马可·波罗行纪》（*The Travels of Marco Polo*）。马可·波罗（1254—1324）是 1271 年 11 月从地中海东岸出发，沿古代的丝绸之路向东走，经过两河流域、伊朗、帕米尔高原于 1275 年 5 月到达中国的上都，然后到大都，受到元世祖忽必烈的重用，在元朝任职达 17 年之久。直到 1295 年才回到故乡威尼斯，距他离乡之日已近 25 年。次年，在威尼斯与热那亚人的战争中被俘。在热那亚的监狱中，马可·波罗口述在中国等地的见闻，由他人记录成书。这本

---

① 季羡林等：《大唐西域记校注》，下，1053～1054 页，北京，中华书局，2000。
② 季羡林等：《大唐西域记校注》，上，27 页，北京，中华书局，2000。

书可以说是西方对于东方甚至是整个世界的全面了解，成为以后历代探险家如哥伦布（Christopher Columbus）等人最喜爱的书。正如作者在引言中所说："要想知道世界各地的真相，请读这本书。"这本书所反映的是蒙古西征时期的除去欧洲之外的各地状况，几乎可以说是当时世界的主要地区。同样在这部书里可以了解中世纪后期的欧洲与亚洲各地的风土人情、政治军事、语言宗教、经济贸易等。当时欧洲人所陌生的鞑靼、中国、日本、印度洋群岛等，从此给欧洲人留下了深刻印象。所以当以后哥伦布从海上航行来到古巴（时称 Hispaniola 岛）时，竟以为自己是到了马可·波罗书中所说的日本（Zipangu），产生天大的误会其国名则可能是汉语"日本国"的音译。也说明很可能马可·波罗像他自己所说的那样，是懂得多国语言文字的，而这一点却受到历代学者的怀疑。也就如同把美洲认作是印度，把当地居民称为印第安人一样，这虽然是一种历史的误解，但并不是无意义的错误。

16 世纪之后，由于海上航线的开通，东西方文化交流进入新阶段，各种跨文化的经验实录性作品大量产生，无比丰富，是前人所不敢想象的。

二、文物碑刻与见闻录的研究

世界不同文化之间的交往也经常反映在重要的碑石铭刻中，如举世闻名的埃及迈尔纳调色板、阿蒙－瑞太阳神庙铭刻、有"世界第一石"之称的罗塞塔石碑等。基督教从唐代就传入中国，聂斯托尔派从公元 635 年入华到 845 年被禁断，流行约 210 年。可惜由于年代久远，文献大多失传。明天启三年（1623）在陕西发现《大唐景教流行中国碑》，其中记叙了这一过程。基督教第二次入华的高潮是元代，随着蒙古人的世界大帝国的扩张，多种宗教互相混合，形成了世界文化史上一个少见的局面。但直到 16 世纪，当葡萄牙人开辟了欧洲与中国之间的航道之后，东方与西方之间的大规模交流才又开始。从这以后的 300 年间，大批的西方传教士、商人进入中国，中国的商人、知识分子、侨民移居各国，从文化典籍的翻译到外交、经济、文学艺术、学术思想等的交流，再次形成高潮。在这一形势下，双方间的历史考据性研究为互相理解打下了坚实基础。在大量的著作中，由亲身经历或间接方式得到的历史资料考证研究占有最重要的地位。西方学者对于中国、印度等东方国家的探险与经历成为欧洲的畅销书，如号称近代介绍中国的第一本书的葡萄牙多明戈会士克鲁兹（G. de Cruz）的《中国情况纪实》（1569）；西班牙耶稣会士阿科斯塔（J. de Acosta）的《印度的自然史和道德史》（1590）；著名传教士利玛窦的回忆录《基督教远征中国记》等。中国人记述海外见闻的著作中，近代以来有史料价值的应当是嘉庆年间谢清高的《海录》，其后的重要著作有韩霖、张赓的《圣教信证》；郭连城《西游笔录》，洪勋《游历闻见录》，容闳《西学东渐记》等。这些著作从不同角度观察西方各国的状况，并且与中国进行比较，所用的方法是直观的经验事实之间的比较研究。这种研究一方面有独特的感染力，产生强烈的感情作用；另一方面则以事实为雄辩之基，令人信服。

三、史传记载文献的研究

这是根据文化交往的历史记载、传闻、笔记等而成的文献，主要是记载异域文化的有关现象、外国与本国之间的文化交往等。这种研究不一定以直接的考察纪实和见闻录为主，也不是经验事实的陈列，而是注重一种历史叙事，通过史实来分析事物的本质。所以这种方法更具有理论性，但它不是理论史，通常只是正史的记载，如希腊"历史之父"希罗多德关于东方特别是印度等地的记录，其实只是一种传闻，是根据当时波斯人的说法所记录的。普鲁塔克的《希腊罗马名人传》、还有一部作者不详的《亚历山大征战记》、阿里安（Arrian）的《亚历山大远征记》等。阿拉伯是中西方文化的交通使者，学者贝鲁尼的《古代民族编年史》（*The Chronology of Ancient Nations*）。当然，由于历史条件的限制，中国没有与西方进行直接交通，所以以历史学为学术最高象征的中国学术中，除了少数例外，没有大型的、全面的世界历史地理的巨著。这不能不说是一种缺憾。但是，中国丰富的历史文献中却有着世所罕见的关于中国与海外、与周边民族关系的系统研究。笔者列举前四史中的有关部分如下：

《史记》的"列传"中专列"四夷列传"，其中有《匈奴列传》《东越列传》《南越列传》《西南夷列传》《大宛列传》等。《汉书》列传部分也有《匈奴》《南粤王》《闽粤王》《西域》《朝鲜》等。《后汉书》有《东夷列传》《南蛮西南夷列传》《西羌列传》《西域传》《南匈奴列传》《乌桓鲜卑列传》等。《三国志》中有《乌丸鲜卑东夷传》等。

其他后世史册遵循这一历史传统，忠实记录了绵长的历史时代中，各古代国家与民族之间的文化交往史。中国史学界的中外关系史研究中，这种方式居于主导地位，中外交通史专家向达与方豪等人的著作主要是以传世文献为依据来撰写的，特别是向达的《中西交通史》、周一良主编的《中外文化交流史》、沈福伟的《中西文化交流史》等。笔者近年在国内开拓比较文明史的研究，出版了《比较文明史：新石器时代至5世纪》，也得益于这一研究模式的成果。

四、考订注释性研究

一般是对于具体历史事件、人物、种族、时期、地域及其相关问题的考订、注释、辨异、释疑、质询等。这就是说，它与一般的事实叙述不同，这是集中于某一具体问题、一种现象的考辨。

在世界文化的漫长历程中，由于时过境迁，一些曾经存在的历史现象得不到解释，对于后人成了不解之谜。同时，更有具体的历史环境和事件，由于产生的条件发生变化，也令人难以理解。在这种情况下，历史的考据索引就成为重要手段。

在广义的历史比较中，一些重要的历史文化遗迹等极为引人注目，如曾经出现过但又消失了的古代文化，如玛雅文化、楼兰古国、世界七大奇迹、复活节岛之谜、中国秦代兵马俑、遍布世界各地的上古岩画、希腊人的象形文字、中国的甲骨文字、中国西南方的悬棺……另外是一些有争议的历史现象：是谁第一个到达美洲，是哥伦布还是中国人？古代人有没有可能从白令海峡通过？当年罗马人的东征兵团在中国边境为什么突然失踪，这是否即后来的骊靬人？此外如近年来受到广泛关注的一些文化关系史的研究，包括英国学者加文·孟席斯（Gavin Menzies）的《中国发现世界》（2005）等论著，笔者的《陶泥文明》（2008）等都是这类著作。这种研究是探索性的，往往提出新的观念，或是有新发现，经常与流行的见解相悖。但是毋庸讳言，人类历史上的任何发现无不具有探索性，因此这种研究的意义从来不可低估，往往数百年或千年后才可能证实前人所提出的当时被认为荒诞不经的看法。

第五节　价值评判研究

所谓价值评判方法是指从不同文化间通过逻辑或美学的标准来评判其同一性与差异性，所评判的事物之间并没有历史经验的关系。

逻辑是人类理性思维的基本形式和法则，产生于人类思维活动的实践之中。古希腊就有了逻辑的概念，早期的逻辑就是"逻各斯"（Logic），赫拉克利特把一切运动和变化联系的规律叫"逻各斯"（指言语、语词和理性的根据），他认为逻辑就是普遍的存在规律：

如果要理智地说话，就应当以这个普遍的东西为依据，就像国家以法律为依据一样，而且还要依靠得更牢固些。①

这种理解把客观存在的事物与人类认识混为一体，逻辑当然不能代表事物的普遍性本身，它只是人类对于事物规律的认识方式。虽然只是古代人的简单理解，但是其中关于逻辑作为人类思维的基本形式与工具，具有认识的普遍性的特点已经明确起来。"美学"的方式也就是逻辑的方式，同样指超越事实关系的理论联系。中国"道"、"理"等观念也与逻辑有关，都以对于事物的共同特性、共同发展规律的认识为主。这种基本认识反映到人类思维活动中，就形成逻辑形式，成为思维的基本形式。世界各民族都发展了自己的逻辑学体系，特别是亚里士多德逻辑学、中国墨经、佛教因明学都提出了自己的逻辑体系。但是，在比较文化学的研究诸法中，"逻辑"方法的意义仅代表一种对于不同文化的普遍性和规律性的比较研究方式。在社会实践中，各个民族却形成了自己的文化逻辑，文化逻辑是思维的实践，是逻辑在社会生活中的应用。需要说明的是，这并不是强调认识的相同性，而是说明认识同与异、相近与相似、各民族的自我特性都是可以通过具有普遍性的比较来研究的。后现代主义学者为了反对逻各斯中心主义，强调事物存在的特性，提出差异逻辑等观念。我们认为，文化逻辑比较本身，就已经具有认识事物的差异性与独特性的意义。

逻辑评价研究与历史实证研究一样，是比较文化学研究的主要方式。逻辑与美学方式是从事物普遍性的角度来把握具体事物之间的联系，这是与历史关系不同的，逻辑的方式就是有共同的理性基础的推断。这种判断并不依赖于已经发生的历史事实，而是建立在具有必然存在的普遍性之上的、可以比较的水平上的研究。也就是说，一定的历史事件、文化现象具有相近、相同、相似、相反等比较性特征，可以通过比较得到事物共同或相反的特性，发现事物的规律与特殊性，这就是逻辑评价研究方法。

这种研究方法是从不同文化类型之间的非历史联系方面来进行研究的。例如，产生于美洲的玛雅文化与希腊文化和中国文化，我们没有发现它们之间在海上大交通之前存在着交往关系，但是，我们可以对它们之间进行比较研究。它们的宗教信仰、它们的神话之间有一定的相似性，这种特性一定程度上是人类早期文化所共有的。美洲丛林中的金字塔与埃及金字塔或者中国西南的少数民族彝族的古代建筑、观日台的比较研究，虽然没有不同民族文化互相接触的

① 转引自［苏联］阿·谢·阿赫曼诺夫：《亚里士多德逻辑学说》，马兵译，22页，上海，上海译文出版社，1980。

证明，但是却具备了逻辑与美学的比较研究条件。对于任何一种科学研究，逻辑推理其实都是最基本的方式，如果从比较的角度看，逻辑的比较也是最重要的方式。逻辑比较，就是说事实之间虽然并没有一种因果的关系，没有互相作用的过程，但是，它们本身所具有的同一性与差异性就已经构成了比较的条件，它们可以通过价值评判的方式来进行研究。我们仅对其中应用最为普遍的两种模式予以说明：

一、同异类比模式与自我中心的价值观

在具体的事物或历史现象之间进行分类，从而比较它们的同与异，是最常见的研究方式。这种研究包括了钱钟书先生所主张的"打通"，即东西方文化的求同研究，也包括了当代西方学者德里达等人的"差异性"（differance）的观念。它的比较范围宽广，从历史人物、事件、理论观念、著作，到人间万象、科学发明、风俗习惯，无所不包，都可以成为比较的对象。比较的基础是事物的类同与相似：历史人物中，圣贤哲人可以比较，中国的孔子可以比作古希腊的苏格拉底，中国的庄子可以与古希腊的柏拉图相比，杨朱可以与怀疑主义的皮浪相比较，等等；帝王将相之中，俄国的彼得一世、法兰西的查理大帝可以比作中国的秦皇汉武等。历史事件中，亚历山大大帝的征战可以与蒙古忽必烈汗的大征伐相比，虽然历史时期有所不同，但这种世界范围的大征战仍有其相近的特征。经典著作中，中国的"六经"即《诗》、《书》、《易》、《礼》、《乐》、《春秋》可以与众多的印度吠陀经典、基督教的《圣经》、阿拉伯人的《古兰经》等相比。但是，比较研究不是简单类比，而是通过现象比较进入实质的把握，由表及里，由浅入深，从实践到理论。世界不同宗教文化比较极为常见，但往往失于浮浅。我们举例说明这一领域比较研究的方法。笔者把基督教的文化精神归结为五个要点：

1. 三位一体的神学象征模式。所谓"圣父、圣子、圣灵"三位一体，是基督教的基本观念。

2. "特选民族"（chosen people）的自我认证观念。从犹太教的上帝把犹太人认为是特选民族的观念发展而来。

3. 原罪与赎罪的心理特性。《圣经》中所描述亚当与夏娃在伊甸园里偷食禁果的原罪，对于西方后世文化形成巨大的心理影响。失乐园与复乐园成为永恒的主题，从中又演化出"性即罪"等多种观念，流传后世，难以去除。

4. "道成肉身"基督显灵的行为方式。其实早在多神崇拜的古希腊神话中就已经有神灵肉身化的趋势，大神宙斯与奥林匹斯山上诸神具有人间凡夫俗子

的特性，女神之间更是互相嫉妒。以后在《圣经》的"雅歌"阐释中，成了牧人与村姑调情。而且牧人被阐释为基督耶稣。这种解释在西方神学中比比皆是，如奥立金（Origen）的《雅歌讲章》中说：

> 这之后新郎说：我是田地的花朵和谷中的百合，那些在谷中的，为了我的缘故下到谷中。即下到谷中，他就变成谷中的百合，以代替种植在上帝乐园中的生命之树，并且成为整个田地——即整个世界和整个大地——中的花朵。还会有什么能够比说世上之花朵即指基督之名要更真切？①

"道成肉身"不但可以表现为爱情关系，还可以成为其他象征，如摩西高举的蛇、"骑在马上的道"，等等。通过多种形象化，成为上帝与人类的交流。这种描述方式，可以与中国庄子"道在屎溺"的说法相比较。其间只有风格高下之别，道言与反讽的区别，却正是可以互动互补的。

5. "末日审判"的历史发展观。这是基督教教义中的一种说法。强调最终审判的神圣性，但是要注意的是，不断有人以此作为世界毁灭的理论根据，少数邪教据此淆乱视听，形成危害。

这些基本观念都是来自《圣经》，并且通过它得到最广泛的传播。与其相比，中国文化中的主要观念来自"六经"与先秦诸子著述和佛经文本，是一种多元文本的产物。同样，笔者也将中国文化观念归结为如下：

1. 天道人伦与自然合一的观念。"天行健，君子以自强不息"（《易经》）；"天法道，道法自然"（《道德经》）。这是一种天人合一的理想模式，而不是神学模式。

2. 爱人与爱仁观念。"仁者，人也"（《中庸》）。

3. "己所不欲，勿施于人"（《论语》）的行为方式。表现出一种对"他人"的宽容态度，提倡理解他人，如"他人有心，予忖度之"（《诗经》）的说法。

4. 天地人三者之中以人为贵，民为本。天道崇高，但这里的"天"与西方的神有一定区别，这种天是抽象的，是绝对的存在意义的体现。所以在儒家学说中，它是正统的"道"的代表，天道是德的体现。这种德要化及百姓与人民。除了少数哲学家如庄子曾经有过"道在屎溺"的反讽之外，天道的尊严是

---

① 转引自［英］安德鲁·洛思：《神学的灵泉——基督教神秘主义传统的起源》，孙毅、游冠辉译，84页，北京，中国致公出版社，2001。

绝对的，孔子说："天何言哉！天何言哉！"完全是一种崇拜上天的观念。正是由于天人合一，这种对于天的崇拜就会具体表达为对于人民的关爱。很有代表性的是舜之"南风诗"歌：

南风之熏兮，可以解吾民之愠兮。

这种把天时与民生联系的观念，在春秋之后，形成了对于天道与悲民悯民相合一的传统。

5. 礼仪道德的价值观中注重道德标准。"礼"是儒家学说的重要观念，为什么有"礼"？简单说，就是制定道德标准，从野蛮社会向文明社会转化，要对社会行为有一个基本道德规范。要禁示某些行为，如西方学者屡次说到的乱伦（弗洛伊德在《图腾与禁忌》中把乱伦被禁止说成是图腾的作用，这是不对的。只有图腾是禁止不了这种行为的。同样，列维－斯特劳斯又解释为结构的禁忌，同样不能说明。只有全社会的礼制与古代法制的建立，才可能产生禁忌）、种族仇杀、违法乱纪等行为。礼就是社会理性化的表征，是社会法制与德治的结合。一定程度上，礼就是西方的理性，理性对于个人是自律的，而礼是对于社会的他律与个人自律的结合。

6. 阴阳变化、"无往不复"的历史发展观念。《易经》中已提出"一阴一阳之谓道"的观念，提倡一种变化的历史观念，强者不能恒强，弱者不会恒弱，"刚柔相推，变在其中也"。事物是永远向前发展的，只有否定与变化，没有绝对的世界末日与大灭亡。正如《易·泰卦》所言："无往不复，天地际也。"

我们要特别指出的是，在比较文化研究中，"相同"与"类同"是两个重要概念，从根本上来说，这是两个不同的概念。"相同"的根本意义是绝对同一性，这种特性从性质来说恰是一种单一性，如亚里士多德所说："而就自身而言的相同，其意义和一一样多。那些被说是相同的东西，或者是由于其质料在形式上或数目上相同，或者是由于其实体是一。所以很清楚，相同性也就是众多存在或者被当做众多的存在中的某种单一性，例如，说这东西和自身相同就是把它当成了两个。"[1]　我们理解，这段话的意思并不是否定作为事物属性的相同性的存在，而是认为世上的事物没有完全相同或绝对相同的，也就是说没有绝对的同一性。

---

[1]　苗力田主编：《亚里士多德全集》，第 7 卷，123～124 页，北京，中国人民大学出版社，1993。

当年莱布尼茨曾经在宫廷中提出了著名的"相异律",就是说明世界上的事物都是相异的,因为差异是事物的内部特性。世上没有相同的两片树叶。这一下子令宫中的卫士与宫女大为不满,于是他们纷纷跑到御花园中去,寻找完全相同的两片树叶,来反驳这位狂妄的哲学家。这只是一个历史的笑话,但给人的启示却是深刻的。

以一种新辩证论的观念来看,比较的任务不是寻求绝对的相同,而是从复杂的事物中找出一种同一性,借助这种同一性来认识事物。但是,这种求同不是绝对的,它只是一种通过类似达到对于各自特性与共同性的认识。这是一种辩证逻辑的认识,有同有异,通过同与异来达到对于本质的认识。上文所说的每一次类同比较,目的都在于揭示同与异的双方。所以,比较方法应看成是一种理解知性同一性的方法,也就是借助于比较来认识千差万别的事物的同一性。从理解这种同一性达到对于事物本质的理解。

"类比"是达到同一性的手段,是认识事物本质的方式。可惜的是,对于这种方法的实质,一些著名的学者也是认识不到的,黑格尔对于比较方法的同一性追求就表示不满,他指出:

> 此外,比较的任务既在于从当前的差别中求出同一,则我们不能不认数学为最圆满达到这种目的科学。其所以如此,即由于量的差别仅是完全外在的差别。……数学具有这种优点,我们在前面(§99附释)已经说过,无论从经验科学或是从哲学来说,都用不着羡妒,因为这种优点是从我上面所说的单纯的知性同一而来的。①

黑格尔这里的错误就在于把比较方法的同异比较,看成是单纯的求同,这样就是把比较研究与数学几何学中的图形对比等方式等同起来,这是黑格尔逻辑学离真正的辩证逻辑还差得很远的一个证明。这也正是后现代主义高举"差异性"旗帜来进行批判的原因。与其征引德里达的理论,不如征引更为简明的顾彬(Wolfgang Kubin)关于"异"的概念的分析,颇能体现出当代学者的观念:

> "异"这个概念在德文里是 Fremde,可以是阴性 die,也可以是中性 das。中文中则有"异"、"外国"、"国外"和"陌生"等多种译

---

① [德]黑格尔:《小逻辑》,贺麟译,252页,北京,商务印书馆,1982。

法；英文中没有这个概念。我认为，Fremde 最好译成中文"异的……"如"异地"、"异情"等。"异"可以用来表示自己所不了解的一切，与异相对的乃是自己。①

我们且不说作者关于"异"的语义学分析是否正确，仅其关于"异"的理解而言，指出与异相对的是自己，恰是道出了自我中心论的最大弊病。这也恰是这种分析的理论价值所在，比较文化学研究中要摒弃的"非我族类，其心必异"的观念。在比较文化研究中，同与异的比较必然是在批判自我中心的语境中才能具有实际意义。

承认他人，是同异之比的前提。

二、历史规律的探索

在具体的历史时代、社会现象、事件或人物比较中，通过必然性的表征表现出来的共同特性，从而推测、判断、理解事物的内在发展规律，这是价值判断比较的另一种方式。这种方法是由表及里，由外及内，由具体上升到抽象的方法。它是通过具体的比较来发现规律的，没有比较就不可能实现从具体到抽象、从个别到一般这种思维的基本过程。我们通过汤因比《历史研究》中的方法和实例来说明这种研究方法。

《历史研究》第一部第六章"文明的比较研究"中说道：

> 我的目的是发现一些通盘研究人类事务的组织方式和手段。从一开始，我就拒绝使用习见的展示历史的方法，也就是把整个历史一古脑带到研究者所处的时代和地区。……当我们不得不在两个或两个以上同时发生的事件之间建立一种关系时，这就要求我们对它们持一种总览全局的观点，因而要求我们对它们进行比较研究。我们对一些样本做比较研究，意在指出它们的共性和差异之处，发现是否有一种适合它们的标准类型，尽管它们均有各自的特点。②

---

① ［德］顾彬：《关于"异"的研究》，曹卫东编译，1 页，北京，北京大学出版社，1997。

② ［英］阿诺德·汤因比：《历史研究》，刘北成、郭小凌译，30 页，上海，上海人民出版社，2000。

从无关联的历史发展中发现共同的类型，也就是发现事物共同的发展规律。这就需要把事物首先模式化，然后再在这种模式之间进行比较，发现其间共同之处与差异所在，才能有助于对于规律性的理解。

汤因比曾经对世界主要文化的历史形态进行划分，总共有21种，其中具有代表性的模式又是"中国模式"和"希腊模式"，用我们的话来说，就是东西方文化形态的比较。希腊模式的构成因素中主要有：（1）文化统一，政治分裂；罗马帝国的大一统并没有带来希腊文化的兴盛，相反，罗马帝国的崩溃却宣告了希腊文化的结束。（2）文化解体后的社会结构中，"无产者"阶层占据主要地位。（3）由内部无产者建立了基督教的统治。（4）外来的蛮族文化没有能创造新文化。（5）希腊精神一直通过"复兴"的方式促进西方文化等的发展。与此不同的是中国模式，汤因比是这样评价它的：

> 如果我们对中国史作一番回顾，从1911年清政权倾覆开始，对以前的历史过程作一审视，那么我们就会发现一种非常明显的结构。中国历史具有漫长的跨度，它表现为一个大一统国家的理想不断变为现实，中间又不时被一些分裂和混乱的局面所打断。这两种局面在时间长度上有很大差别，所以二者更替的节奏是没有任何定规的周期性循环。①

当代西方学者早已经批评了汤因比的理论，就是西方的"历史进步论"，这已经是众所周知的了。不过多数人并不知道，他所探求的封建社会规律对于中国人也是一个老话题了，中国两千多年前就有贾谊的《过秦论》对这个问题作了详尽的论述，从那以后历代史论不绝于书。

汤因比认为希腊文化发展的过程其实是一个有秩序的、不断进步的过程。相反，中国历史则是无节奏的、无规律的循环。中国文化自身曾经被外来文化所打断（此外汤因比只提到了佛经与新中国的成立，其实稍熟悉中国史的人都知道，中国历史从春秋以后一直是多种民族文化互相交融的过程，其中大的文化交流时期如五代十国、元、清等少数民族的介入与融合，中国文化都吸收了丰富的外来文化营养）。他只承认春秋时代的中国与古希腊是相同的，这种相同就是把政治分裂看成是发展的前提。"孔夫子如同柏拉图

---

① ［英］阿诺德·汤因比：《历史研究》，刘北成、郭小凌译，37页，上海，上海人民出版社，2000。

和亚里士多德，视政治分立为正常现象。中国早期史的这种可靠的构成，包括政治分裂与思想文化成就的共时性，与早期希腊史的结构雷同，完全不同于接踵而来的中国历史形态，其思想僵化与政治统一的不断被非正常与暂时的分裂动乱所打断。"

文化规律研究最重要的恰是对历史语境的分析，文化的规律产生于时代与文化内外联系中。其一，世界史上没有一个绝对同一的文化发展规律，以希腊模式为最高明、最正确的模式，是一种欧洲中心论的观念，这是我们已多次陈述的看法。其二，关于中国历史发展的模式，我们仅举其中一两处作为说明。如政治一统并不会对文化进步造成限制，秦汉之后，中国文化的发展远超当时欧洲分裂的各小国。近代以来，中国也正因为是一个统一的大国，才成为世界上唯一有数千年持续文化传统的国家。这是中华民族的骄傲而不是它的失败。而且正是统一的汉唐两代，才使得佛教等外来宗教在中国生存、发展，形成了世界史上壮观的"儒释道三教合流"的局面。这是其他任何文化中所未曾出现过的。相反，西方罗马的统一国家，确立基督教为国教，以后的十字军征伐异教，并不是政治统一的原因，而是单一宗教文化的必然结果。比较一下秦汉与罗马两种统一与两种结果，我们可以说根本原因在于文化差异而不在于是否有统一，而秦汉时代的统一对于中国的伟大历史作用是不容否定的。此外，关于孔子主张政治分裂等更是无稽之谈，孔子生于春秋之时，憧憬昔日尧舜、殷商与西周的统一局面，他"祖述尧舜"，他所推崇的"周郁郁乎文哉，吾从周"、"克己复礼"都是主张政治统一的思想。他的政治主张中的"张公室，弱私家"，以"德政"来游说诸国，也分明表达了一种拥护政治统一的主张。汤因比从哪里可以看出孔子主张政治分裂呢？海客谈瀛洲，虽然说不上是欺世淆乱之谈，至少不符合文化发展规律。

正是由于这样一种"欧洲中心"观念，很容易将西方的"文艺复兴"精神扩大化。仍然以汤因比为例，他认为在文化复兴方面，有五个杰出代表：亚述国王阿苏尔巴纳帕尔，拜占庭皇帝君士坦丁七世（波菲罗格尼图斯），中国的永乐皇帝、康熙皇帝和乾隆皇帝。关于中国的所谓"文化复兴"，他认为：

> 中华大一统国家复兴时期的皇帝对收集、编辑、注释和出版昔日典籍的工作极其热衷，在世界上可能无出其右者。在永乐皇帝（在位期间为1403—1425年）、康熙皇帝（在位期间为1662—1723年）和乾隆皇帝（在位期间为1736—1796年）的主持下，完成了中国典籍

的煌煌巨制。……在对汇编成集的文献加以诠释和注解方面，中国学者的工作仍然独领风骚。①

由于这里提到了中国清代的学术发展，笔者认为，汤因比的看法和一位与他同时代的中国学者的看法是十分相似的。他们的相似之处也就在于把中国清代三百年的学术繁荣与西方文艺复兴相比，只不过关于西方文艺复兴的概念有所不同而已。但两人的比较眼光却造成了一种比较文化史上不多见的例证。

中国学者梁启超曾经在《清代学术概论》中认为，中国的清代学术与西方的文艺复兴具有基本相似的特征，因此从中国与西方历史发展的规律来看，都是一种科学精神的发扬。

> "清代思潮"果何物耶？简单言之，则对于宋明理学之一大反动，而以"复古"为其职志者。其动机及其内容，皆与欧洲之"文艺复兴"绝相类。而欧洲当"文艺复兴期"经过以后所发生之新影响，则我国今日正见端焉。②

当然，必须指出：其一，梁启超由于各方面的局限，对于西方文艺复兴的理解不够透彻，虽然也提到其主张个性解放等特性，但对于文艺复兴的反宗教精神这个历史核心却没有说明。这是中西文化比较中的重要视域，不能偏离。而汤因比也只是抽象地说到西方文化的复兴，回避具体的历史环境。其二，清代思潮从根本上来说，仍然主要限于学术领域，未能对于社会形成大的冲击，甚至在以后的发展中，走上了考据主义的纯学术道路，这都是不能直接等同的原因。其三，汤因比的观念是以复活再生（renaissance）为思想线索的，这种观念从希腊人到《圣经》影响到西方多代学人，我们上文中已指出它与斯宾格勒和汤因比的关系，这里不再重述了，中国学术发展没有这种观念。因此比较二者时，没有一种复活再生的规律性左右我们的观念。

再从世界文化史的发展阶段研究来看，这种比较模式也有创建。德国哲学家雅斯贝尔斯（K. T. Jaspers）的《历史的起源和目标》一书曾经提出一种观点。他把世界历史的发展分成四个大的历史时期：史前时代、古代文明、轴心

---

① ［英］阿诺德·汤因比：《历史研究》，刘北成、郭小凌译，407～409 页，上海，上海人民出版社，2000。

② 梁启超：《清代学术概论》，4 页，北京，东方出版社，1996。

时期和科技时代。其中的轴心期是相当重要的具有普遍性的一种历史发展时期，指在公元前 800 年到公元前 200 年之间的一个历史时期，其中最为集中的是以公元前 500 年为中心，在印度、中国和希腊形成三大文明，这个时期就是所谓的"轴心期"。轴心期的特点是人类思想的大解放，创造力得到极大程度的发挥；影响现代社会的主要宗教也在这个时期形成，大批思想家涌现。这个时期恰值中国的春秋战国时期、古希腊的雅典城邦时期，出现了中国的诸子学说百家争鸣的历史局面，有老子、孔子、墨子、庄子、孟子、荀子、韩非子等人的重要学说形成。希腊也有荷马、赫拉克利特、苏格拉底、柏拉图、亚里士多德、阿基米德等人物。这个时期最重要的是人类精神的觉醒，人类整体的自我意识形成，这是人类真正成熟起来的标志。严格来说，这种学说并没有坚实的理论基础，提出者没有理由解释，为什么世界文化在某一时期内突然出现大的变化？这种变化的动力是从何而来？各种不同文化处于不同的发展阶段，怎么能在同一时间段内出现相同的变化？诸如此类的问题都需要认真的研究解答。但这种说法也因其合乎一定历史事实，受到人们的普遍重视。从中也可以看出，对跨文化的历史规律探寻之重要的理论价值，在全球化时代，正受到越来越广泛的关注。

第六节　文化起源的比较研究

　　由于现代考古学等学科的兴起，文化起源的比较取得巨大进展。所谓起源的比较，就是对于不同文化体系与文化现象之间的发生学研究。

　　一种文化为什么会发生？不同文化形成的过程有何不同？

　　这些问题现在有了全新的视域与重要发现，并且形成了它所独具的研究领域与方法，它是一种具有普遍性的认识方法和研究方法。当代科学中，发生学研究居于重要地位，而且在研究中，发生起源研究往往是与比较结合在一起的。首先是达尔文的生物进化论，把人类起源等重要问题提出来。这种观念对于原有的宗教中的人类起源、万物生成的说法形成挑战，《圣经》中关于上帝造人的说法原本被认为是天经地义的，但在进化论的作用下，人们普遍接受了人类是由猿进化来的说法。同时，考古学、文化人类学、精神分析学、神话学等学科的兴起，对于发生与起源的研究也有决定性的作用。在这种研究中，比较意识越来越引起学者的注意。中国是考古学和历史学的比较研究发达的国家。周谷城先生很早就提倡这个方面的比较研究，他在《中外历史的比较研究》一文中指出："比较研究，即经常拿不同的东西对照着看的意思。这样做，可以使我们易于看出一些不应有的偏见。例如'古典时期'一词，原来本是只适于希腊、罗马。但学者们为着要完成一个以欧洲为中心的历史体系，便不得不把印度、中国、波斯等，也纳入古典时期之下。……如上所述，这类情况，我们如果不采用比较研究的方法，或者自始即读世界史，而不研究一点中国史，换句话说，即不拿中外历史对照着看，就很不容易看得清，就很不容易作进一步的考虑，或更切合现实的考虑。"①

实际上，在考古与历史学中，已经有不少杰出学者做出了这方面的努力。如许多学者所指出的，郭沫若先生早在 20 世纪二三十年代的甲骨文字研究中，就把中国的古代天文学和历法与巴比伦天文学相比较，虽然他的许多结论我们不能完全同意，但他的中外比较的研究方法是有贡献的。李济先生关于安阳殷墟商文化的研究中，参考了西方学者罗斯陀斯柴夫（Rostovzeff）和博罗夫加（Borovka）的理论，把中国商周青铜器上的花纹（如饕餮纹等）与西伯利亚的动物纹饰比较，指出商周文化可能与古代北方文化有联系。夏鼐先生对于丝绸之路的考察中，发现中国在输出丝绸的同时，也输入了毛织品、香料、宝石，还有当时的波斯银币和拜占庭金币。李学勤先生的《比较考古学随笔》虽然以随笔形式写就，但涉及比较考古学中的不少重要问题。其一，关于中国铜镜文化的历史起源，在《中国铜镜的起源及传播》一文中，根据我国近年来考古的新发现，如河南三门峡上村岭发现的春秋早期铜镜、20 世纪 70 年代齐家文化出土的铜镜，与日本学者通口隆康教授《古镜》一书中提到的恰塔尔休于（Çatal Hüyük）遗址发现的黑曜石镜，说明铜镜是一种世界性的产品。中外铜镜各有自己的图形和制造等特点。其二，世界古代玉器比较研究，这种研究早在著名考古学家夏鼐先生的殷墟玉器研究中就已经开始，夏先生指出，世界古代玉器有三大生产地，即中国、墨西哥和新西兰。但新西兰毛利人玉器与中国玉器之间的比较却少有人作。李学勤所作的两种玉器的比较证明，新西兰的鸟形、人形、玛纳雅式玉饰等与中国红山玉器中的"勾云形玉佩、马蹄形玉箍、兽形玉及二联璧、三联璧等"，在某些方面确有近似之处。这就为以后的研究留下了较大的空间。其余如甲骨占卜方法、饕餮纹、中国与埃及的陶文符号研究等，也都是文化起源比较研究的力作。

文化起源研究中，相当重要的是反对所谓"唯传播论"，这种理论目前主要是一些西方学者所坚持，即认为世界文化只有一个中心起源，这个起源一般是西方的希腊或古埃及，而东方的文化都是从西方传播而来的。这种谬论在考

① 周谷城：《周谷城史学论文选集》，78 页，北京，人民出版社，1983。

古与历史学界影响很大，极容易混淆视听，特别是对于比较研究。正像李学勤先生所指出：

> 在这种比较研究上，应该反对唯传播论的观点。不同地区、不同文化的人们，在历史前进到类似阶段时，会有相同或相似的工艺和美术的创造，不可把这种现象一律视为传播的结果，否则就会导致错误的推论。同时又必须承认，古代人民的活动范围每每胜过今人的想象，文化因素的传播会通过若干环节，达到很遥远的地方。这里要求实事求是，也就是真正科学的态度。①

从 18 世纪之后，特别是启蒙主义运动之后，西方的欧洲中心主义再度兴起，相当多的西方学者用唯传播论来解释文化起源。以中国文化起源为例，早在 1758 年法国东方学家约瑟夫·德·基尼（Joseph de Guignes）就说中国文字是从埃及文字而来的。其后的汉学家们更是荒谬，先后提出了所谓中国人是"巴克族的迁移"（参见特林·德·拉克帕里的《中国文明西方起源论》）；中国文化是两河文化发展来的（参见牛津大学的巴尔《中国人与苏美尔人》）等。苏联的一些学者也在其中推波助澜，他们提出的"外来信息决定论"也是唯传播论的变种。其中最有代表性的是所谓"中国彩陶文化西来说"。这是瑞典人安特生等人所提出的一种理论。1921 年在河南渑池县仰韶村发现新石器晚期遗址，其中出土的陶器是彩陶，表面是红色的，并且经过了磨光，上面有几何纹和绳纹等彩绘，这就是仰韶彩陶文化。安特生认为这种文化发生于公元前2500 年左右，是来自中亚的安诺和特里波列，是一种外来的文化，不是中国本土的创造。中国学者当即依据历史事实对这种理论进行了驳斥，苏秉琦的《关于仰韶文化的若干问题》、安志敏的《略论我国新石器时代文化的年代问题》、方汉文的《陶泥文明》都以无可辩驳的事实说明，在中国中西部发现的古代文化，不是从西向东，而恰恰相反，是从东向西发展的。首先是在河南、陕西发展起来的仰韶文化，然后才是河南龙山文化，与龙山文化几乎同时的是1962—1965 年在甘肃临洮马家窑—瓦家坪遗址。从时间上来看，龙山文化中的陕县庙底沟遗址明显早于西边的马家窑遗址。可以说明这种彩陶文明正是从河南、陕西发源，然后西向甘肃，形成了马家窑、半山和马厂三大类型。以后继续向宁夏、新疆等地扩散，直达新疆的和阗、皮山、沙雅、伊犁等地。时间

---

① 李学勤：《比较考古学随笔》，7 页，桂林，广西师范大学出版社。1997。

大约是公元前 5000 年到公元前 1000 年。

学者们不但用考古学方法，而且结合文献学与现代理论来论证这一问题。饶宗颐《符号·初文与字母——汉字树》等论著中提倡一种"比较古符号学"，把中国的陶器刻符与苏美尔古代文字进行比较。我们上文说到，早在 1913 年，牛津的亚述学家波尔（C. J. Ball）的《中文与苏美尔文字》（*Chinese and Sumerian*）等书中，把中国文字说成是从西亚而来，已经引起中国学者的有力批判。这种批判可以说在饶宗颐的比较古符号学中继续推进，他把中国陶文与西亚更早的线形的象形文字进行比较。书中指出：

> 关于汉文来源于苏美尔文一说，向来有许多不同意见，由于一般都认为苏美尔文在瓦尔卡（Warka）和杰姆代特·奈斯尔所出年代早至公元前 2000 年，而中国地区则未有年代可与匹敌的出土资料，故 Woolley 氏认为只有苏美尔的较进步的拼音文字中仍保留图像性质时，较后的文字（如汉字之类）才能加以利用和借镜。他说："假定情况是中国没有发明书写技术而向苏美尔人借用书写技术观念……"
>
> 这一说法，现在的出土资料像老台文化白家聚落八千年前的刻画符号，贾湖七八千年前龟甲上刻画的三个记号，和最近四川宜昌杨家湾出土六千年前的陶器上刻画着的早期符号，虽然刻画记号目前尚未释出，但不能说汉人自己没有书写技术。这些符号年代都远在杰姆代特·奈斯尔之前，书写工具和审美观念的不同，往往由许多特殊条件和不同的民族性所造成，要说汉人书写技术是从苏美尔借镜而来，似乎没有充分的证据。①

这种比较也是有意义的。但笔者认为，中国的甲骨文文字体系本身是最有力的说明，这一伟大发现充分说明了，中国文字是一种独创体系，至少在殷商时期已经形成，这种文字的书写是史无前例的，与苏美尔文、埃及文字都不相同。我们无须再去从上古陶文中发现早期文字，因为甲骨文与汉字之间的一致性是无可置疑的。在文化比较中，起决定作用的是文字系统的不同，史前符号当然也有一定意义，但它毕竟没有形成具有完整意义且具有民族特征的符号体系。这种符号在先民生活中可能起重要作用，但由于它的性质所局限，它对于文化形成和文化特性表达的作用是不能与完整的语言文字系统相比的。中国古

---

① 饶宗颐：《符号·初文与字母——汉字树》，181 页，上海，上海书店出版社，2000。

代符号与西方符号之间已有不同，这是一个历史事实。至于从古代符号之间的蛛丝马迹来大做文章，用于否定中国文字的独创性，是完全错误的。

第七节　关于人类学、心理学等方法的比较研究

18、19世纪西方学术蓬勃发展，各种新学科层出不穷，众多学科都对比较文化学产生了巨大影响，其中人类学与心理学是其中有代表性的两大学科。这两种学科与传统学科根本的不同在于所谓"共时历史方法"。所谓共时历史方法，首先是指以现实的事物的形态来考察它的历史形态，因为现实与历史之间有不可分离的联系，历史只是另外一种现实，一种特定时限下的现实。而现实也是一种历史，一种正在成为的历史。因为现实总要成为过去，也就是成为历史。真正的现实是不存在的，它只是历史的一种现实形态，正像历史也是现实的一种形态一样。其次也在于，历史文化有连续性，今天的人是历史人类的活样本，人体解剖是猴体解剖的钥匙，这句话同样适用于曾经是人类祖先的猿类。这样，我们要知道古代猿类生活时，不妨以当代的猿类，甚至今日的人类为依据。

当然，从更基本的观念来说，社会的文化是由具体的人类行为构成的，但作为整体的社会文化、一种民族的传统，都是高于具体的个性行为的。社会文化更有稳定性，民族文化是一种传统，它们是相对稳定的，不会因为一个人或者一代人的消失而解体。那么研究这种从古代留传的文化传统本身，对于异类的、不同的文化的比较，应当是了解历史的主要方式。可以说是这种方法论的依据。

时间与空间是事物的存在形式，事物存在的同一性也就必然把时间与空间联系在一起，这是从牛顿力学到爱因斯坦的广义相对论所表述的观念，也是康德哲学的出发点之一。时间与空间相结合的方法论，从它的最终意义来说应当是理想的方法论，虽然目前这种方法论的发展还不能令人完全满意。

从这种观念出发，就是要从现实存在的人类行为来研究历史上的人类行为，以当代人类心理特征来再现古代人类心理。在研究实践中，这两者是合一的，在马林诺夫斯基、列维－斯特劳斯的人类学研究中，都有大量心理学的内容。相应的是，弗洛伊德、荣格、皮亚杰、拉康（Jacques Lacan）的文化心理学，又都与人类学理论大有关联。

其一，人类学模式，这是一种以当代人类特别是所谓"原始民族"的生活方式的研究来建构古代人类活动的模式。这其实也就是文化人类学的思想出发

点之一，因此它成为人类学学科的基本方法。但从方法论来说，它不是只属于人类学的，可以说是为各种学科所共有的。而且这种方法本身就有比较的性质，古代与今天的比较。不同文化之间的比较是文化人类学研究的基本内容之一。

从人类学中的比较方法的发展来看，可以分为三个主要阶段：第一，早在18世纪，欧洲哲学家已经关注异类文化之间的关系，并想把不同文化之间的比较作为研究的基础，发展出一门为人类文化所共用的学科。出于这一目的，康德把自己的研究称为"人类学"的研究。19世纪末到20世纪初，人类学学科正式产生，它与社会学、哲学、历史学等学科之间互相交织着共同发展。早期的文化人类学及其他人类学者的欧洲中心观念十分突出，把人类学中的比较研究看成是"文明与野蛮"之间的差异，文化间不同的本质是西方文明对于非西方的落后文化的"冲击"（顺便说到，这种观念在一些当代西方学者和中国的学者之中依然存在），这种差异研究的目的是推进西方文化。如泰勒（E. B. Tylor）就认为，文化研究的意义在于发现"原始民族文化"，把它与西方的现代文化进行比较，从而促进文化进步。他引用约翰逊（Johnson）博士的那句话，"一类野蛮人与另一类野蛮人极为相似"，就足以表达出他对于非欧洲民族的轻视之情了。所以他在《原始文化》中把这种文化冲击的结果看成是文明进步。他说道："从一种理想的观点来看，文明向上，可以看成是人类通过个体与社会的高级组织的一种普遍的进步，最终达到人的善、权利和快乐。"这样的比较，必然把落后民族看成是野蛮民族，把它们的文化看成是低级文化，把他们的思维看成是原始思维。笔者多次撰文批判这种观念，目的在于引起人们的重视。人类学方法的运用刺激了多种学派的思想活跃，如《金枝》的作者弗雷泽的图腾论、斯宾塞的进化论等观念，都广泛运用了比较的方法。

人类学观念的偏颇反映在法国学者列维－布留尔的《原始思维》等书中，其实早在这部著作进入中国之前，就受到过西方学者和苏联学者的批判。书中把中国人的思维方式看成是原始思维的代表，可笑的是这本书的谬论竟然被许多中国学者看成是金科玉律，自中文版出来后，竟然很少受到批评。这本书中把中国等其他民族的思维看成是一种与西方的理性思维不同的原始思维，这种思维的方式不是理性推理，而是一种"互渗律"（participation），根据事物之间的某种表象的相似性来理解事物，特别是一些集体表象。如万物有灵，决定事物的是一种神秘力量等。由于这种非逻辑思维方式的作用，所以他们的感情、语言等也有非理性的特征。这也就影响到他们的处世和生活态度，没有主客体的区分，没有自我意识。在这种研究中，西方的理性逻辑思维方式，处处与非欧洲民族的原始思维、神秘主义进行比较，突出了西方文化的进步性与科学性，中国与其他民族文化被看成是一种迷信的、低级的文化。

在人类学发展的新阶段中，特别是以英国马林诺夫斯基的功能学派为代表的文化人类学中，虽然经历了近半个世纪的发展，学科内容有较大变化，但欧洲中心论、文化阶段论、文化冲击论的观念仍然十分突出。野蛮民族仍然是作为欧洲文明的陪衬出现，他们被动地接受现代文明的改造。马林诺夫斯基笔下的非洲就是一个明显的例子：

> 当飞机掠过尼罗人和班图人的边界，很明显地我们正进入一个变化中的非洲。在 Baganda 人中，一座座新造的，方形的，按欧洲式建筑的房屋，即使在空中向下看，也能看到土人们的服式和装饰品都带着曼彻斯特和伯明罕的味道。道路、汽车和卡车宣示了我们已进入了一个变动中的世界，两个不同的因素正合在一起产生着一种新型的文化，分别属于欧洲和非洲，但并不是单纯地属于任何一方的复本。
>
> ……即使仅从表面上看去，也能明白变动中的非洲文化不是一个完整一体的对象，而存在着三个方面，我们几乎可以用一支粉笔在非洲的地图上画出不同的区域来：占优势的欧洲人地区，真正的非洲人地区和正在变动的地区。[1]

这样一段写于六十年前的话，如果没有历史语境分析，很容易与当前一些关于全球化（Globalization）的描述相混同，如那些描述由于经济全球化所产生的世界文化大交流的场景。但实际上马林诺夫斯基的意图却是在说明，要把非洲人变成西方文明人或基督教徒，不可能采用强迫同化的方式，而应当实行平顺的变迁，通过双方的利益共同点形成这种过程。归根结底，马林诺夫斯基仍然是主张对于落后民族进行欧洲先进文化的教育的，只是主张的方式不同而已。但也要看到，部分功能主义人类学家已经看到他们的研究方法与思想观念的不足，开始在寻求一种新的比较方法和新的原则。而从当时的这一学派的社会总体认识来说，二元对立的认识方式仍然居于主导地位。

20 世纪 60 年代以后，欧洲学术思想界进入一个新阶段，这种变化波及人

---

[1]　Bronislow Malinowski, *The Dynamics of Culture Change：An Inquiry into Race Ralations In Africa*, edited by Phyllis M. Kaberry, New Haven：Yale University Press, 1947, pp. 9-11. 此处参考费孝通译文，并有所改动。

类学的比较研究。最突出的是列维－斯特劳斯等的结构主义方法对于人类学有巨大影响。继之而起的是近年来的全球化思潮、后现代主义思想，使得人类学观念发生大变化。这种变化中，最关键的是对于人类学中欧洲中心主义、西方中心主义的反思，这种反思正在校正着西方人类学的基本思想。使得人类学这种发现原始民族和异己文化的研究，真正向自己的本源返归，向着一种对于人类本体的研究，如马克思、恩格斯所多次指出的，使得科学成为一种人的科学。

如果说人类学比较的依据在于文化传统的客观存在，在于这种传统的时间连续性。那么，心理学比较则从人类主体的心理特性出发，以人类心理的普遍性与差异性为依据，进行一种历史与现时之间的比较。

不同民族有不同的心理素质和心理特性，这是一个显而易见的事实。同时，由于人类作为一种类的存在物，具有人类的共同心理特征，这是人类区别于动物的基本点。那么，民族心理特性在文化比较中必然不可能与人类心理的共性对立起来。也就是不能与人类的理性与非理性、情感与思维等心理活动规律对立起来。民族的心理特性恰恰是主体心理在与外界客体互相作用之中形成的，理解这一特性，就是要承认民族心理的历时性与共时性。所以，心理学比较模式在某种程度上，恰是对于西方人类学中的伪历史主义的批判。心理学方法的代表人物之一皮亚杰就指出，不仅列维-布留尔的"原始思维"观念是十分可笑的，因为这种思维形式在各个民族中都存在，而且结构主义者列维-斯特劳斯对于列维-布留尔的批判也不够彻底。问题不是存在不存在人类早期思维与儿童思维的某些特点，而在于这种思维只是人类不同历史阶段也就是不同年龄阶段的特征。理性的逻辑与自然的逻辑之间没有根本的分歧，所存在的只是人类认识的发生过程。比如，东方民族与西方民族都曾经历过图腾时代，所以，不能只把图腾作为一种思维方式加在东方民族身上，并据此来判断东方民族是原始思维。特别是中国、印度等具有古老文明的民族，脱离图腾时代无疑要早于西方大多数民族，他们的思维方式进入逻辑思维当然要比一般西方民族早得多。世界三大逻辑体系——中国《墨经》逻辑、印度因明逻辑、亚里士多德逻辑都产生于耶稣诞生之前，有什么理由说中国人没有逻辑、是渗透式原始思维呢？

从心理学来说，并不是没有这种前逻辑思维，相反，这是普遍的人类现象，它产生于人类整体与个体发育的不同时期。皮亚杰指出：

> 关于这种"自然"逻辑的整体是什么这个问题上，我们对于列维-斯特劳斯的结构主义和列维-布留尔（Lévy-Bruhl）的实证主义之

间原则上的总的对立是相当清楚的。但是，列维-布留尔在他的遗著里收回了他的观点。在我们看来，这正像他在初期著作里似的，同样是走得太过头了。并没有"原始思维"，但也许的确有一种在前运算水平意义上或在仅有的几种具体运算开始时的一种有限意义上的（参见第 12 节）前逻辑。"互渗"（participation）是一个富有意义的观念，如果我们不是把"互渗"看成是一种不管有什么矛盾和同一性的神秘联系，而是一种在幼年儿童身上经常看到处在类与个体中途的关系的话：如我们在桌子上投下一个阴影，对于 4～5 岁的孩子来说，就认为是"树下面的影子"或黑夜的影子，不是用包含在一个普遍类里的方法，也不用直接的空间转移方法（虽则受试人有时因为没有更好的解释，会这样说），而是通过某种在一些物体之间直接"焊合"的方法；这些物体，以后在一经懂了规律之后，就会或者分解开来，或者合成为同一类。即使在这种"互渗"关系中我们只看到一种"类比思维"，它作为双重意义上的前逻辑，即先于明确的逻辑，和为这种明确逻辑的制订做准备，也许还是有其意义的。①

这使人类学方法特别是列维-布留尔的原始思维理论受到沉重的打击，皮亚杰从根本上否定了所谓"原始思维"的说法，如果这种思维存在，那么它只是每一个民族思维发展史上的一个阶段，而不是所谓原始民族思维的体系。所以，当我们中国学者要把列维-布留尔等人的理论用于中国文化的研究时，不能再把早已被皮亚杰驳斥得体无完肤的西方谬论视为奇珍，用以侮辱我们自己光辉的文化传统了。否则不但不能面对中国传统，也无法面对皮亚杰这样认真的西方学者。

心理学与人类学的结合，可以说明历史与现实之间联系的性质，这种联系在某一方面是超越时空界限的，因为它存在于人类心理的遗传与变异过程之中。这就形成了不同民族心理与不同民族历史文化的综合性比较，这是一种时空结合的立体性比较。

在这种研究方法中，首先是把个性的心理发展看成是社会历史文化的缩影，以个性心理来解释社会历史。我们以弗洛伊德的社会历史观为例，俄狄浦斯情结是弗洛伊德最得意的发现之一，他是从欲望的对象客体来论述这一关系

---

① ［瑞士］皮亚杰：《结构主义》，倪连生、王琳译，81 页，北京，商务印书馆，1986。

的。儿童以母亲作为性爱的第一个对象，这里是指"性爱的精神部分"，而暂时丢开了性欲的生理部分，这种情况，按照弗洛伊德的看法已经是压抑的开始，因为性爱的生理部分被压抑了。以后儿童要独占母亲的欲望被父亲的存在所否定，他便产生对父亲的敌意，直到这一情结被彻底压抑，儿童才会与父亲和解。这个理论被弗洛伊德用来解释历史与现实，从家庭组成到人类社会的发展都囊括无余。在《图腾与禁忌》一书中，他认为在原始社会中，人类对于性对象的选择第一个常为亲属，如母亲或妹妹，这已经为人类起源神话传说中大量的兄妹结婚繁育后代的故事所证明，这种故事几乎在各个民族中都有。于是人类所面临的第一个危险是乱伦的危险，是杀父娶母的欲望。为了防止这种内乱，古人确立图腾制度来禁止它。图腾本是以一种动物作为本民族的崇拜对象，而且大多数图腾都把这种动物说成是自己的先祖。出人意料的是，弗洛伊德在俄狄浦斯情结与图腾之间发现了共同点，并且以此作为自己研究原始文化的出发点。他认为，图腾崇拜有两个禁忌——禁止杀死图腾和禁止在同一图腾氏族的妇女中找配偶，同俄狄浦斯情节的两个禁条（不能谋害父亲性命与不能把母亲看成妇女）有惊人巧合。根据这一情况，弗洛伊德提出，图腾所崇拜的动物就是父亲。图腾的目的在于消除俄狄浦斯情结。他还构想了一幅历史图景：当初，强大的父亲自己独占一切妇女，并且把自己的儿子赶出家族，以防他们与自己争夺妇女与家产，愤怒的儿子们联合起来，杀死父亲，得到曾经为他所独占的妇女。杀父的不安和悔罪感使得儿子们决心防止此类事件的再次发生，树立图腾以为借鉴，使子子孙孙永远牢记这一点。可以说，弗洛伊德的俄狄浦斯情结有两方面的含义：一是对于个性心理来说，它是一种内投射的典型，父亲的性权威成为超我的法权；二是作为社会心理来看，从野蛮的无伦理心理向社会化的心理转换，社会道德和法律是在图腾禁忌的基础上建立起来的。弗洛伊德虽然没有直接将西方文化与其他文化进行比较，但他仍然是把西方作为文明社会的代表，而把一些非西方民族作为野蛮民族来看待的，在他的著作中也大量涉及非西方文化的思想特征。

这种方法的不足之处十分明显，弗洛伊德把无意识心理作为人类心理的主体，并且把心理看成是与社会历史相分离的个人性欲的产物。在他的理论中，完全没有社会现实的作用（effect）。可笑的是，在弗洛伊德的精神分析中，现实只是作为精神病的病源存在，没有进入格局。现实也是一种消解的代码，它已经被移置于话语之中，成为一种被阉割的、被替代的存在了。在弗洛伊德精神分析的话语中，现实原则也是外在于心理机制的，它的发生过程也没有得到充分揭示。更奇怪的是，在弗洛伊德后期理论中大量加入社会文化研究的局面下，他反而淡化了现实原则。在后期重要著作《超越快乐原则》发表之后，他在《抑制、症状与焦虑》（1926）中几乎不提曾经在他的理论中占有一定地位的现实原则。他认为知觉意识（Pcpt—Cs）从外部和内部获得兴奋，"并且力图借助于从这些方面获得的快感和不快感，即根据快乐原则来指导心理事件的过程"①。这样必然会使弗洛伊德理论受到批评。关于这个方向的批评见解中，苏联学者 T. A. 库兹明娜、N. 博若维奇和 N. G. 波波娃等人的见解几乎是一致的，都反对把个性无意识作为社会历史发展的动力。这就是波波娃所说的：

> 对于弗洛伊德主义来说，最危险的矛盾之一包藏在它对无意识的理解中：一方面，无意识是不依赖于外部世界的；但是另一方面，自然只在社会存在的条件下才获得意义，所以它们应当被人和人类的历史所触及。②

社会现实与人类心理的联系是马克思主义的基本观点，以此来作为批判弗洛伊德的利器早已不罕见。笔者当然肯定这种批判的方向是正确的，但是也要指出，问题不在于无意识这个概念本身，而在于弗洛伊德对于现实原则的处理是不能令人满意的。不承认社会历史的作用，是精神分析自身的局限所决定的，并非其他外在因素所能改变。

另外一种相当重要的方式，就是把神话思维、古代人的心理与所谓"落后民族"的心理看成是一种心理遗传，是一种"集体无意识"，并且把这种思维特性与现代社会文化进行比较。我们以精神分析学的另一种重要理论来说明。

卡·古斯塔夫·荣格（Carl Gustav Jung, 1875—1961）原是一位瑞士心理学家和精神病医生，曾在法国巴塞尔大学学习，师从著名心理学家皮埃尔·热奈特。后追随弗洛伊德从事精神分析学研究。因为与弗洛伊德的见解不同而自立门派。荣格的学术研究横贯多种领域：心理学、神话学、民族学、人类学等。他的著作中，以《无意识心理学》、《心理类型》、《精神结构》、《心理学与宗教》、《心理学与文学》、《分析心理学》等最有影响。在比较文化史方面，荣格的主要观念是集体无意识。他主张以一种历史的眼光来看待无意识和心理过

---

① ［奥地利］弗洛伊德：《抑制、症状与焦虑》，见车文博主编：《弗洛伊德文集》，第 4 卷，203 页，长春，长春出版社，1998。

② ［苏联］尼·格·波波娃：《法国的后弗洛伊德主义批判分析》，李亚卿译，25 页，北京，东方出版社，1988。

程，所以要把现代心理学的共时性模式与历史精神发展史的模式结合起来，才有真正的心理学。无意识也是一个不断成长的过程，与意识相比，无意识的历史更为长久。无意识是人类记忆的宝库，它积累了人类长期历史中所具有的本能。在无意识中，起决定作用的是千万年来的经验因素，因此是无意识与集体的人共同决定了人类百万年的历史。这样，无意识也就具有双性特征，它是老年也是青年，它是永恒的。由于无意识的这种特性，所以荣格把它说成是集体无意识：

> 集体无意识是精神的一部分，它与个人无意识截然不同，因为它的存在不像后者那样可以归结为个人的经验，因此不能为个人所获得。构成个人无意识的主要是一些我们曾经意识到，但以后由于遗忘或压抑而从意识中消失了的内容；集体无意识的内容从来就没有出现在意识之中，因此也就从未为个人所获得过。它们的存在完全得自于遗传。①

决定一个民族文化基本特性的就是这个民族的集体无意识，这样比较文化研究的主体就是不同民族的集体无意识，是它们之间的比较。具体而言，集体无意识主要是原型，这是一种形式，它指的是那些"自亘古就存在的宇宙形象"，也就是一种原始意象（primordial images），虽然荣格有时也把原型与原始意象分别使用，但总体来说二者是统一的。

> 原型概念对集体无意识观点是不可少的，它指出了精神中各种确定形式的存在，这些形式无论在何时何地都普遍地存在着。在神话研究中它们被称为"母题"；在原始人类心理学中，它们与列维–布留尔的"集体表现"概念相契合；在比较宗教学的领域里，休特与毛斯又将它们称为"想象范畴"；阿道夫·巴斯蒂安在很早以前则称它们为"原素"或"原始思维"。②

"原型"这个词源起于柏拉图，经过荣格的发展，以后又在加拿大学者弗

---

① ［瑞士］荣格：《心理学与文学》，冯川译，94页，北京，生活·读书·新知三联书店，1987。

② 同上，94～95页。

莱的学说中进一步丰富，成为比较文化的一个重要概念。比如不同民族的心理与性格可以通过他们的心理活动的某种图式得到展现，并且通过比较可以发现他们的异同之处。如荣格就对中国西藏地区的"唐卡"绘画十分感兴趣。他认为其中有一种图形特征，这是一种方形与圆形相结合的图案，几乎西藏历代绘画都在重复这一图形，这就是世代流传的原型。这种图形也可能在别的民族文化中出现，而且会产生变异。其他如宗教绘画中常见的曼陀罗、美人鱼、海妖等也是类似的原型。这些代表民族心理特性的原型在艺术、宗教、文学等方面重复出现，不断反复，形成了民族文化的历史与特征。按照荣格的说法，只要把不同民族的原型进行比较，就可以形成基本的区分与理解，如基督教的十字架、佛教的莲花宝座、中国道教等的阴阳交合的图形、伊斯兰教的星月图形等，分别是民族心理的表征，这种心理的外化，就构成了文化。虽然社会在发展，但民族心理原型是稳定的，它决定文化的遗传与流传。

以上我们以文化人类学与心理学为样板，分析了当代比较文化研究中的两种重要方法，这两种方法都是跨学科的，这种跨学科研究作为一种历史新潮是不可低估的，但是也要看到其局限性。无论如何，当代比较文化学的总体趋势是研究方法的多元化，即使是出现一些有缺陷的研究成果也不能说明这种方法是不对的，而只是应用范围与观念中存在的不足，不应完全否定。

第五章　亚洲太平洋文化体系

第一节　亚洲太平洋文化的起源

亚洲太平洋文明体系，也有人称之为"太平洋文化圈"、亚太文化或者"环太平洋文化圈"等，是指以太平洋岸边东部亚洲的中国、蒙古、日本、朝鲜、韩国和东南亚国家为主体的文化，这一文化体系从亚洲大陆东部起，延伸到太平洋上的多个岛屿与国家，并通过澳大利亚、新西兰直到美国、加拿大的西海岸，最终收结于北极地区。它经印度洋和南亚文化相接触，并通过中亚俄罗斯等与欧洲文化相接，这是一片地域极为广袤的、形态最为多姿多彩的大文化体系。它的基本构成是一个以东亚大陆为依托，扩展至太平洋沿岸与岛屿，历史上以农业与渔牧业为主要生产方式，全球化时代工业化与科学技术进展迅速的文化体。它具有开放性、多元性和融合性的特征。

人类产生于地球地质经历变化之时。第三纪末到第四纪初，亚洲的青藏高原地质结构发生变化，喜马拉雅山脉、冈底斯山脉、念青唐古拉山脉等开始升起，这是一次大的造山运动。直到 1 万年前的全新世，青藏高原一直在升起，平均高度早就超过了 4000 米。这就使得中国和蒙古地区的地势相对较高，特别是青藏高原的升起，使得西伯利亚冷气流与印度洋暖气流之间的对流隔断，这样，西伯利亚冷气流不得长驱东来，也使得西南季风形成，给印度半岛和中国西南地区带来随季风而来的雨水。这种影响一直波及中国的黄河流域与长江流域，太平洋与印度洋所形成的夏季季风温热湿润，就是中国古人所说的"南风"，有利于农业发展。

更重要之处在于，亚太地区也是人类的起源地之一。1884 年，在印度尼西亚工作的医生尤尼琴·杜布瓦（Eugène Dubois）宣布，他在当地的特厄尔河河床中发现了直立人（Homo erectus）化石，有一块头盖骨、股骨和牙齿。这种直立人被称为猿人（Pithecanthropus）。发现者认为，这是从猿向人的过渡，也就是说，是与非洲发现的南方古猿同一类型的人类先祖。

中国的北京地处平原与山区交接地区，在北京南边的周口店，北依山林，就是北京西山，南边是华北平原上的草原，是古代人类最易于选择居住的地方。这里的地质是石灰岩地质，但山青水秀，不远处有一条小河，这里就有多种动物生存，山林地区有猕猴、野猪、斑鹿等动物，草原上有野马、羚羊、大象、野牛等。大量迁移的动物有肿骨鹿（Sinomegaceros pachyosteus），这可能是北京猿人最易于猎取的对象之一。周口店河过去可能形成了一些小湖泊和小型湿地，生活着水牛和犀牛等大型动物和河狸、水獭等小型动物。再向远方一些，这里与草原沙地相连，可能有鸵鸟、骆驼等动物存在。从自然环境来看，有些相似于著名的人类起源地奥杜威大峡谷，但这里的自然多样性与气候优越于奥杜威大峡谷，这就使北京猿人可以在这里长期生活。

1929 年 12 月 2 日，在北京西南约 48 千米的周口店地区挖掘了一块头盖骨，这在以后被命名为中国猿人北京种（Sinanthropus pekinensis），简称为"北京人"（Peking Man）。北京人生活在更新世中期，距今约 50 万年前。这一人种就是所谓的智人人种，是最早的人类。北京猿人的头盖骨是中国科学家裴文中等人发现的，其鉴定者是体质人类学家弗兰克·魏登莱克（Franz Weidenreich，即魏登蓝）。由于这位西方人类学家的鉴定，北京猿人较早得到西方大多数学者的认同，这位人类学家也因此名扬四海。以后在南京的汤山地区发现了同一历史时期的汤山人，这就证明北京人的发现不是偶然现象，亚洲猿人活动地区是相当大的。

北京人的发现意义重大，这是考古学上第一种与现代人类基本相同的人类。北京人的发现者裴文中教授认为：

> 中国猿人北京种已具有人类的基本特征。在长期的劳动中，双手适应于复杂的动作，日渐灵巧。他们的上肢骨与现代人极为近似，除了上膊骨的骨壁较厚、髓腔较小外，完全具有现代人的形式。锁骨也与现代人没有特殊差别，腕骨中的月骨也具有现代人的一切特征。由于长期直立行走，中国猿人北京种的下肢骨，与现代人没有什么区别。股骨的主要形状，例如大小、形状、比例以及肌肉的附着点等，都和现代人相似。但是股骨干的内侧缘显著隆起，最向前弯曲的部分在骨干中部以下周径最小之处，这些特征类似大型的猿类。
>
> 中国猿人的脑髓较现代的大型猿类发达。平均脑量为 1043 立方厘米，比大型猿类大两倍以上，属于现代人的脑量变异范围之内。从体质形态及中国猿人北京种制作石器、能够劳动等方面判断，他们应具有有音节的语言。[1]

---

① 裴文中：《旧石器时代之艺术》，120 页，北京，商务印书馆，1999。

毫无疑问，这是世界上最早的人类之一，从猿类向人类迈进，终于完成了最后的一步，从而为 400 万年的人类进化史最终写下辉煌的一页。

北京猿人开始用火，这是世界上最早的人类用火发现之一，意义极为重大。在发现北京猿人之前，只有欧洲的尼安德特人（Neandelthal man）有用火遗物，尼安德特人要晚于北京猿人 20 万～30 万年，尼安德特人生存于距今 20 万～30 万年前。北京猿人用火的发现，在当时把人类用火的历史提前到 40 万～50 万年前。

最重要的是北京猿人独立制造的石器，北京猿人的石器用一种特殊的打击方法来制造。这种方法的类型属于更为高级的石器技术，这种石器的特点是从不同面加工，制作精细，可以有石刀与石斧，有可以用手执握之处，这样便于用力，也就有更强的进攻性。旧石器时代晚期发现的人类是智人阶段，与现代人相同，这一时期的发现对于人类文明起源有重要意义。中国发现的主要有柳江人、河套人和山顶洞人。其中最有代表性的就是河套人与山顶洞人的发现，这些人类发掘不只是个别人种的发现，而是一种重要文化遗址的发现，都有大量的石器、动物化石等。据裴文中判断，河套人与山顶洞人已经进入了"原始氏族社会"，这个时期是旧石器时代晚期。他指出：

> 要之，山顶洞人的文化，很大程度上阐明了人类文化的起源。从石器的使用发展为骨角品的广泛应用，是由原始向文明发展的一个阶段，这标志着人类历史的划时代的变化。……山顶洞人以后，人类历史又进入了一个新的阶段——新石器时代，社会组织方面也达到母系氏族社会的阶段……①

笔者赞同这种看法，中国与东南亚地区的考古已经证明，亚洲太平洋地区是人类发祥地之一，亚洲与非洲一样，也是从猿向人进化的历史进程的伟大舞台。从进化过程来看，除了古猿类没有发现之外，人类的古代人种进化过程是完全的。

大约 1 万年前，地球终于走出长达 300 万年的第四纪大冰期，进入了一个地质历史的转换期。这种转换过程漫长，而且总有反复，不断出现小的冰期，冷热不均，但大的趋势是固定的。地球告别天寒地冻的时代，变得更加温暖，宜于人类生活，这就是所谓的晚冰期（Post-glaciation），也称为全新

---

① 裴文中：《旧石器时代之艺术》，42 页，北京，商务印书馆，1999。

世（Holocene）。全新世的气候转暖，恰像那暖风拂面的春天降临，巨大的冰川开始消融，覆盖大地的冰盖退缩，世界各地气候逐次变暖，变得温润多雨。原来遍布各地的是一些寒带植物，是耐寒的地衣苔藓，这些植物现在则向极地与北方退缩，温带与亚热带的植物群分布广泛，茂密的树林遍布大地。

冰山消融之后，陆地河流水量增加，江河水注入海洋，使海水增多。沧海桑田，变化极大，陆地大板块也随之推移。在辽阔的海面上，每到一定的季节，温暖湿润的风就会取代干燥寒冷的风，这就是季风气候，这种气候又影响了大陆的变迁。喜马拉雅山系高耸在亚洲，使北方的季风不能越过高山，北坡寒冷干燥，而印度洋的暖风则使得印度半岛温润多雨。全世界气候明显变暖，澳洲四周全都成为大海，它的气候当然最先变得温暖，然后是地球上最高的并且仍然在成长的青藏高原，再到加勒比海，中国长江、黄河流域，西亚与南亚地区，欧洲和美洲，最后，直到7000年前，冰天雪地的北美阿拉斯加等地也逐渐变暖，在这种环境中，亚太文化体系诞生了。

自然界发生了翻天覆地的变化，原本适应高寒地区生活的动物逐渐被新的物种所取代，新的植物群繁茂地布满大地。自然环境的变化对人类生活产生巨大影响，人类从漫长的旧石器时代走出，开始了新石器时代。在这个时代中，人类开始大规模种植农作物，驯养动物，中国考古学家夏鼐认为：人类文明时代由此开始，称为农业文明。这种文明的贡献在于通过农业与畜牧业的发明，控制了食物的生产。在此之前的旧石器时代，人类生产是以采集与渔猎活动为主，基本上是依靠自然的资源，是真正的"靠天吃饭"。有了农业与畜牧业，彻底改变了人类生活的性质，人类从此与动物不同。动物只会食用自然中有的东西，自己不会创造，但人类生产了自然中所原本没有的稻米、小麦、谷物、丝绸、玻璃、青铜器等，这就是文明的意义，它使猿从动物成为人。这个文明由于与考古学的新石器时代相符合，所以称为"新石器革命"（Neolithic Revolution）。①

最早的农业文明中心是在亚洲，特别是东亚与西亚，中国与两河流域成为农业中心，野生的谷物与水稻被培育成农作物，它们颗粒饱满，产量增高，与昔日野生的谷物完全不同，人类的信心更加充足。农业社会是人类文明的开端，这是一个充满着伟大发明的时代，创造出了无数自然界中前所未有的事物，而且世界各大文明的创造各具特色，遍及社会生活的各个方面。

---

① 参见夏鼐：《考古学论文集》，下，677页的有关论述。

在世界各民族的发明中，有一种最为重要的发明几乎是各个文明全都具有的，并且给人类的衣、食、住、行带来了最大便利的创造，这就是陶泥器具。

从中石器时代后期到新石器时代初期，人类开始试制烧陶。这种工作几乎在世界各地全面展开，黏土和各种泥土被用于烧制，出现了砖瓦泥灰的建筑、各种生产与生活的陶泥器具，并且创造出陶文与泥板文字，使得蒙昧与野蛮的社会远离我们，这种新的时代我们称之为"陶泥时代"。

亚洲太平洋地区是陶泥时代的中心之一，东北亚地区除了中国外，日本与韩国的陶泥器也相当发达，起源早，制作技术成熟。这个时代的上限可以达到中石器时代晚期与新石器的初期，至少在15000年前，发展时期是10000年到5000年前，直到冶金技术（主要是青铜器与铁器）相当普及的时期，陶器在人类社会生活中的地位都没有被完全取代。特别是轮制陶器即陶钧的发明，使陶器生产普及，大约从6000年前到4000年前，是陶器生产的鼎盛时期。经过一段时期的陶器与青铜器和铁器并用之后，陶泥器具的中心地位才被金属所取代，陶泥时代宣告结束。但这仅仅表明，陶泥器具在生产工具领域与日常生活用品领域的主导地位被金属所取代，并不意味着陶泥器具不再应用，相反，陶泥器具直到今天仍然是世界各民族最重要的生活用具类型之一。在古代社会中，由于青铜器与铁器造价高昂，只能在一定范围内使用，普通百姓的生活中依然大量使用陶器与瓷器。中东地区通行泥板书写，虽然埃及人早就创造出了纸草，但是相当长的历史时期中仍然普遍使用泥板文书，直到纸的生产普及之后，泥板文书的地位才被取代。

历史学家与考古学家们习惯于将人类历史划分为石器时代、青铜器时代和铁器时代，这是根据丹麦考古学家的理论。这种理论虽然被普遍采用，但是正如广大学者所指出的那样，这种划分有一定缺陷，如历史时代划分重复、没有理性认知的特点、只重视生产忽略人类生活实际等。我们认为，这种划分还有一个致命的缺陷，就是忽略了陶器时代的存在，使人类文明缺少了一个重要的、具有实质性进步的时代，这个时代之不可缺少，表现于它对人类文明程度提高的历史贡献。陶泥时代中有了农业生产和文字发明，都是文明最重要的因素，当代西方理论界流行的所谓"农业扩展理论"，认为人类文明进步相当大的程度上表现为农业生产的推广，其实这种观念也是对传统理论的一种反叛。从各个方面而言，陶器发明的意义与石器工具相比，有过之而无不及。

第二节 亚太体系的形成

旧石器时代后期，亚洲太平洋文化体系初露端倪，最先引人关注的是"太平洋文化圈"在中国南北方及其他周边地区形成，时间大约为 20 000 年前到 12 000 年前，以周口店地区的人种和独特的石器造型为特色。有人称之为中国传统石器文化类型的特征。

中石器与新石器时代起，以黄河流域与长江流域为主体的多种文化群落开始崛起。中国先民的活动范围更加集中，所创造文化类型的早期特征显现。如河姆渡文化这样的早期形态、以河南与陕西为中心的仰韶文化等，而河南龙山文化（陕县庙底沟二期）也发展出一种彩陶文化类型。而在长江下游，则有玉器、黑陶和早期铜器的一支文化类型的发现，如马家浜文化（公元前 5090±150—前 399 0±135）、崧泽文化（公元前 3910±245—前 3230±140）、良渚文化（公元前 3305±130—前 2130±100）等。我们可以推测这种文化可能与以后的吴越文化，甚至与中原文化风格迥异的楚文化都有一定的历史关系。日本的绳纹文化就是陶泥时代的本土文化，它与中国长江黄河文化是更为广大的亚洲太平洋文化的重要组成部分。

从世界文化史来看，越来越多的人关注着"太平洋文化区域"的概念，这是一种可喜的现象。但对于它的最早提出者之一、中国猿人即北京人的发现者之一裴文中教授的历史功绩少有人提及，这位杰出的科学家是从考古学角度首先倡导这一观念的，有相当的科学性。我们认为，有必要以尊重科学发现的角度重新回顾他的见解：

> 事实上，光是根据文化，不大可能在上述中国和西方文化之间找到直接的相同之处，因为山顶洞的人工制品很可能代表了一种具有自己特征的独立发展的文化。
>
> 到旧石器时代之末，一个重要的北方的或"古北的"文化区似乎从欧洲延伸到东亚，大约在北纬 45 度以北（主要是西伯利亚）。但是，同时也很可能存在着另一个人类和文化的潮流（系统），沿着太平洋海岸，从马来西亚延伸到满洲里——在新石器时代之初显然仍为印度支那的北山文化（Bacsonian）和广西的洞穴工业所代表。根据其地理位置和某些特别的特征（粗糙的石器、穿孔的砾石……），我们倾向于把山顶洞文化归入这一独立发展的"太平洋"文化区——然

而像使用赤铁矿染色的习惯可看作是"北方的"影响。①

从古代中国向南到东南亚，沿着所谓的"中南半岛"地区，向北达到日本、韩国直到西伯利亚经格陵兰进入美洲；另一个方向是茫茫的太平洋上的无数岛国，南北太平洋上都有大大小小的岛国，这些岛上的原住民与航海的中国人、日本人、朝鲜人相混合，融入了亚太文化体系之中。稍后的印度、阿拉伯和欧洲船队陆续到来，使得南北太平洋、澳大利亚和新西兰的文化更加多样化，但是太平洋岛国中保持亚太文化种族与文化特色的仍然相当多。

亚太文化中，最为古老同时影响最大的当数中国，中国文化保持了从古代到近代、现代的一致传统，是世界所有古代文明中唯一持续的文明类型。在它前后产生的主要文明类型都经历了转移和变型命运，希腊文明在罗马时代接受了东方传来的基督教，已经发生根本的变异，经过文艺复兴与宗教改革之后，更是有较大的变化。印度原有印度河文明则已经消失，雅利安人的文化与本土文化混融，多种因素产生作用，特别是近代以后，这种文化受到多种外来文化的影响，其固有传统也有一定的变异。唯有中国文化一直持续下来，成为世界文明硕果仅存的一支，这种现象已经引起世界的关注。经过以青铜文化为代表的发展阶段，以夏商周三代为代表，中国文明走向新的繁荣。也就是在这一历史时期，产生了中国文化的经典——"六经"，这种经典对于中华民族的民族心理、精神特征、思维方式和行为规范都有决定性作用。从此以后，中国进入一个稳定发展阶段，历经了秦、汉、唐、宋、元、明、清等主要朝代的更迭。虽然蒙古人与满族先后入主中原，但他们皈依了中华文明，维持了这一文明的传统。

中国文明的另一个重要特性对亚太文化也极有影响。这种特性就是中国文明起源是多元性的，不是单一民族的，是在黄帝文化与四夷文化互相融合中所形成的。中国文明是黄帝文明（包括炎帝）与东夷龙山帝俊，包括中国东部内陆与沿海的吴楚越文化，西戎包括中国西部多民族和中亚的部分匈奴、突厥等民族，南蛮地区包括长江、珠江流域与沿海地区，北狄文化包括北方的龙山与红山文化亦即中国华北与东北地区的众多民族，基本上包括了中国现有的所有民族与已经消失的部分民族，称之为"黄帝四夷文明"。

另一方面，如果把中国与欧洲相比较，双方都有相当长的封建社会，欧洲从罗马帝国起到文艺复兴结束，大约有 1000 年之长，而中国从秦汉起到

---

① 裴文中：《旧石器时代之艺术》，110～111 页，北京，商务印书馆，1999。

辛亥革命则逾 2000 年。中国的封建社会历史比欧洲长了将近一倍。相同之处在于，自从欧洲确立了基督教为主要宗教的文化之后，欧洲封建社会相对稳定，主要形态是基督教对于异教的征服并在各国取得统治地位，以农牧工商的混合型文明为主，建立欧洲特色的大庄园经济与采邑制度。而中国封建社会相对稳定于以六经为指导精神的文化传统，封建君主专制是其政治制度的主要形式。

中国历史上基本上没有发生像欧洲历史上屡次发生的政教之间的斗争。可以说，中国发展出一种独特的非宗教文化传统，这是以"六经"为经典的人文主义传统，国家的政治制度、道德伦理、文学艺术、语言思维方式表现出一种相对稳定的模式。这是中国文明的长处，也是它的短处，中国文明虽然持续，相对稳定，但社会制度变化缓慢，专制制度统治时间长，缺乏民主与科学精神。封建帝王实行的愚民政策使民族素质不断弱化，所以中国在近代社会的落后是必然的。

世界主要文化类型中，唯有中国文化是非宗教性的，这也是它主要特点之一。正因为如此，中国文化在对外、对内都有其他文化类型所不能及的长处——"多教合一"——一种伟大的历史贡献。中国文明的发展中，并不是完全与外界隔绝的。历史上一直有多种外来民族的干扰，最重要的是汉代，中国击败了游牧民族匈奴人，迫使匈奴人远走欧洲，保卫了先进的中国农业文明。唐代也多次战胜文明程度较低的游牧民族，明代则挫败来自海上的日本"倭寇"的入侵。特别是 16 世纪以来，西方殖民者的先行队伍——伊比利亚半岛的西班牙人与葡萄牙人——在征服了非洲与美洲之后，来到中国海，遇到实力强大的中国的抵抗，使西方文明的东方征服首次真正受挫。

中国历史屡经变化，汉唐时代，印度佛教传入中国，对于中国文明形成冲击。其后又有元代蒙古人的入侵，直至清代满族入主中原。但是，中国文化的类型没有发生根本改变，中国没有发生其他一些民族文化中的那种文化转型，如希腊人被罗马人征服后、印度被雅利安人征服后的文化转型。中国文明从来没成为一种被征服的文明，美洲古老的墨西哥文明与秘鲁文明被西班牙与葡萄牙殖民者毁灭，从此拉丁美洲的古代文明作为一种文明形态已经被转换。中国文明吸收外来民族文化，使其成为中国文化的一个组成部分，但中国文明没有彻底改换。

以神与人之间的辩证的、协调的关系为主旨，不同于其他民族对神的绝对崇拜，主张非宗教意识形态与宗教意识形态的结合是中国文化的重要特征之一，不理解这一原则的人对中国有两种臆想：一种是把中国人看成是原始崇拜，特别是当中国文明在 17—18 世纪传入欧洲时，很多欧洲人对中国文化无法理解，以西方的一神教至上的观念来看待中国，其实对于中国知之不多。很多人把中国描述成没有真正信仰，只有原始崇拜或者物质崇拜的民族。另一种看法就是把中国看成是完全没有神灵观念的民族，只有对于人间君主的服从，而没有宗教热忱、没有对于真理和天国憧憬的人群，黑格尔等人就持有这种观念。

这两种看法都是不符合实际的，中国大地上曾经产生和流行过多种宗教，早期文化遗址中已有神灵崇拜的遗存，并且有图腾、巫术、天神崇拜等多种形式，以后又发展出萨满教、道教等多种宗教。外来的宗教则有佛教、伊斯兰教、拜火教、基督教等，但是没有一种宗教能在中国成为唯我独尊的国教。中国从汉代起就有独尊儒术等说法，但儒学与西方宗教之间的概念还是不同的，它不能看成是一种真正意义上的精神崇拜，它只是一种学说，而且它本质上没有对于神灵的崇拜。没有宗教的权威，也就没有神灵的绝对崇拜，这就从客观上形成了人类精神在信仰这一巨大空间的相对自由。这种自由被多种观念充分利用，特别是儒释道三教合一等观念，可以说是作为人间君主统治的辅助得到发展。这种自由对于文化发展具有重要意义，由于没有绝对的一神教统治，使中国文化具有开放性，海纳百川，成就了这种文化博大精深的内容与非同凡俗的形式。没有对于异教的绝对冲突与排斥，使中国文化不与其他民族信仰对立，而易于为其他民族所接受。

亚太文化体系具有一种自我完善性的对外关系，以对于本体和自我的守约和自律为主要目标，对于外界事物与其他民族采取合理的接纳与改造。这种思想观念源出于以中国哲学的内在的阴阳交替、推陈出新的轨迹，行为道德上以"己所不欲，勿施于人"、"他人有心，予忖度之"为原则，使得民族文化关系较为和谐，亚太的多数民族一直保持非侵略性的、非殖民性的特点。秦汉以后，中国长期在亚洲处于经济文化强盛地位，但对于周边民族和国家没有进行掠夺。相反，倒是不断受到经济文化相对落后民族的进犯与干扰。即使在汉唐这样的盛世，仍然以维护边界和平为目的，而不是对其他民族进行征服。只有在元代蒙古民族统治时期，中国文明的主体精神在未被接纳的情况下，才有"灭国四十"这样的对外征战。但总体来说，亚太文化体系与西方的不同是显而易见的。

第三节　文化交往与融新

亚太文化体系是世界上最开放的文化。从远古时代起，东亚大陆的游牧民族与农业民族就在南亚、西亚和中亚之间有直接交往，太平洋上的船队从日本远航到东南亚与中国。古代中国南方交往有两大方向：一是南中国海的海上交通，包括中国与南太平洋岛国直到东非地区的关系，其中有些民族在历史上变化相当大，相关记载几乎主要是依据中国等国家的史料；另一方向是中国与东南亚国家的关系，这一地区是多种文化汇融的地区，除了中国之外，阿拉伯文化、地中海文化与印度文化也相交于此。

中国北方的交往主要是与欧亚大陆的草原民族的关系，古代的"东胡"与"西胡"（如鲜卑、乌桓等）其实都在中国北方活动，他们也流动于中国的西域与东北地区，欧亚大草原上兴起与消失的众多民族，流动在中国与欧洲之间，相当多的民族逐渐融入中华民族之中。

一、亚洲东部的文化交流

东亚地区各国的文化作为同一体系，仍然稍有差异。陆海型的中国文化，陆海半岛型的朝鲜文化与海岛型的日本文化，从古代起不仅互相来往，而且有多方向的交流。古代中国的东方有两条主要路线：一条是海路与陆路都可以通到朝鲜，但是它的终点在日本岛，这是中国东方最主要的交通；另一条是中国与欧亚草原最东端的部分草原民族如通古斯人等，并且通过他们与西伯利亚地区古代文明之间的交往，这一条路线虽然历史相当久远，但是古代文献与记录相对较少，近年来有不少考古发现，我们待到合适的机会再进行论述。

朝鲜半岛的文明起源较早，现代考古发现证明半岛上从新石器时代的后期就已经有粗陶器。关于朝鲜的立国有两种说法，一种是半岛的部族建立国家；另一种是由中国商代的移民建立国家。美国史学家罗兹·莫菲的看法如下：

> 朝鲜的传说将朝鲜国的建立年代定为公元前 2333 年，其统治者乃神与人形母熊的儿子。即使这一说法有某种可取之处，其年代也显然太早。另一个故事则说，中国商王朝灭亡后，一个王室难民建立了朝鲜国。这似乎也不可能，却颇为可信，因为它至少与商文化和技术

的很多要素在公元前第一个千年期间传入朝鲜的事实相符。①

这里所说的商之"王室难民"就是箕子，箕子传说出于中国典籍《尚书大传》与《诗经》等。箕子本是商末重臣，因直言进谏而被囚。西周灭商后始将箕子释放，箕子不但是商之遗民，而且是纣王的宗亲，所以不愿事周而东走朝鲜，周武王因此封箕子为朝鲜侯。

显然箕子这个人物是历史上所谓的"文明使者"，即传播当时相对先进的生产技术与文明的人物，如同周人泰伯入东吴，给当时相对落后的江南带去中原发达的农业生产技术一样。箕子正是"教民以礼义田桑"，也就是对朝鲜当地的居民进行文化普及与农副业生产技术的传播。箕子制定了朝鲜最早的法律，这就是《乐浪朝鲜民犯禁八条》。据说传世的三条是杀人者必须偿命，而伤害他人者则以谷物进行赔偿，偷盗者则男人要充作家奴，女人则须为奴婢，以赎还其罪。历史上的立法者一定意义都是国家的真正创始人，如犹太教"十诫"的立法者摩西，虽然不是国王，但却是以色列民族国家的精神创造者。正因为箕子作为最早的立法者有重要历史作用，所以朝鲜的重要典籍如《三国史记》、《三国遗事》等都记载了箕子入朝鲜的故事。由此可知箕子也是中朝文明交流的开创者，如墨菲所说，他可能是中国商周时期，也就是青铜时代的工农业技术的传播者，他对于朝鲜民族从部族社会进入古代国家，接受先进的工农业生产技术有关键作用。所以箕子作为东亚文明传播的历史人物，其功勋是不会磨灭的。不仅中国人纪念他，更重要的是朝鲜人民会将他铭记史册。

公元前215年，秦大将蒙恬战胜匈奴后，开始修复秦与燕赵地区的古长城，由于秦统一了六国，所以可将原来各国的长城连结。这样，长城西起临洮，东至鸭绿江边，与朝鲜隔江相望。这就使得朝鲜王箕否心绪不宁，强大的秦军时刻威胁着朝鲜的安全，他采取了断绝交通的方式，以对抗秦王朝。直到中朝之间发生了一个大事件，事态才发生了根本性的扭转，这就是墨菲书中提到的燕国大将卫满东渡，来到朝鲜。卫满本是西汉燕王卢绾的一员大将，后来因为燕王与匈奴勾结，卫满不愿再为燕王效力，带着自己的人马渡过了清川江，来到朝鲜西部邻近中国的地方。可能当初只是到朝鲜避难，但是，这一地区自从秦末起就有燕国的遗民，朝鲜王一直将这些中国人安置在西部地区，卫满的到来使这些燕人势力陡然增大。公元前194年，卫满建立朝鲜国，都平

---

① ［美］罗兹·墨菲：《亚洲史》，黄磷译，15～16页，海口，海南出版社/三环出版社，2005。

壤，占据了朝鲜半岛北部，这个王朝固守不与汉通商的政治方针。汉武帝时中国军队征伐朝鲜，公元前 108 年攻灭卫满孙子卫右渠的军队，将朝鲜设为汉的四个郡：乐浪、玄菟、真番和临屯。乐浪就是今日的平壤，而昔日的朝鲜津古地就在平壤的大同江岸国，这里布满了古墓，营造形式与中国汉墓一般无二，可见是古代进入朝鲜的先民墓葬。

从东汉时期起，朝鲜内乱不断，以后发展为三个主要国家即南方的新罗与百济、北方的高句丽之间的对立。这三个国家都与汉唐之间有密切关系，公元660 年唐军入朝支持新罗国灭亡百济，公元 668 年再灭高句丽，帮助新罗统一全国。从此，中朝之间以大同江为界，大同江以南为新罗，大同江以北为唐所属。

这一时期，双方交往密切，陆路交通有辽东过大同江直到朝鲜的路线。海上则早就有朝鲜之间的航线，这条航线从现在山东半岛出发，经渤海到朝鲜半岛，如果继续航行，则可以直达日本，秦汉时期已经形成水陆兼济的交通路线。

中国的冶铁术从战国时期就已经大量传入朝鲜，朝鲜进入铁器时代后，农业生产大发展。中国的茶叶、棉花到唐代也陆续进入朝鲜，使朝鲜社会经济繁荣，进入一个新的历史时期。北方的高句丽国与中国土地相连，最早接受中国思想文化，然后向百济与新罗传播，形成了中朝文化交流的高潮。

儒释道思想传入朝鲜后，朝鲜各地建立国学的太学监与佛寺，学子们纷纷学习中国经典，撰写中国诗文，汉字是朝鲜通用的文字。北方十六国的前秦是最早向高句丽派遣僧人的，公元 375 年，高句丽建立肖门寺，安置了来自中国前秦的高僧顺道，标志着中国佛教正式传入朝鲜。也就在这一时期，高句丽开始用汉文记载国史，这部史册是朝鲜第一部历史，名为《留记》。中国佛教壁画也较早传入高句丽，从画中描绘的奏乐活动可以看到中国古代的乐器七弦琴与琵琶等。当然这种七弦琴是经过朝鲜乐师改良过的，称之为玄琴。百济的第一部史册产生于公元 4 世纪的肖古王时代，是用汉字写成的《书记》。公元534—541 年，百济派使者进入中国，请南梁派高僧与工匠到朝鲜，均得到梁武帝的应允。

唐代以后，大批的朝鲜留学生与僧人进入中国，中朝之间的文化交流进入了一个新时期。从 1392 年到 1910 年，朝鲜接受中国文化的影响，并且与日本一样成功地本土化，发展出独具特色的朝鲜民族文化，成为亚洲太平洋文化体系的一支。

二、中国与日本的文化交流

在 2500 万年前到 15 000 年前的新生代第四纪更新世,这是冰川时代。日本列岛曾经与欧亚大陆通过所谓陆桥相通,直到 1 万年前的全新世时,冰川消融,日本才与大陆分开。但是中日之间的交通一直没有断绝,《山海经》中已经有倭人的记载,当时对于倭人的地理位置并不明确。但是《汉书》中已经有确切的倭人来贡的记录,中国到了唐朝正式采用了日本国的名称,不再用"倭人"等名。

日本岛上的原住民为阿努伊人(亦称为虾夷),此外还有一个已经消亡的民族熊袭人。从上古时代起,有两种以上的民族进入日本,因此关于日本民族的来源有两种主要说法:一种是北方民族说,即认为日本古代民族是从大陆经过库页岛与千岛群岛进入日本的,这种人属于蒙古人种(也有人认为属于雅利安人种);另一种是南方民族说,认为日本古代民族来自于东南亚,取道菲律宾和琉球群岛进入日本。无可怀疑的是,从公元前就有朝鲜人与中国人进入日本列岛。从日本语的来源看,似乎是南北混合说的证明,日本语的语音与词汇属于南岛语系,但是语法结构却与汉藏语系相近,日语中的汉语词汇是中日之间长期交往的遗留,公元 5—6 世纪,日本借用汉字,直到公元 9 世纪之后,才逐渐形成日本文字,这是汉字与音节文字相结合的产物。

新石器时代日本的绳纹文化是一种较发达的文化,以渔猎与采集生产为主。什么是绳纹文化?绳纹陶是一种粗陶器,一般产生于陶器生产的初期,最初的制陶者用绳子将黏土泥坯固定后,放到火上烧制陶器。这种生产在中国大约在 1 万年前的新石器时代就已经产生,日本的绳纹时代就是以这种陶器为标志的阶段,估计是最早的制陶技术从大陆桥上传入日本所形成的。这种情形与美洲是一样的,美洲印第安文明的陶器与日本古陶相近,估计也是白令海峡解冻之前进入美洲的部族带入美洲的。绳纹文化之后产生了一种名为弥生文化的农业文化,弥生遗址位于东京都弥生町,这种突然兴起的文化可能是从中国吴地来的移民所带来。总之,新兴的文化取代了原来的绳纹文化,这一时期,中国青铜文化传播到日本,水稻种植普及,铁器也开始使用,标志着文明社会的到来。

公元前 473 年,越王勾践的大军灭亡吴国,《资治通鉴》等典籍中认为,吴太伯的"支庶入海为倭",《魏略》等书中也说,倭人自谓太伯之后。根据日本学者考证,弥生人可能是原绳纹人与移民的结合,弥生人身材明显要比绳纹人要高，移民血统甚至达到 50％以上，这是人种发生变化的原因。[①] 中日学术界有相当多的学者认为，日本古代移民可能来自中国吴越地区，这次大移民大约发生在战国后期到秦初，移民带来的青铜器与铁器冶炼技术、水稻种植技术等促进了日本农业发展。

《史记·秦始皇本纪》中记载了徐福入东海之事：

> 齐人徐市等上书言，海中有三神山，名曰蓬莱、方丈、瀛洲，仙人居之。请得斋戒与童男女求之，于是遣徐市发童男女数千人，入海求仙人。

这就是后世所说的徐福携 3000 童男童女入海的故事，瀛洲被认为是日本，因为位于中国东方，所以也称为东瀛。徐市（字音同"福"，所以亦称徐福）是齐国人，字君房，本名议，他本人虽然是一个方士，但却是世家出身，先祖是周代的徐堰王，徐福是第 29 代孙。秦汉时期黄老之学兴盛，求仙与炼丹是当时方士的主要活动。中国的炼丹术一直流传不断，中世纪时传入欧洲，曾经对欧洲的炼金术有极大的启发，甚至成为最早的化学研究。徐福出海是受到秦始皇的委派，秦始皇对这次出行十分重视，曾经于公元前 219 年东巡泰山，然后到芝罘、琅琊等地刻石，并求神仙与不老之药。第二年又来到这里，等待徐福求仙的结果。日本有一部书名为《宫下文书》（亦称《富士文书》），其中有《徐福文献》记载，徐福及三千童男童女于公元前 217 年到了日本岛，从此定居于日本，因海上交通断绝，无法回国复命。以后与日本人通婚，徐福的第四代孙福偲娶了御身弥男命的女儿种子女，第五代孙名叫福泰，与镰徐之女玉手比结婚，第六代孙是徐京，他与胜木良的女儿都真手比女结为夫妻，第七代孙名为福泰，娶的是加古阪三之女加目根比女。[②] 近年来日本学者甚至将日本最早的天皇神武天皇的身世与中国相联系，有学者认为神武天皇就是徐福，也有人提出太（泰）伯之后从琉球到日本后，与当地原住民玉依姬结婚，生下了神武天皇等。说法相当多，但由于时代久远，尚无可靠依据。

汉魏时期，中国与日本之间的正式交往增强，日本开始以倭奴国身份来朝进贡。《后汉书》中记载，公元 57 年，东汉光武帝接见倭奴国贡使并赐印绶，

---

① 参见［日］填原和郎编：《日本人的起源》，190 页，北京，朝日新闻社，1984。

② ［日］饭野孝宥：《弥生的日轮》，俞宜国等译，112 页，北京，光明日报出版社，1994。

其中有一颗金印，刻有"汉倭奴国王"字样，这颗金印一直被视为日本的国宝之一，但曾经一度流失于民间。1784年在日本福冈县志贺岛被再次发现。

中国与日本之间的文明联系经由两条路线。一条是海上直航线，这条航线直到唐代才兴旺起来，大批的中日僧侣、文人学士与商人从中国东海乘船东渡日本，日本派出多批遣唐使来到中国。虽然当时缺乏海上行驶的大船，古代航海技术不发达，海上风浪大，经常有船只沉海，但这仍然未能阻止中日之间的通航。另一条路线是通过朝鲜，经朝鲜海峡转日本，海上航线较近，相对安全。只是由于绕行距离过长，与汉唐长安这样的政治经济中心相隔较远，所以总是受到一定的限制。

明治维新之后，日本开始了西方化的进程，迅速成为一个工业化国家，与之相应的文化转型也相当剧烈，日本成为"西方发达国家"之一，参加西方国家首脑会议。

但是也要看到，文化并不像经济生产那样会立即变化，民族文化有相对的稳定性。日本仍然是亚太文化的重要构成，它仍然具有这种文化深刻的历史痕迹，尽管早就有"脱亚入欧"的说法，但从文化形态上来说，它仍然难以脱胎换骨。

三、中国与西域和中亚

中国的西部是草原地带、大片的沙漠戈壁，气候干旱，人烟稀少。绵延不绝的天山山脉、高入云天的昆仑山使得这里交通困难，出没不定的游牧部落曾经对富庶的中国农业文明造成巨大威胁。中国人甚至想象在自己的西方也存在一个大海，但最后发现只是青海湖之类的大泊，虽然如此，仍然命名为"西海"。而对于西方的神往与想象，使得人们的西方观念以昆仑与西王母神话为代表。这种描绘中，带有沙漠（流沙）与昆仑山的环境特色，又有一定的奇幻色彩。直到丝绸之路开通之后，这种西部的神秘才逐渐消失。但昆仑山的象征性地位却保留下来了，成为具有多重意义的符号，受到中国人的膜拜。因为对于昆仑山以西的印度知之不多，所以将印度也归之于昆仑山的方向之中了。

《山海经·海内西经》曰："流沙出钟山，西行又南行昆仑之虚，西南入海，黑水之山。海内昆仑之虚在西北，帝下之都。昆仑之虚方八百里，高万仞。上有木禾，长五寻，大五围。"在这样一个地方，传说居住着一位叫作西王母的女神，《山海经·大荒西经》中曰："（西有）西王母之山。"自从秦始皇焚书坑儒之后，中国古代典籍佚散极多，晋咸宁五年（一说是晋太康二年），汲郡人不准盗掘战国魏襄王墓，挖出了一批古代的竹简。这些竹简中包括一部奇书《穆天子传》，记载了周穆王游行四海，见帝台西王母之事。穆王本是一个平常的帝王，《史记·周本纪》关于穆王的记载很简略，但是这部《穆天子传》却使他名扬青史，而且颇具浪漫色彩。《穆天子传》曰：

> 乙丑，天子觞西王母于瑶池之上，西王母为天子谣曰："白云在天，山陵自出。道里悠远，山川间之。将子无死，尚能复来。"天子答之曰："予归东土，和治诸夏。万民平均，吾顾见汝。比及三年，将复而野。"西王母又为天子吟曰："徂彼西土，爰居其野。虎豹为群，於鹊与处。嘉命不迁。我唯帝女。彼何世民，又将去子。吹笙鼓簧，中心翔翔。世民之子，唯天之望。"天子遂驱升于弇山，乃纪名迹于弇山之石，而树之槐，眉曰："西王母之山。"

前人怀疑《穆天子传》是后人伪作，反对者多从版本上来考据，寻求此书为前人所作。笔者认为可以从另一方面来考虑，书中所记载的西王母与穆王的诗句可以作为时代的证明，所有的诗句都是四言，古朴风雅，与《诗经》中的风雅颂完全一致。甚至，我们还可以看出其中不无化解《诗经》诗句之嫌。如"徂彼西土，爰居其野"一首，与《诗经·东山》"我徂东山，滔滔不归。我来自东，零雨其濛。我东曰归，我心西悲……"从中可以看出，它们的句式与用语都有相近之处，是十分值得注意的。但也可以看出，这可能是古人依据自己的想象构思的，其中西王母的诗句没有异族特点，反而同于中国人的诗风，不能不说是一个不足之处。所有异族的诗歌，无论长短，其风格是不同于中原的。如《敕勒川》中所吟唱的西北风情："敕勒川，阴山下，天似穹庐，笼盖四野。天苍苍，野茫茫，风吹草低见牛羊。"这才是保持了草原民族诗歌的诗风，元好问说它"穹庐一曲本天然"，应当说是一语道破天机。《匈奴歌》："亡我祁连山，使我六畜不蕃息；失我焉支山，使我妇女无颜色"。这种来自西部的诗，完全不同于西王母的诗。不仅语言不同，而且诗的立意、构成及观念与其大相径庭。这样我们可以断定，至少西王母的诗可能经过文人删改，已经与西部的生活相去甚远了。

关于西王母，笔者认为，其原型应当是一个游牧民族的女王，这个游牧民族虽然在历史上并不出名，但它击败了赫赫有名的波斯帝国，所以历来的史学家对于它也不敢轻视。据希腊历史学家希罗多德说，公元前530年前后，波斯帝国的创立者居鲁士率领20万大军东征中亚民族马萨革太，马萨革太女王托米丽斯起兵拒敌，大败居鲁士。由于居鲁士无端入侵，而且嗜血成性，所以女王命令砍下他的首级，浸入满是波斯士兵鲜血的皮囊之中，让他痛饮鲜血。托米丽斯的英名传遍整个世界。有的中国学者提出：传说中的西王母，很可能就是这位托米丽斯。

西戎区域里从夏商周三代起，先后有析支、渠搜、昆仑、昆夷、氐羌等多个民族相错杂居，《史记·匈奴列传》曰："自陇以西有绵诸、绲戎、翟豲之戎，岐梁山、泾漆之北有义渠、大荔、乌氏、朐衍之戎。而晋北有林胡、楼烦之戎、燕北有东胡、山戎。各分散居谿谷，自有君长，往往而聚者百有余戎，然莫能相一。"戎虽然部族众多，但是对于中原的侵扰却远不如北方区域的匈奴来得多，而且关于戎的记载以春秋时代为多，其后就逐渐减少。西方的部族以匈奴、丁令为主，丁令也就是突厥人与回纥人。汉代之后，匈奴西行，南北朝和隋唐时期，西突厥人与回纥人成了西域主要民族，长期与汉族交往。直到唐文宗时，他们才衰落下来。北方的金人与满人开始进入历史舞台。

中国人一直有西向的情结，远方的大秦与印度是吸引中国人的目标。从形式来看，这是对于异己文化交往的渴望。但是实质上来说，这是一个民族冲破自我中心，与世界文明同步发展的决心。这在世界文化史上并不多见，一些民族对外交往的动机是征服与侵略。从亚历山大王、罗马大帝国、波斯大帝国、巴比伦大帝国直到奥斯曼帝国，一直在书写着血与火的征服史。而因以互相贸易与文化交流为目的引起世界关注的，则仅有在中国与欧洲、非洲、中东之间的两条"丝绸之路"——海上丝绸之路与西域丝绸之路。由于历史的局限，中国人与西方交往的愿望直到公元前 2 世纪才真正有了实现的机会。历史的契机是这样来临的，汉武帝要遏制匈奴，就与月氏古国联络，以谋求共同夹击匈奴，派遣了张骞通西域。同时，佛教传入中国以后，中国的传教徒一直有向印度求取真经的志向。于是，在汉唐两代，中国人的西行愿望终于付诸现实。这种愿望突出地表现于两种：丝绸之路与西向求法。前者是政治经济交往的物质动因促成的，而后者则是精神需求的表现。在世界史上，贸易的需要与宗教进香、朝觐历来都是文化交往最重要的媒介，东西方交往的历史上同样如此。令人感到意味深长的是，丝绸之路的南线，即从长安向西，沿着渭水，经天水、陇西、临洮、榆中等地，是张骞通西域的路线，也正是唐代玄奘与晋代高僧法显西行所走的道路。汉武帝元鼎二年（公元前 115 年）张骞通西域成功，从那时起到 19 世纪，东西方交往史上最伟大的丝绸之路持续了 2000 年，从中国长安到罗马，穿越西域五十国，沿塔克拉玛干大沙漠、昆仑山、罗布泊，经过波斯人、突厥人等的领地，古代东西方两个最大的文明的首都被直线联结在了一起。

　　亚洲太平洋文化与地中海文化在这里实现了第一次直接交往，这种交往的形式是商业贸易而不是战争，相对于较早的希腊与波斯之间的战争，丝绸之路的文化交流显然有它的特点。

　　另一方向即宗教精神的追求同样感人，从汉代开始，中国人一直想到佛国印度去取真经。第一个到达印度的中国高僧法显与其后的玄奘克服的艰难险阻是其他朝圣者所难以想象的，因为在基督教与伊斯兰教的传播中，大多数是通过直接途径。而佛教传入中国是通过西域与海上等不同路途传入的，这就激发了中国僧众前往印度求取真经的欲望。印度对于欧洲来说也是一个东方国家，但是印度在中国之西，印度是中国的"西方"。佛教文化是第一个传入中国的发达文明，佛教的思维方式、宗教原理与传达方式，给了历史上一直独立发展的中国文化一个全新的世界。从晋末宋初到唐代，中国兴起了一个长达数百年之久的"西行求法"的运动，无以计数的佛教徒向西域进发，不畏艰险西行求法，其中客死他乡、途中遇险者不在少数。直到法显历时 15 年，于公元 413 年归京，才第一次完成了从天竺取法的重任。北京大学教授汤用彤先生据法显《佛国记》等书所言，描述了法显取经行程，法显一行渡沙河、流沙，经于阗，入葱岭，翻越大雪山，到北天竺。然后周游中天竺诸国，求得《弥沙塞律》、《长阿含》、《杂阿含》、《杂藏》等佛经，都是东土所无者。最后从海路返回中国。其道途艰险，常人难以想象。15 个世纪之后，因为盗卖中国文物而声名狼藉的英国探险家奥雷尔·斯坦因来到了当时法显与玄奘所经过的路径，只不过是从相反的方向，他是从印度向中国西域穿行，想起法显关于乌苌国的记述："又有毒龙。若失其意，则吐毒风，雨雪，飞沙砾石……彼土人即名为雪山也。度岭已，到北天竺，始入其境，有一小国名陀历（T'o—leih 或 T'o—li）。"这个被称为陀历的地方就是印度河岸的达丽尔。时间在这里似乎已经失效，从帕米尔高原到印度河谷的古道上，古国的居民们直到现代仍然保持着原始的生活方式。斯坦因重复了法显、玄奘等人的路线后指出：

　　　　我个人沿着那条古代贸易路——自喀什噶尔过塔格都木巴什之帕
　　米尔（Tāghdumbāsh Pāmīr）至萨尔哈德，再经巴罗吉尔和德尔果德
　　山口到达亚辛河源头——全程旅行之后，我可以保证的是，正如当地
　　旅行条件所表明的那样，此次旅行共包括 24 个或 25 个普通段落或
　　站，而其旅行条件自古代以来却无任何物质上的变化。除了这些，尚
　　需在德尔果德和曼奇亚尔（Makiāl）之间增加 5 站里程。如此，我们

才能走完法显所述路线之全部。①

南亚印度与西亚和地中海交往都相当早，但是与东亚交通较晚，直到唐代之后，借助于佛教东传，才有了大的文化联系。以后，两种文化在中亚与东南亚有更大的交流。亚太文化与南亚不同，南亚的宗教信仰与神话系统发达，可能与雅利安人有一定关系，以后被莫卧儿人与英国人所征服，有多种文化进入，其中穆斯林宗教与印度传统之间的关系一直引人关注。这也是我们进行文化比较时不可忽略的。

四、开放的亚洲太平洋文化与南中国海

亚太文化的中心地区之一是南中国海，南方文明的母亲河珠江从这里入海。经济发达的中国港澳台地区与日本和新加坡、马来西亚等聚焦于此，连接东南亚与韩国，是当代世界经济的核心地区之一。南中国海上，有密布的岛屿与良港，有着宜人的亚热带与热带的气候，这里的物产品种异常多样，海陆交通都十分便利，这是造物主对于中国的厚爱。世界大国中，北近西伯利亚冻土带，南至热带（中国海南岛三亚市、西沙群岛等地属于热带气候），跨越南北纬度如此之大，同时有寒、温、热带，气候类型俱全的国家并不多。北方的大国往往没有南方的海洋，而有南方的海洋国家又往往缺乏北方的沃土，中国不存在这种缺憾。中国北方的大国俄罗斯土地辽阔，但古代俄罗斯因为没有出海口而焦虑，彼得一世南征北战，目的就是为俄国寻找一个出海口，寻找一个通向世界的海路。当它最终战胜强大的北方民族时，终于为俄国得到了一个出海口，使得俄国成为一个海洋国家，彼得也因此获得了民族英雄的荣誉。但中国不需要通过战争去获得出海口，中国自古就有东方与南方的大海，而且海岸线长，气候温暖，这都是得天独厚之处。南中国海周边地区的马来人原住民的文化远比中国落后，中国人没有对他们进行过殖民，虽然这对于汉唐时期强盛的中国来说，是易如反掌之事。

中国虽然早就具有通向太平洋的海路，也发明了世界上最早的航海罗盘，甚至有人提出，中国人是太平洋上最早的航海民族。但是，古代中国却没有把海洋看成是通向世界的通道，也没有把它看成是向外部世界扩张的出海口。海洋，对于中国来说，是天之尽头与国土的边界，在中国南海的海南岛的南端三

---

① ［英］奥雷尔·斯坦因：《重返和田绿洲》，刘文锁译，11 页，桂林，广西师范大学出版社，2000。

亚市的海滩巨石上,刻着"天涯海角"四个字。这其实意味着,海就是边界,中国的疆域概念到海为止,甚至连天地也都到此为止了。中国人的民族精神在这里表现得极为充分,在对这种民族性格的透视中,我们不能不看到传统文化所起的教化作用,这是一个人文精神的世界。儒家的中庸观念,"和为贵"的主张,对于民族性格的形成是重要的。儒释道合一的宽容精神是主流。一方面是严谨的守护本土的内敛精神,没有向外的攻击性与侵略性;另一方面也表现出一种保守性质,正因为中华民族高度发达的文明,所以把周围民族看成是蛮族,采取怀柔主张,把有限的进取精神磨灭,代之以被动的守护。这也是特殊的历史现象,应当引起世人的注意。世界史的一般规律是,大国、强国与发达国家向四周国家进行扩张,而小国弱国往往被侵略或被吞并。埃及人对于以色列人、巴比伦人对于以色列人、罗马人对于非洲与欧洲广大的地区都是如此。世界民族性格形成中,文化都是最直接的因素。信奉太阳神的埃及人、基督教的罗马人、伊斯兰教的阿拉伯人都对异族采取征伐,这种征战中,经济的目的与宗教的目的同时存在,经济上的掠夺与宗教的排除异教是结合在一起的。但在中国并非如此,中国陆地的西方、北方的游牧民族从古代起就侵犯中国边境。东海又有倭寇长期为害,最后发展到 20 世纪的侵华战争。虽然中国汉唐与清代的盛世,也曾有深入敌后的大胜利,但也只是为了保卫自己的疆域而已。而对于海外,中国人更没野心,在中国人的观念中,只有海内才是华族的天下,海外则是遥远的异域。"四海之内皆兄弟也","海内存知己,天涯若比邻",国人永远有着强烈的"海外"、"海内"划分情结。海内是本土、是故乡,而海外则是异域、是他乡,这是中国人根深蒂固的情思。

中国人即使在进行海外探索时,也没有海外扩张与殖民。这就是我们对于中国海外视域的基本观念。

中国从汉代开始就有南海的海上交通,也就是说,从这时起,中国就开始向南方海上探索。从有关海外商业贸易的正式记载来说并不算早。从推理来说,在此之前必然有长期的探险海航。而早在公元前 2498—前 2345 年,古代埃及第五王朝的船队已经远航到东非索马里海岸了。几乎也就是与中国人同一时期,西方的罗马帝国开始了一个重要的海上航行——罗马与印度的海上贸易——也就是这一海上航行成为以后西方海上冒险家的梦想。罗马船队从红海出发到印度,时间大约是公元前 2 世纪。而且就在公元 2 世纪,罗马船队已经来到南中国海,有了中国与罗马之间的贸易。以后由于黄金流失,罗马人逐渐退出了东方市场。其后在南中国海上充当主要角色的是阿拉伯商人,唐宋时期的波斯人、大食人经由海路到达中国。同时,朝鲜人与日本人也进入了北方海域。如果比较一下中国与西方的海上航行，就可以发现两者简直是最鲜明的对比。罗马之后，东西方的海上航行由于各种原因而中断，最后的记载说明，至少到公元226年前后还有大秦商人与使臣到中国来。海上交通虽然中断，但西方的海外冒险却从未中断，而且发现东方特别是印度，开辟西方与东方的海上航行路线，这是西方航海家的最高梦想。经过长期努力，中断了数个世纪的东西方海上交通，16世纪时终于再次取得成功。而早在汉代，中国人的南海航行至少越过了马六甲海峡，对此虽然说法不一，但可以肯定的是中国人较早进入了印度洋。有学者指出：

> 中国船将其航线向南展至南中国海之南，当在公元以前。然其西出马六甲海以入印度洋，则为时较后。裴司莱（Beazlen）主张中国船访问波斯湾头，事在3世纪间；（*Dawn to the Modern Geography*，I，p. 490）李约瑟（J. Needham）谓在3世纪以后，方有远航之中国船出现。（*Science and Civilization in China*，I，p. 130）此当为一种保守之假定。总之，中国船之扬帆于印度洋，显与罗马船自其红海根据地终止东来有关。[1]

中国的海外航行以明代郑和下西洋为最高成就，这是海上环球航线开通之前世界航海史上的壮举。英国海军军官加文·孟席斯认为：

> 由郑和、周满、洪保、周闻和杨庆率领的中国船队在第六次史诗般的航行中到达过世界上的每一块大陆。……郑和海军元帅宣称访问过3000个大大小小的国家看来是真的，中国的船队穿过印度洋来到东非，绕过好望角来到佛得角群岛，通过了加勒比海到南美和北极，接着向下绕过合恩角、南极、澳大利亚、新西兰，跨越太平洋。在整个十万里航程中，也许在南极，宝船才可能遇上狂风或逆流。[2]

但是，自郑和之后，中国船队就不再出现于世界海洋上，中国悄然从海上撤退。有人视之为千古之谜，当时具有世界上最大船队、最大载客载货量的船

---

[1] （元）汪大渊：《岛夷志略校释》，苏继庼校释，2页，北京，中华书局，1981。

[2] ［英］加文·孟席斯：《1421：中国发现世界》，师研群译，257页，北京，京华出版社，2005。

只、最先进航海科学技术与设备的中国，为什么消失在印度洋、太平洋海面上？其中的原因一言难尽，但真正有说服力的理由仍然是中国文化内部的要求，历史现象只是一种图式，它是文化精神的表征。中国文化中重海内、轻海外；重安内、轻攘外；重守成、轻新创；重农耕、轻商贸等政治经济观念，最终作为一种整体性的作用力，牵制着中国海洋探索的发展，这是中国文化不可隐讳的缺点。

20世纪70年代以后，亚洲太平洋文化发生重大变革，这就是所谓的"亚洲四小龙"经济体的崛起。第二次世界大战后，东亚经济开始逐步复苏，这是世界工业化与高科技文明的直接作用，中国的港澳台地区、新加坡、马来西亚和韩国迅速走上现代工业化道路，日本经济也得到恢复，东亚成为世界经济的发动机，至20世纪80年代，这一地区已经成为仅次于欧美的世界经济中心。这里正是传统中国文化特别是儒家文化影响最为深厚的地区，所以当代学者将亚太经济的高速发展称之为"儒学的复兴"。20世纪末期到21世纪，亚洲太平洋文化再次使世界为之震撼，中国经济突飞猛进，高速发展。特别是在21世纪前十年的后期，世界处于经济危机之时，中国经济拉动世界经济复苏，功不可没，得到世界的承认。中国、巴西、印度和俄罗斯被称为"金砖四国"，这是自晚清以来中国一百余年落后的巨大逆转，也使亚洲太平洋文化再次在世界格局中成为中心。这一局面正在持续之中，可以期望有更大的发展在前面。

第六章　南亚文化体系

南亚文化体系是起源于印度半岛与印度洋的文化体系，印度是世界古代文明的起源地之一，这种文化曾经传播到西亚和东南亚地区并且在这些地区本土化，特别是佛教更是远播世界各个地区。南亚最迟在公元前 3000 年就与美索不达米亚文明发生联系，并且在上古时代与地中海有语言文字的传播交流，印欧语系的研究证明了这种联系的久远。亚历山大大帝东征进入印度北部，并且在白沙瓦河谷创造了多种文明大融合的繁荣景象。而伊斯兰化后的突厥族系莫卧儿人人主印度以及近代英国的殖民，都使得南亚与亚欧多种文化体系交叉，成为一种多样性的文化体系。

第一节　南亚文化的故地与中心

世界文明古国印度位于亚洲南部，印度的名称在梵语中是 Sindhu，这个词的意义是"河流"，其实就是专指印度河，印度文化是先从印度河流域发展起来的，以后用来指全境，成为国家的名称。现代人所用的 India 一词，据有关考证是由于不同语言间互相转译所形成的。由于公元前 6 世纪，波斯人从西北方向入侵印度，波斯人使用伊朗语，经过波斯语转译成希腊语时，就从 Hindu 变为了 Indu。正像希罗多德所说："希腊人因波斯人而知有印度，但希腊语中无 h 音，故他们称印度河为 Indus，称印度人为 Indoi 了。"

印度所在的南亚次大陆伸入印度洋之中，是一个半岛地区。次大陆的北部以喜马拉雅山与中国、尼泊尔、不丹为界，东面是缅甸与孟加拉国，南面与斯里兰卡、马尔代夫等国隔海相对。土地面积为 297 万平方千米，位居南亚地区之首。北部的喜马拉雅山地区平均海拔在 4000 米以上，冰峰林立，气候寒冷，生活条件艰苦。只有在雪线以下的山谷低地中，山林茂密，有多种植物带的树木。南部是德干高原也称为南方高原，面积占全国面积的一半以上，多山地与高原，高原的西北地区宜于发展农业，特别是种植棉花等农作物。在喜马拉雅山与南方高原之间是中部的恒河平原，这是一个巨大的冲积平原，面积达 70 多万平方千米，土地肥沃，农业发达。这里也是印度现代经济与社会的中心，交通便利，一座座城镇相互连接。西部是塔尔大沙漠，干燥少雨，是游牧民集中的地区。印度半岛面对印度洋，其东西海岸线分布着众多岛屿。

从北方向南的冷空气遇到喜马拉雅山的阻挡，而印度洋的温热空气则会形成季风，季节分明，降雨丰富，所以河流众多，水流充足。最大的河流是恒河，它被印度教尊为圣河，教徒以沐浴恒河为神圣之事。它从喜马拉雅山起源，向南而下，流入孟加拉湾，长达2700千米，流域总面积106万平方千米。

公元前20世纪到公元前15世纪前后，印度曾经有过发达的印度河流域文明，这是一种独立起源文明。公元前15世纪，印度受到雅利安民族的入侵，原有的文明被毁灭，雅利安人建立了新的吠陀文明。公元6世纪起，印度建立封建国家。8世纪初期开始，由于伊斯兰教扩张，倭马亚王朝开始入侵印度北部地区。10世纪到12世纪，来自阿富汗东部的突厥人不断进攻印度，1206年，经过长期战争后，终于在印度建立了第一个伊斯兰国家德里素丹国，标志着伊斯兰文化从此在印度占据统治地位。16世纪时莫卧儿帝国建立。最早的西方入侵者葡萄牙人已经与莫卧儿人同时进入了印度，但在长达两个世纪的时间里，葡萄牙人的作用与影响是相当有限的。18世纪，英国殖民者进入印度，对印度文明产生巨大影响。这一变化过程最剧烈的时期是19—20世纪。印度莫卧儿大帝国灭亡之后，印度政治、经济受到英国的影响，传统文明与外来因素之间存在着激烈的冲突。政党与宗教、意识形态与精神信仰、西方现代文明与东方传统多种多样的强烈反差在南亚次大陆表现得异常突出。

印度是一个宗教发达的国家，但是，在交通不便的地区，仍然盛行自然崇拜。全国主要宗教是印度教，大约有82％的居民信仰印度教。由于历史关系，伊斯兰教也是印度的一个大宗教，大约有11％的居民信仰伊斯兰教，其中以逊尼派为主，什叶派人数较少。另外有不到3％的居民信仰基督教，主要分布于那加兰邦与喀拉拉邦等地。锡克教只占全部居民的2％左右，主要生活在旁遮普邦。佛教是印度古老的宗教，虽然现在已经衰落，但在马哈拉施特拉邦，仍然有不少的佛教徒，这里还有耆那教教徒，这一宗教还分布于拉贾斯邦、古吉拉特邦等地。此外在一些大城市如孟买等地，还生活着拜火教与犹太教教徒。古代雅利安人属于欧洲人种，他们的后裔在印度与波斯地区长期生活，整体上仍然保持了种族上的基本特征，只是肤色与欧罗巴居民已经完全不同。北方是欧罗巴人种的主要生活地区，中部也相当多。南方的达罗毗荼人属于澳大利亚人种与北方种族的混合型。另外还有突厥人的后裔等属于蒙古人种的居民。种姓制度是印度教的一个特点，对于印度社会有相当影响。传统的种姓制度原来只是划分一定阶层，经过长期演变，现代印度种姓度变得极为复杂。全国有4000个种姓，大多数人都被划入种姓之中，其中被认为是"不可接触的贱民"竟然达到8000多万人。种姓制度加剧了人们之间的对立与冲突，在印度，宗教冲突也经常发生。

印度全国大民族约有 20 多个，分别属于印欧语系、达罗毗荼语系、汉藏语系与南亚语系。印度的国家语言是印地语，英语是国家的第二语言。除此之外，伊斯兰教规定乌尔都语为通用语言，其文字是阿拉伯文字。梵文也是规定的语言，梵文是古代印度佛教的语言文字，目前仍然有少量的梵文被使用。地方语言多种多样，并且各地也规定了自己的地方性官方语言。如西孟加拉邦规定孟加拉语为地方语言，古吉拉特邦用古吉拉特语，阿萨姆邦用阿萨姆语，北方邦、中央邦、拉贾斯坦邦、喜马偕尔邦、比哈尔邦等地则使用印地语，泰米尔纳德邦用泰米尔语，等等，可谓多种多样，不一而足。除了英语之外，所用的文字也相当多样，古代印度的婆罗密文字是至今仍然在使用的文字，由于历史久远，形成多种变体，北部与南部所使用的文字有相当差异。

1950 年 1 月 26 日，印度共和国成立，从英国的长期统治下独立，不过仍然保留英联邦成员国的资格。印度设立议会，仿效西方国家体制，分为上下两院。上院为联邦院，下院为人民院。联邦院议席 244 席，最多不超过 250 席。其中 12 席由总统指定，其余分配到各邦议会及中央直辖区。人民院最多为 547 席，由印度公民直接选举产生。总统为国家元首，是国家权力的最高掌握者和武装力量统帅。联邦设立以总理为首的部长会议，协助总统行使职权，总理必须是议会中多数党的领袖。独立之后，印度政府实行公私混合经济与计划经济的多元化政策，经过半个世纪的努力，已经建立起全面的工农业生产部门，年经济增长率达 5%～6%，并且还在继续提高。20 世纪 90 年代初期，人均国民收入虽然不过为 320 美元左右，但农业生产连年丰收，引进外资活跃。印度的现代高科技发展引起世界关注，其计算机软件设计已经位列世界最发达的国家之中，为印度经济带来巨大收益。

印度是世界文明古国，但是这个文明古国之谜其实发现非常晚，直到 19 世纪，考古学家才发现印度河文明遗址，这是公元前 2600—前 1900 年存在于印度西北部与巴基斯坦的古代文明，由于中心在印度河谷，所以称为印度河文明。20 世纪 20 年代，印度河文明的重要遗址哈拉巴被挖掘，古代城邦群、相当成熟的彩陶器、本地产的黑曜石刻制的印章（这种印章在美索不达米亚公元前 2000 多年的遗址中发现，被确证是印度所产）、独特的文字体系，这一切向世界宣布：公元前 2600 年前后，这里就已经形成了一种发达的文明形态。不同于美索不达米亚文明，不同于波斯，也不同于古代中国文明。从此，印度文明的历史向前推进了 1000 多年。

第二节 南亚文化与其他文化体系的比较

古代印度河流域文明也就是哈拉巴文明，是整个印度文明的前身，这是一种已经消亡了的古代文明，大约距今 5000 年前产生。现在还没有充分证据说明这里是古代人类的起源地，这就使人向邻近地区寻找人类起源地。距这里不远就有石器时代的遗址，主要有巴基斯坦境内的梅赫尔格尔等，时代上限可以到公元前 7000 年前。虽然至今还没有发现猿人生活的踪迹，但无可怀疑的是，这里是人类最早的聚集地。至少可以推断出移民来到这里的时代较早。古代印度半岛是多种文明交汇的地区，相当多的民族来到这一地区，估计公元前 3000 年前后，已经有非洲、亚洲的移民在这里生活，最早在这里生活的达罗毗荼人早已经建立起自己的文明社会。

公元前 2600 年前后，这里出现了早期的城邦社会，主要有哈拉巴、摩亨卓达罗、甘瓦里瓦拉等城邦。这些城邦主要集中于印度北部，并不临海，与爱琴海的城邦不同。虽然它出现得比较晚，比起美索不达米亚等地来说要晚得多，但是从目前的遗址挖掘与考察来看，它可能与美索不达米亚文明、中亚文明之间有相当密切的联系，因此印度河流域文明受到外来文明特别是西亚文明模式影响的可能性是相当大的。它的文明主体是一种内陆性的城邦社会，因为早期文明遗址主要集中在印度北部，北部比南部发达，这种情况曾经长期在印度存在。

公元前 1500 年前后，雅利安人进入印度与伊朗，使得原有文明发生了一种转型。从此，伊朗与印度走上了一种新的道路。这是一种不同于中国文明那种以非宗教精神、辩证思维方式为主体的文明类型，是一种与欧洲相近的宗教文明，理性思维的类型。以后的发展中，它所创造的佛教、印度教、佛学逻辑体系，它的吠陀经典、神话史诗，在东方的地理环境中大放异彩，与古代希腊遥相呼应，同时又在类型上与西方划分开来，它实际上代表了一种东西方混合性的文化类型。

印度紧邻亚洲高原，亚洲高原是世界文明的分界岭之一，围绕亚洲高原分布着的世界几种主要文明——地中海文明、印度文明与中国文明——都与它直接相连。古代社会的民族大迁徙中，进入欧亚大陆的各个部族与民族，可能都要登上亚洲高原，这里可以俯视各地，从而决定自己何去何从。

雅利安，这个影响巨大的民族从何而来？已经难以考查，甚至已经成为千古之谜。雅利安（arya）这个词的本义是"高贵人种"，它在古代欧亚两洲的影响极大，多种文化都与它有关，例如"伊朗"这个国家的名称寓意即为"雅利安人的国家"。雅利安人也是众多欧洲民族国家的先祖，关于其迁移过程也有多种说法：一种说法认为，其远祖来自北欧，可能与芬兰等北欧民族有关。后世的语言学家们从雅利安人的语言中发现了古代芬兰语的词根。另一种说法则认为其来自"中欧东部阔叶林带或多瑙河流域，或黑海里海北部的大草原"，这一说法暗示着雅利安人可能是居住于东欧与俄罗斯草原上的民族。但无可置疑的一点是，雅利安人可能在东欧甚至中亚有过长期的居留，这是他们进入印度之前也就是在公元前15世纪之前。

公元前4000年到公元前3000年，原居于欧亚交界处的雅利安民族开始了大分裂，并且向多个方向迁移。这种分裂在古代民族中是十分常见的现象，古代大民族发展到一定程度就会自动分群并向各地迁移。不过从具体的历史来说，仍然是有其产生变化的原因。无论其历史原因是什么，这次史无前例的民族大迁移是世界文化史上的奇迹，雅利安人像洪水一样向欧洲与亚洲泛滥，到处征伐与战斗，形成了古代世界的"雅利安潮"。

雅利安人的迁徙主要有五个方向：向西的方向是克里特与爱琴海，融入爱琴海文明；向北的方向是形成了日耳曼民族；向西南的方向并且转向以后，与立陶宛、拉脱维亚、波兰、白俄罗斯人，甚至与赫梯人等合为一处；向东方，则是伊朗与印度人。也有学者认为，雅利安人的势力甚至扩张到中国的新疆地区，也有人认为，雅利安人其实就是从中国西域开始向外扩散的。亚欧非三大洲，先后受到雅利安人的影响，范围之广，影响之大是历史上罕见的。

在雅利安人进入印度后200～300年间，雅利安人最早的文化经典《梨俱吠陀》开始形成，大约到公元前1000年，这部宗教诗集完成。这是一个世界范围内的文化经典完成的时期，几乎在同一时期或者稍后，公元前10—前8世纪，古代希腊人荷马完成了史诗《伊利亚特》与《奥德赛》，也就是著名的《荷马史诗》。公元前6世纪前后，中国古代文化经典"六经"也最终删定。至此，东西方古代文化重要经典基本上全部形成。文化经典的形成代表着文化体系的基本形态定型。这一时期世界文化的主要经典与文化类型对于后世有重大影响。它的基本分布是这样的，从上古发展开始到文化经典形成的时代，可以看出各大主要文化发展的基本脉络。

南亚印度文明与其他古代文明类型比较

文明类型	中国文明	南亚印度文明	地中海与大西洋文明	古代北非、西亚文明
语言文字	汉语与汉字	印欧语系 拼音及多种文字	印欧语系 拼音文字	埃及象形文字到阿拉伯语言文字
种族	中国蒙古人种	雅利安等多种族	古代雅利安人与地中海、大西洋等种族	北非、西亚等多种族（古代西亚人种来源至今尚不完全清楚）
宗教与信仰	龙山文化、仰韶文化的原始宗教—多元化宗教—儒家文化等人文主义	原始宗教—印度教与佛教—多元化宗教	多元崇拜—古代希腊人文主义—基督教—神教	埃及文化—太阳神崇拜；美索不达米亚的原始宗教；希伯来一神教与后世的伊斯兰文化
文化经典	人文主义经典："六经"（《诗》、《书》、《易》、《礼》、《乐》、《春秋》）	神话史诗与宗教经典：印度吠陀《梨俱吠陀》、史诗《罗摩衍那》等	神话史诗：古希腊《荷马史诗》与基督教经典《圣经》	伊斯兰教经典《古兰经》
文明类型	农业文明为主体	农牧业文明为主体	古代农牧业文明—近代工商业文明	农牧业文明为主体
中心观念与理论	道—德—礼	印度的梵、我	希腊的逻各斯（logos）、存在（being）与弥赛亚	神的体验
代表人物	孔子—圣人	释迦牟尼—神与人	耶稣—三位一体的神灵——一神教	安拉是唯一的主，穆罕默德是神的使者——一神教

世界古代主要文明类型的代表人物，极其鲜明地表现本文明的意义。中国的孔子是人而不是神；古代印度文化的代表人物佛陀——释迦牟尼——其实既是神也是人，现代有两种倾向，一种是想把释迦牟尼加以神化；另一种则相反，把他说成是类似于孔子的圣人，就目前情况而言，这两种倾向都很难成功。而基督教的代表者耶稣与伊斯兰教的穆罕默德，则是完全的神灵代表。这些形象不正是几类文明最具体的说明么？中国是人的文化，人文精神的文化；

印度是神但又并非普通一神教绝对统治的文化；而希伯来人的文化是一神教的文化，这种文化后来与西方文化相结合。

从吠陀经典到史诗再到佛经，从文本意义层次，鲜明地标志着印度文化转型的历程，标志着从早期印度河文明向一种新型文明的成功过渡，这种新文明是一种既有雅利安人文化特征，又有南亚大陆本土性的新型话语。至今为止，由于对印度河流域古代文字的解读尚未成功，我们对于其文化创造的详细内容还不完全知晓，从口头流传方面，也没有发现重要的古代文献与大型史诗等。但一般认为吠陀经典的形成改变了原有的印度文化形态，开始了一种新的雅利安型文化时代。

这种文化存在已经三千余年了，直到 19 世纪，经过欧洲比较语言学家的努力，人们才发现印度古代梵语与欧洲语言是同一语系，从而关注印度文化与欧洲文明之间的联系。又过了一个世纪，20 世纪学者们再次强调，印度与古代希腊之间有直接的文明联系。西方学者瓦尔特·勃克特（Wlter Burket）在比较了希腊语语法与印度语语法之后认为："希腊人的印欧背景，这就是印度写作中出现的相同规则的原因所在。"（The Indo-European background of Greeks is the reason why very similar formulas appear in Indian writings.）[1] 当然，相似的不仅是语言，而且是整个文化类型的相似，造成相似的真正原因还是雅利安人的文化遗传。

吠陀是一种语言，也是一种文体，同时还是一种经典。印度的梵语，其本义就是文雅语言，相当于中国的雅言。这是文字出现后世界各国都具有的文化现象，就是文字书写的语言与口语的分离。梵语的早期阶段就是吠陀语，以后发展出规范的梵语。吠陀作为古代文献的总集，内容涉及宗教、祭祀、风俗、社会思想、哲学等，其中时代较早的是《梨俱吠陀》与《阿达婆吠陀》，以后又有《耶柔吠陀》"森林书"与部分"奥义书"等加入。吠陀与西方的史诗和中国的六经完全不同，它是介于其间的经典。一方面，吠陀与西方经典相似，它有史诗的内容，这些内容包括了古代雅利安人与其他民族之间斗争的历史记载，从中可以看出雅利安文化的传播过程。但是它又与荷马史诗不同，它不是完整的史诗。另一方面，它与中国"六经"相似，中国"六经皆史"，是对古代社会状况的真实记载。"六经"中有《诗经》，《诗经》的抒情诗是具有中国特色的古代诗歌，不同于西方的叙事史诗类型。而吠陀经典中也有相当多的抒情诗，但吠陀又不同于

---

① Wendy Doniger ，Logos and Mythos ：A Response to Walter Burkert, *Michigan Quarterly Review* ，Spring 1999, 38 Volume Number 2, p. 194.

中国六经这种朴实无华的人文经典，它是印度神话与宗教历史的综合，雅利安种族想象丰富，表现夸张，有高远的玄思也有神秘性质。这种民族性格与中华民族质朴务实，重视理性认识，服从道德与理性规则的心理绝不相同。

公元前6—前4世纪，吠陀逐渐被史诗所替代，这就是印度的两大史诗《摩诃婆罗多》和《罗摩衍那》。前者是一种具有历史性质的"往事书"，这一时期，印度有大量的往事书经典，其中最为著名的有18部往事书、18部小往事书等，《摩诃婆罗多》是它们的代表作。而《罗摩衍那》则是纯史诗的代表作。两部史诗在世界上流传甚广，与印度佛教经典一起，在中亚、东南亚等地都有巨大影响。

吠陀经典、两大史诗成为印度古代文化经典，这是雅利安人创造的文明对印度所产生的影响。虽然以后印度历史变化多端，但是文化类型的主流中，雅利安文化的成分总是发挥着潜在的作用。无论是在佛经中、印度教中，还是在莫卧儿王朝统治下，一直到英国人统治下的印度，雅利安文化类型的本质都没有根本改变。

通过史诗等文化经典的陶冶，印度人的理性精神最后在佛教中达到顶峰，而这种理性创造的模式与希腊人也是相近的。如果说，希腊人是在雅典的哲学与科学中，充分显示了自己纯粹理性的创造力，他们创造了亚里士多德逻辑。这种逻辑一直延续到黑格尔的《逻辑学》与《小逻辑》中，成为西方理性的根基。那么，中国人则是在人文主义文化中，在道德伦理中发展了辩证理性。这种理性渗透于中国文化的各个层面，当然，最为集中地体现于中国的儒释道三教合一，其实是多种宗教的合一。在中国曾经先后存在过的景教、摩尼教等与直到今日还十分兴盛的伊斯兰教、基督教、犹太教等，全都在这样一个泱泱大国宽松的政治与宗教环境中，得以存活下来。这在世界各国的历史上都是罕见的，世界各国的排犹、排除异己宗教的斗争从未间断过。而印度，则是在二者之间，印度人不同于雅典人也不同于中国人。印度人不同于西方之处在于，印度没有发展成为一个以单一宗教为主体的国家，没有任何一种宗教能够在印度取得基督教在西方、伊斯兰教在阿拉伯半岛那样的地位，印度一直是以多种宗教为主的国家。但是，印度人也不同于中国人，中国历史上虽然有许多朝代皇帝信奉佛教、道教等，但中国并未成为单一宗教国家，而且中国的宗教斗争与冲突一直不是国家政治生活的中心。印度虽然容忍多种宗教，但是宗教冲突是印度历史上内忧外患的根源之一。

在文化理论与观念的探索中，印度文化也表现出与西方和中国均不相同的路径。

希腊文化以哲学作为自己最早的代表形态，尽管希腊神话与史诗也十分辉煌，被看成是希腊文明的土壤与武器库，但是希腊哲学是最能代表希腊精神的学科。希腊哲学家所提出的重要概念，如"存在"、"逻各斯"、"理念"等，是人类对于自身存在意义追寻的最高范畴，其高度概括性、精神关注的纯粹性都是其他民族所没有的。这里也要说明，希腊人也曾经把形而上学与神学相结合，如亚里士多德就说过，形而上学就是神学。但是这种结合并没有成为希腊哲学的主体，从本质上来看，希腊哲学与中国道德伦理学一样，是以人文精神为主体的。中华民族以辩证理性的核心概念"道"、"德"、"礼"作为自己的最高的精神追求规范，这些概念融合了精神纯粹性与人类社会实践要求，是理性与感性形态的完美结合。希伯来人则把理性与精神追求融入对于神的信仰之中，这是理性与感性相结合的另一种方式，某种程度上，希伯来人对外在人类的"神"的膜拜，与希腊人对纯精神的"存在"意义的向往是相同的，它们是人类精神追求的不同形态而已。

但印度人却表达出异常的多样性与丰富性，他们的精神追求可以说介于东西方之间，混杂了对理性与感性、人类精神与神性等的追求，甚至可以说是将互相对立冲突的观念结合为一。出世与入世、精神纯洁与自然的欲求的自然合一是印度宗教与哲学所表现出的特点。印度宗教的宗旨本身就最具有说服力，这种宗教的目的与其他宗教一样，都是认识最高真理。但是这种认识在印度教中表现为真理与现实、神与俗世之间的同一。如果对于印度教的教义进行分析，就会发现，玄思与直觉是如此直接地联系在一起了，这种联系中明显缺乏一种中介，这也正是印度神学哲学的特点。"直观现实"（brahmanubhava）、洞察真理（brahmadarsana）、直通最高的神（brahmasamsparsa），直接对于现实的理解（brahmasakshatkasa）等概念，都强调直觉与思维直接相通。

印度教的主旨是强调一种宗教体验，并能由此超越一般的修持与思索，达到超验的理解。这种精神经常被西方神学家们大加赞扬，认为这是一切宗教体验的真谛。其实并非如此，印度的宗教体验，归根结底与西方神秘主义认识论是不同的，而且也与中国的佛教禅宗有相当大的差异。印度教宗教体验的多样性，源于介乎神性与哲学之间的思索，这种思考尽管精深，但是，由于与感性的混合，以致纯粹的理念与道一类观念很难得到阐扬，反而一些混融性概念如"味"等，极度膨胀。印度的"味"一类范畴在品位中，类似于中国的"气"等，是充满了感性维度，极易为俗世文化所接纳的体验。当然，作为宗教理论本身并不需要高度精神化的范畴，基督教也没有产生这种范畴。但是，希腊哲学中所存在的这种范畴作为宗教的对立物存在，本身就对宗教理论的提升有推动作用。正像中国儒学对于道学、佛学有作用一样，所谓儒释道互补，就是说明它们之间虽然有互相对立的一面，同时也有互相补益的一面。遗憾的是，西方文化中与中国文化中的世俗理性对于宗教理论的辩证作用，恰恰在印度宗教中并不突出。印度是一个宗教世界，宗教理性过于强大就使得印度宗教中心观念一直不能超越宗教本身，无法与世俗观念或者哲学理念产生互应。可以说，这是印度文化的一个重要维度。

印度人没有像罗马人那样把外来的基督教作为自己的国教，而是致力于发展自己的宗教。印度教在发展中，不断产生新的教派如佛教、耆那教等，这些宗教与印度教之间的关系与基督教内部教派的分裂还有所不同，这种不同甚至表现于教义之上。印度宗教所形成的轮回说，宗教世俗化中的等级制度划分，虽然在形式上与人种有关，但是从实质上来说，也都一定程度上是与宗教本身有直接关系的。

经过吠陀经典到史诗时代和印度古典文化阶段，印度文化体系的特色已经基本形成。在此期间及其后，印度经历了多种多样的历史事件，王朝更迭，世事沧桑，各种各样的外来民族包括海上的、骑马的、欧洲的、亚洲的、非洲的各色人种来到这块土地上，殖民征战连绵不绝。在这样的历史环境中，印度文化体系虽然经历了多次转型，但是其文化精神的核心却仍有相对的稳定性，并且像海绵一样吸收其他民族的精神与物质创造，以丰富自己。

第三节　印度文化与外来影响

世界古代文明中，印度文明的历史变迁最大，经历了文明形态的剧烈转换。而且每一次外来入侵都给印度文明带来巨大的类型改变，这种类型改变的程度之剧烈是常人难以想象的，它基本改变了印度文明的原有类型，使印度文明屡经变型，当然文明的变型可能对于文明程度进化并非不利因素。就印度文明的起源而论，印度河谷文明对于整个印度文明传统的影响现在还明显可见。雅利安人进入印度后，战胜了本地原住民，建立起了以雅利安移民为主体的吠陀文明，这种文明完全不同于印度河谷的原有文明形态。所以有的学者说到印度的文明时，甚至主要起源应当是雅利安文明。也有学者认为古代印度河谷文明是达罗毗荼人所创造，而这一人种至今还是印度的主要人种之一，如果这一推测得到证实，那就可以断定，这一人种所创造的文明应当是印度文明的起源。但事实上这种看法尚不能得到证实，因为哈拉巴文明的文字至今尚未得到破解，还没有证据证明这就是达罗毗荼人的文字。同时笔者认为，认定一种文明类型的归属并不取决于其起源，或仅仅是文明起源中的文字，而应当是文明的社会生产、民族国家与精神信仰等不同层次的认定。所以从这些方面而言，从历史发展的主线来看，即使哈拉巴文明的文字得到破解，这种公元前2000年前的文明对于印度以后的文化传统的直接影响仍然小于雅利安人所创造的文明。

如果把雅利安人包括在内，印度接受外来文明影响主要有三次大的过程，这几乎贯穿了印度的全部历史。最为重要的是，每一次外来文明的冲击对于次大陆文明类型都产生了较长时期的并且是实质性的影响，而印度传统又在每一次冲击后顽强地与外来文明交织在一起，产生一种混生状态。对于这种状态的认识，又是见仁见智，各不相同。有人认为是印度文明自身产生了质的改变，有人则认为是印度文明同化与吸收了对方。不熟悉印度文明发展史的人很难立即作出判断。在争论中其实就突出了一个要点，即印度文明近四千年的转换与演进过程本身，就是研究文明类型与发展规律的有说服力的例证。

第一次是公元前1500年前后的雅利安人入侵。印欧文化首次改变了以哈拉巴文明为代表的印度文化，如果假设哈拉巴文明具有东方青铜文明的特点，有些方面可能近似于中国的商周文明，但是相对来说，印度河文明与近东和西方的联系要多一些，这就会形成其文明观念的不同。但自从雅利安人入侵后，伊朗—印度的雅利安人的宗教经典与史诗等鲜明地成为这种文明的特色，这是第一次文明转换所留下的成果。

第二次是从公元8世纪初期开始的伊斯兰教扩张。倭马亚王朝开始入侵印度北部地区，从10世纪到12世纪，来自阿富汗东部的突厥人不断进攻印度，经过长期战争后，1206年，终于在印度建立了第一个伊斯兰国家德里素丹国。伊斯兰文化从此进入印度，这是对印度历史影响最为深远的一次变革。伊斯兰入侵者的成分复杂，他们主要是由突厥人、阿富汗人、蒙古人和少部分阿拉伯人所组成。从信仰上来看，他们其实是苏菲派，而且称不上是正统的苏菲派。他们的政权建制基本仿效阿拉伯人，实行政教合一。这与印度的传统宗教和国家体制都有相当大的不同。伊斯兰的势力主要在旁遮普邦、信德、克什米尔与孟加拉北部地区，这种文化在这些地区深入发展，以至于根深蒂固，形成了与印度教相对的势力，这种势力的存在一直到20世纪的印度文化中仍然可以看得很分明。无论如何，从那以后的印度再也不是印度教的一统天下了，伊斯兰教与印度教甚至多种宗教互相对立与互相濡染的复杂局面持续至今。16世纪时莫卧儿帝国建立，这真是一个颇具历史意味的名称，莫卧儿人（Mughal）其实是蒙古人（Mongol）人的波斯读音。蒙古人曾经是强大的军事民族，但不是一个以宗教信仰而见长的民族。蒙古帝国昌盛时代，包括成吉思汗在内的各位大汗对于主要宗教之间的争端都没有太大的兴趣，宁愿采取一种和衷共济的态度，允许各种教派共存。所以在莫卧儿王朝时代，印度教与伊斯兰教之间的对立状况没有根本解决。

在世界文化发展史上，印度的伊斯兰化并不是一个孤立的现象，而是与近代世界文化发展的总体趋势有内在关联的。引人注目的是，东西方文明从近代开始有了相当不同的发展走向。资本主义在西方产生后，尼德兰、英国、法国、德国、意大利、俄罗斯等民族国家实行工业化，建立资本主义生产关系与社会制度，美洲也随之实行工业化。而东方民族则大多数以畜牧业与农业生产为主，以大清帝国、莫卧儿王朝、奥斯曼帝国等封建大帝国与西方相对峙。简单说，西方开始资本主义之时，东方主要国家除日本等少数国家外，在以农牧民族为主体的统治下进入封建大帝国化。这种对峙的最终结果是18世纪之后的西方殖民主义扩张，这是继蒙古人的军事扩张，伊斯兰教的政教合一的军事扩张之后，世界范围内最大型的经济、军事与殖民主义的扩张。这是工业文明对于农牧业文明的扩张与殖民。由于历史原因，欧洲是以基督教为主要信仰的，所以这一扩张中基督教总是充当精神信仰的先锋。我们认为，宗教的问题归根结底是一个文明问题，宗教冲突的本质是处于不同文明阶段的文明形态之间的冲突。直到20世纪，这一扩张成为强弩之末，经济全球化与知识经济时代的到来预示了未来世界的前景。

关于西方世界的近代发展与东方文明的关系，这里必须有一个基本的理解。

西方文明起源于地中海，中世纪开始，文明中心从地中海向西移动，形成以大西洋地区特别是西部欧洲为中心的古典文明。中世纪后期的大西洋文明已经开始向工商业化社会发展，文艺复兴之后，特别是16世纪起开始走向工业化与相应的一体化进程，这个进程被马克思科学地描述为西欧封建社会向资本主义的发展，而这一发展的推动力是欧洲资产阶级。恩格斯在《反杜林论》中说过，资产阶级是一个被压迫的等级，它所反对的是封建贵族，它的武器是"经济力量的手段"，这些手段"由于工业的发展和商业的扩展而不断成长起来"。同时，宗教改革与科学技术如同两翼，从意识与生产力的不同角度为工业化推波助澜。马克思在《资本论》中曾经说过："为资本主义生产方式创立基础的革命的前奏曲，是开演于15世纪最后30余年及16世纪最初十数年间。"马克思这里主要是指资本积累时期的圈地运动、宗教革新与大规模工业生产所产生的暴力掠夺等行为。无论如何，在工业化大潮下，欧洲文明发生了巨变。无论是采取了法国革命那样的手段还是英国产业革命的手段，欧洲产生了一种对于人类进程有决定性影响的文明——工业文明——这是与传统的农牧业文明特别是以封建宗教为主体的文明形态完全不同的一种形态。工业文明的后果是世界市场的形成与殖民主义的扩张，其内在需求推动仍然是劳动力与资源，所以早期的一体化或者像有的西方当代学者所说的早期全球化，本质上是欧洲文明的全球扩张。这种扩张的进程先从非洲、美洲开始，继而向东方的亚洲伸展，最后形成了全球范围的殖民化。这一过程是有不同阶段的，从早期的殖民地占领、宗教渗透到后来的科技与工商业扩张、"文化帝国主义"等手段的运用，各自有其发展规律与特征。经过 4 个世纪的发展，20 世纪最终形成了全球化的经济文化网络。

东方世界在这一历史进程中的文明类型变化是不同的，印度、中国与阿拉伯国家从文明形态上仍是以农牧业为主体的，工商业在各国纵然都有巨大发展，但主要文明类型的改换性质是不同的。其中最明显的一个因素是长期以来被人们所忽视了游牧民族在近代以来的帝国建立中所起的作用。伊斯兰教的扩张虽然已经成为历史，但是其在东方世界的影响却日益深入，它仍是奥斯曼帝国形成的主要作用力。而在莫卧儿帝国与大清帝国形成过程中，游牧民族的军事独裁与民族主义力量是其主流。它们所创造的文明形态与西方是完全不同的。也就是说，西方工业文明的形成恰是在一个多角文明关系中形成的，西方工业文明、美洲与非洲的原住民文明与东方帝国封建宗教文明同时并存。

这是我们观察近代东方史的一个不可忽视的视域。然而，这一点被多数人或多或少地遗忘了。

第三次文化类型变化是西方文明进入印度，这是一个长期而复杂的过程。早自 16 世纪起，最早的西方入侵者葡萄牙人就已经与莫卧儿人同时进入了印度，但在长达两个世纪的时间里，葡萄牙人的作用与影响是相当有限的。直到18 世纪，英国殖民者大批进入印度，才引起了印度文明整体上的变化，这一变化过程最剧烈的时期是 19—20 世纪。印度莫卧儿大帝国与中国大清帝国等都土崩瓦解，印度演变为现代国家，政党与宗教、意识形态与精神信仰、西方现代文明与东方传统等多种多样的矛盾在南亚次大陆表现得丰富多样，从甘地的反暴力思想到多种宗教冲突，是世界其他地区所不多见的。

第四节　印度与东西方的文化交往

佛教传入中国有一个特点，印度僧人很少直接入华传法，早期佛教传播是由西域各国的高僧进入中国后形成的。古代中国与印度没有直接的大规模交通，两国之间的喜马拉雅山是难以逾越的险阻。但是各种困难都没能阻挡住两国之间的文化交流。

后人依据唐代僧人玄奘到印度学习佛法的事迹所创作的小说《西游记》中描绘的路途曲折，其实不是一个人的经历，而是无数中国西行求法者的普遍行程。

自公元 148 年安世华在中国译经开始到公元 1175 年朱熹、陆九渊的鹅湖之会，是印度文化大量进入中国的时代。除了佛经之外，印度的艺术也影响了中国，来自印度的踏摇娘舞和拨头舞，乐器中的箜篌、琵琶等，犍陀罗式的雕刻，佛教画像等都被中国艺术家所接受并加以改造，融汇入中国艺术之中。

印度相对于中国来说较早就与地中海文明有了接触，以后又受到伊斯兰教和西方的影响，在远东地区形成西方和异己文明融合的混合性文明。所以，印度虽然是远东国家，但其与西方文化的内在关系与历史接触都远超过中国、日本和朝鲜。一定程度上，印度文化的复合文化类型特性最为突出与鲜明，这是雅利安人与印度多种族人民共同创造的文明类型。以后随着穆斯林的入侵、蒙古人入侵以及西方多民族的入侵，印度文化成为一种复合型的文明，它是远东、近东与西方文明混融在一起的文明类型。从这一意义上来说，它并不是西方人心目中的、如同中国一样带有神秘意味的"东方"，特别是从英国人进入印度之后，西方文化对于印度有相当重要影响，使它更具有文化混融的意义。近代西方学者们的研究证明，印度的古代语言梵语与古代欧洲语言如希腊文等属于同一语系，这就是印欧语系。这样，语言、人类迁徙与历史上的联系，使印度与西方之间形成了与远东其他民族并不相同的关系。

喜马拉雅山南坡下，由于印度河与恒河流域相接形成的大平原，土地肥美，这是印度自古以来最富饶、最发达的地区。现代印度人口中，将近一半居住在恒河流域与沿海地区。向南是德干高原，高原的东南及东部沿海地区以泰米尔人为主。

美国是当代移民的大国，印度是古代移民的大国，古代印度就如同是当代的美国。不同的是众多民族进入印度的目的与方式却与当代的美国不同。印度的原始民是原始澳大利亚土著，现在居住在安达曼群岛的安达曼人（Andamanese)就是这一人种的遗存之一，有些海上旅行家的见闻录中记录过他们的食人风俗，当然这些记录的真实性是值得怀疑的。这一人种身材矮小、皮肤黑、头发卷曲而且发黑红色、脸颊宽大而鼻子小。这些人的生产停留在原始的采集与渔猎生活方式，大多数人不穿衣服，喜欢剃发文身。可惜的是这一人种目前已经只有一千多人了。但是，无须担心，原始澳大利亚人的血统其实已经混入了无数印度人之中。在种姓等级制度森严的印度，相当多的低等级姓氏都具有他们的特征。有的种族如贡德人等，还基本保留了原始澳大利亚人的一些特性。

印度移民的历史可能比我们现在所知要早得多，现藏新德里博物馆的一尊裸体少女俑是大约公元前 4000 年前的，这个铜俑只有 10.5 厘米高，但是造型优美，面庞与身体轮廓都很鲜明，身材颀长，高鼻巨目，不同于原始澳大利亚人种。另外一尊藏于该馆的石灰岩的男性头部雕像，年代大约是公元前 3000 年，也是高鼻深目，像是欧洲人种。[①]

我们推测，很可能早在雅利安人大批进入之前，印度就有了欧洲人种的活动，这将为印度的民族性格提供新的理解。

由于印度特殊的地理条件，旧石器时代北方从叶尼赛河到印度河谷的古人类不可能大批翻越高达将近 8000 米的昆仑山与更高的喜马拉雅山，他们可能首先在印度定居下来，并且在南亚次大陆发展起农业文明。这并不说明这里没有古人类的交通，相反，完全可能有古人类从中国西北与西南，在寻求更温暖、更湿润地区生活的目标指引下，经过青藏高原雪山间山口与西部高原的山口，进入印度半岛。如今印度半岛上的蒙古人种、藏汉语系的居民们都可能是当年来到印度的中国古代民族。

西亚、小亚细亚和印度文明之间的交流频繁，早在公元前 2000 年左右，印度河流域的黑曜石印章就在西亚发现，说明石器与青铜器时代印度已经与西亚有了接触。公元前 975 年，腓尼基人来到了印度洋西部，开始与印度人进行商业贸易。这当然是与埃及法老尼赫开挖了苏伊士运河有关，使得当时地中海最大的船，也是唯一有远航能力的大船通过了红海进入印度洋。推罗的国王希兰派出的舰队从红海亚喀巴湾北部的以旬迦别港出发，来到了奥菲尔港与孟加拉地区的苏帕拉港，这支航队名为"塔希什舰队"，他们来到这里时运来了彩陶器、橄榄油、葡萄酒、羊毛织品，而满载着象牙、孔雀、猕猴、香料和珠宝离去。

---

① 参见潘绍棠编著：《世界雕塑全集·东方部分》，上册，195 页，郑州，河南美术出版社，1989。

当然希腊人是不会落后的，因为腓尼基人与希腊人同为地中海最优秀的船夫，希腊人与印度的接触最早可能是通过腓尼基人。以后又通过波斯，希腊的物产与工艺品与印度商品进行交换，形成地中海与印度洋的交通。更重要的是，希腊与印度在文明关系上有深层次的联系，古代希腊语与印度梵语都属于印欧语系，基础词汇中有大量相同的词根。黑格尔在《美学》一书中曾经赞颂《荷马史诗》，而对印度史诗颇有微词，其实这是完全错误的。历史学家们认为，《荷马史诗》与印度史诗同属于印欧语古代史诗，史诗的取材、艺术手段与语言表达方式是基本相同的，甚至两部史诗中的神的谱系都十分相似。

波斯帝国时期，印度成为波斯属国。也正是在这一时期，希腊与印度之间的关系进一步发展。希罗多德《历史》中关于印度的记载表明，当时希腊人到过印度的并不太多，主要是一些探险家，包括公元前 509 年波斯王大流士统治时期的希腊人斯库克拉斯、公元前 411 年居住在印度的希腊医生提西亚斯等人。根据提西亚斯的记述，印度军队被波斯人征用，在希波战争中，参加了公元前 480 年对希腊的进攻。

印度哲学与宗教受到希腊学者的注意，雅典时期曾经突然兴起一种对神秘宗教的崇拜，这种崇拜就来自印度。这是一种东方民族的崇拜，表达了一种悲观的酒神精神，极大地影响了希腊文化。根据西方哲学家尼采的看法，希腊悲剧的精神来源之一就是东方的思想，这是一种名为俄耳甫斯的宗教。其教义与佛教近似，主张灵魂高于肉体，而肉体会束缚灵魂的自由，包括泰勒斯、毕达哥拉斯等希腊哲学家与科学家都相信这种宗教。这种宗教的核心观念之一就是轮回思想，这种思想同时在埃及与印度出现，与西方宗教迥然不同，引起了希腊哲学家的关注。但是多数学者主张这种学说来自于埃及，也有少部分学者认为可能与印度有关。这里我们暂时无法作出明确结论，有待于来日的发现。其实这种观念的影响在西方无处不在，例如柏拉图著名的灵魂观念无疑受到印度轮回说的影响，他所说的人类灵魂中的灵感来自于前世的记忆，就是因为人类灵魂是轮回的，在前生跟随天帝的马车行进中获得了灵感。如果我们比较一下《梵书》和《奥义书》中关于灵魂轮回的说法，就会大有收获。印度经典中，个人灵魂是宇宙大灵魂的一个分子，由宇宙发散出去，在不同人之间传递，永远循环下去。这种轮回在佛教学说中变成所谓的托生，人托生成猪、狗等。这种思想以后在罗马人中流传，比如《驴皮记》等故事中都有人转化成动物的描写，甚至还可以在希腊神话中看到类似的情节。

但无可怀疑的是，亚历山大大帝东征印度开启了西方关于印度的新视域。公元前 326 年亚历山大大帝征服了印度，但是他所理想的政治中心并不是这里而是巴比伦城，所以他在印度停留的时间不长。亚历山大大帝死后，塞琉古王朝无法继续统治印度，印度的笈多王朝建立后，塞琉古国王尼卡托曾经派兵进犯印度，但是被击退，以后希腊人与印度议和。在孔雀王朝期间，希腊与印度关系亲密，双方还曾有过多次联姻关系，这是世界上有史记载的最早的东西方之间联姻关系之一。阿育王时期是希腊与印度关系最密切的时代，印度佛教也在这一时期传入西亚、叙利亚等地，直到阿育王死后，大夏王国仍然继续传播佛教。根据《剑桥印度史》记载，使徒托马斯曾经来到印度人活动的区域，最后殉难于塞人和安息人的冲突之中。

希腊化时期与罗马帝国初期是西方与印度交往的又一次高潮。如果说阿育王时代宗教传播是主要活动，那么，在贵霜王国与亚历山大里亚，西方与印度进行的则是文化与商业双渠道的交流。丝绸之路在这一时期成为多条道路集合的大道，其南道是鄯善路，从塔里木盆地经阿富汗进入印度，翻越兴都库什山后，经过喀布尔城，从开伯尔山口进入旁遮普，然后从乌浒河下行，从里海和黑海进入欧洲。当然，这条路其实分为两支，其中一支是从阿拉伯海上航行的。塞琉古王朝的安条克城是另一条路线上的重要商业港口，这条路上最大的港口仍然是大秦即今日埃及的亚历山大里亚。丝绸之路途经印度时，中国的丝绸与印度的香料一起装船，最终从海路到达这里。

亚历山大里亚作为东西方文明交汇的中枢，西方基督教与东方佛教在这里相遇，对于两大宗教的思想更新都有推进。其中可能还产生了一些新教派与思想，如诺斯替教就是其中一个受到东方宗教思想影响的教派，这种思想引起了哈德良时期一些学者的注意。多种宗教的互相濡染在希腊化时代成为时尚，这种观念一定程度影响了以后的阿拉伯文化。公元8世纪中期，亚历山大里亚城不再是世界学术中心之后，东西方文明交往的中心转向新建立的巴格达城，这里成为希腊人、印度人与阿拉伯人互相交往的中心之一。当时世界的另一个文化交往中心是中国的长安。

第五节　印度文化的东南亚传播

如果说地球上有一个区域曾经失去文明记忆达一千多年之久，它只保存有佛教与伊斯兰教传入的历史，而忘记了自己曾经在佛教传入之前就有长达数个世纪的文明历史，直到20世纪中期才翻然醒悟：这片土地原本是古代文明最早传入的地区之一，并且有过骄人的文明创造。那么，这个地方非东南亚莫属，其他任何古代文化都没有被如此长期地遗忘。

亚洲大陆东南部有一个巨大的半岛与群岛地区，它伸向蓝色的大海之中，隔断南中国海与印度洋，与澳洲大陆遥遥相望，这就是东南亚。半岛称为中南半岛，这个巨大的半岛位于中国海与印度洋之间，所以西方称之为印度支那（Indo－China）半岛。这个地区其实早在希腊地理学家托勒密的著作中就已经有了记载，中国史称之为南洋，与东洋、西洋相区分。由于这里与中国关系密切，史料极为丰富，与西域相当，所以历来西域、南洋并列，中国著名史学家冯成钧的《西域南海史地考证译丛》等译著就集中了关于这一地区的研究论著。

南海的大洋中分布着世界上最大的群岛马来群岛。这里地势复杂，中南半岛的掸邦高原被纵横交错的河流切割为几个大部分，包括老挝高原、清迈高原、东缅高原等。这里的高原虽然平均海拔只有 1500 米，但是由于临近海岸，所以显得高峻挺拔。

东南亚的气候以典型的热带季风性气候为主，有明显的干季与雨季之分。冬季里东北信风吹拂，气候干燥。夏季来自南半球的东南信风越过赤道之后，转为西南季风，经过印度洋吹了过来，形成了雨季。在雨季到来之前，还有一个热季，大约在 3～5 月份之间，热浪涌动。在马来半岛的南部是赤道多雨气候，海洋性与季风性明显，年平均气温在 25C°～28C°之间，年温差仅在 1.5C°之内，也是世界上并不多见的地方。但是降水量大，空中经常出现对流雨，令人感到潮湿温热。

东南亚国家现在有越南、老挝、柬埔寨、缅甸、泰国、马来西亚、新加坡、菲律宾、印度尼西亚、东帝汶和文莱。这里是世界上民族、种族、语言、宗教信仰最复杂的地区，古代世界的多种文明在这里交接融汇，形成了多姿多彩的文明形态。

这里是人类起源地，从腊玛古猿之后的古代人类历史全部在这块土地上刻下了印痕。20 世纪 70 年代，在缅甸的崩当山区发现了古猿化石。1894 年，荷兰医生尤琴尼·杜布瓦（Eugène Dubois）宣布，通过自己的挖掘，在印度尼西亚的特厄尔地区河床里发现了猿人（Pithecanghropus）的化石，这是一块头盖骨、股骨和两颗牙齿。如果据此推测，那么在 500 万年前，爪哇人出现在爪哇岛的桑吉兰地区，他们实际上处于人与猿的进化中间，也有人认为他们就是南方古猿。这些发现部分与生物学家们关于人类基因的研究一起，形成了一种学说，人类是从非洲与东南亚起源的，人类的先祖来自一位妇女，她被称为

"第一夏娃"。"第一夏娃"出现的时间大约在 20 万年前到 15 万年前。[①] 爪哇人的进化系列完整，从直立猿人到智人都有。爪哇人之后是梭罗人和瓦贾克人，从 100 万年前到 10 万年和 1.5 万年前。其余在越南谅山的新文洞穴发现了 50 万年前的猿人化石，菲律宾巴拉望的塔班洞的智人化石，都说明这里是古代人类起源地。特别是中国周口店的北京猿人的发现，更为亚洲是人类起源地之一提供了新依据。根据亚洲地形特点，青藏高原隆起后，阻断了从西部进入亚洲的可能性，横断山脉的走向改变，形成了大型的川道，人类可能沿此从东亚地区进入东南亚。50 万年前到 20 万年前的北京猿人种群在追求温暖气候、丰茂水草的迁徙中，很可能会从北方南下进入到东南亚沿海。

那么，目前发现的这里原住民是些什么样的人呢？

目前的考古学与历史材料证明，这里的原住民是一个特殊的人种，他们被称为尼格罗—澳大利亚人种。他们从远古时代就可能渡海来到这里，在没有海洋船只的情况下，他们如何漂洋过海，如何从新几内亚到澳大利亚以及从太平洋群岛来到中南半岛上定居下来，这可能永远无法解释。但是另一种发现同样重要，在对东南亚原始社会史的研究中，人们发现，有一个人种已经在数万年前成为菲律宾的居民，于是他们得到了一个新名称尼格里陀人（Negrito），意为矮小的黑人，中国古籍中称其为"小黑人"，成为向中国皇帝的贡品之一。如果我们回味一下这个名称，不难发现，它的名称是非洲尼格罗人的转化名。但这其实是一种误解，非洲人是不可能远涉至这里的。这个人种其实最早出现于中国沿海，古称獠越，《尚书》中所说"申命仪叔，宅南交"，指的就是一个古国交趾，这些人就是以后泰语系中的獠人，应当是生活在马来半岛与群岛的主要居民。所以完全有可能，这个人种就是从北方黄河流域南下的人种与澳大利亚人种相结合而产生的，进入古代文明社会后，这里主要受到来自于亚欧大陆诸文明的影响，当地人种变为以中国蒙古人种和马来人为主，这是民族历史文化的主流。

新石器时代，半岛居民率先制造石器，投入农业生产，轮制陶器和印纹陶器出现都相当早，最早可以达到近 6000 年前，也就是说，几乎与中国和西亚陶器出现时代接近。公元前 3000 年，来自中国大陆的蒙古人种居民与百越民族进入半岛，中国南方的几何印陶纹器在东南亚半岛多有发现，所以张光直认

---

① 关于人类起源于非洲与东南亚的说法相当普遍，近期考古方面的材料可以参见〔英〕保罗·G.巴恩主编：《考古的故事——世界 100 次考古大发现》，郭小凌、周辉荣译，187 页，济南，山东画报出版社，2002。

为，新石器时期中国与东南亚文化同属一种文明。[①]

公元前几个世纪里，印度人开始与东南亚接触，印度古代史诗《罗摩衍那》中出现的第一个东南亚地区是苏瓦尔纳洲（亦称黄金岛），指的就是苏门答腊。这说明，很可能当时印度商人已经越过孟加拉湾，来到东南亚进行贸易。

但是东南亚并不是印度人所熟悉的地区，地理位置与交通条件限制了印度文明的早期传播，虽然印度离东南亚近，但是山海阻隔使得古代印度人无法进入东南亚。相反，中国人却容易顺江河而下，东南亚北部的山脉是喜马拉雅山东侧的延续，数条大河从中国的青藏高原流下，并且流入中国南海。萨尔温江、湄公河波涛汹涌，但是南北走向的大山安南山系与湄公河西的山系将东南亚分隔开来。湄公河从中国起源，流经老挝、泰国和柬埔寨，最后在越南形成三角洲，所以中国古代文明最早到来是必然的，而相邻的国家却无法越过高山和大海进行横向的联系，这真是一种自然的赐予与历史机遇的结合，无人能够预知，无人能够左右。

缅甸是印度佛教传入东南亚的重要根据地，但是缅甸在佛教传入之前的历史却一直没有记载，所以这里很早就吸引了考古学家的注意，他们所关注的是佛教传入前的历史。1959 年之后，缅甸首席考古学家乌昂索向宣布发现了古代城市的遗址，但是"尚未尝试将调查结果互相联系，以获得缅甸早期文化不同发展阶段的年代顺序"。虽然如此，缅甸古城贝克塔诺遗址的发现仍然具有突破性意义，它说明在印度宗教传入之前，这里已经有较为发达的农业文明，稻作农业初具规模，彩陶器能够大量生产。贝克塔诺古城遗址的发掘为我们描绘了一幅史前缅甸的图像，创造这些古代文化的很有可能是史前中国移民，蒙古种民族取代了尼格里陀人以后，在这里发展的城市与农业。公元前 1000 年中期，缅甸出现城市，一个名为关彪的民族在这里形成。

其实这就是中国文献中所记载的骠国，只不过 20 世纪西方考古学家不知道中国文献而已。

公元前 6 世纪，印度进入十六国并立时代，各国之间互相混战，以后又经历了波斯人的入侵与亚历山大大帝东征。孔雀王朝建立后一直向四方扩展，公元前 261 年，阿育王向边地征伐，揭陵加人开始大规模移民，可能有部分人进入东南亚，特别是一些南印度的小王族来到了东南亚，创建了"印度化"的小王国，但是没有形成大的移民潮。虽然印度本身无史可稽，但是缅甸的《琉璃

---

① 张光直：《中国南部史前文化》，见《中央研究院历史语言研究所集刊》，第 42 卷第 1 分册，5～7 页，台北，1970。

宫史》记载了这一段的历史。印度十六国时期，迦毗罗卫国与般遮罗国交兵失败后，迦毗罗卫国的阿毗罗阇王从中天竺来到了缅甸，在这里建立了太公国。太公国传国33代后衰落，这时恰逢印度故国迦毗罗卫又被敌国所战败，于是当时的国王陀阇罗阇又率军队奔缅甸而来，到达这里的马垒地区，与前太公王的王后那伽岑相遇，两者相结合，创立了第二太公国。① 这可能就是缅甸的开国史，也是缅甸与印度的历史渊源。

阿育王随后开始派遣高僧前往东南亚传教。公元前3世纪，缅甸的素旺那普米地区来了最早的佛教徒，其中最知名的是须那迦与郁多罗。印度与东南亚的文化接触虽然产生在公元前的几个世纪，但是目前尚无考古与文献资料的证据。正如西方印度学权威A.L.巴沙姆所断言：

> 目前可以得到的证据远远不能满足需要，但却表明在公元前的几个世纪，印度与东南亚之间一定有了某种程度的接触。在这个较早的时期，印度人向东广泛移民是极不可能的，例如马来人的印度起源论，已不再有十分认真地对待了，大多数权威人士倾向于同意海涅-格尔登的意见，即认为马来人起源于中国，于史前移民东南亚，这些移民留下了可以追寻的考古学和人类学方面的踪迹。②

印度不重视修史，缺乏有关印度与东南亚接触的历史记录，而东南亚民族的历史记载也相当少。据季羡林先生考证，东南亚地区纸的传入也是相当晚的，直到宋明时期，真腊、占城、交趾、林邑等地尚没有纸笔，马欢《瀛涯胜览》中记占城，以"羊皮捶薄或树皮熏黑，折成经折，以白粉载字为记"。可以看出当时东南亚文化的真实情况，这给当地历史文学书写的记录造成一定困难。

从文明影响因素来看，应当注意的是印度梵语对东南亚语言文字的影响，这是比较文明史的一个重要显现。东南亚语言中有相当数量的印度梵语语汇，东南亚早期王朝的君主称号、地名等基本采用梵文或巴利文。各国文字在创建初期，主要是借鉴了印度的梵文和巴利文，其中许多文字是东南亚古代语言，如古代爪哇文，菲律宾的古代"巴伊巴因文"、骠文等，这些语言是本地原住

---

① 参见《琉璃宫史》，李谋等译注，上册，126～131页，北京，商务印书馆，2005。
② [澳大利亚]A.L.巴沙姆主编：《印度文化史》，闵光沛等译，653页，北京，商务印书馆，1997。

民的口语，以后采用了印度的波罗米字母来表达。其中还有不少语言是现代语言，如孟加拉文、柬埔寨文、泰文和缅文等，其实都与印度梵文等有直接联系。

据考证现在可见的最早东南亚梵文碑是在越南南方芽庄出土的武康碑，立碑时间大约是公元 3 世纪。[①] 在印度尼西亚加里曼丹岛东部的古载河流域曾经存在过一个古国，名为古载国或七石碑国，因为这个古国有用梵文书写的七块石碑，立碑时间大约在公元 4 世纪到 5 世纪。[②] 目前我们尚未看到当代考古学家们报道发现新的碑文，不过这是完全有可能随时出土的。

公元 1 世纪，丝绸之路的开通对东南亚地区的商业贸易起到了促进作用，泰国等地出现了大量中国丝绸、印度香料和波斯产品，当然也有安息和萨珊产的玻璃，东南亚地区开始繁荣起来。最有力的证据是，目前发现的带有梵文或是印度风格纹饰的东南亚货币，大多集中于湄公河流域，证明佛教开始是沿着湄公河传播的。最早先传入湄公河上的扶南古国，后来到交趾国，这些古国都在越南，其中影响最为深入的是越南中部的占婆王国，这里位于越南中部。占婆开国时间在公元 2 世纪，是越南开国较早的民族，国势强盛，地域辽阔，北起横岭，南到潘朗的沿海地带。占婆人并没有采用印度的文字，他们的语言是马来—波利尼西亚文，至少在公元 5 世纪时已经使用这种文字。有学者认为，公元 2 世纪前印度文化可能传入占婆，但是这种可能性不大。据笔者分析，我们的现有文献证明，占婆古国与越南南部以后的真腊直到吴哥王朝时期一直沿用印度的国家建制，宗教以佛教为主，但是其文字却一直没有改变，估计这种文字可能传入较早，但占婆这样的国家有文字的历史却不会太早。因此，印度文化真正进入占婆的时间可能要后推，大约要到公元 5—6 世纪，即印度文化大范围进入东南亚地区时。

第六节　关于"印度化"与佛教远行

公元 5 世纪之后，印度移民与宗教的传入改变了东南亚传统社会结构与文化构成，这一变化如何看待，历来存在不同看法。

一种看法认为这是东南亚的"印度化"，认为东南亚文化改变了自己的形

---

① 贺圣达：《东南亚文化发展史》，78 页，昆明，云南人民出版社，1996。

② 关于这个古国及其石碑可以参见姚楠主编：《东南亚历史词典》，85 页，上海，上海辞书出版社，1995。

态，成为印度文化的副产品，甚至有沦为印度殖民地之嫌。

最先提出"印度化"观念的是法国学者戈岱司，他的说法是："印度化从本质上应被认为是有组织的文化扩张，这种文化是建立在印度王权观念之上的，以印度教或佛教信仰、《往事书》中的神话的流传以及对神圣法典的尊崇为主要特点，梵语为表达语言。所以我们可以用'梵语化'（Sangskritization）来代替'印度化'的说法。"[①]

这种说法显然不妥，印度与东南亚文明关系是一种文明交流关系，这种关系表现形式多样，包括早期移民、梵语推广、部分小王族的征服与建国等，但并不是"印度化"。所谓"印度化"一概念应当放在世界文明史的角度来分析，世界文明史上称为"化"的最早是希腊化，这是亚历山大大帝东征之后的希腊文明的影响。希腊化意味着征服与殖民，并且改殖民地的文化为宗王国文化的属性。以埃及为例：公元前 323 年 6 月，亚历山大大帝患热病在巴比伦城逝世之后，在托勒密王朝统治下，埃及开始希腊化进程，古老的埃及文明变得面目全非，希腊语成为埃及的主要语言，作为罗马大帝国的一个行省，完全丧失了一个主权国家的地位。最后埃及宗教的代表性人物大祭司们都被监禁，古代埃及传统被中断。而东南亚的"印度化"则完全与此不同，所有古代国家包括扶南、占婆等不但没有成为印度的殖民地，反而除了梵语、巴利文与佛教的传入外，这些国家完全保持了自己的文明传统。而且印度文明传播也是主要采用了民间渗透的方式，虽然这种变化包括国家政治制度与宗教在内，但并未达到被印度人殖民统治的地步。

佛教是印度文明在东南亚的最重要影响因素，我们已经指出，公元前 3 世纪可能已经有阿育王派到东南亚的僧团活动，这是其初期进入。但传播过程并非一帆风顺，直到公元 5 世纪才进入正式的开端，据说当时印度佛音长老从锡兰取回巴利文三藏时，经过缅甸，近水楼台先得月，缅甸人开始受教。南传上座部佛教传入了下缅甸之后，北传大乘教则在北缅甸被广泛接受。同时，马来群岛上的佛教也开始传播。最重要的事件是公元 7 世纪时，东南亚佛教达到高潮，在苏门答腊建立了一个佛教国家，这就是印度尼西亚历史上最大的佛教国家室利佛逝。佛教思想一时在东南亚以势不可挡之势蔓延开来，到处兴建佛寺与佛都。公元 9 世纪时，爪哇的夏连特拉王朝大造佛像，这就是举世闻名的婆罗浮屠大佛塔。但是马来群岛似乎不是佛祖的乐园，佛教在这里的地位很快就

---

① G. Coedès，*The Indianized States of Southeast Asia*，edited by Walter F. Vella，translated by Susan Brown Cowing，East -West Center Press，Honolulu，1968，p. 15.

被印度教与伊斯兰教所取代。相反，在缅甸却一直不可动摇，佛教南北两传与婆罗门教在这里共享繁荣，和谐共处，各得其所。直到 1044 年，阿奴律陀统一缅甸之后，才将上座部佛教定为国教。

从此，东南亚大地上的佛教与印度教平分秋色，佛教从缅甸传入泰国，再从泰国传入老挝和柬埔寨，这里成为一片黄色佛国。而在东南亚的群岛上，在爪哇和巴厘岛上，则成为印度教的天下，印度的两大史诗《罗摩衍那》和《摩诃婆罗多》流传在岛国。中爪哇 10 世纪时建的普兰班南印度教陵墙上雕刻着史诗的故事，直到伊斯兰教化之前，印度宗教一直是东南亚最主要的宗教。

中国与印度在东南亚均有巨大影响，但方式不同。中国是最早的移民来源，但是东南亚建立国家之后，中国对东南亚的影响主要是生活方式、科学技术和生活艺术。印度则是后移民的国家，它对东南亚的宗教信仰及其相关的国家制度、语言文学方面的影响是独到的。无论何种影响，都必须承认东南亚人民的独创性，他们在多种文明交融的环境中，发展了独立的文明，其成就为世人所有目共睹，无可否认。

第七章　世界的西方：
地中海大西洋文化体系

比较文化学中，"东方—西方"是一对核心范畴，其中"东方"所指相对广泛，包括远东、中东与近东等不同地区。而"西方"则是一个相对明确的概念——专指地中海大西洋文化体系——也就是欧美。但实际上欧洲与其后发展起来的北美主要是美国、加拿大之间具有一定的差异，所以我们再次将欧美分为两大系统，即以欧洲为主体的地中海大西洋与北美的美国、加拿大。这样，在世界文化体系划分中，地中海大西洋文化是以古代欧洲在地中海的希腊罗马文明为起源，以后向欧洲西部的大西洋沿岸继而向整个欧洲及其他地区扩展。这种文化以欧洲西部为中心向北与向东延伸，包括了东欧、北欧、西欧直到俄罗斯西伯利亚地区，甚至远达非洲北部的"马格里布"（包括摩洛哥、阿尔及利亚与突尼斯）与亚洲的部分地区。其中虽然东西欧洲、南北欧洲都有一定差异，但基本因素与结构是相同的，这就是世界意义上的"西方文化"形态。近代以降，西方的工业革命与殖民扩张使世界格局发生根本性的变化，所以比较西方与世界其他文化体系之间的关系，阐释其特性，自然是极为重要的。

第一节　地中海文明的起源

西方文明以地中海文明为起源，希腊半岛上兴起的古希腊是这一文明的核心，它的范围包括爱琴海、小亚细亚西部沿海、爱奥尼亚群岛、意大利南部和西西里岛。其中克里特岛是较大的岛。要了解希腊罗马文化的起源，我们必须先了解产生这种文化的自然环境：大西洋与地中海。

大西洋是世界第二大洋，仅次于太平洋，总面积9430万平方千米，大约是太平洋的一半，平均水深3626米，比平均水深4000米以上的太平洋要浅。大西洋位于美洲、欧洲与非洲之间，在欧亚大陆上，大西洋水系所属的地中海、黑海又与亚洲相连接。大西洋以非洲南端的厄加勒斯角与印度洋为界，以美洲南端的合恩角为界与太平洋相分。北部与北冰洋的分界线是斯堪的纳维亚半岛的诺尔辰角。它向西北一直延伸过西斯瓦德岛的南角，经西南扬马延岛到冰岛的斯特雷姆内斯角，沿戴维斯海峡向西，以拉布拉多北边的伯韦尔港为终点。大西洋海岸线曲折，所以海岸线相当长，岛屿与半岛也非常多。同时，在大西洋的边缘，还形成了相当多的内陆海，主要有地中海、黑海、北海、波罗的海、挪威海与加勒比海等。

地中海是世界上第二大内陆海，据西方地质科学家们推测，这是古代大西洋海水倒灌所形成的，东西长度达到 4000 千米，南北相距最远的地方达到 1800 千米，面积约 250 万平方千米，平均水深 1600 米，最深的地方达到 4000 米以上。它的地理位置非常重要，在欧洲、亚洲与非洲之间，所以地中海文明可以影响到这三个大洲。它的交通之便利也是可想而知的，从直布罗陀海峡可以进入大西洋，通过达达尼尔海峡、马尔马拉海峡、博斯普鲁斯海峡能够进入黑海，从苏伊士运河出红海可以直达印度洋。这样，南欧、西亚与北非、古代希腊文明、两河流域文明、伊朗文明与埃及文明，甚至印度洋的南亚印度文明，都汇聚于地中海。就连最为遥远的东亚中国，从古代起也通过丝绸之路，取道西亚，将中国货物运到了地中海。现在地中海沿岸的重要港口有贝鲁特、塞得港、亚历山大、阿尔及利亚、马赛、巴塞罗那、热那亚、那不勒斯等。

在地中海北岸有三个大的半岛向南方伸出，形成了爱琴海、亚得里亚海与利古利亚海。这里的气候主要是南北方向的气压带移动形成，夏季，当副热带高压位于地中海上空时，天气干热少雨；冬季则刮西风而且温热多雨，这就是举世闻名的"地中海气候"类型。

与地中海相通的黑海位于欧洲大陆与小亚细亚半岛之间，面积只有 42.3 万平方千米，平均水深 1000 多米，它几乎成为地中海航运的一个补充，并且通过欧洲大陆的一些大河如顿河、多瑙河、第聂伯河开展与中东欧内陆地区的交通，从而将地中海文明的作用辐射到斯拉夫文明甚至阿拉伯文明地区。黑海沿岸有伊斯坦布尔、敖德萨、康斯坦萨等港口。在欧洲大陆西北的北海只是一个浅海，平均海深不足 100 米，但是它的经济与运输地位却十分重要。它是欧洲海上交通的要道。英国、法国、比利时、荷兰、德国等国家的海上运输都要经过北海，北海的大港口有汉堡、阿姆斯特丹、安特卫普与伦敦等。再向北方，就是波罗的海了，它与北海、大西洋相通，通过大小贝尔特海峡与厄勒海峡连接北海与大西洋。19 世纪末期，基尔运河的开通大大缩短了通向大西洋的路程。波罗的海对于东欧具有重要意义，它是东欧内陆的出海口，历来是兵家必争之地。主要港口有圣彼得堡、格但斯克、什切青、基尔、哥本哈根、斯德哥尔摩、赫尔辛基等。另外，北方的挪威海也是大西洋地区的一个重要海域，它占据了通向俄罗斯与斯堪的纳维亚半岛的要津，并且受到北大西洋暖流的作用，冬季不结冰，所以既是大渔场，又是交通要道。

地中海是希腊罗马文明的起源地，也是西方文化的摇篮。爱琴海只是地中海的一个小海区，具有地中海的自然与气候特征。这一地区的自然条件属于中等，因为以山地为主，粮食与其他农作物不多，只有葡萄和橄榄等作物比较适于生长。这一地区的海岸线绵长，但是岛屿密布，有相当好的深水良港，利于海上航行。所以希腊人自古以来就善于航海，这与尼罗河、印度河、黄河、两河流域的自然条件区别较大，人民生活风俗也不一样。总体来看，虽然这一地区农业与畜牧业没有优势，但有利于经商与航海，大规模的工商业贸易起源较早。

公元前 2000 年，来自黑海东岸的亚加亚人向南迁徙，他们来到希腊半岛之后，定居下来，成为最早的希腊人。大约 5 个世纪之后，一个名为多利安的游牧民族也来到了这里，他们征服了先来的亚加亚人与爱琴海的原住民，将领地推进到南方的伯罗奔尼撒，然后进攻了克里特，他们就是以后的希腊人。

古代希腊人极早就开始殖民扩张，他们最初的目标是小亚细亚。据赫梯文献记载，公元前 1325 年，希腊伊奥利亚国王厄特俄克勒斯在地中海沿岸开始征服一些小国。当时，小亚细亚正处于埃及、巴比伦、亚述和赫梯等强国的争夺之中，希腊人不但进入列强之中，而且能够分得自己的一杯羹，证明这个民族是相当有实力的，最初他们使用的是"亚加亚王国"的称呼。有关文献证明，地中海沿岸强国之间的战争可能开始于公元前 1250 年前后，这是希腊人与赫梯人的殖民地之间的战争，结果希腊人战败。但是希腊人不甘心，公元前12 世纪，希腊的迈锡尼人组成希腊联军，远征小亚细亚地区的特洛伊城，这场战争持续了 10 年之久，以迈锡尼人攻克特洛伊城结束。但是迈锡尼人好运不长，仅仅在特洛伊战争后不到一个世纪，北方的多利亚人南下，进入希腊半岛地区，灭亡了迈锡尼文明。从此之后，在希腊地区出现了近两个世纪的文明倒退，社会返回到部族时代。也就在这个时期，产生了希腊文化的经典——《荷马史诗》。

希腊文明有自己的特点，希腊人从事农牧业生产，有相当发达的海上贸易，与东方封闭文明古国不同。这种社会生产对希腊人开放的精神心态有一定影响。同时，希腊民族以多神崇拜为主，神话发达，想象力丰富，这都对其文明发展有重要作用。在这种社会与精神环境中，希腊人的思维机制、思想与东方不同。希腊文明中，以真理与理性追求为最高目标，"存在"的意义并不与神完全认同，与希伯来的神性是不同的。"存在"是对于宇宙本质的探寻。

古代希腊城邦一般都很小，人口稀疏，它是一个独立的国家。这种国家的人口不超过几万人，其中只有雅典是相当大的城邦。《剑桥古代史》中认为，到伯罗奔尼撒战争之前，雅典城中也不过只有公民 14 万～17 万，当然其中不算外邦人。恩格斯指出，雅典是国家形成的"最典型"与"最纯粹"的形式。

雅典位于阿提卡半岛，公元前 8 世纪时，这里的 4 个小城邦联合起来，建立了雅典城邦，成为希腊的核心。雅典人制定了统一的法律，划分了城邦居民的阶层。城邦居民分为三大阶层，贵族、农民与手工业者，规定只有贵族才可从事政治，充当政府官职，这也就意味着早期的国家已经出现。公元前 6 世纪时贵族与平民之间的矛盾激化，公元前 594 年，代表工商业阶层的梭伦掌握政权，担任首席执政官。梭伦上台之后，进行了一系列旨在限制贵族权力的改革。梭伦改革的主要受益者是工商业奴隶主，打击了氏族势力，但是并没能满足平民的要求。公元前 541 年，庇西特拉图以武力夺取政权，实行僭主政治，其政治倾向有利于平民阶层。这一时期雅典的经济发展较快，民主制度也在酝酿之中。克里斯提尼上台之后，推行民主化改革。他划分了 10 个选区，打破传统血缘部落的界限，使社会结构发生了实质性改变，从血缘组织到地域组织，这是一个关键性的改革。恩格斯谈到国家建立的意义时，就是以地域取代血缘为标志的。雅典创立了 500 人会议的新国家机关，设立公民大会。实行"陶片放逐法"，使得公民可以通过投票的方式放逐国家最高公职人员。这样的一系列举措，大大推进了雅典的民主政治。希腊民主制度的真正建立，是在克里斯提尼时代。

雅典城邦实行民主制度，长期以来有一种误解，认为柏拉图与亚里士多德主张贵族政治。他们两人主张的是一种贤人政治，贤人（aristocratos）就是品德出众的优秀人物。由于当时认为贵族品德出众，所以称贵族是 aristocratos，这就产生了意义的混淆，使得柏拉图与亚里士多德的本义被歪曲了。从他们两人的著作中可以看出，虽然他们对于雅典城邦政治有很多不满，但他们都认为雅典城邦国家在政治上远非其他国家所能比拟，对民主制度的优越性是肯定的。

希腊城邦是独立的国家，但彼此间又有密切的关系。希腊哲人的理想国家制度鲜明地反映了西方与东方关于国家制度的不同见解。柏拉图《理想国》中说世界有五种政治制度：（1）君主专制制度，这是最落后的制度；（2）斯巴达和克里特制度，受到"广泛赞扬"；（3）寡头政治，是由少数人进行统治的制度，这种制度在"荣誉上居第二位"；（4）民主制度，是寡头政治之后产生的，与其相对立；（5）僭主政制，这是城邦"最后的祸害"。柏拉图提倡贤人政治，主张建立以哲学为最高学术规范、以全面发展的有智慧的哲学家作为国家统治者的理想国。虽然柏拉图对于民主制度有许多不满，但他对其评价仍然不能与专制政体同日而语。当谈论到民主制度时，他以苏格拉底之口说出：

苏：那么民主主义是不是也有自己的善的依据，过分地追求这个东西导致了它的崩溃？

阿：这个东西你说的是什么？

苏：自由。你或许听到人家说过，这是民主国家的最大优点。也因为这个原因，所以这是富于自由精神的人们最喜欢去安家落户的唯一城邦。①

在当时所有的古代国家制度中，民主制度仍然是最为进步的，这是无可怀疑的，《理想国》正是以雅典为蓝图的理想国家模型。另外，柏拉图的理想王国与其理想人格是统一的，具有理想人格的就是思想家，具有保卫城邦与领导城邦的能力，这样的人是上帝加入黄金所生成的。这种人格最优秀的品质当然还是智慧、道德与善，这是西方完美人格的表现。这个理想国虽然在雅典并不可能实现，也正因为其不可能实现才是理想的。这种王国的光辉最终在 18 世纪启蒙主义的资产阶级理想王国中再次放射出来，这是西方文明国家理论的精华，也是其对世界意识形态的一种重要贡献，直至今日仍未泯灭。

从比较文明学来看，希腊文明应当说是以农牧业文明为主体并且兼具发达的工商业，这是地中海文明的典型形态。而波斯人则是半农半牧兼有游牧民族的君主专制国家，双方的战争是一场古代民主制国家与专制国家之间的斗争，其结果十分引人注目。希腊人战胜波斯人，同时也是为数不多的农业民族战胜游牧民族的战例。世界史上，定居的农业民族战胜游牧民族的战例并不多见，尤其是大型战争中。如果希腊波斯战争算得上是一次重要的战争，那么中国汉代战胜匈奴则是另外一次，这两次大型战争都发生在古代，为后世留下了教训。

希腊文明兴盛并不是永恒的，公元前 431 至前 404 年之间的伯罗奔尼撒战争出人意料地以雅典的失败结束。再一次证明了，在世界文明史上，相对发达的文明完全可能被落后的文明所战胜。更大的悲剧在于，雅典人只能依靠马其顿来帮助自己，以对付东方的波斯可能的再次入侵。

公元前 4 世纪初期，位于希腊北方的马其顿逐渐兴起，国王腓力二世进行的国家改革，使得马其顿成为一个军事强国。希腊人错误地把振兴希腊的希望寄托在马其顿身上。公元前 338 年，马其顿在喀罗尼亚战胜了希腊军队，第二

---

① ［古希腊］柏拉图：《理想国》，郭斌和、张竹明译，339 页，北京，商务印书馆，1986。

年在科林斯召开了泛希腊会议，决定了马其顿的领导地位。公元前336年，腓力二世被刺身亡，亚历山大即位，这位亚里士多德昔日的学生野心勃勃，立即准备远征东方。公元前334年到公元前325年，经过10年征战，亚历山大王建立了庞大的帝国。但是亚历山大这位雄才大略的君主却不幸是个短命的英雄，正当其事业的高峰时，却于公元前323年病亡，时年仅33岁。在他身后，庞大的亚历山大帝国分裂为三个国家，不再有昔日的霸气。公元前2世纪中期，罗马人征服希腊，原属于马其顿的希腊城邦从此归属于罗马帝国。这时的希腊已经全无当初的气象，城邦老旧，毫无生气，人类文明史上的奇葩——古代希腊文明——已经开始凋谢。

第二节　西方建立的世界大帝国——罗马帝国

　　如果计算罗马的历史应当从公元前753年罗马城邦建立起，到公元476年，西罗马帝国的末代皇帝罗慕洛斯·奥古斯都被日耳曼人所俘，罗马帝国灭亡，那么历时大约1229年。但是真正的罗马帝国的时代其实并不长，公元前3世纪到公元前2世纪，罗马帝国发动东征，先后征服马其顿、叙利亚、希腊与小亚细亚地区，并且在埃及建立了保护国，到公元前146年，罗马人攻陷科林斯城，同一年中，罗马人还残酷地将迦太基城毁灭，建立起罗马大帝国，从这时起到西罗马亡国，大约有622年的历史。这就是所谓的"第一帝国"，是西方历史上的第一个大帝国。20世纪的德国纳粹希特勒企图建立一个"第三帝国"，就是仿照罗马大帝国的样板，甚至德国纳粹所使用的"法西斯"、"元首"等语汇都是来自于古罗马。[①]

　　为什么亚平宁半岛上一个文化并不发达的小民族——罗马人——竟然能征服众多的民族，建立起世界大帝国，罗马人有什么过人之处？这是比较文化学者们经常思考的问题。

　　笔者认为，如果以一种历史主义的观念来分析罗马，会有如下重要发现。

　　第一，罗马具有前所未有的政治体制，这种体制适合了当时社会发展阶段的要求，这是罗马成功的前提。罗马人的政治体制是一种独创，它不同于希腊人的城邦民主制度，也不同于马其顿与其他希腊化时期的国家，它是一种混合型政治，只能称为罗马政体。在共和国时代，政府权力由贵族掌握。国家政府

[①]　德国法西斯所说的"第二帝国"是指1871年建立的普鲁士军事国家，亦被称为俾斯麦第二帝国。

是由百人团投票产生的，罗马百人团会议是议事机关，由他们推选出两名执政长官，这两名执政官必须是贵族出身，但是执政时间只能一年。政府的中心是元老院，执政官必须尊重元老院的意见。从国家性质来说，罗马共和国是奴隶制国家，如同希腊城邦国家一样，不可能实现真正与彻底的民主。因为国家权力主要掌握在大贵族阶层手中，虽然国家设立公民大会，但是公民只有参加公民大会的权利，而平民不可能掌握国家权力。在罗马共和国历史上，一直有平民与贵族之间的激烈斗争。经过长期的斗争，平民取得了一定的胜利。法律规定，两名执政官中的一名必须由平民担任；平民的上层可以与贵族通婚；普通的平民获得自由与人身权利，国家出现了自由民。十二铜表法及其他法律制定后，政府的各级官职已经向平民开放。当然，最具有实质性的胜利是，公民大会获得立法权。平民可以分得一定数量的土地。正是这些原因使罗马具有古代民主共和国的实质，也使罗马强大起来，成为世界大帝国。

第二则是罗马强大的军事力量。罗马民族具有强烈的尚武精神，历来重视军队建设与军事力量的发展。早在王政时代后期，就已经把居民编为"百人团"，组成罗马军队。进入共和国与帝国时代后，大规模的征服战争中，罗马军队变得十分强大，并且有严格的军事建制，在世界军事史上威名赫赫。一个罗马军团就有6000多人，每个军团分为30个连队，每个连队又分成两个百人队，恰成6000之数。军团指挥官共有6名，百人队长统领百人队，一般连队的长官就由第一个百人队长担任。军队纪律严明，战斗中不能退缩，临阵脱逃者被处以"什一抽杀"的刑法。罗马方阵设计也很巧妙，前后相顾，进退自如。罗马军队所到之处，必须建造坚固的工事与营防，这也是西方古代战争中相当重要的因素，特别是两军对垒的情况下，罗马人往往以坚固的防御与坚定的进攻而取胜。罗马以此种战术征服了大批的殖民地，可谓所向无敌，直到遇上了来自东方的草原民族匈奴人的骑兵，匈奴骑兵善于长途奔袭，灵活机动，忽而佯败，忽而声东击西，使罗马军队摸不着头脑，挫伤了罗马人的锐气，最后败于蛮族军队。

一般认为，罗马从共和制度向帝国制度演变以公元前146年布匿战争的结束为起始，从这时到公元前30年前后基本结束。由于大征服的成功，罗马共和国繁荣昌盛，但好景不长，随后大量奴隶进入罗马，自由民大批失业，成为流氓无产者。这种社会力量极不稳定，对社会局势随时构成威胁。同时，经济发达也催生了新的骑士阶层，这是一个中产阶层，从他们里面又不断产生高利贷者与商人，这些人也是一个新生的阶层。贵族、政要、大商人、奴隶主成为社会上层，从欧洲各地掠夺来的财富与大量商品使罗马人过着极为奢侈豪华的生活。大型的公共浴池、戏剧演出、角斗士们的表演，培养起庸俗的社会风习，同时也加深了贫富分化与阶层之间的对立，当社会矛盾发展到无法调和的地步时，制度的变革已经在所难免。公元前 88 年，在同盟战争中立下战功的将领苏拉当选为执政官，开始在罗马实行专制制度，他取消了平民会议，将元老院定为国家最高机构，使罗马共和制最重要的公民大会变得毫无权力。这种专制制度在贵族支持下变本加厉，公元前 27 年，屋大维在罗马正式开始了罗马帝制，这是罗马帝国的第一位皇帝也就是所谓的"奥古斯都"。屋大维自称为"普林斯"，意为元首即元老院的首席元老，虽然不称为国王，但实质上已经改变了罗马共和国的性质。独裁必然导致君主专制，这是不可避免的历史规律。屋大维深知罗马人痛恨专制，所以他一直没有敢称王，但是在他死后，罗马最终变为了王国。在公元 1 世纪到 2 世纪期间，先后有克劳狄王朝、弗拉维王朝、安敦尼王朝等统治，这一历史时期大约有 200 年，国家安定，被称为"罗马和平时期"，社会生产得到恢复，工业与农业都有一定的进步。

罗马人本是一个农业民族，有着农业生产的传统，这与希腊人善于经商的习性有所不同。所以一旦有合适的时机，罗马的农业就取得了飞跃发展。首先是农业生产器具的革命，特别是意大利与西西里等农业基础好的地区，带轮犁、割谷机和水磨等农业机械得到普遍使用，实行了轮作制度，成为罗马产粮最多地区。经济类作物也在这一时期得到发展，罗马有许多杰出的农学家，他们对作物栽培的研究相当深入，总结了农业发展的经验。并且开始在西班牙与高卢等地种植橄榄、葡萄等，这些地区以前以农牧业为主，从来没有这些高价值的产品。

罗马帝国在公元 3 世纪出现了危机，这种危机的根本原因在于罗马的社会制度，奴隶制度已经完全不能适应时代的要求。农业生产的产品不足以供应市场，奴隶制的农庄已经无法进行有效的生产。矿业与手工业也出现了衰退的现象，商业不振，城市破旧不堪。公元 238 年，一年之间竟然换了 4 个皇帝，从公元 153 年到公元 268 年间，出现所谓"30 个皇帝"，公元 235 年到公元 284 年间，就有 24 个皇帝。国内起义不断，其中高卢的"巴高达运动"竟然持续了 200 余年。如果说罗马人过去最强大的敌人是迦太基，那么现在罗马人的主要敌人则是所谓的蛮族，那些被称为蛮族的哥特人、法兰克人、阿曼尼人不断进攻帝国，他们主要是从西部进攻，而东方则是更大的威胁，波斯人的萨珊王朝再次强大起来，与罗马在西亚地区展开激烈争夺，并且俘虏了罗马皇帝瓦勒里安。公元 395 年，罗马分裂为东西罗马两个大的帝国，西罗马帝国的首都仍是罗马城，而东罗马以伊斯坦布尔为首都。公元 476 年，西罗马最终灭亡，欧洲的古典文明结束，进入中世纪封建社会。

第三节　西方封建社会的特性

　　西方文化的历史以希腊罗马文明为起始，在它的历史发展中，并不是一成不变的。首先从文化性质上，可以说经历了两次大的转型。第一次是罗马帝国时代，将原本是民间的宗教基督教定为国教，开始了长达千年的中世纪封建统治。这就改变了希腊文化原本没有一神教宗教的模式。由于基督教教义，原有的希腊文化经典受到贬斥。因为希腊的人文主义精神与基督教格格不入，即使是希腊的神话和宗教，对于基督教来说也是异教学说。我们从一个典型的事例就可以看出这种对希腊精神的排斥，意大利诗人但丁是中世纪后期的伟大诗人，他的《神曲》中已经有对当时宗教的不满，但诗中仍然充溢着对基督教的虔诚之情。他把古代希腊的伟大诗人荷马、哲学家亚里士多德等人放在地狱之中，尽管无人不知这些人对于西方文化有巨大贡献。但是但丁认为他们的罪过在于生活于耶稣之前，当然只能是异教徒了，所以必然有罪。这里其实也是对于古希腊人文精神的一种排斥。第二次转型是文艺复兴时期，兴起于 14 至 16 世纪的文艺复兴运动，并不仅仅是古代希腊人文主义精神的再生，而且产生了对于西方文化有重大影响的科学思想。自此之后，科学技术在西方文明中的地位日益重要。无可否认，正因为如此，也必然产生西方文明的内在冲突，即人文精神与理性中心、一神教与民主精神、科学与宗教等多重矛盾，早已经在西方文化的内部酝酿和发生。

　　另外，西方文化中心也经历了转移的过程，从最初的以地中海为中心，转向了以大西洋海岸的西欧为中心。这一转移的确切时间无法计算，变化大约开始于中世纪中后期的 10 至 12 世纪。到 16 世纪的海上大交通之后，大西洋沿岸的英、法等国已经成为欧洲经济的主导了。

　　罗马帝国灭亡之后，欧洲进入中世纪（Middle Ages），也称为中古时代。从公元 6 世纪到 16 世纪，欧洲经历了 1000 年的封建社会。也有学者把 14—16 世纪的文艺复兴（The Renaissance）另外划分开来，不作为中世纪的组成部分。我们认为，文艺复兴是一个从中古向近现代文明的转化阶段，的确出现了科学与思想文化上的巨大变化。但是如果从其社会的生产类型、政治与经济形态来看，仍应把文艺复兴作为中世纪后期来看。

　　关于中世纪，从对希腊文明传统的保持与发扬来看，这是一个野蛮、落后的时期。由于基督教教会在中世纪占据统治地位，排斥异教文明，以神学为衡量文化的最高标准，所以把基督教之前的希腊文明看成是异族文明，贬低希腊文明与基督教立为国教之前的整个西方文化的成就。这样，就中断了西方文化传统，用来自东方的一神教宗教取代了希腊文明中的人文主义精神与民主传统。正如恩格斯所说：

> 中世纪是从粗野的原始状态发展而来的。它把古代文明、古代哲学、政治和法律一扫而光，以便一切都从头做起。它从没落了的古代世界承受下来的唯一事物就是基督教和一些残破不全而且失掉文明的城市。①

文明进程被中断，以宗教专制代替了民主制度，以宗教文化取代了人文主义与科学，这些方面都说明中世纪是野蛮的、倒退的。

但正是在中世纪，特别是在其后期，西方文化开始酝酿巨变，社会大变革的条件已经成熟。

英国是世界最早成立国会的国家之一，早在 1215 年 6 月 15 日通过的《大宪章》中就已经规定，要建立一个代表全国人民意志的组织机构，这个机构的权力在国王之上。于是由 25 个贵族组成了监督国王及大臣的委员会，国王不能凌驾于法律之上，国王应当在约定的时间里召开会议，听取全国人民对于国家大事的意见。如果国王不听取委员会的意见，一意孤行，那么委员会则有权领导国民采取一切手段包括暴力手段来强迫国王执行决议。这就是日后英国国会的前身，它所代表的是对于国王的监督与裁决的权力，主张国民享有自由，国王不得妨害自由民的人身安全，不得非法拘留、没收财产、伤害、搜查与逮捕，在无可靠证据的情况下，不得对自由民进行审讯。《大宪章》不但对西方文化极为重要，而且也是人类文明史上的一个重要文件。它是一部分进步的贵族对专制君主权利进行的挑战，这些贵族所代表的社会力量中，已经包括了成长中的平民阶层。这种挑战所体现的法理性、合理性与民主性既是一种文明的传统，同时，它又代表了一个新的历史时代的到来。从罗马共和政体被专制所取代之后，一个由国家与民族的代表反对个人独裁专制，通过合法的手段来监督与制裁专制君主的事情从没有发生过。

公元 8 世纪中期，查理大帝成为法兰克国家加洛林王朝的君主，经过多年征战，获得了"罗马人皇帝"的称号，这是法兰克封建王朝的开端。经过几个

---

① 恩格斯：《德国农民战争》，参见《马克思恩格斯全集》，第 7 卷，400 页，北京，人民出版社，1959。

世纪的学习，原本是蛮族的法兰克人掌握了罗马人的农耕技术，形成了封建生产关系。查理大帝去世后，庞大的查理帝国四分五裂。公元 840 年，日耳曼路易与秃头查理起兵反抗继承了王位的罗退耳。公元 843 年缔结了《凡尔登条约》，从此，查理帝国分为三个大的部分：东法兰克王是路易，据有莱茵河右岸土地和巴伐利亚地区，这是条顿人的区域，相当于现在德国西部地区；西法兰克王是查理，这是罗曼斯语地区，就是现在法国大部分地区；而罗退耳依旧保持了皇帝称号，据有现在意大利等地。

从此，西欧三个主要国家之间的历史分界基本确定，成为现代民族国家的摇篮。秃头查理的西法兰克有个小岛，地处塞纳河与卢瓦尔河之间，是王室的领地，名为"法兰西岛"，这个小岛的名称以后成为法兰西民族国家之名。从 12 世纪开始，统治法国的卡佩王朝就建立了强有力的统治，13 世纪时，英法两国王权统治形成了鲜明对比。亨利二世之后，英国王权就日渐衰落，无地王约翰是一个昏聩的君主，他在同法王腓力二世的战争中失败，而且还被教皇英诺森三世控制，被迫自称为教皇的臣子。英国国内统治实行横征暴敛，权贵们目无法度。1215 年 6 月，英国贵族们利用王权危机，使约翰在《自由大宪章》上签字，承认法律高于王权。但在 13 世纪中后期，法王路易九世却建立了强大的王权统治，法国在路易九世统治期间，西北领地直到地中海边，国家政府职能大大加强，军事力量也十分强大，外交顺利，成为欧洲最强盛的王朝。英法百年战争之后，法国国王路易十一再次统一全国。到 17 至 18 世纪的路易十四时期，法国仍然是欧洲大陆王权最巩固的国家。综观西方封建社会的进程，可以看出：

其一，民族形成是国家发展中的重要步骤，有了民族的自我认证，共同的民族会产生统一国家的观念。欧洲大约从中世纪后期起，产生了民族自我认证，这是欧洲文明发展的特殊性。因为欧洲从罗马时代起就有了大一统的宗教与国家。罗马是欧洲的国家与宗教认证，而不是民族认证。罗马征服的众多民族并没有全部对罗马进行完全的认同，罗马周边的蛮族更是保持了自己的独立性。所以我们认为欧洲的民族认证是中世纪以后才产生的，欧洲的主要民族国家法兰西、德意志等都是中世纪之后才形成的，并在 16 世纪之后进入资产阶级民族国家进程。

其二，罗马是从一个古代共和国演变为专制帝国的。所以当专制制度实行后，罗马内部的民族文化冲突就显现出来，这种内部冲突是最终导致罗马灭亡的原因之一。我们这样说，无意去补充爱德华·吉本的罗马帝国的灭亡原因，因为这正是他所忽视的一点。在他看来，罗马帝国是"通过它的成员的独特的完美的联合，牢固建立起来的。臣服的民族，不但放弃了独立的希望，甚至也不再独立的愿望，都愿意接受罗马公民的称号"。①

虽然在爱德华·吉本看来，罗马世界主要是"被野蛮人的洪流所淹没的"。事实上，蛮族的军队甚至还没有出动，罗马西部的主要省份就已经纷纷倒戈相向，随后庞大的罗马帝国各地纷纷背叛罗马，帝国以惊人的速度灰飞烟灭。

其三，东方国家与西方民族国家是不同的历史概念，它们产生于不同的历史时期。东方首先形成国家，这种国家形成的时代大多是奴隶制时代，也可以称为古代民族国家。但其是以主要民族或多个主要民族为主体所形成的，其政治体制通常是君主制度，以帝国为多。而西方民族国家形成于封建时代，形成时代较晚。特别是一些蛮族国家，基本上是以一个民族为主体所形成的。这种格局对于当代世界仍然有巨大影响，欧洲国家经过民族大迁移之后，不同民族之间产生了混合，特别是中东欧、巴尔干半岛等地，但是以单一民族为中心的国家仍然居于多数。所以进入到近现代以来，有的国家虽然经历几个世纪的磨合，但不同民族之间由于人种、宗教、语言文字、风俗习惯、意识形态等分歧，最终导致分裂的例子屡见不鲜。

其四，在文明持续程度与国家形态的演变上，东西方不同文明也呈现出迥然不同的规律。一般来说，东方的封建国家形态保持时间较长，中国封建制度长达两千多年，是世界上最稳定的封建帝制国家。对于它长存的原因说法不一，如中国自然地理环境的封闭，不易受到外来势力的影响；中国文化本身具有融汇吸收能力，"周虽旧邦，其命维新"，可以把外部作用力融合进自身，等等。无论如何，这种长期稳定的封建帝国制度引起世界的极大关注，它说明东西方文明之间的差异会表现出各种不同形式。印度封建制度没有中国那么长，从文明体系看，它也经历了较多的形态转变，但是其在英国殖民前的历史上大部分时间里仍然以主体文明为主流，封建国家制度延续时间相对于欧洲国家仍然要长得多。西方国家形态变化多样，从古代国家到封建民族国家、资产阶级民族国家的每一大历史阶段中，形态转变周期短。欧洲历史上最长的封建时代就是中世纪，长约一千年左右，远比东方大封建帝国历史短促。16 世纪之后，欧洲各国政治变化更为迅速，到 19 世纪中后期，几百年内已经完成了从封建王朝向资本主义国家的转变，这种变化甚至扩展到了所谓西欧外围国家，如俄国、奥斯曼帝国等。伊曼纽尔·沃勒斯坦曾经从经济角度指出这种变化来：

① ［英］爱德华·吉本：《罗马帝国衰亡史》，下册，黄宜思、黄雨石译，143 页，北京，商务印书馆，1997。

大约 1750 年前后，所有这种贸易开始迅速发展，同时在印度次大陆、奥斯曼帝国（或至少是鲁梅尼亚、安纳托利亚、叙利亚和埃及）、俄国（或至少是其欧洲部分）和西非（或至少是它的大部分沿海地区）被融入到资本主义世界经济体相互联系的生产过程（所谓的劳动分工）之中。到 1850 年，这一融入过程完成了（也许西非稍后一些）。①

这不但是经济全球化，更是西方资本主义民族国家模式的全球化。这也是西方国家为什么在 1840—1900 年间急于以武力敲开中国大门的原因。在此之前，英国已经在印度进行了长期的经营，英属印度殖民地的政府在这里推行不同于本土的殖民化政策，1885 年印度国大党成立之后，民族主义运动涌起，印度的民主化开始与民族独立结合起来。可以说，如果没有第一次世界大战的爆发与俄国十月革命，殖民主义的民主政府与西方民族国家化的潮流肯定会对东方国家产生越来越大的影响。

第四节　东西方冲突与十字军东征

宗教战争在世界文化史上十分常见，不同宗教教义与其利益之间的冲突经常会导致战争。但是，像基督教的十字军（Crusade）征伐这样大规模的宗教战争却是少见的。

公元 11 世纪后期，长期在丝绸之路沿线和东罗马活动的突厥人向西亚移动。突厥人是一个相当古老的民族，关于他们的历史由于受到文献的影响，历来人们知之不多。中国文献中是最早记录突厥历史的，中国学者耿世民曾经指出过，汉语中"突厥"一词的来历："据学者们的最新研究，汉文'突厥'二字应为古代突厥语 Türk～Türük（意为'强有力的'）一词后加粟特语复数附加成分-t，即 Türküt 的音写。阿拉伯文为 Turk，希腊文为 Turkoi，梵文为 Turuska，莱特文为 Twrk，藏文为 Drugu。"② 他们早在 6—8 世纪之间，就在中国北方建立过突厥汗国，以后就逐渐西移，离中国远去，文献没有记载了。而突厥人 11 世纪在西亚的出现，应当说是再现，其具体情况仍然是一个谜。

---

① ［美］伊曼纽尔·沃勒斯坦：《现代世界体系》，第 3 卷，庞卓恒主译兼总审校，189 页，北京，高等教育出版社，2000。

② 耿世民：《突厥汗国》，见《耿世民新疆文史论集》，239 页，北京，中央民族大学出版社，2001。

但无论如何，塞尔柱突厥人在 11 世纪末占领了耶路撒冷，基督教圣城陷落其手。

突厥人的信仰十分复杂，除了他们原有的原始宗教外，以后陆续接受过佛教与伊斯兰教，对于排斥异端的基督教来说，显然是不能容忍的。1095 年，教皇乌尔班二世在法国召开了克勒芒宗教会议，参加者是来自各地的修道院长与主教们，教皇在会上发表了长篇演说，提出组织十字军，收复失去的圣城耶路撒冷，向东方进军。一时间整个欧洲为之沸腾。欧洲封建制度与工商业发展中，相当多的封建家族在激烈的竞争中失去财产与土地，十字军东征对这些破落贵族和封建领主的子弟而言不啻是一次发财的大好时机。同时也不可否认，基督教会长期排斥异端的宣教，西方文化中固有的异域征服与冒险的传统，宗教忠诚，商人们借机发财的欲望，甚至一些破产农民子弟，以战争军功作为发财立身的本钱，等等，所有这些因素集合起来，终于形成了十字军东征的高潮。从 1095 年到 1291 年，十字军有 9 次大的征伐。第一次是 1096 年春季出发的农民十字军，由于参加者都是仓促组织起来的没有军事经验的农民，出师不久就几乎全军覆没。当年秋天，所谓的骑士十字军再次出动，1099 年 7 月，十字军攻占了耶路撒冷，建立了耶路撒冷王国，这一王国是个大的宗主国，所属有爱德沙（Edessa）伯国、特里波里（Tripoli）伯国与安条克（Antioch）公国。在宗教与政治上，制定了《耶路撒冷条约》，这是西欧的封建制度与宗教合一统治的东方版，他们对于东方文化是完全陌生的。以后，十字军东征的浪潮不可遏止，战争狂热席卷欧洲。最可笑的是，最后竟然完全改变初衷，战争发展到原发起国拜占庭。拜占庭原本是十字军的积极支持者，它的目的是通过十字军东征以保障自己的安全，得到西欧的支持。可是十字军在东方取得胜利之后，由于意大利商人们的策划，第四次东征军竟然转向攻打拜占庭，攻占了君士坦丁堡，成立了所谓的"拉丁帝国"。不过，从此之后，十字军东征也走向了低潮，1291 年，十字军在东方的最后据点阿克城（Acre）失守，标志着十字军的最后失败。

十字军东征是亚历山大王之后西方最大的一次东征，在世界史上具有特殊地位。东西方大的战争先以波斯人对古希腊的西征为开端，这次西征以希波战争结束。然后是亚历山大王对波斯人的东征，东征到印度为止，没有进入到中国。这次短暂的东征之后，最大规模的就是十字军东征。十字军之后则是蒙古成吉思汗的西征，蒙古人虽然西行直到黑海，但相对来说，蒙古人的根据地仍是东方草原，其所受文明影响最大的是中国文明。以后则有伊斯兰教兴起，建立起横跨东西方的帝国，从此不再有东方的西征与西方的东征。可以说从近代以来，没有发生过像十字军东征那样的大规模宗教战争，这是世界大型战争的一种转化。现代的两次世界大战都不再是宗教战争，经济与政治的因素居于更重要的地位。但是，在每一次战争的背后，都有着深刻的宗教与民族原因。

东征的骑士们掠夺了东方的财富，法国的圣殿骑士团成为举国皆知的首富，战争的不义之财终于给他们带来了意想不到的灾难。13世纪末，法王腓力四世与教皇矛盾加剧，圣殿骑士团成为引火索。法王为了抑制教会势力，占有教会的财产，对圣殿骑士团大加迫害。公元1302年，腓力四世用武力胁迫，把罗马教廷迁向法国阿维农，此即所谓"阿维农之囚"。"城门失火，殃及池鱼"，在战争中发财暴富的圣殿骑士团团长及主要成员在教廷失去权利之后，竟然被腓力四世处以火刑，于是，十字军骑士们抢掠来的巨大财富，最终落入王室。英国牛津大学神学教授约翰·威克里夫（John Wicliffe，1330—1384）以后在论述教会改革的重要性时，公开宣称教会的大量财富是不正当的，应当由国王没收。所有这些，都无可避免地把宗教改革提到了议事日程中。十字军东征是东西文化关系中的重大历史事件，它所留给后世的教训至今仍有反思的价值。

第五节　西方的工业化与世界经济体的形成

16世纪是西方历史上的一个重要时期，经过中世纪后期的文艺复兴，西方国家已经面临一个新的时期——工业化时代——从封建社会的农业经济向工业化经济的转换。这一转折的意义不但体现在社会生产与经济中，同时也代表着社会政治的变革，从封建社会向资本主义社会的转折。此外，关于这一转折还可以有多种多样的理解，也可以从文化方面来理解这一时代，把它看成是15世纪末期到16世纪初期的海上环球航线开通后，东西方文化经过交流而形成的新世界文化体系的过程。

在16世纪中，世界发生了什么样的变化？

马克思与恩格斯认为，15世纪最后30多年到16世纪初，欧洲发生了世界性的工业革命，其实也就是所谓的"产业革命"，这两种说法没有根本的区别。马克思在《资本论》中指出：

> 为资本主义生产方式创立基础的革命的前奏曲，是开演于15世纪最后30余年及16世纪最初十数年间。……大封建领主对于王权和议会作最坚决的反抗时，因为曾经强暴地把农民（对于土地，他们和

封建领主有同样的封建权利）从土地驱逐出来，掠夺去他们的公共土
地，也许还由此造出无从比较的更多数的无产者。……新兴的封建贵
族，已经是他们的时代的儿子；在他们看来，货币是一切权力中的权
力。所以他们的格言是把耕地化为牧羊场。①

　　马克思从政治经济学角度来解释这一变革的形成与意义，变革的实质是资
本主义生产方式的产生，农民土地被夺取，工业生产从中世纪的手工业作坊转
化为机器大生产，大工业生产特别是英国当时的纺织业等工业获得重大发展。
马克思重点强调了"货币经济"与"市场经济"这种新的经济形态的产生。

　　这一巨大的历史变化作为历史事实是无可否认的，以后的学者包括西方当
代的马克思主义者与各学派的理论家们，从各种角度来理解和分析这一历史时
期到来的时间与意义。当代颇受推崇的西方学者费尔南·布罗代尔等人则认
为，从 16 世纪起，在古代希腊文明产生的地中海地区，产生了一个发达的经
济共同体，这个经济体是以国家为主要观念，却恰恰是超越国家范围（这里主
要指民族国家）的新生经济共同体。也有的学者将其简略地总结为：欧洲出现
了一个"世界经济体"，当代美国学者伊曼纽尔·沃勒斯坦说：

　　15 世纪末 16 世纪初，一个我们所说的欧洲世界经济体产生了。
它不是一个帝国，尽管它像一个大帝国那样幅员辽阔，并带有其某些
特征。它却是不同的，又是崭新的。这是世界上前所未有的一个社会
体系，而且这正是现代世界体系与众不同的特点。它有异于帝国、城
邦和民族国家。因为它不是一个政治实体，而是一个经济实体。②

　　沃勒斯坦指出了这个"资本主义农业与欧洲世界经济体"的诞生，并且认
为这一团体产生世界性影响，开始了一个现代世界体系的时代。我们不知道这
位美国学者是否从马克思《资本论》中获得灵感，但笔者认为，以上两种理解
可以说是完全一致的，只是观察角度不同而已。一定程度上，马克思所说的资
本主义生产方式与沃勒斯坦所说的资本主义经济共同体，是从不同角度来观察

①　马克思：《资本论》，第 1 卷（下），郭大力、王亚南译，907 页，北京，人民出版
社，1953。
②　[美] 伊曼纽尔·沃勒斯坦：《现代世界体系》，第 1 卷，尤来寅等译，12 页，北
京，高等教育出版社，2000。

这同一历史时期巨大变化的，是对同一历史现象的不同观察与理解。沃勒斯坦也是一个马克思主义者，他的理论基础仍然来自马克思主义。笔者认为，可以肯定的是，从 16 世纪起，一种影响以后 5 个世纪的新文明开始成为世界文明的主要形态，这就是近现代工业文明。工业生产首先是在西方国家逐步取代农业生产的统治地位，成为国家经济中增长最迅速的部门。当然，一个国家的经济中，工业与农业不可能互相取代，它们都非常重要，只是在不同历史时期和历史环境中有不同的增长方式。应当看到，工业化是 16 世纪以后的全球大交通实现后，世界各主要文明互相交流、互相促进才取得的成果。同时，工业化也是西方国家对非洲和美洲掠夺的产物，也必须承认，工业化是人类长期文明创造的成果。如果没有中世纪就已经传入欧洲的中国四大发明，没有东方国家与非洲、美洲的资源、劳动力与市场，根本不可能形成工业文明，也不会有西方文化的高速发展与现代化。

世界工业化的历史大致可以分为三个阶段，称之为三次工业革命。第一次工业革命的时间是从 1769 年开始，这一年英国阿克莱特水力纺纱机的发明标志着英国工业革命开始，到 19 世纪三四十年代机械工业的出现为结束；第一次工业革命是从手工业向大机器工业发展的历史。它从纺织工业开始，发展到轻工业与重工业，以机械制造工业兴起为止。以英国工业革命为代表的大工业起步后，引发欧洲大陆的工业化浪潮。第二次工业革命从 19 世纪的六七十年代开始，到 19 世纪末期与 20 世纪初期。第二次工业革命是以能源、钢铁工业、新机械与新工艺为代表，电气化与机械化是这次革命的成果。这一时期，世界市场形成，资本主义达到空前发达的程度。第二次工业革命在 20 世纪初期得到普及，有力地推动了世界文明的进步。

第三次工业革命也称为技术革命，它形成于第二次世界大战之后，从 20 世纪 40 年代末期开始，先是美国，然后是西欧国家与日本、苏联等国家中的核能源、电子技术与空间技术等高科技取得突破性进展，这些科学技术成果反过来对于国家经济起了巨大的推动作用。如果说前两次工业都是以工业生产为主体的革命，那么这次工业革命其实是以科学技术为中心的，所以也称之为技术革命。它引起的产业结构与社会生活的变化超过任何一个时代，欧洲工业完全转型，传统的轻工业与重工业被转移到不发达国家。发达国家主要发展电子、航天、材料工业、生物工程等新兴工业与服务业，以科学研究为推动力，引导世界技术革命方向。人类社会生活实现了质的飞跃，家庭与社会生活开始走向现代化，各种家用电器取代了人工服务。即使是发展中国家的社会生活里，其非物质性消费也迅速增长，交通运输发达，出行方便。最重要的是人的精神的现代化，人的心理状态与价值观念不断革新，保持优秀传统与追求新生事物相结合，现代社会中，人们以更科学的态度来对待生活。

就文化本位而言，16—20世纪的工业化改变了人类社会生产、社会制度与机构、精神活动方式，它是从物质到精神的一种渐变，使人类社会经历了从渔猎社会、农牧社会到工业化社会的变革。这种变革的主要特征之一就是生产与社会制度的关联，如果说渔猎生产的社会以原始社会为主，以后的农牧业社会以奴隶和封建社会为主，那么工业化时代出现的资本主义社会与社会主义社会等社会形式，则是这个时代的产物。由于生产引起社会制度的变革，这是自农牧业之后最重要的现象，前所未有。由于社会制度的变革而产生整个文化结构的转换，所以，这就是工业化时代的文化模式与形态的转换。当然，这里并不存在完全的对立与对应关系，工业在封建社会与其他社会都可能存在，只是不占主要地位罢了。

第六节　东方与西方的互相认识

英国诗人吉卜林的诗中说："东方就是东方，西方就是西方，两者永不相识。"

古代人对于外部世界的认识，都是以本民族的自我为中心异己民族的认识，这种情况在东方与西方都普遍存在。中国人称异族为夷蛮戎狄，希腊人则用了"异邦人"的称呼，并且认为希腊人是远胜于一切"异邦人"的。这种心理与空间观念都毫不奇怪，这是世界各民族的心理与时空观念发展的必然途径，从认识论上，如同儿童首先区分自家人与外人一样。以此为认识的引导，我们就可以明白西方认识东方的历史过程。西方文明的始祖是希腊，希腊地处爱琴海，属于地中海古代文明的范围。地中海在欧洲大陆的西部，再向西就是浩瀚的大西洋，这是古代航海术不发达时的畏途。因此古代希腊对于异族的经验集中于东方，希腊人自称为西方，将异己民族称为东方，这就形成了流传至今的东西方两分，这种两分法应当说是以地中海为中线的方向划分。由于历史原因，我们直到今天仍然沿用这种传统。

有了东西方的两分，随之产生了欧亚两大洲的划分。希腊水手在地中海航行，以西侧的陆地为欧罗巴、东侧的陆地为亚细亚，当时他们并不知道这就是以后世界两大洲的分界。而东西方概念从此开始实体化，东方为亚细亚，就是以后的亚洲；西方为欧罗巴，就是以后的欧洲。至于为何如此命名，人们争论不休，莫衷一是。其中一说是，亚细亚是爱琴海太阳升起一侧的名称，而欧罗巴则是爱琴海太阳落下一侧的名称。西方某些历史学家的考据则认为，亚细亚与欧罗巴都是古代神话中女性的姓名，以后被用于代表两大洲。此外尚有多种说法，这里不一一述及。可以肯定的是，这两大洲的名称来自于西方，来自于希腊。在东西方相互认识的过程中，埃及人、希腊人、波斯人、印度人，以色列人接触较早，而远东民族被认识得较晚。

古代西方对于东方文明的认识经历了不同阶段。在最初的认识中，希腊人把位于北非的埃及看成东方的主要国家，并且以埃及为东方文明的代表。埃及文明早于希腊，而且埃及、利比亚都曾与希腊有过相当的文化交往，这些地区相对于希腊，地理位置都偏向东方，所以希腊人将他们看成是东方人。这时的希腊人对于发达的埃及文明还是羡慕的，对于东方文明所取得的成就是基本肯定的。第二阶段是雅典时代，公元前 6 世纪前后，古代希腊文明的程度达到了相当高的水平，其中一个重要标志就是对于世界整体性认识的萌芽。这一时期的希腊与波斯战争，使希腊人产生了强烈的东方印象，东西方二元化的立场开始形成。从希罗多德开始，亚洲与欧洲、波斯与希腊成为西方与东方的代表，这时希腊人对于东方文明的态度十分矛盾，睥睨与恐惧、神秘与好奇等多种复杂心理同时具有。对于东方社会制度、经济与物产、人民生活方式等有许多猜想，最为重要的见解之一就是认定东方是专制国家。

一、东西方的早期接触

在东西方历史上，地中海流域与中东、波斯及南亚印度的接触很早，我们对于这一段历史已经有所说明。而欧洲与远东的中国、日本、朝鲜等东亚国家接触相对较晚。在希腊历史学家们对于远东充满猜测的描述之后，公元前 1 世纪的希腊人斯特拉波再次提到了赛里斯人，他认为巴克特里亚也就是中国人所说的大夏人的地域是与赛里斯人相接的。亨利玉尔的《古代中国闻见录》中曾经说过：

> ……诸王（指巴克托里亚）拓其疆宇至赛里斯及佛利尼国（Phryni）而止。[①]

我们推测，如果这一看法属实，大夏国曾经是中国人与希腊人最早接触之

---

① 张星烺编注、朱杰勤校订：《中西交通史料汇编》（一），120 页，北京，中华书局，2003。

地。根据美国西北大学教授麦高文（William Montgomery McGovern）的意见，大夏即是巴克托里亚。他认为：

> 综上所述，可得结论如下：大夏当即是巴克特里亚。何以中国人称巴克特里亚为大夏，其理由不能确知，也许即因中国古神话中遥远方为大夏之故。[①]

巴克特里亚即巴克托里亚，曾经是希腊人的属地，据笔者推测，可能是希腊人最东方的殖民地。由于地处远方，后来被一个农耕民族 Tochari 人（即中国史册上记载较多的吐火罗人）所征服。以后，被匈奴人战败的月氏人迁到伊犁河流域，再后又西迁到巴克特里亚，占领了该地区。到了后汉，罗马历史中多次提到有中国使者前往朝拜，但是中国史书上没有类似的记载。所以估计是一些行商到达罗马，这时应当已经有一定的交流了。托勒密的《地理书》是西方地理巨著，其中关于东方的记载主要如下：

> 大地上，人类可居之地，极东为无名地（Unknown Land）与大亚细亚（Asia Major）最东之泰尼国（Sinae）及赛里斯国（Serice）为邻。极南亦为无名地，包绕印度海之北，即里比亚（Libya）以南依梯俄皮亚洲（Ethiopia）之一部，名曰阿笈新巴（Agisymba）者也。[②]

我们曾经对于中国古代名"支那"的起源进行了考证，其结论是，古代中国的"支那"名起于梵文的 sina，也就是中国"丝"音译，此说反驳了伯希和关于支那是"秦"的音译的说法。托勒密对于东方中国的研究是有新贡献的，他用"泰尼国"来称呼中国，是文献中较早用"支那"名的，同时把赛里斯国与"泰尼国"联系起来，表明希腊人已经开始考虑所谓的赛里斯人与泰尼国的关系了，当时他们还不能确定，泰尼国是否就是赛里斯人的国家，这一事实以后才逐渐被世人所知。

亚历山大东征，成为西方认识东方新阶段的开始，从这时开始，欧洲人大规模地来到东方，对东方国家与民族有了新的认识。经过中世纪的十字军东

---

① ［美］W. M. 麦高文：《中亚古国史》，章巽译，301 页，北京，商务印书馆，2004。
② 张星烺编注、朱杰勤校订：《中西交通史料汇编》（一），131 页，北京，中华书局，2003。

征，到海上航线的开通，无论是对于近东还是远东，都有了具体的经验与充分的分析。首先是对于波斯、印度的征服使得西方人对东方概念从地理角度进一步有了感性认识，反映在托勒密《地理志》中，已经对赛里斯人有相当多的记载，并且对从印度经大夏可以到达赛里斯的路途作了说明。罗马帝国时代，关于远东大国中国的记载日益充实而且丰富。从这一时期起直到海上航线开通，西方学者有关远东的认识才最后完成，最终才将中国人与斯基泰人、赛族等多种民族完全区分开来了。中国人与希腊人一样，从最初的以自己为世界的中心，逐渐向"万国世界"的认识转化。根据中西交通史学家张星烺等人的看法，史书所载"黄帝登昆仑"，已经到达了西域各国，而当时的西域可能活动着多种民族，其中不乏白色人种。以后的安息、大夏、康居、月氏、大秦等民族，显然是不同于中华民族的人种。这些民族以后在匈奴、突厥等游牧民族的威胁下，陆续西迁，离开了西域。多数是进入欧洲与西亚，成为西方古代民族的一部分。中国汉代已经完全清楚西方发达文明罗马的存在，《史记·大宛列传》与《后汉书》中关于大秦与其他罗马别名的记载，说明中国人当时已经知道，在世界的西方有一个发达的文明国家。其人民类似于中国人，土地肥沃，物产富饶，有发达的国家制度，"置三十六将，皆议国事"。甚至提到了他们的市场交易规则，他们隐约意识到，这个国家不同于西域的游牧民族，而是一种发达的大国文明，一种异于中国的先进文明。当时的局势是，大汉帝国与罗马帝国都在努力寻找到达对方的通路，但是居于两大文明与两个大国中间的安息国阻断了这种联系，使得两大文明不能全面接触。从汉代起，中西交通发展进入一个新阶段，前汉时已经向西方大量派使，古代罗马的名字"大秦"频繁出现于汉代史册，并且有了多种关于大秦人来汉的记载，虽然这只是一些零散的记载，但大秦这个伟大帝国已经取代了汉武帝时关于西方只知道"月氏"等国家的历史，中国人开始谋求一个新的伟大目标——通使大秦——实现东西方两大文明之间的聚首。

和帝永元九年即公元97年，都护班超派遣甘英出使大秦，中途受到阻挠，未能实现历史最具可能性的一次国家级的外交接触。据《后汉书·西域传》记载：

> 和帝永元九年，都护班超遣甘英使大秦，抵条支。临大海欲度，而安息西界船人谓英曰："海水广大，往来者善逢风，三月乃得度。若遇迟风，亦有二岁者，故入海人皆赍三岁粮。海中善使人思土恋慕，数有死亡者。"英闻之乃止。

中国人失去了第一次重要的海上航行的机会，甘英由于不具备海上航行的能力与条件，未能完成使命。否则世界航海史中将较早地出现中国人的名字，这个荣誉直到明代的郑和才姗姗到来。这里的海就是地中海，甘英来到地中海东岸，与罗马帝国只是一个内海之隔，竟然未能成行，其中原因足以令人深思。在此次不能成行的原因中，安息人的劝阻是关键。安息人是阻止中国与大秦交通的主要民族之一，主要是因为中国与大秦之间的交易要通过两大中转国，一个是安息；一个是印度，特别是安息，地处中西交通要道。因此垄断中西货物交易，以从中牟取暴利，是当时安息人的主要目的。所以安息人不仅哄骗了甘英，同时也设法阻止罗马人东来。对此，《后汉书·西域传》中说过："其王常欲通使于汉，而安息欲以汉缯采与之交市，故遮阂不得自达。"

这个安息国，就是帕提亚人亦即波斯人中的一个分支，希罗多德《历史》等书中经常提到这一民族，这个民族曾经在地中海以东地区居于要津，是东西方交通之中枢。美国人麦高文认为安息人就是 Arsasids 人，以后入侵波斯建立了帕西安王国。这个民族原本是西南土耳其斯坦的游牧民族，原名是 Parnae，就是所谓的帕耐人。后来他又认为可能这些帕耐人早就与原本属于波斯的帕西安人融合为一，就是所谓的帕西安人。[①] 笔者以为这种说法并有什么根据，安息人就是波斯人。世界中亚史中汉语资料最为可靠，关于《史记·大宛列传》中列的西方四国安息、条支、黎轩、奄蔡。中西交通史专家张星烺曾经有过简要的说明：

> 中国史书列专传而详言西方者，始自汉武帝时司马迁所写之《史记·大宛列传》。《大宛列传》中最西之国，为安息、条支、黎轩、奄蔡四国。安息即波斯，今伊朗。奄蔡在里海东北角。条支之地位，以今代地理形势观之，必为阿剌伯半岛，《唐书》称大食。大食与条支皆为 Tajik 之译音，波斯人称阿剌伯以是名。……黎轩即黎靬，又称大秦。[②]

总之，由于波斯与印度处于当时中西交通的中间位置，出于商业竞争目的的干扰与种种因素使得中国没有与地中海文明直接相通。如果当时世界上最大

---

① ［美］W. M. 麦高文：《中亚古国史》，章巽译，277 页，北京，商务印书馆，2004 年。
② 张星烺编注、朱杰勤校订：《中西交通史料汇编》（一），113 页，北京，中华书局，2003。

的两大文明直接联系起来，很可能会改变世界的命运，世界历史可能不会如此书写。中国文明与地中海文明是当时世界仅有的能够战胜游牧民族的发达社会，他们的联系产生的外交与军事关系，可能会阻止汉代以后的匈奴与突厥甚至蒙古等游牧力量的发展，至少可以使欧洲了解匈奴骑兵。这些骑兵从秦代起在中国边境长期骚扰，到汉代以后终于被中国军队所战胜，创造了人类历史上罕见的农业民族战胜游牧民族的历史，积累了打败游牧民族骑兵的经验。这些匈奴骑兵被汉人战胜以后，西迁到欧洲，重新活动在欧洲腹地，重创罗马与欧洲蛮族，最终导致了罗马的灭亡。

公元 161 年，罗马皇帝马尔库斯·奥留斯·安东尼派出使者到东方，公元162—165 年间，罗马征服了帕提亚人，也就是安息国灭亡。帕提亚人对于中国没有威胁，但他们是罗马人最大的敌人之一，多次打败罗马军队，强盛时期曾经占领美索不达米亚，直逼地中海。直到公元 2 世纪时才最终被灭亡，解除了古代罗马的重要威胁之一。公元 166 年罗马使团到达中国，这一年是汉延熹九年。这是罗马第一个到达中国的使团。从中世纪开始，西方不断向东方派出各种宗教人士传播基督教，再加上印度佛教、波斯拜火教、伊斯兰教的大传播，这样在东西方交通要道上形成了一种壮观的局面。两条路线同时在其间展开，一条是传教士、教士、教民与各种各样的学者，他们来往于东西方国家之间，进行传教、朝圣等活动与学习交流；另一条路线则是商业交往，东西方之间进行大量的货物与产品交易，熙熙攘攘，热闹非凡。在这个大的交流过程中，发生过亚洲游牧民族西迁、蒙古西征等重大历史事件，所有这些并没有阻挡住这种伟大的交流。

二、"神秘的东方"与"东方专制主义"

我们已经指出，在世界主要古典文明中，地中海文明的性质是最为复杂的。古代的埃及人是尼罗河畔最早的农夫，美索不达米亚的农民在平原上开渠浇灌，印度河流域与长江、黄河也各自发展了自己的农业文明。只有蓝色的地中海却悄悄地、自然地铺开了通向另一种文明类型的大道。有人说它应当是商业文明，也有人认为是城邦文明，还有称之为海洋文明等说法。笔者认为，这种文明的主体仍然是农牧业，不过有着自己独特的古代手工业与商业，这是从它的社会生产方式来考虑的，至于其采取城邦生活等特点，则是由其生产方式所形成的。可以说，从上古的多利安游牧民们冲进了地中海，这里就开始了航海商业与手工业的时代。克里特人与迈锡尼人都是杰出的手工业者，他们制造青铜器、生产橄榄油与陶器等，但更重要的是，他们是地中海的水手与商人。

这一传统到希腊人发展到了更高阶段，希腊人张帆远航，遍及各地，是工商业生产方式的创造者。希腊史诗《奥德赛》中有这样一段有意思的话，国王涅斯托耳曾经问俄底修斯的儿子忒勒玛科斯说："你们到底是商人还是强盗？"如果在今天来看这段话，可能认为是一种侮辱，但是在当时并非如此。商人与海盗是当时最光荣的两种职业，他们都远胜只会在家里过着男耕女织生活的农民。而对于东方的中国人来说，农耕生活正是最令人羡慕的。希腊人以经商致富为崇尚，中国人以耕田读书为安身之本。希腊人以海外冒险为光荣，中国人祈求安居乐业。希腊人以理性思考人与自然的关系、以征服自然为目标，中国人以感性与理性之辩证观念来看待人与自然的关系，求天人辩证之道。自治与治世，西方与中国间存在极大差异。

由于工商业社会生产与城邦政治的特性，奴隶与市民分别具有自己的身份，商人与市民具有人身自由与私有财产。所以希腊实行民主制度，重视以法律保护个人权益与财产。这种社会政治制度与东方有相当的不同，无论这种民主制度是多么的古朴，它仍然不同于专制君主制度。同时，公元前8—6世纪，希腊在海外建立殖民地100余处，北面到黑海、色雷斯直到东欧，包括土耳其、保加利亚、罗马尼亚、乌克兰、俄罗斯的部分地区都曾经是其殖民地。西边的意大利、法国和西班牙的一些地方也是希腊的殖民地。南达埃及、利比亚等地，距中国不远的一些古代国家如巴克特里亚等也曾经是希腊的殖民地。

东方古代文明多为农业文明，与希腊文明类型不同，双方的政治制度、思想观念、道德与价值评价等方面有一定的差异。在开拓殖民地的过程中，在希波战争中，在与东方国家民族的长期交流中，希腊罗马形成了对东方的看法，这一看法影响了后世的西方文明。

古典时代西方对于东方的看法主要有这样一些：

承认东方国家印度与中国都是古代文明国家，物产丰富，具有通商的价值。中国与东方的伟大物质发明令西方惊叹，科学技术也是相当先进的，特别是农业、包括丝绸在内的纺织业等。古代地中海诸国是世界上最大的消费者，东方国家特别是中国、印度是主要的农副产品与手工业品的生产地，大量东方物资向西方运送，这样东方成为西方人眼中财富集中的国家。东方民族的特性也引起了西方的注意，勤劳朴实，以务农为主，同时也有不善于经营商业等特点。所以启蒙主义经济学家在阐释重农主义时，就把中国作为重农主义的代表大加赞扬。

东方国家政治制度与西方的差异已经引起世界的注意，特别是东方的专制君主制度，引起希腊人极大的关注。他们认为东方民族特别是亚洲民族长期处于君主专制统治下，政治黑暗，没有个人自由，使全社会与民族受到危害，这样的民族不是真正的文明民族。希腊人把世界民族划分为三类：第一类是文明民族即希腊民族；第二类是欧洲蛮族，也就是除了希腊之外的欧洲民族，包括罗马人都曾经被视为蛮族；第三类才是亚洲民族，所有的亚洲民族统统被归之于亚洲蛮族，其文明程度低于希腊，也低于欧洲蛮族。野蛮民族的特点之一就是奴隶性，易于服从专制统治。亚里士多德的《政治学》一书认为：

> ……野蛮民族比希腊民族更富于奴性，亚洲蛮族又比欧洲蛮族更富于奴性，所以他们常常忍受专制统治而不起来叛乱。①

其实西方的理论家们对东方知之不多，他们也没有考虑到：东方国家以农业文明为主，特别是中国，它不仅是世界农业文明的起源地，也是世界农业最发达的地区。这种文明所形成的土地国有、农民耕作并缴纳赋税的社会生产方式，决定了君主专制对于全国土地的统一管理，避免了土地的私有化与大规模的土地兼并。

由于地中海与西亚紧密相连，所以西方对于中东文明是比较了解的。对于印度的了解逊于对中东的理解，对中国的理解则最少。地域的阻隔与文明的差异，使西方了解中国相当困难，中国甚至印度对于西方一直是神秘的。这种神秘，一方面是指双方文明之间的差异所引起的不理解；另一方面，西方对印度与中国的宗教和思想也表示难以理解，甚至有的人认为东方是神秘主义，虽然富饶，但是不可理解。拉丁文中用以形容东方与中国的一个词是 Curious，其词义复杂，含有神奇的、难以理解的意义。用西方的理性与逻各斯阐释中国，必然感觉中国是费解的、神秘的。虽然文明之间的差异是重要的原因，但归根结底，其思维的中心仍然在于自我，所以本质上仍是一种西方中心主义。正因为如此，即使是海上航线开通之后，原本在陆地上长期阻挠双方交通的游牧民族与帝国再也无法控制双方贸易，西方对东方仍然是一种不理解的状态，它始终有一种文明优越感。

三、欧洲近代东方观的萌生

中世纪东西方交往中有一些重要的历史事件与现象，从这些事件与现象中，可以看到世界主要文明之间的联系在这一历史时期是相当复杂的。一方面古老的东方文明仍然继续对西方发生影响；另一方面，欧洲人对于东方产生了

---

① ［古希腊］亚里士多德：《政治学》，吴寿彭译，159页，北京，商务印书馆，1965。

不同看法，有了新的东方观念。

中国的四大发明在这一时期西传欧洲，成为影响世界文明发展趋势的大事件。中国人发明的指南针、火药、印刷术与造纸术是人类历史上最重要的发明，这些发明是人类社会中继农业犁的发明、畜牧业使用牛马与骑马等重要创造之后的具有推动全社会生产前进的发明。它们传入欧洲之后，推动欧洲航海、军事、经济与科学取得飞跃。近代西方科学的前驱，英国思想家培根在《新工具》一书中，认为这些发明是推进人类社会发展的最重要发明。这是一个公正的评价，可惜的是，培根竟然不清楚这些发明是谁做出的。明代进入中国的意大利传教士利玛窦（Matteo Ricci）是中西关系史上最著名的人物之一，直到他进入中国后，还不承认西方的印刷术是从中国传入的。他曾经比较过中国的印刷术与西方的印刷术：

> 他们的印刷比我们的历史悠久，因为在五百年前已经发明了印刷术，但与西方的有所不同。中国字的数目极多，不能用西方的方法，不过现在也采用一种拼凑法。……至于论速度，我觉得西方印刷工人排版与校对一张所用的时间，与中国工人刻一块版所用的时间不相上下，也许中国工人所用的时间还少一点。①

但也有相当多的来到中国的传教士们承认，中国的这些发明使世界受惠。这些发明通过阿拉伯等民族进入欧洲，欧洲与接受历史上其他发明一样接受这些重要发明。我们前文已经指出，西方的农业文明直接受惠于东方，远东与中东的农业、畜牧业对于欧洲具有启蒙作用。那么，我们同样可以说，这些发明是海上大交通、近代科学技术发展过程中的重要发明，也就意味着，西方近代的工业文明在其起步阶段，也受到东方文明特别是中国文明的恩惠。中国人发明的指南针使得哥伦布能够完成环球航行，开辟世界海上航线。中国人发明的火药使西方能够使用枪炮，不幸的是，这些枪炮在 20 世纪初期，竟然成为敲开中国大门、屠杀中国人的利器。中国人发明的印刷术与造纸术是近代文明推广的主要工具，在进入中国的传教士们向中国人宣传福音书时，他们并未意识到，他们手中的《圣经》就来自于中国人发明的纸与印刷术。

人们经常提到中世纪东西文化交往中的一段小插曲，但对于它的意义却理

---

① ［意大利］利玛窦：《中国传教史》，刘俊余、王玉川译，17~18 页，台北，台湾启光出版社，1986。

解不深。意大利商人马可·波罗于 13 世纪进入中国，由于蒙古人的征伐，东西方交通处于战争状态下，相互隔绝的时间并不短。所以当《马可·波罗游记》在欧洲出版时，竟然被视为奇书，由于书中记述了一个当时不为多数欧洲人所知的中国文明。绝大多数人认为世界上竟然存在着比欧洲还发达的东方文明是不可想象的，所以从对这本书的评价中，我们可以看到当时东西方文化关系的真相，看到当时欧洲人对于中国文明的了解真是相当之少。

向东方传教是从基督教诞生之后就开始的事业，无论是天主教还是耶稣教，无一不把东方看做是最需要教士的地方。西方向东方派出传教士至今已经有1000 多年历史，其中派员最多的是 17 世纪之后。中世纪时期来东方的传教士人数不多，特别引人注意的是，历来的入华传教活动中，人数最少的反而是东正教，在华信徒最少的也恰是东正教。东正教徒在西方受到排斥，主要在东欧与俄罗斯活动，但是他们对于东方传教却又最没有兴趣。相反，天主教与新教在东方各国的影响要远远大于东正教。这当然与东正教本身的特点有关，东正教在基督教各派中，是政教合一观念最为严重的，传教士们往往把传教活动与本国政治结合起来，导致与东方国家的政治关系紧张，所以传教活动反而不如远自地中海来到东方的传教士们活跃。中世纪的中国传教士中，最有影响的是景教传教士，其传教活动颇具传奇性，成为东西方关系史上的一段很具有研究价值的旧事。传教士的活动是双向的，一方面是传播基督教；另一方面则是通过传教士们的活动把东方国家的状况向本国反映，这对西方来说打开了一条了解东方的途径。绝大多数西方人包括政府都是通过传教士来了解东方的，所以西方的东方学经典中，传教士的书信、日记、著作与杂记等都成为最重要的文件。传教士们一旦回到西方，其书信与传记等出版后，由于书中描绘的异域风情使西方人很感兴趣，所以大受欢迎，一时洛阳纸贵。绝大多数欧洲人对于东方是陌生的，传教士们的东方观念基本上统治了西方。这就产生了一种极为不利的情况，传教士们毕竟是从宗教活动角度来看待东方事物，在政治经济思想方面都有许多偏见，这种偏见通过传教士们的眼睛，传入了西方世界，左右了西方人的看法。

四、东方探险的终结：中国的发现

海上大交通主要分为两个大的阶段。第一阶段是葡萄牙与西班牙从 15 世纪至 16 世纪的海上探险，分为大西洋与印度洋两条航线。一条是绕过非洲南端到印度洋的航线，由于这条线路经由非洲，这就使得殖民主义者进入非洲成为必然；另一条航线则是穿过大西洋，经麦哲伦海峡，来到太平洋，发现新大陆美洲，殖民主义从此进入美洲。这两条路线的开拓者是大西洋上伊比利亚半岛上的两个国家——葡萄牙与西班牙——的冒险家们。第二阶段是 17 世纪欧洲列强对北极、大洋洲等地的探险。前后经历 200 多年，世界主要国家与地区都被一一发现，殖民活动遍及全球，世界文明体系得以形成。

值得注意的是，前两条海上航线最终汇聚于南中国海。公元 1509 年，中、葡两国商人在马六甲海峡初次会面，公元 1513 年葡萄牙人先来到了宁波海岸，然后转向珠江三角洲暂居。公元 1565 年前后，定居于菲律宾的西班牙人来到中国福建海岸，并且开始暂居。其后不久，英国等列强也进入南中国海，这就使中国成为东西方文化交汇的中心与终结点。

西班牙、葡萄牙等国的传教士与商人们首先大批来到远东，见到了传闻已久的东方丝绸之国。这种局面打破了以往只有少数冒险家与敢于冒险的传教士才能踏上中国与日本土地的局面，到远东去成为欧洲的时尚，各国纷纷组织传教士们进入东方。另一方面则是欧洲的耶稣会成立，耶稣会是基督教中新派的组织，文艺复兴之后在欧洲成立，它的成立是基督教近代化的标志。它的指导思想与传统教会有相当大的不同，重视宗教理性，宣传文明与进步。耶稣会教士中有不少立志于科学研究的学者，来到中国的教士不但传播宗教，而且带来了欧洲的科学与学术。由于耶稣会教士素质较高，能够将西方科学技术介绍给中国知识界，并且采取所谓"合儒"的方针，改变了西班牙、葡萄牙等早期传教士不能深入中国社会的局面，使东西方文明之间的交往有了大的进展。耶稣会大批教士远行东亚，进行深入考察，这些传教士在华期间便将中国社会状况以书信形式向国内报告，他们回国后几乎人人著书立说，使东亚社会的真实状况被欧洲所知。

葡萄牙第一位派驻中国的使节托梅·皮雷斯（Tomé Pires）的《东方概要》（*Suma Oriental*）于公元 1515 年前后在马六甲等地写成，其中关于中国的记载是欧洲人最早的东方印象之一，他写道：

> 中国皇帝不信教，他〔拥有〕大量土地和人口。中国人是白人，和我们的皮肤颜色一样。大部分人穿黑棉布做的袍子，跟我们的差不多，只是很长。冬天腿上套上像短袜一样的毡子，脚穿制作精细的短靴，身着羊皮和其他皮毛的衣服。……中国皇帝不是父子相传，也不传给侄子，而是由常驻北京的王国委员会进行选举，并经大臣们通过产生。①

---

① 澳门《文化杂志》编：《十六和十七世纪伊比利亚文学视野里的中国景观》，3～5 页，郑州，大象出版社，2003。

从这些记载可以看出，早期葡萄牙人关于中国的记载是初步的印象，其中大部分内容是符合实际的，但也有相当多的传闻与不可靠的地方。类似这样的记载在西方相当多，流行一时，引起了民众对于东方的兴趣，也推动了欧洲与中国的交往。

利玛窦是16世纪对于东西文化交流贡献最大的传教士之一，也是最早为中国人所熟知的西方传教士。利玛窦本人是一位虔诚的教士，也是杰出的学者，1582年来华。他在中国期间认真学习中国语言文化，成为传教士中第一位真正的中国通。在此之前，西方传教士学习中国文化者固然相当多，但是深通中国艰涩文字与西方相异的思维方式和文化传统的人不多。同时，多数传教士来中国传教时并不了解中国现实，也不懂中国的儒释道思想，直接将西方基督教教义向中国人灌输，结果无不遭到惨败。利玛窦接受了他们的教训，明白了这样一个道理：要想教化中国人，必须先学好中国的语言文字，熟悉中国的文化，在中国的士大夫中扎下根，才可能使基督教深入中国人心中。他经过多年的刻苦学习并且与中国士大夫们建立了深厚的友谊。从广东肇庆到南昌、南京、北京等地，他广泛交结了中国各界人士，从朝廷大臣到布衣庶民，三教九流，几乎都有来往。明代的中国名士几乎都与他相过从，李贽、袁宏道、袁中道、徐光启、焦竑、章潢、李日华、李之藻等人更是经常与他讨论学术问题。他不仅成为中国通，简直可以说是一个外籍的中国士大夫，他精通儒学，并且提出了"合儒补儒"的方针，与中国主流意识形态的儒士们关系密切，融入中国主流社会。利玛窦勤于著述，主要工作是给中国人介绍西方科学技术与传播宗教。他在中国出版的《乾坤体义》《几何原本》《测量法义》《同文算指》等书，多数是以各种形式与中国学者合作的，使他声名大振，成为来华传教士中的翘楚。同时，他的《中国传教史》一书在欧洲引起巨大反响，其中关于中国社会与科学的详细而真实的描绘，使欧洲人看到了一定程度上相当真实的中国，塑造了近代以来的东方观念。

利玛窦认为，中国与西方的一个重要不同在于，西方多以基督教为国教，中国虽然没有基督教，却有孔子的学说，这种学说世代左右中国，包括皇帝的作为也要受到儒学的制约。他明确指出，孔子不是神，即儒学不是神学，但同时他又认为儒学是宗教，因为其作用与基督教等宗教是相同的。这在西方引起极大震动，世界主要文明中，除了中国之外尚没有以一种非神学的思想体系来治理国家的。中国不但做到了这一点，而且成功延续数千年，不能不说是一种历史奇迹。至于这种思想体系是对还是错，对人类社会进步有利还是不利，那是另外的问题了。指明中国的统治思想与社会的关系，对于欧洲更是一个震撼，引发欧洲思想家对于自身文化的一种反思，这种反思的推动力来自于中国。如果从西方的历史来看，任何西方文明的反思主要只是内部的反思，直到20世纪后期才有了对于理性中心的批判。与16世纪西方首次对于基督教本身的反思相比，甚至连现代主义与后现代主义这样离经叛道的批判都成了小巫见大巫。因为由中国引发的批判是真正的神学批判，其激烈程度更是远超过德国路德等人推动的宗教改革运动。这是一种世界性的来自异己文化的批判，其意义可能有待于以后才能更深刻地为西方人所认识。

世界交往史上有许多相似的事件，中国现代史上有一位不谙外文的翻译家名叫林纾，他根据懂外文的人口述从事外国小说翻译，成了知名的翻译家。同样，西方也有一位从来没有到过中国的学者，他写的中国历史成了西方影响最大的中国史。这就是西班牙的门多萨（J. G. de Mendoza）的名著《中华帝国志》（*Historia de las cosas mas notables，ritos y costvmbres del gran Reyno de-la China*），它被当时人称为"中国的大百科全书"，是全面描写中国历史文化的传世之作。门多萨本是一名普通的奥古斯丁教会的传教士，他传教的地区并不在中国，而是在墨西哥。1580年，教会曾经命令门多萨到中国来，但是因计划改变没有成功。这可能形成了他的中国情结。他受命编写一部关于中国的最全面的论著，获得材料的途径则广泛利用所有到过中国的传教士的记录与书信等。1585年，这部书以西班牙文出版，是当时所有关于中国文献的集成。这本书的内容丰富，涉及中国的语言文字、社会体制、科学技术与文化传统等各个方面。作者掌握了关于中国的全面资料，虽然不是第一手资料，其中难免有不实之处，但是由于作者知识丰富，思考缜密，这本书对于中国的介绍大体上是成功的。正因为如此，作者的许多观念也影响了当时西方世界，成为西方人看中国的一种重要参考。

16世纪后期只是欧洲传教士来华的开始，十七八世纪才有大批的传教士进入中国。相比之下，16世纪欧洲人对于东方与中国的认识仍是相当浅薄的。这是中世纪长期隔离之后双方接触的开始，同时，欧洲自身正在工业文明发展之中，葡萄牙与西班牙等国虽然由于交通发达等原因，建立了海上交通的优越地位。但是，这两个幅员并不辽阔的伊比利亚半岛上的国家在欧洲的历史地位毕竟不能与英、法、德等大国相比，暂时领先是可能的，长久居于先进则要依靠强大的国力支持。工业革命之后，英、法等国的大工业生产领导世界文明潮流，取代葡萄牙与西班牙的地位，同时也成为海外扩张的主力。到了17世纪之后，随着对中国更深入的了解，东方研究也出现了新的形势。英、法、德等欧洲大陆具有相当高的思想文化水平的大国加入东方研究，彻底改变了东方研究的浅层次观察局面，对于欧洲而言，深入理解另一种文明的时代已经到来。如果说是以什么为标准来比较东西方文化，那么，可以说从启蒙主义时代起，中心观念的改变已经十分明显。特别是杰出的法国启蒙思想家与德国思想家们，以文明对话的观念来研究东方已经萌芽。当然无可讳言，欧洲对东方与中国的看法波澜起伏，很值得回味。但事实上，从这种曲折的认识中，我们仍然看到了双方关系的历史性，也可以看清地中海大西洋文化中的诸多消极因素，特别是其实用主义哲学观点、文化自我中心与殖民主义愈来愈明显。这些观念的统治地位一直持续到美国人的加入，美国当代一批汉学家的研究使得这种研究登峰造极，同时也宣告了它的衰落。

第七节　18 世纪之后欧洲对中国与东方的看法

　　经过两个多世纪对于中国的探索，大批传教士、商人、学者与旅行家写出了大量的游记、论文、传记与各类著作，介绍和研究中国。从 17 世纪中期开始，在欧洲形成了第一次"中国潮"，一直延续到 18 世纪。在这一时期，欧洲对于东方文明虽然也有批评，但相当多的人是持赞赏态度的，学者们研究中国社会的思想、制度、科学技术与文学艺术，赞美之词不绝。但是从 18 世纪中期开始，欧洲工业化进入成熟阶段。早期海上强国葡萄牙、西班牙的地位被英、法等工业化强国所取代，英、法在世界各地扩大殖民地。从 1840 年到1900 年，西方工业化国家内部新旧交替继续进行，德国、日本、俄国等新兴工业强国参加到世界帝国争霸的行列。东方，再一次成为西方强国的牺牲品，这是中世纪之后西方再次超越东方的时代。这时，西方对于中国的态度也转变为严厉，古代希腊人对于波斯人的批评再次在 20 世纪重现，所谓"东方专制主义"、"神秘的东方"、"木乃伊式的帝国"等诬蔑与敌视东方的说法盛行起来。这就是近 3 个世纪西方世界的东方观的主要模式，与之相适应的东方学得以建立起来。从莱布尼茨等人的东方观到美国费正清等人的东方帝国理论，表现出大致相同的起伏曲线。更重要的是，就在这一时期，从鸦片战争到八国联军侵华，对于东方的殖民与"征服"也在进行。这种"征服"虽然由于历史环境的变化，与非洲黑奴贩卖、美洲印第安人的屠杀不相同，中国毕竟不是新大陆或古老的非洲。但这并不意味着中国是与西方同等的文明，对于此时的西方来说，中国只是一个比非洲与美洲稍发达的殖民地国家，他们之间只有程度的不同，没有本质的差异。

　　这样的文明观是不是一个巨大的历史错误呢？

一、18 世纪欧洲启蒙主义的东方观

欧洲的东方观念发展，除了不同时代因素影响之外，欧洲民族文明程度的差异也是一个决定因素。伊比利亚半岛上的葡萄牙与西班牙虽然是最早发达的国家，但是国家相对较小，其历史文明比起法国、英国、意大利等大国来说相对较弱，如果要充分理解中国这样一个东方文明古国，尚缺少思想与文化的巨人。英、法、德、意等国家本身就有相当丰富的文明传统，他们对于伟大的中国思想文化会产生深刻的理解，甚至会有共鸣。正如德国思想家莱布尼茨所说，地球两极的伟大文明会产生相互的吸引力。

18 世纪欧洲出现了三种中国研究的专刊，它们的出现标志着中国学研究在欧洲的正式成立，只不过西方人称之为汉学。值得注意的是，中国虽然受到西方文化的巨大影响，但是系统研究西方的学术刊物并不多见。这三种研究中国的专刊是巴黎耶稣会雷里主编的《耶稣会士通信集》（1772—1776），由杜赫德主编的《中华帝国全志》（1735），最后一种是《中国杂纂》（1776—1841）。这三种法国出版的刊物影响相当大。同时，有关中国的学术争论此起彼伏，连续不断，引起了西方学术界的极大兴趣，加深了对中国文化的性质、中国宗教道德与西方之间的差异等方面的理解。

真正对于中国文明进行了深刻理解的并不是亲自来到中国的传教士，甚至那些在中国居住了数十年的人，依然表现出对于中国文明的隔膜。相反，倒是一些从未来过中国的理论家，他们以其伟大的思想家的品质、深刻的见识，对于远隔重洋的东方文明表示了理解，这就是欧洲启蒙主义思想家。这倒是应了黑格尔常说的一个道理：熟知非真知，真知者未必熟知。

当欧洲已经成为工业化社会时，中国仍然是农业大国；当欧洲已经以君主立宪制度而自豪时，中国仍是专制帝国。这就使得两种文化的差异比较集中于农业社会与工业社会的差异，专制制度与民主制度之间的差异上。这样，东西方的政治经济对比，已经成为欧洲学者特别是杰出的启蒙主义思想家与当时一切杰出学者最关心的理论问题。法国经济学家弗朗斯瓦·魁奈（François Quesnay）在这方面的见解代表了当时相当重要的意见，他以中国为榜样来批评欧洲的政治经济。魁奈的巨著《中国的专制制度》发表于 1767 年的《市民日志》，这部著作的俄译本发表时，译者特意作了一段说明："这部著作当然不能看成是历史作品。中国只是魁奈用以叙述自己思想的一个方便的手段，其内容与中国的实际情况是完全没有联系的。"在苏联的马克思主义经济学家们看来，魁奈是不了解中国的，是以想象中的中国来讨论经济问题的。当然言下之

意是 18 世纪的中国的专制制度是不可取的。

笔者认为，这种观点是完全错误的，研究东西方文明关系的历史，必须纠正这一长期误导一批中国马克思主义理论研究家的错误。

1694 年魁奈生于法国巴黎近郊的一个村庄，原本是法国宫廷的侍医，业余研究经济学。他与启蒙主义思想家狄德罗、达兰贝尔、爱尔维修及孔狄亚克等人交往甚密，并且与经济学家拉波侯爵、杜邦·德·奈穆尔等人组成了重农学派（Physiocracy）。"重农"这个词的本义在法文中是顺应自然以取得最高利益，某种程度上与中国古代的"自然之道"有相近之处。这也就是亚当·斯密所说的农业制度论，他把重商主义称为商业制度论。认为魁奈并不了解中国的说法是错误的，魁奈的《中国的专制制度》发表于欧洲的中国热潮兴起近百年之时，欧洲对于中国的研究已经达到相当高的水平，魁奈与启蒙主义者狄德罗、伏尔泰等人十分关注中国研究。魁奈在书中多次指出，自己的研究是根据"历史学家与旅行家的叙述"，而这些旅行家们"大多数是亲闻目见的，并且由于他们的意见都一致，所以是完全可以相信的"。相反，倒是认为魁奈不了解中国的人举不出任何例证来说明自己的看法。

魁奈认为，中国政府与制度是建立在科学基础上，而科学基础又是符合自然原则的，这两者是统一的。

> 你们已经研究了广大的中华帝国建立在科学和自然规则上的政治制度和道德制度，这种制度也就是科学和自然规律的发展结果。①

为什么魁奈会主张建立一种专制制度呢？

他认为社会的基本规律是对人类最有利的自然规律，这种规律既是实际的，也是社会道德的。在建立社会秩序中，不应当把政权交给暴君，这样的君主并不是专制的实行者，相反是专制的掠夺者。政权也不应交给贵族，否则会引起权力的冲突。同时，最高权力也不应当是民主的，因为百姓的"愚昧和偏见"会产生无穷的欲望与狂暴的行为，会使国家变得"动荡不安与遭遇可怕的灾难"。政权应当是统一的，"因此，它应当集中在一个统治者的手里"。

此外，维持一个国家存在的基础在于农业而不是其他，这是魁奈与重商理论的一个根本区别。魁奈认为，从人类社会的发展史看，"除了同一切社会组

---

① ［法］弗朗斯瓦·魁奈：《魁奈经济著作选集》，吴斐丹、张草纫选译，395～396页，北京，商务印书馆，1979。

织为敌的盗匪集团以外，所有其余的社会团体都是靠农业联合起来的，如果没有农业，它们只能组成不完善的民族。只有从事农业的民族，才能够组成稳固和持久的国家"。他反对向个人征收税，征税会在不提高劳动生产的情况下提高劳动价格，造成劳动、产量与人口的递减。他认为这是中国政府不同于欧洲国家之处：

> 根据中国人的意见，同样不能对食物或人们日用必需的商品征税，因为这就意味着对人们本身征税，对他们的需要和劳动征税，从而把为满足国家的需要而征收的这种税，变得反而加速国家的破灭，因为它把国家交付给许多征收这种可耻的税的贪婪的人或敌人。①

相当多的西方人认为，东方民族人民意志屡弱，缺乏反抗精神，他们在专制制度长期统治下生活，如同僵化的木乃伊一样，没有活力。但是魁奈提出了相反的看法，他认为中国政府稳定，国家长治久安恰是一种文明的表现：

> 有一种非常普遍的看法，认为国家只能有暂时的统治形式，世界上的一切都是在不断改变的，国家有它的创始、发展、衰落、灭亡。这种看法是根深蒂固的，因此把统治中的一切混乱现象都认为是合乎自然秩序的。难道这种荒谬的宿命论能为理智的光辉所接受吗？恰恰相反，确立自然秩序的那些规律是永恒的和颠扑不破的，统治中的混乱现象只是由于这些永恒的规律遭到破坏的结果，这不是很清楚的吗？中华帝国不是由于遵守自然规律而得以年代绵长、疆土辽阔、繁荣不息吗？那些靠人的意志来统治与不得不靠武器来征服人的民族，难道不会被人数众多的中华民族完全有根据地看做野蛮民族吗？这个服从自然秩序的疆土辽阔的帝国，不就是一个稳定而持久不变的政府的范例吗？……然而难道不能说，中国政府所以能保持这种幸运的和经久的不变（uniformitié）只是由于这个帝国比别的一些国家较少遭到邻国的侵袭吗？但它不是也曾被占领过吗？难道它的辽阔的土地不

---

① ［法］弗朗斯瓦·魁奈：《魁奈经济著作选集》，吴斐丹、张草纫选译，413 页，北京，商务印书馆，1979。

曾遭到分裂和形成几个国家吗？由此可见，它的政府所以能维持很长的时间，并不是由于局部的情况，而是本质上的稳固的秩序。①

笔者在研究中国文明本质特性时已经指出，中国文明能够长期持续的根本原因在于它的文明观念与文明的本质，而不是其他任何外部原因所能解释得了的。魁奈所提到的几个观点其实都是欧洲最常见的看法，但就是这样一些常见的错误看法，就连韦伯这样的杰出学者都不能完全解释。如果与魁奈相比，即使当代的一些东方学家都要相形见绌的。中国长期稳定并不是由于没有邻国侵略，众所周知，中国从殷周时代起就边患不断，从匈奴到突厥、蒙古、女真等周边民族与国家长期进犯中国。但是中国的命运与罗马不同，中国战胜了匈奴、突厥等民族，保持了长期的稳定。其中最重要的原因之一是，中国当时是东亚最发达与强大的文明国家，所以能创造农业民族战胜游牧民族的奇迹。同时，中国也不是没有分裂过，甚至还被异族占领过。但是，中国并没有最后分裂，占领者并未成为真正的征服者，蒙古人与满族都归化了中国文明，完成了文明转型，中国文明仍然保持了统一性。当然，中国文明并非绝对完美，特别是在文明转型之后，原有文明的进步因素僵化，满人等游牧民族由于自身素质的限制，不可能自然接受世界文明体系形成后所必然产生的交流与推动，使得中国文明在近代落后，这也是不可忽视的事实。

从人类文明与国家社会、宗教、哲学、文学艺术等各种不同角度，18 世纪的欧洲学者对于中国进行了研究与评价，其中不乏对中国文明贬斥的看法，但是多数启蒙主义思想家或进步的科学家对于中国的看法是肯定的、赞扬的。特别是德国思想家与科学家哥特霍尔德·莱布尼茨，他认为中国是欧洲之外的世界最伟大文明，甚至其文明历史比欧洲都要长，中国与欧洲是世界两极的伟大文明，这两大文明应当携手共同创造人类社会的新纪元。在中西文明比较方面，他认为中国实用哲学与道德胜过欧洲，欧洲的思想与精密科学胜过中国。他的看法至今都有许多拥护者，可以说是一种辩证比较观念的起始。莱布尼茨本人并没有到过中国，但他极为关心中国，通过间接方式来研究中国，达到了相当高的水平。特别是他给从中国归来的传教士闵明我写的信中，提出了 30 个重要问题，涉及天文、数学、几何、物理、化学、地理、工艺等诸多方面，表现出一位真正的科学家的智慧与博大胸怀。莱布尼茨信中的第 15 个问题是：

---

① ［法］弗朗斯瓦·魁奈：《魁奈经济著作选集》，吴斐丹、张草纫选译，420 页，北京，商务印书馆，1979。

15. 在中国古代文献中是否根本没有进行证明的几何学和任何形而上学的痕迹？中国是否当时就已掌握了毕达哥拉斯的那个定理？①

莱布尼茨的这封信写于 1689 年 7 月 19 日，他说问的那个"定理"指的就是毕达哥拉斯的"直角三角形斜边的平方等于其他两边的平方的和"。

熟悉中国历史的人都知道，中国古代数学名著《周髀算经》中商高已经成功运用了这一公式——"勾股定理"。莱布尼茨对于世界数学有一个重要发明，就是二进制。但是他却认为自己的二进制的数学观念是来自中国的《易经》，并且把《易经》推崇为二进制数学的观念之始，莱布尼茨说道：

> 《易经》，也就是变易之书。在伏羲的许多世纪以后，文王和他的儿子周公以及在文王和周公五个世纪以后的著名的孔子，都曾在这 64 个图形中寻找过，哲学的秘密……这恰恰是二进制算术。这种算术是这位伟大的创造者所掌握而在几千年之后由我发现的。②

无论是否真的如此，但二进制数学对于世界的贡献是无可怀疑的，当代计算机数学正是以二进制为基础。一定程度上可以说，正是莱布尼茨的二进制数学思想启发了当代科学家。

当然，把二进制从观念上与中国《易经》联系到一起并不只是莱布尼茨一个人。莱布尼茨指出，在他之前，已经有阿拉伯数学家研究了中国人的这一发现，并且指出它的意义。而且，莱布尼茨是一位杰出的哲学家，他还从哲学角度指出《易经》的贡献。他认为，《易经》含有一种辩证观念——相对性逻辑。笔者认为，他这里所说的正是"辩证逻辑"。笔者已经指出，中国文明的思维与逻辑起源是出自《易经》与《墨经》的，笔者近年来所提出的"新辩证论"，就是以此为依据，来进行文明逻辑建构的。

法国启蒙主义作家伏尔泰是一位真心崇拜中国文明的人，他本是一个多产的作家，有关中国的作品更是不计其数，其中如《历史哲学》《论风俗》《中国对话集》《巴比伦公主》《论宽容》《无知的哲学家》《路易十四时代》《中国孤

---

① ［德］夏瑞春编：《德国思想家论中国》，陈爱政等译，19 页，南京，江苏人民出版社，1997。

② 何兆武、柳卸林主编：《中国印象——世界名人论中国文化》，上册，145 页，桂林，广西师范大学出版社，2001。

儿》等名著都是以中国为主要论题的。有人统计，伏尔泰关于中国的作品多达
70 多种，信件多达 200 封。在这些大量的作品中，伏尔泰赞美中国的皇帝与
政府，特别对乾隆崇拜之至，认为其能够在统治国家之余写下如此之多的诗，
是"柏拉图《理想国》中那种哲学家式的国王"。中国的制度更是伟大，它合
理而宽容，以道德治理天下，崇尚公正。此外，伏尔泰还对中国的人物风俗发
表了大量的赞美之词。虽然这些赞美之中有的出于一种对于欧洲现实不满而有
意美化的倾向，但伏尔泰本人的情感是真诚的。伏尔泰的这种情感对于欧洲人
影响极大，直到 19 世纪的歌德等伟大作家还经常称赞中国人的道德，歌德在
与友人的谈话中说，他十分赞赏中国人纯洁的道德观，曾经看到过一本文学作
品中描写，一对男女虽然被迫同居一室，但他们一直保持纯洁的关系，通过谈
话来渡过长夜。

　　18 世纪的欧洲社会经过宗教改革的剧烈震荡后，科学技术突飞猛进，工
业化进展迅速，而且社会政治制度的改革已经势在必行，这种改革所要求的思
想启蒙与理性观念正在与传统封建意识之间进行交锋。远东中国的发现成为西
方创造理想王国的参照，从古代传闻中的黄金之国到今日的封建大帝国，中国
对于西方有什么价值，是欧洲中国热潮中所考虑的核心问题。由此必然形成两
种对立的观念：一种是把中国看成是理想王国，它的帝国制度、封建道德、文
学艺术引起欧洲的赞美，这种赞美中有理想化的成分，也有理性的想象，甚至
混杂了对于旧日传统的怀念；另一种相对的看法则是以西方标准来衡量中国，
从西方的历史与现实出发，以异己文明的苛刻态度来批评中国。18 世纪对中
国的评价，无论是褒是贬，都旗帜鲜明，这也是欧洲历史上对中国态度分歧最
大的一个时期，这种认识方式，恰是西方理性主义的一个范例。有趣的是，理
性主义认识的对象，恰是以儒学的中庸与辩证理性为特征的中国，两种不同认
识方式的文明相会，历史的错位与理解呈现出多种色彩，实在是出于必然了。

二、19 世纪东方观的逆转

　　进入 19 世纪之后，东方多数国家已经不同程度上沦为西方的殖民地，世
界文明体系中西方的领导作用已经形成，西方对于自身文明的批判与怀疑逐渐
被赞美所取代。而同时，对于东方文明的赞赏也转化为一种批判。

　　当然早在 18 世纪的启蒙主义者中就已经存在对于中国与东方文明因素的
批判，正像我们已经指出，孟德斯鸠等人在《论法的精神》（即《法意》）等著
作中，认为中国并不是一个完全持续的文明，其朝代的改换十分频繁；中国人
不信宗教，儒学不是真正的宗教；亚洲与中国人口众多，易于产生动乱；中国

是一个专制国家，法律与道德不分，但是中国的政府尚不太腐败。孟德斯鸠的东方批判是一个总结性的看法，对于后世的东方研究影响极大，特别是在民众中流传较广。与孟氏的看法相近，18世纪后期，原先曾有过的中国文明崇拜已经开始低落，不仅公开批评中国的专制，就连曾经赞美过中国丝绸、陶瓷、园林、器具精美的人也开始诋毁中国，以为这些都不足道。

18世纪末期，英国与中国外交史上的一个事件轰动欧洲，甚至使欧洲重新调整了对华视角，再次审视中国文明。

1793年9月14日凌晨4时，在欧洲人来到南中国海200多年之后，英国政府的首任大使马戛尔尼来华觐见乾隆皇帝，这是东西方文明的代表首次正式会晤。这次庄重的会见却被一些意想不到的细节所纠缠，在会见之前，外交礼仪问题突现出来。清廷要求英国大使按照中国礼仪行跪拜礼，而马戛尔尼不同意，因为英国人认为下跪是一种有辱尊严的行为，更何况是对一国大使。双方经过多次谈判之后，最终达成一种妥协性的协议，马戛尔尼行单腿下跪的礼节。这个礼节充满象征性意义，从英国人看来它是英式的单腿吻手礼的形式，而从中国大臣看来是向中国皇帝的跪拜。当时由于英国的实力已经位居西方之首，中国才如此优待，如果是葡萄牙等小国尚且不能享有这种待遇。而在英国人看来，中国只是一个衰老的帝国，还这样要面子，实属狂妄。觐见十分不愉快，双方都认为对方粗鲁无礼，彼此都印象不佳。马戛尔尼甚至在觐见后就已经形成了侵略中国的设想，他在10月25日的日记中写道，清政府并不了解英国。"他们不知道英国的两艘战舰就能战胜大清帝国的全部海军，只需要半个夏天，他们就能完全摧毁中国沿海的所有船队……"他观察了沿途的中国驻军，认为这些军队完全没有战备意识，身穿笨重的长袍与棉靴子，显得不灵活与柔弱无力。这位大使完全不像是外交使节，更像一个军事侦探，借外交机会来观察对方的军事实力。

马戛尔尼使华本是世界外交史上的一段小插曲，但却引起了异乎寻常的关注，围绕此事引发了无数议论，见仁见智，说法不一。笔者认为，这件事虽小，但它是东西方关系史上的一个典型事件，关于觐见礼仪的冲突，其实是东西方两大文明形态的观念冲突，并不只是外交与国家实力的斗争。在西方看来，中华帝国已届垂暮之年，英国与中国之间的关系不过是当年葡萄牙人与印加王国关系的重演，西方工业化强国英国征服封建帝国中国不过是举手之劳。所以中国的陈腐礼仪是十分可笑的，是中国不自量力的表现。英国派使来华并不只是出于亚洲战略与外交的考虑，特别是与俄罗斯等争夺远东，并不是无力征服中国。而对于中国来说，英国等西夷并没有什么区别，来到中国通商就要遵从天朝的规矩，服从中国的礼仪。西方文明的实力政策与实用主义观念与中华帝国传统的蛮夷戎狄与来朝天子的观念之间的冲突，鲜明地展示了东西方文明冲突的主要特征。这种冲突一直持续到 20 世纪，直到清王朝灭亡之后，才真正断绝。

19 世纪欧洲目睹了东西方交往过程中的每一步骤，其后的大规模入侵，使中国沦为半殖民地半封建国家，印度成为殖民地国家，对东方文明的评价也发生了逆转。

英国经济学家理查德·琼斯（Richard Jones）研究了亚洲的亚细亚社会生产形态，指出亚洲国家实行土地国有制度，政府垄断土地，这是形成专制制度的根本原因。生产收入由国家进行分配，这是以首都为中心的经济分配制度。城市发展受到政府开支的支配，因此不可能发展出欧洲的商业型城市。这样导致经济落后，社会发展迟缓。其中俄罗斯与东方国家的不同之处在于，俄罗斯出现了贵族大地主，这种贵族制度限制了专制制度。此外，还有一批经济学家如詹姆斯·穆勒等人，也批判了东方的专制制度与亚细亚式生产方式。同时，黑格尔等人从哲学与文化上批判东方，认为东方民族的人民没有自由意识，屈服于奴役，所以在整个东方包括波斯、印度、中国、土耳其等都是专制国家。

三、20 世纪的东方学与后殖民主义

20 世纪，东方作为一种文明形态也进入现代阶段。与西方文明不同，东方文明内部不同民族和国家的分化显得更加突出。形成这一状态的主要原因其实在于世界文明体系形成后东西方的文明交往，特别是在西方文明的全球性扩张中，东方民族因为历史环境的不同，不同程度地进入现代阶段，有不同的结果。

世界经济体系形成后，多元文明格局取代了传统的东西方的二分。非洲国家经历了民族独立运动后，开始有选择地吸收现代文明成分。美洲文明产生分化，北美成为西方文明的中心，欧洲移民在加拿大与美国发展了具有新大陆特点的西方文明。拉丁美洲则选择了独立发展模式，其特点是混合了美洲传统与欧洲殖民和移民的文明。亚欧大陆仍然是文明分化最为剧烈的地区，中东的伊斯兰文明现代化，南亚印度的西方化，东亚与东南亚的日本、韩国、新加坡等国的现代化进程十分迅速，其经济成就令欧洲感到惊奇。东方文明大国中国从 20 世纪的后 20 年开始，急速进入现代化进程。

那么，东方文明是否还存在，如果存在，应当如何看待其意义。

东方文明仍然存在，这是无可置疑的。中东的伊斯兰文明仍然是世界文明

体系中相当强大的一个系统，如同新加坡、中国、韩国与日本仍然保持了远东文明的传统一样，尽管由于现代化程度的不同，彼此之间有相当大的差异，但是文明传统的一致性是明显的。

东方文明的意义由此也分为两个大视域，一个是历史的视域，一个是现实的视域。

历史的视域中，西方以东方传统来看东方，美国著名东方学家费正清的东方理论，法国、英国等欧洲汉学家的东方学研究深入到西方人的认识之中，直到美国当代学者亨廷顿与福山等人的著作中，不但仍把中国等看成是专制国家，而且对于日本、韩国的"民主"、"市场经济"等持怀疑态度。

与此相反，在现实视域中，后殖民主义学者们关注东西方文明差异，他们反对单一的历史视域，主张一种以不同文明间的主体间性的他者立场。以他人的目光来看待异己文明，有的学者提出以中国为中心来看待西方等观念。赛义德、雷蒙德·威廉斯、福柯等人为此提供了理论与方法，欧美大学中的东方学家们正在展开新一轮的汉学研究。

笔者认为，两种视域的形成是合理的，学术进步必然导致这种结果。但同时它们又是必然要被取代的。新的东西方文明关系，应当是一种辩证的视域，即承认东西方的差异性与同一性的合理，并且以此来研究东西方文明的历史与现实，西方中心与东方中心都不可能在东西方文明关系研究中取得最终的发言权。有东方才可能有西方，正像有西方才可能有东方一样。

第八章 伊斯兰文化体系

从阿拉伯半岛、西亚巴比伦尼亚腹地下延至波斯湾，包括欧亚大陆之间的土耳其、中亚、东南亚部分地区与巴基斯坦、伊朗甚至包括了阿富汗、非洲北部的埃及和突尼斯（它们在历史上曾与西亚和地中海文明有密切关系）等地，这一广阔地带是以伊斯兰教为主要宗教的文化体系。

在伊斯兰教诞生之前，西亚等地曾经产生了古老的美索不达米亚文明与波斯文明，巴比伦帝国与波斯帝国都曾经是统治过东西方多种民族的世界大帝国。这两种文明虽然并不是伊斯兰文化的直接源泉，但是与以后的伊斯兰教的传播又有密不可分的历史联系。自从公元7世纪伊斯兰教从阿拉伯半岛地区兴起之后，迅速传遍西亚地区，并且向亚欧非三大洲辐射。历史上曾经建立过阿拉伯大帝国，这个大帝国被蒙古军队灭亡后，伊斯兰化的突厥人又建立了奥斯曼帝国。经过十几个世纪的兴衰变化，阿拉伯半岛与波斯湾仍然是伊斯兰的中心地区。毫无疑问，这样一个曾经对人类文明产生过巨大影响，并且在当代世界具有重要政治经济地位的文化体系，在世界文化总体关系中的比较研究不可或缺。

第一节 西亚古地的两河文明

伊斯兰教诞生之前，西亚地区曾经存在过古老的美索不达米亚文明，亦称两河文明。

根据《圣经·创世记》中的描绘，有四道河流从伊甸园中流出，其中第三道河叫底格里斯河（Tigris River），第四道河叫幼发拉底河（Eupharates River）。这两道河其实滥觞于土耳其的高原（有人认为这里就是《圣经》中伊甸园所在的地方），从北向南，最终汇流入波斯湾。这一地区产生的古代文明因此而得名为"两河文明"。

两河之间的平原是亚洲西部最肥美的土地，称为美索不达米亚（Mesopotamia），这个名称来自于希腊文，意思是"两河之间的地方"，是西亚古代文明起源地，所以西亚文明又称"两河流域文明"，也就是美索不达米亚文明。这个大的文明区域联结起了西北部土耳其的安纳托利、波斯、印度和埃及，辐射地中海沿岸、小亚细亚、巴勒斯坦和叙利亚。而且古代中国长安至大秦，即中国到地中海岸边的亚历山大里亚城之间的丝绸之路也从这里经过。显然西亚是一个处于中枢地带的重要文明，是连接众多古代民族与国家的纽带。

美索不达米亚有广义和狭义两种解释，从广义来说指现在叙利亚和伊朗的部分地区与伊拉克境内的土地，其东北边界就是扎格罗斯山脉（Zagros Mountains），西南则是阿拉伯高原，东南直到波斯湾，西北到托鲁斯山（Taurus Mountains）。狭义的美索不达米亚则专指两河之间地区，从巴格达（Baghda）到巴比伦（Babylon）这一个狭长的地带，古代文明遗址几乎全部集中于此，这里古代城邦荟萃，是古代世界的经济文化中心之一。

正确地说，这一地区应称为西亚，是亚洲大陆西部的总称。由于亚洲东、南、北三面都被海洋所包围，分别是太平洋、印度洋和北冰洋，所以西亚是大陆上唯一不与外海相接的地区，只有它的西部与地中海相接，而西南部则伸向了波斯湾。从地域总体来看，这里是亚洲的腹地，内陆沙漠性自然条件是其重要的地理特征。

西亚地区的民族国家包括：阿富汗、伊朗、阿塞拜疆、格鲁吉亚、亚美尼亚、土耳其、塞浦路斯、叙利亚、黎巴嫩、以色列、巴勒斯坦、约旦、伊拉克、科威特、沙特阿拉伯、也门、阿曼、阿拉伯联合酋长国、卡塔尔和巴林。美索不达米亚文明的中心是今日伊拉克的两河流域，历史上以巴比伦为中心城市，欧洲人习惯称为"巴比伦尼亚"。

西亚地理位置重要，这里与北非埃及、南亚印度、地中海等古代文明互相联系，又是古代波斯、阿拉伯和圣经文化的起源地。所以美索不达米亚文明其实是世界上最复杂的文明之一，是多种文明交汇和互相促进的地区。这里既是文明起源地，也是历代兵家必争之地，古往今来，无数民族在这里征战，是名符其实的世界古战场。两河流域在西亚是最富饶的地区之一，它是世界农业生产的起源地之一，《圣经》中的伊甸园就在这里。世界工业化进程中，两河地区与波斯湾又以盛产石油而闻名于世，所以自古至今都是西亚的经济中心。

这里历史悠久，公元前 4000 年前开始，最早出现的是苏美尔和阿卡德的城邦。公元前 19 世纪巴比伦王国在这里建立。在两河流域北部还出现了亚述帝国，亚述帝国经历了一千多年的变化，被新巴比伦王国所取代。从公元 7 世纪起，伊斯兰教在阿拉伯半岛兴起，两河流域伊斯兰化，从此两河流域再没有离开过伊斯兰教。虽然公元 11 世纪起曾经先后被塞尔柱突厥人、蒙古人所征服，但实际上伊斯兰信仰已经在这里根深蒂固。公元 16 世纪以后，奥斯曼帝国统治了伊拉克，直到第一次世界大战期间才被推翻。

时至今日这里仍然纷争不断，由于两伊战争、海湾战争与以美国为首的多国部队入侵伊拉克，石油生产与国家政治经济都受到一定程度的损失，甚至收藏在博物馆的古代文物都受到一定影响。据伊拉克国家博物馆负责人说，大约有 17000 件古代文物可能遭到破坏，这些文物中有 7000 年前的泥板文书等。毫无疑问，这是世界文化遗产的巨大损失。

第二节　新石器时代与文明诞生

美索不达米亚文明是世界四大古代文明之一，从新石器时代有五种主要文化，自公元前 7000 年延续到公元前 3500 年：

1. 耶莫文化（Jarmo Culture），从公元前 7000 年开始到公元前 6500 年，定居生活方式与农业生产开始在这里出现，在耶莫遗址出土了陶器、石器工具、人工栽培的小麦和大麦、驯养的山羊和狗，是世界最早的农业生产大规模开展的地区。

这里的陶器类型中有两种极具特色，一种是生殖崇拜的女性裸体，这种陶塑流传极广，从土耳其的安纳托利亚高原直到约旦河谷地，女神主要有伊什塔特与娜娜等人。女神崇拜与生殖崇拜其实密切相关，各民族早期阶段都不同程度地产生过这种崇拜，产生原因是人类繁衍生息的需要，也与社会发展中女性的历史地位有关。另一种则是公牛崇拜的雕塑，这也是最早的生殖力象征之一，在西亚地区早期也较为流行。村庄聚落加遗址加泰土丘所发现的女神像，是最古老女神之一，与安耶利哥的女神像都是上古女神，生殖崇拜色彩鲜明，体形丰腴，赤裸身体，具有伊甸园里的人物特性。

苏美尔时代的女神就大不相同了，这时的女神名叫伊西塔（也作伊什塔尔），也就是所谓的伊纳娜女神，不再赤身裸体，反而一身戎装，手持弓箭。她的地位也很重要，是守卫海枣果仓库的女神，也是战争之神。所以她竟然站立在一头俯伏的狮子身上，古代西亚沙漠草原上狮子是人类最凶猛的敌人，当时西亚各国的国王们互相竞赛，看谁杀死的狮子最多。

我们特别要注意的是这样一块地区，它叫迦南地，以后因犹太人来到此地而著称。迦南人的女神是介于生殖女神与战神之间的类型，既像生殖女神那样赤裸身体，但同时又是战神，各方面特征都是二者兼而有之。

2. 哈苏纳文化（Hassuna Culture），从公元前 6500 年到公元前 6000 年，农业生产技术进步，农田水利开始兴起，建立了村落，陶器生产日益显示其重要性。

3. 萨马拉文化（Samara Culture），公元前 6000 年到公元前 5500 年，著名的陶泥文明时代，以彩陶业著称于世。其时代与中国仰韶文化几乎同期或稍早。从世界范围来看，彩陶最发达的时代就是这一时期，根据世界古代文明发展规律，我们将其定为彩陶文明的扩展期。

4. 哈拉夫文化（Hlaf Culture），从公元前 5500 到公元前 4500 年，这一时期的城邦中已经出现了大型房屋和建筑，可能是古代神庙，城市街道初具规模，陶器制造工艺变得更加发达。

5. 欧贝德文化，从公元前 5000 年（另一说为公元前 4300 年）到公元前 3500 年，这是一个从石器时代向铜器时代转化的过程，铜石并用的局面维持相当长的时期，人们喜爱使用一种石印章（stamp－seals），这是泥板文书出现之前一种重要的文化载体。

综观五期发展，主要趋势是从北向南推进，前四期主要在北方，后期欧贝德则位于南方，结束于波斯湾附近。公元前 3000 年以后，陶器的地位逐渐下降，但是与陶泥器具关系密切的泥板文书却兴盛起来。

无可怀疑的是，在亚洲的东方与西方，中国与美索不达米亚，有两种古代陶泥文明几乎同时萌生、扩展和达到高峰，最终又走向衰落。有趣的是几个世纪之后，同样的一幕在地中海与印度上演，两种陶器时代相差无几，陶器的造型、图案的构图与画法也基本相同。

总体来说，西亚彩陶器起始年代接近于中国，考古学家们在这里最早发现的成熟彩陶器年代大约是 5500 年以前，彩陶最为发达的时代是在萨马拉与哈拉夫，大体相当于中国的仰韶文化时代。最早的陶器则稍晚于中国的仙人洞和裴李岗遗址。

从公元前 3000 年起，美索不达米亚进入城邦与文字时代，也就是苏美尔（Sumer）时代。这里位于平原南部，开始出现城邦群，主要有埃利都、乌鲁克、尼普尔、基什等，揭开文明史新的一页。

美索不达米亚文明的重要贡献是发明了世界上最早的文字体系，这种文字形状如同一个个三角形，所以称为楔形文字。它一般刻写在泥板之上，所以亦称泥板文字。当然，泥板文字应当包括其他一些文字，不过最重要的是楔形文字，所以这个名称仍然是通行的。根据国内外对美索不达米亚文明研究的成果，泥板文字应用后的历史阶段如下：

1. 苏美尔早期王朝时代。阿卡德帝国统一美索不达米亚之前，公元前 3500 年前后的古代图画文字开始，我们根据《苏美尔王表》来推算，大约为公元前 3500 到公元前 2900 年；

2. 阿卡德帝国时代。约公元前 2288—前 2147 年；

3. 乌尔第三王朝时代。公元前 2111—前 2004 年；

4. 巴比伦王国时代。公元前 2004—前 1595 年；

5. 古典帝国时代。公元前 1400—前 323 年，多个民族在美索不达米亚建立王国，直到波斯帝国灭亡为终结。①

世界古代民族最早使用的一般是图画文字，图画文字受到一定的限制。一是刻写笔画烦琐，速度较慢，不能适应全面迅速记录反映的要求。二是只能表达具体与直观的对象，如日月水火、风雷雨电、鸡犬牛马等，不能反映深刻复杂的人类思想情感。这一点相当关键，人类社会与个体的思维一同前进，要求文字能书写抽象的概念和复杂的情感，大到国家、家庭、婚姻、战争等事物，小到个人的喜怒哀乐，而图画文字都不宜于记叙。创造出一种以符号为主要功能的文字成为社会的需求。

公元前 3300 年前后，也就是美索不达米亚的乌鲁克第四期，一种新的文字体系——泥板文字——开始流行。最初的书写方式是象形文字，以后逐渐演变成为一种独特的刻符文字，这种文字形状像一个楔子，人们取用拉丁文命名它为"楔形文字"（cuneiform），也有人称为丁字头文字等。从美索不达米亚的苏美尔人、阿卡德人、巴比伦人、亚述人等，经历了长期的传承与递进，这种文字迅速流传，遍布安纳托利亚高原、伊朗高原、埃及、美索不达米亚、印度等地。这是古代世界首次出现的一种大范围内的统一文字，取代了埃及、印度、伊朗等各地的原始文字，成为书写公文、写作诗歌、记录历史的规范文字，其历史地位前所未有。

楔形文字是一种什么性质的文字？为什么众多的古代民族选择了这种文字？历来说法不一，笔者认为，楔形文字具有表音、表意与简单的拼写及多种功能，这些功能是以前的各种文字都没有全面具备的，这是它的优势之一。但更为重要的是，这种文字是一种符号化的书写文字，符号化就是用具有符号性质的指示符取代图画性质的形象描绘，这是最大也是最根本的进步。这种进步的本质在于它表明了人类思维方式中的抽象思维取代具体思维，当然，这并不说明具体思维以后并不存在，只是说明人类思维及其表达方式之中，抽象思维的地位更为重要。文字中的抽象思维发展必然导致符号文字取代象形文字，这是由世界文字发展的规律所决定的。

---

① 参见张强：《古代近东与西方古典年代学研究综述》，见东北师范大学世界古典文明史研究所编：《世界诸古代文明年代学研究的历史与现状》（夏商周断代工程报告集），1 页，北京，世界图书出版公司，1999。

第三节 古代波斯大帝国

在西亚与中亚相交的地区有一个大高原伊朗高原，它的南部是波斯湾与阿曼湾，北方是土库曼斯坦和里海，东接巴基斯坦与阿富汗，西北是阿塞拜疆、亚美尼亚，西边则是土耳其与伊拉克。这里就是伊朗，古代的波斯帝国就诞生在这里。

今天的伊朗伊斯兰共和国国土总面积为 164.5 万平方千米，中部是古老的伊朗高原，海拔在 700～1000 米之间，土地多为沙漠或盐泽地。伊朗北部与里海相接，在高原与里海之间是厄尔布尔士山脉，南部则是扎格罗斯山脉。在里海与厄尔布尔士山脉之间是一个狭长的平原，这里土地肥沃，是伊朗农业主要的地区。伊朗的南面是波斯湾与阿曼湾，中间是霍尔木兹海峡。海峡北面是伊朗的一个叫格什姆的岛，南面就是阿拉伯半岛，与阿拉伯联合酋长国和阿曼隔海相望，最近距离只有 33 千米，水深 60 米，地势极其险要。这个海峡历来是兵家必争之地，伊朗与美国的兵舰都在这一地区的海域里游弋，从古到今都是战略要地。

伊朗的地势是中间高，所以这里的河流是向四周流或是在山间盆地与高原上积聚起来。伊朗最大的河流是卡伦河，它从西亚文明的起源地扎格罗斯山流入波斯湾，全长 850 千米。伊朗气候基本上是干燥性气候，中部的高原是亚热带干燥性气候，北部与南部的山地为亚热带半干燥性气候。只有里海附近属于亚热带湿润性气候。这里的石油天然气储量都很大，石油大约占世界总储量的 10%，能源优势十分明显。

伊朗高原是文明古地，从公元前 7000 年开始，这里就有人类活动，开始手工制造陶器，陶器的彩绘和图案与乌鲁克文化相近。估计此时已经与美索不达米亚有直接的农产品与手工业产品的交流。公元前 4500 年前后，有一个外来民族进入这一地区，这就是埃兰人，埃兰人进入扎格罗斯山西南部，在波斯湾即今日伊朗的胡泽斯坦省一带定居下来。埃兰是一个什么样的民族存在争议，有人认为是雅利安人种，也有人认为是从美索不达米亚迁移过来的民族。埃兰人建立了苏萨城，冶炼铜器，他们使用楔形文字记录了埃兰语，这种语言尚未被破译。大约在公元前 2700 年前后，埃兰人进入文明社会，出现社会组织与阶层分化，建立起了一些小的城邦国家，如阿旺、安善、西马什和苏萨等。这些小国家基本上是奴隶城邦制国家，其中苏萨等城邦是两河流域最古老与发达的城邦，所以埃兰被西方学者归入美索不达米亚文明，但笔者认为从这种文明所在的地理位置而言，它应当属于古代波斯，埃兰人应当是古代波斯人。

苏萨城位于印度河文明与苏美尔文明之间，是古代文明之间最早的贸易中心之一。《圣经》的"创世记"、"以斯拉记"、"以斯帖记"和"但以理书"等篇章中记载了苏萨城。19世纪中后期，欧洲的考古学家们挖掘了苏萨古城，这座古城在波斯湾北大约130英里的地方，位扼从海湾到山口的咽喉，是美索不达米亚平原与东部沙漠的交接处，沙漠周边是良田万畴。向北是通向中亚的山口，东边是阿富汗与巴基斯坦，中西部就是扎格罗斯山脉，西部是大平原，经济与地理位置都极其重要。这里资源丰富，盛产大理石、铜、铁、铅、金、银等，特别是雪花石和红玉髓是这里的特产，也有的史书上写这里出产青金石。据笔者看来，可能是一种误读，青金石主要产地是阿富汗与巴基斯坦的山地，可能是运经这里或者运来出售，所以后世的史书竟然将这里误认为是青金石的产地。但毫无疑问，丰富的矿藏与木材对于农业资源并不丰富的两河各民族都具有巨大的吸引力。苏萨地区历来是各民族争夺的中心地带，这也是埃兰古国较早灭亡的主要原因。

埃兰历史上的兴盛期大约在公元前2600年到公元前1500年间，在其初期，埃兰人与美索不达米亚的阿卡德王国之间开始长期战争。双方围绕着苏萨城邦等地，反复争夺，最后，大约在公元前2300年，阿卡德的军队攻克苏萨城，使这里成为阿卡德帝国的一部分。但是不久，公元前2150年前后，阿卡德帝国灭亡，埃兰人重新发起反攻，夺回城邦。以后，乌尔人再次攻克城邦，经过一段时期的统治，乌尔人被希玛什基高地的民族所战胜，美索不达米亚的史诗中记载了这段令他们悸痛的记忆。希玛什基人勇猛善战，他们攻陷乌尔城，俘虏了乌尔的国王，甚至掠走了乌尔的保护女神宁格尔的雕像。在古代民族中，掠夺崇拜雕像是最为残酷的事件，所以美索不达米亚人牢记不忘。战争连续进行了几个世纪，苏萨城头不断变换着旗帜，时而是阿卡德军队，时而是埃兰人，轮流成为城邦的主人。公元前1900年后，苏尔玛王朝统治城邦，国王称为苏卡尔玛，建立了较为稳定的统治。从公元前1500年到公元前1000年，埃兰经济繁荣，国家富裕，但是与巴比伦之间的关系相当复杂，一直受到巴比伦的威胁。古埃兰语甚至成为一种重要的语言，用楔形文字来书写。苏萨出土一种圆形泥筒，用以书写楔形文字，记录了多种语言，主要是阿卡德语与古埃兰语。

但埃兰古国好运很快到了头，公元前1000年前后，伊朗高原局势演变出新的形态，库尔德斯坦地区的曼尼安人兴起，这是一个强悍的民族。另外更有大批的雅利安人从中东欧来到这里，其中大部分在伊朗西北部与西南部定居，他们中间就有后来的米底人与波斯人。

米底人兴起后，立即将苏萨城作为劫掠的目标，他们长期围攻这个城邦。但也就在此时，美索不达米亚也早已换了新的主人，古代军事强国亚述的大军突然出现在苏萨城邦，公元前 647 年，亚述国王亚述巴尼攻陷城邦。苏萨城以富裕著称于世，《圣经》描述苏萨的宫殿时说："它用大理石柱和黄金白银作为装饰，路面上由花岗岩、大理石、珍珠和宝石镶成花纹。"所以当公元前 512 年波斯国王大流士一世在重建苏萨城时，按照《圣经》的描述，用巴克特里亚的黄金、埃及与埃塞俄比亚的象牙和黎巴嫩的巨木来装饰，充分显示了这位世界征服者的气派。20 世纪西方的考古学家们来到苏萨遗址时，仍然出土了精美绝伦的金像。但当年亚述巴尼征服苏萨后，并没有在这里停留，而是带着劫掠来的财宝回到了尼尼微城。亚述巴尼在自己的王宫中专门建起一面墙，让文书记录下自己征服苏萨城的经过，刻写在一种圆筒形的泥板上，亚述巴尼说道：

> 苏萨，这座伟大的神圣之城，埃兰人所崇拜的神灵的宫殿，他们祭祀的地方被我所征服。我入住了宫殿，在其中尽情享乐。我打开了堆满着金银财宝的国库。……昔日埃兰的国王们从苏美尔、阿卡德和巴比伦抢夺来的宝物全为我所有，我破坏了苏萨的金字形塔庙，将其夷为平地。……我踏平了埃兰各省，在他们的土地上撒上了盐粒。

现代考古学家们发现了古尼尼微城的遗址后，在尼尼微的王宫中发现一块浮雕刻有战争的场面，亚述的士兵们挖倒城墙，抢走宫中的财宝，完全符合亚述巴尼的铭文中所描绘的场景。

埃兰人的去向成为千古之谜，公元前 1000 年左右，埃兰人退入山区，虽然他们的记录直到 100 年后仍然时有出现，但其名称已经改变。例如在马达克图和伊卢两座城邦中仍然有埃兰人的国王与军队，但是作为独立的民族和国家却已经不存在了。

埃兰王国与苏萨古城经历了五千年的风雨，与东西方古代文明之间存在着密切的交往，曾经是世界文明史上的一段重要记录。但埃兰是一个小国，它处于强大的美索不达米亚与以后的波斯之间，一直受到掠夺。虽然也接受了当时最先进的文化，曾经有过国富民强的时代，但是在大帝国的侵凌之下，仍然没能避免灭亡的命运。这是一个较早灭亡的文明，直到今天，在这片土地上仍然不断有新的遗址与文物出现，似乎在提醒人们不要忘记古代波斯的这一段历史。

公元前 2000 年前后，雅利安人来到西亚，雅利安人是活动在中亚地区的古代民族，属于印欧语系，雅利安的本意是"高贵的民族"。他们先来到伊朗，伊朗国家的名称意思就是雅利安人的土地，继而南下，进入印度，征服了已经存在 1000 多年的印度河流域文明。雅利安人是农牧业民族，他们掌握了冶铁技术，擅长骑马与驾车，有较先进的犁耕技术。他们越过兴都库什山之后，雅利安中的一支米底人曾经在这里建立米底帝国，后来亡于波斯人。

公元前 550 年前后，波斯大帝国变得强盛起来，与古代希腊人进行战争。波斯帝国就是西方人认识最早的东方，经过长期战争后，最终波斯人被希腊人所战胜。公元前 4 世纪，亚历山大王远征东方，灭亡了波斯帝国，这是西方对东方征伐中最早的胜利。从中世纪起，先后有安息国、萨珊王朝等在这里建立。7 世纪之后，这里成为伊斯兰帝国的领土，从此伊斯兰文化在这里占统治地位，直到今天。

值得注意的是，古代伊朗曾经是拜火教的中心，这个宗教就是琐罗亚德斯教。大约在公元前 11 世纪创立，自从伊斯兰教进入伊朗之后，拜火教势力逐渐衰退。现在伊朗以伊斯兰教为国教，绝大多数人是什叶派教徒，占 90% 左右，只有少数逊尼派。除了伊斯兰教之外，伊朗尚有少数基督教徒、犹太教徒，还有为数不多的古代波斯宗教——祆教——的信仰者。

今天的伊朗是一个多民族的国家，共有 40 多个民族，以波斯人为主要民族，除此之外，还有库尔德人、卢尔人、巴赫蒂亚尔人、俾路支人、阿塞拜疆人、沙赫塞文人、卡拉帕帕赫人、卡拉达格人、土库曼人等多个少数民族。国语定为波斯语，反映了伊朗的民族历史来源。但是现代波斯语中有相当多的阿拉伯语等异种语汇，古代波斯人曾经使用过美索不达米亚的楔形文字等多种文字。公元前 11 世纪形成的《阿维斯塔》（原意与印度吠陀相近，即福音书）与琐罗亚德斯自己所作的《伽萨》（意为颂诗）记载，雅利安人最早定居的地区是波斯西北部的一个名叫戴蒂亚的河边。其实这条河的具体地理位置已经不可考，在米底王国建立之前，雅利安人可能定居于此。

阿维斯塔语是伊朗最古老的语言之一，它与古波斯语、印度语同属于雅利安人的语言，其中阿维斯塔语更接近古代梵语。3 世纪时，文化相当发达的萨珊王朝编定了阿维斯塔经，共为 21 卷，分为三大部分，包括《伽萨尼克》《达蒂克》和《哈塔克·曼萨里克》，348 章，约 345700 字。第一部分是对古代伽萨颂诗的解释，歌颂天国的美好；第二部分是宗教法规和礼仪，是关于尘世的知识；第三部分则研究尘世与天国之间的关系。三大部分互相联系，内容包括神话、宗教理论、仪式、诗歌、地理、医学、星相学等，是一部史诗与百科全书。全书的中心观念是：第一，善与恶是对立的，这是一种二元论的世界观；第二，主张扬善抑恶，认为善必将战胜恶；第三，提倡"三善"（善思、善言和善行）；第四，在社会发展观上，主张以农业与畜牧业来取代游牧生活；第五，提倡信仰宗教，教徒要祈祷，灵魂可以升入光明天国；第六，崇拜火神，歌颂光明，认为光明必将驱除黑暗。

从史诗中可以看出，波斯正经历从游牧向农业社会的转型。同时，作为一部民族史诗，记录了丰富的历史资料，如其中涉及雅利安人与匈奴之间的战争，可以说是最早的关于匈奴的记录之一，可以与中国关于匈奴的记载相印证。诗中描写伊朗人与古代突朗国之间的战争，这个所谓的突朗国就是匈奴人，伊朗军队首领扎里尔不幸在战斗中阵亡，王子巴斯塔瓦为父报仇，诗中写道：

> 呵，我声名显赫的父亲，
> 你怎么会倒在血泊里？
> 呵，神鹰般矫健的英雄，
> 是谁掠走了你的坐骑？
> 你曾发誓歼灭匈奴顽军，
> 如今何以落到这步田地？
> 呵，你的须发被风吹乱，
> 你纯洁的身躯惨遭踩躏！①

古代波斯人与印度文明之间有密切关系，关于琐罗亚德斯的描绘与印度吠陀史诗十分相似，这也可以看成是雅利安人神话宗教的一种传播与延续。但是也可以看出，诗中已经充分显露出波斯民族的性格，其宗教、神话与制度和印度是不同的，这种文明以后的历史命运也与印度相异，这种文明特性赋予波斯人独特的使命，使它在历史舞台上成功扮演了自己的角色。

米底人与波斯人同属雅利安种族，米底王国在公元前 746 年到公元前 612

---

① ［伊朗］贾利尔·杜斯特哈赫选编：《阿维斯塔——琐罗亚德斯教圣书》，元文琪译，411 页，北京，商务印书馆，2005。

年间成功地抵御了亚述人的入侵，并且开始强大起来。公元前612年，米底人与新巴比伦王国合兵一处，共同消灭了亚述帝国，成为伊朗高原的主人。但也就在这时，雅利安人的另一支波斯人开始强大起来。公元前550年，米底人统治下的波斯国王居鲁士二世利用米底国内贵族反叛，战胜米底。从此，米底成为阿契美尼德王朝的一个行省，但是波斯人相对于米底来说仍然落后一些，于是波斯学习米底国家的政治经验，用以建设新王国。其后，波斯人占领了埃兰古国旧地，将阿契美尼德王朝的首都迁到埃兰的苏萨城。从此，原本落后的波斯人迅速接受了美索不达米亚文明，楔形文字被用来书写波斯语，波斯大帝国兴起。历经居鲁士二世、冈比西斯二世和大流士一世三位君主的对外战争，波斯大帝国疆土辽阔，地跨欧亚非三大洲。美索不达米亚的亚述人、安纳托利亚的赫梯人都曾梦想建立起这样的大帝国，但是都未能如愿，来自东方的波斯人却如愿以偿。公元前538年居鲁士攻入巴比伦，解放了被囚在巴比伦的犹太人，帮助重建耶路撒冷，《圣经》里多次提到这段历史。

综观历史，从公元前550年居鲁士二世西进征伐到公元前330年亚历山大东征消灭波斯帝国，波斯从一个高原小国发展到一个世界性帝国，这一历史改变了世界文明分布的态势。高度发达的美索不达米亚文明在文化落后的波斯帝国的统治下渐趋衰落，乌尔城、巴比伦、尼尼微等名城湮没在历史的尘埃之中，经济贸易中心从美索不达米亚的北方向南方的波斯湾地区转移。在小亚细亚与地中海地区，小亚细亚的城邦在专制的波斯帝国统治下同样开始衰落，而地中海的城邦进入兴旺时期，希腊人大力扩展殖民地，从北非、西亚到中欧，地中海这个新兴的区域文明取代了小亚细亚与西南亚巴勒斯坦成为新的经济文化中心。这样一来，希腊与波斯大帝国之间的争夺不可避免。

希腊与波斯之间的战争是波斯历史的转折点，大流士晚年最终发动了这场战争，王权统治下的波斯向希腊城邦挑战。雅典人将这场战争看成是专制与民主之间的战争，也是东西方文明之间的战争。希罗多德的《历史》以记录希波之战为中心，展开东西方文明比较的画卷，这也是西方历史学的开端，一种以世界文明关系为中心的史学传统的开端。战争持续近半个世纪，希腊人战胜了波斯帝国，从此，强大的波斯帝国转向没落，国家经济不振，内乱不止，阿契美尼德王朝面临灭亡。公元前330年，马其顿的亚历山大三世统领的大军攻入波斯，不无讽刺的是，年轻的统帅亚历山大王正是居鲁士二世的崇拜者，他终于来到了波斯的首都帕萨尔加德的居鲁士二世的陵墓之前，当时随军出征的历史学家阿里斯托布记述了当时戏剧性的场景。

亚历山大小心地进入这座200年前的陵墓，墓中陈设却是出人意料的简陋："一把镀金长椅和镀金的桌子，上面放着杯子，还有一具镀金的棺材。"这就是世界征服者居鲁士二世的长眠之所！也许这使得亚历山大失望之余产生无限感慨，于是让人将陵墓上的铭文从波斯文译成了希腊文，并且铭刻在波斯文之旁，以纪念这位伟人。希腊历史学家普鲁塔克记载的这段铭文是：

> 啊，世人啊，无论你是谁，无论你来自何方（因为我知道你会来），我是居鲁士，创建了波斯人的帝国。因此请你不要嫉恨覆盖着我身体的这点儿泥土吧。

这段铭刻的石碑早已经无法寻觅，普鲁塔克的铭文与阿里斯托布的铭文也有所出入，但是这段铭文流传极广，其真实性无可怀疑，这可能是一切世界征服者的感慨，虽然征服世界，但身后却难保葬身之地的一块泥土。据说当时亚历山大一言不发，退出了陵墓。

波斯大帝国灭亡后，伊朗高原成为另一个代之而起的大帝国——亚历山大帝国——的领土。亚历山大去世后，公元前 312 年到公元前 129 年，波斯被塞琉古王朝统治，这个王朝是亚历山大帝国的一部分，属于希腊文明，波斯从东方古国变为希腊化时代的一个行省。公元前 250 年，一支从中亚地区来的游牧部落阿帕勒人来到波斯，他们先是攻占了塞琉古的帕提亚，在阿萨克城建立王朝。这个王朝在东西方有不同的称呼，中国人称之为安息（Arsak），司马迁等历史学家记录了这个王朝与汉朝之间的交往。西方称这个国家为帕提亚，是一个骁勇善战的古代民族。从公元前 247 年到公元 226 年的安息王朝，希腊传统仍然是主要的，其间与中国有直接交通，开启了东西方文明交流的新篇章。

公元 3 世纪时，波斯人的萨珊王朝兴起，公元 226 年灭亡了希腊化的古国安息。从此，波斯重归自己的文化传统，直到公元 7 世纪随着阿拉伯的兴旺，波斯成为阿拉伯世界的一员。

第四节 阿拉伯与伊斯兰教兴起

伊斯兰教发源于欧洲与亚洲之间的阿拉伯半岛，属于欧洲称之为中东与近东的地区，这里是古代东方与西方交界之处。早在希腊人希罗多德的《历史》中就记载了阿拉伯民族，认为"阿拉伯是比世界上任何其他民族都尊重信谊的……在阿拉伯有一条叫做柯律司的大河，它是流入所谓红海的"。①

阿拉伯半岛一般分为八个部分：即位于红海东岸的汉志地区；汉志南边是也门；在也门的东面，南临印度洋的是哈达拉毛地区；在哈达拉毛以东，则是麦赫拉地区；半岛最东是阿曼，这里三面临海，北方是波斯湾东面和南面则是印度洋；波斯湾西部是哈萨地区；内几德地区位于叙利亚沙漠之南，是半岛的中部；爱哈哥府在哈萨、阿曼、哈达拉毛和麦赫拉几个地区之间。可以看出，阿拉伯半岛地方不算太大，但是地形复杂，地区划分比较多。

在希罗多德的时代，阿拉伯人还处于伊斯兰之前的时代，也就是所谓"蒙昧时代"。当时的阿拉伯民族文化相对落后，在它四周都是发达的文明：古代希腊文明、两河流域文明、埃及文明。由于地处东西方之间，而且是战略要地，波斯人在进攻希腊人和与埃及人的征战中，都要途经阿拉伯地区。从经济上看，丝绸之路途经阿拉伯地区，阿拉伯人素以善于经商而著称。古代世界中，阿拉伯商人与西方的威尼斯商人几乎齐名，而且由于他们在丝绸之路中的特殊地位，可能更为突出。所以阿拉伯虽然经济不发达，在伊斯兰教兴起之前文明也相当落后，但阿拉伯商业还是引起了世人的注意。阿拉伯商业主要是一种长途贩运型的商业，这是传统商业的主要模式，特别是在世界范围里的东西方交易。直到 16 世纪之前，东西方的商业贸易中，东方是农业产品与工艺产品的主要出产地，西方则是主要消费市场，丝绸之路是最为典型的古代商业路线。16 世纪之后，西方工业文明的发展改变了世界商业模式，西方变成工业产品的主要输出地，东方则成为资源供应地与市场，东西方的地位彻底改变，商业模式也随之变化。工业品贸易成为主要模式，从传统的长途贩运变为工商业城市贸易，集市贸易也转化为规模性的大市场，欧洲各地出现了全欧性的多个大市场。这是前所未有的变化，为西方文明的市场经济原则奠定了基础。

阿拉伯民族主要生存地是阿拉伯半岛，这里是伊斯兰教的发源地，也是阿拉伯文化的发源地。"阿拉伯"一词的原意就是沙漠地带，阿拉伯人则是指那些在这一地区过着游牧生活的牧民，主要是贝都因人。在伊斯兰教产生之前，阿拉伯文化处于"蒙昧时代"。这个时期当地居民的信仰是多种多样的，在不同历史时期大致可以分为两种。

其一是原始宗教，比如泉水崇拜、精灵崇拜、动物崇拜等，这在世界各民族中都是大同小异，没有特殊之处。但是，其中的星月崇拜却非同一般，最具

---

① ［古希腊］希罗多德：《历史》，上册，王以铸译，195～196 页，北京，商务印书馆，1959。

有阿拉伯民族特色。星月崇拜就是把月亮作为崇拜的对象。我们知道，古代民族中日月崇拜都相当多，但相对来说，太阳神多于月神，埃及人的太阳神信仰就是这种崇拜的标本。贝都因人崇拜月神，可能与沙漠地区干旱、炎热的气候有关。每年从五月开始，白天就变得酷热难当，在干燥的气候中，人类活动困难。时至今日，阿拉伯地区五月的气温可以达到摄氏 40 多度，外出的人很少，偶尔有骑着骆驼的人经过，使人会联想到当代游牧人的风采。只有到了夜幕降临之后，凉风送爽，阿拉伯人的居住地灯火齐明，充满了生机，才有了沙漠中生命存在的一幅图景。黑暗中的光明，星月之光与灯火之明，是《古兰经》中所歌颂的。从《古兰经》中，我们还可以看出古代阿拉伯人自然崇拜的痕迹，《古兰经》第 71 章中说道：

> 努哈曾说："我的主啊！他们确已违抗我，他们曾顺从那因财产和子嗣而更加亏折的人们，那等人曾经定了一个重大的计谋，他们曾说：'你们绝不要放弃你们的众神明，你们绝不要放弃旺德、素瓦尔、叶巫斯、叶欧格、奈斯尔。'他们确已使许多人迷误，求你使不义的人更加迷误。"①

这里是记叙派遣努哈传教的经过，所提到的旺德、素瓦尔、叶巫斯、叶欧格、奈斯尔等神都是自然崇拜的神灵，其中旺德就是月神。除了月神外，相当重要的是金星，它被称为"阿斯台尔"，是掌管农业和土地的神灵。当时未经伊斯兰教化的部族笃信这些宗教，以后这些神灵的影响也并没有马上消失。就像基督教有了十字的象征一样，伊斯兰教有了星月象征，成为阿拉伯民族的精神信仰的一个符号。无论在教堂建筑还是生活中，无处不在。对于穆斯林来说，它就是神圣。

而定居的阿拉伯人以农业生产为主要生活方式，则有了太阳崇拜习俗。这种太阳崇拜是古代各民族常见的，特别是一些农业民族，因为庄稼生长要靠太阳雨水，所以尊崇太阳神，也是正常的。除了这些崇拜之外，阿拉伯人四处经商，长途贩运是阿拉伯商人的主要经营方式。在现代工商业兴起之前，阿拉伯商人及其经商模式在世界上有较大影响。阿拉伯商人广泛接触各国人民，也把各种宗教带入了阿拉伯地区。这些宗教在当时来说，比阿拉伯人的信仰发达，教义深刻，能为人们所信服，所以传播面积更广。

---

① 《古兰经》，马坚译，474 页，北京，中国社会科学出版社，1996。

在阿拉伯古代崇拜中，尤其引人注目的是一种神石崇拜。无论是克尔白的黑色神石，还是那一片黑石地，这片地位于麦加与麦地那之间，阿拉伯人的多种信仰都几乎与石头有关。这种黑石是死亡的象征，有人分析这信仰就是古巴比伦死神崇拜，也可以成为一说。但实际上石头崇拜可能在西亚地区相当普遍，基督教《圣经》中，石头也是一种重要象征，《哈巴谷书》中就有"石头呼叫"（stones will cry out）的说法。当然，朝圣的习俗也是在伊斯兰教之前就出现的，著名诗人祖海尔（Zuhayr bn Abī Suimā）的名作《悬诗》就曾写过：

> 我以人们朝觐、绕行的克尔白起誓
> ——建造它的部族是朱尔胡姆和古莱氏；
> 我发誓：无论处于什么样的境地，
> 你们两人都确实是仁人君子。
> ……①

克尔白（Kaaba）就是古代的神庙，呈方形，其中有偶像与神石，也称之为玄石。位置放于庙的中部，周围镶有银边。所有的人都来这里朝圣，朝圣者用手来抚摸这块圣石。这种习俗产生于伊斯兰教之前，穆罕默德创立伊斯兰教之后，承袭了这种宗教礼仪。阿拉伯人的石头崇拜十分突出，对于一些罕见的石头，如火山石、陨石等，阿拉伯人认为它们是自天而降就更加重视，是所谓"天石"而更加崇拜。这种崇拜可能就是克尔白朝圣习俗的来源。其具体起始年代与意义已经难以考据了。但有学者认为，这种宗教习俗可能与基督教等外来宗教有关。中国史学家周谷城的《世界通史》中曾经引用了刘智于《天方典礼择要解》卷八的一段话：

> 朝觐者新诣天阙，以返其所自始也。天阙即朝堂，又曰天房，天房名克而白。盖造物设之，以作万方朝向者也。朝觐者必抚石。阙庭之南，有巨石一片，其色玄，自天降也，故名玄石，又曰天石。凡朝觐人至阙庭，先必抚石，以示信道之坚重如石。游克而白三七匝，每匝过玄石必抚之。抚之之法，两手平覆于石，反举而以口亲之。②

① 《阿拉伯古代诗选》，仲跻昆译，61页，北京，人民文学出版社，2001。
② 转引自周谷城：《世界通史》，上，348页，石家庄，河北教育出版社，2000。

古代阿拉伯宗教中，发展出了种种偶像崇拜，如月神偶像、星宿偶像，等等。其中最为著名的是三女神崇拜，三位女神是月神拉特、金星神维纳斯也就是欧萨、命运女神麦特那（或称默那），这三个女神崇拜风行各民族，是全体阿拉伯人最崇敬的神。穆罕默德在创立伊斯兰宗教时，适当吸收了阿拉伯古代传统文化的精华，但是根据安拉为唯一信仰的教旨，对于其中的某些神话进行了研究，坚持一神论思想，反对一切偶像崇拜。《古兰经》第 53 章中说：

> 你们告诉我吧！拉特和欧萨，以及排行第三，也是最次的默那，
> 怎么是真主的女儿呢？难道男孩归你们，女孩却归真主吗？然而，这
> 是不公平的分配。这些偶像只是你们和你们的祖先所定的名称，真主
> 并未加以证实，他们只是凭猜想和私欲。①

女神崇拜与偶像崇拜是原始民族中常见的崇拜，进入文明社会之后，这种崇拜被新的一神教所否定，也是自然现象。

其二，从公元前后，世界各种主要宗教不断传入阿拉伯，公元 70 年前后，犹太人从巴勒斯坦地区进入阿拉伯，将犹太教带入阿拉伯。以后基督教也传播到这一地区。而这两种本是同根所生的宗教，在阿拉伯地区竟然不断产生摩擦，最后酿成战争。基督教的多种不同教派也在这里发展，在伊斯兰教产生之前，这一地区的宗教形势十分复杂。总体来说南方宗教发达，特别是外来宗教，往往是先在西部和南方登陆，以后影响到全半岛。同时，在历史上，南方也是宗教斗争较为激烈的地区。

阿拉伯半岛是一个相对封闭的地区，经济不发达，因此古代社会的宗教迫害中，阿拉伯半岛成了一个躲避纷争的地方。古代波斯地区的拜火教徒、犹太教徒、基督教徒、景教徒等都曾经到过这一地区，并且在这里争取发展。在半岛的经济与宗教发展史上，有一个特殊的历史现象，较早发达的是南方地区，但是从公元 3 世纪之后，南方开始衰落，经济与宗教中心向北转移，南方民族向北方迁移，使得北方发达起来。

在伊斯兰教之前，阿拉伯地区宗教所取得的成就中，有三项值得特别关注：

第一是安拉神名的提出。大约在穆罕默德前两个世纪，就已经有安拉神信仰，主要集中在麦加地区，在列哈赛法铭文中就已经用"安拉"来代表上帝

---

① 《古兰经》，马坚译，432 页，北京，中国社会科学出版社，1996。

了。最早可能有众神之神的意思。以后伊斯兰教继承了安拉神的称呼，但是尊为唯一的神。

第二是正教观念的提出与朝圣礼仪。这是所谓的哈尼夫正教学说，哈尼夫就是阿拉伯语中的"正统的"意思，这种学说可能与基督教等宗教的传入有关。由于这种影响，在阿拉伯人中间产生了早期一神教的思想。易卜拉欣的正教与朝圣，可以看做是穆罕默德之前阿拉伯人自发产生的一神教要求，为伊斯兰教的产生奠定了基础。伊斯兰教的产生不是偶然的，它有近两个世纪的精神准备。产生这一变化的原因之一自然是多种一神教的传入，到公元 7 世纪前后，多神教在文明世界上已经没有多少势力了。

第三是阿拉伯人的灵魂不死与转生，这是一种有特色的思想，它的来源目前尚不清楚。我们已经说过，印度人较早就有这种观念，但在阿拉伯人中这种观念自何而来，还没有明确。

第五节　伊斯兰宗教信仰的传播

虽然伊斯兰教在当代世界上与犹太教和基督教有相当多的冲突，而且这种冲突几个世纪以来从没有间断过。但是，我们不能不承认，伊斯兰教从性质上来说其实与犹太教、基督教属于同一宗教系列，而且与它们有共同的起源。这也产生这样一种可能，正是这种同源宗教的教义所强调的圣战与排斥异端精神，有可能对于它们之间的关系产生影响。这种冲突几乎随处可见，即使在《古兰经》中，也可以看出与作为同宗异教的犹太教、基督教之间的分歧，这是无可隐讳的。

伊斯兰教与犹太教、基督教全都产生于闪米特人的先知信仰，这种信仰一般采用祈祷的方式，表达自己的信仰虔诚。可以看出，这种信仰方式与其他一些古代信仰是有区别的，如与亚洲的萨满教、埃及的太阳神等都不尽相同。如果说有一点重要区别的话，那就是先知与巫师之间还是有相当大的差异。先知崇拜是闪族信仰的重要特点，已经越来越清楚了。

由此发展出来的宗教，一般主要由宗教教义、宗教经典、组织与仪式等构成，也有宗教义务、宗教语言、宗教建筑等内容，由此形成相当完整的宗教体系。其中，从先知到神圣的崇拜是这种宗教发展的一般规律。我们从穆罕默德和宗教经典开始对伊斯兰教进行研究。

穆罕默德是伊斯兰宗教的创始人，他被安拉特选为使者，接受安拉的启示，担负着传播伊斯兰教的神圣使命，同时，他也是最后的一位先知和使者。

根据《古兰经》记载，穆罕默德根据安拉的启示，在自己的家乡麦加创立伊斯兰教。"伊斯兰"（Islam）是阿拉伯语，它的原义是"顺从、服从、归顺"等，并且同时也有"和平、洁净"等相关含义。这里我们也必须提到另一个重要的相关词即"穆斯林"（Muslim），这个词就是由伊斯兰一词所派生出来的，就是信仰伊斯兰教的人，亦即"顺从者"的意思，所以两个词其实是基本相同的，只是一个用来指宗教信仰，而另一个指信仰这个宗教的人。

根据《古兰经》的相关记载，一般认为穆罕默德于公元610年创立伊斯兰教。最初是在麦加传教，取得了一定成效，但是也有部分贵族反对。公元622年，穆罕默德转到麦地那传播伊斯兰宗教，麦地那原名叫叶斯里伯，以后改为麦地那，就是"先知城"的意思，穆罕默德在麦地那的传教活动获得巨大成功。[①] 伊斯兰教在这里建立了第一个宗教政权伊斯兰麦地那政权。在麦地那传教的过程中，穆罕默德根据伊斯兰教义，提出一切信教者都是兄弟的主张，组织成立了穆斯林公社，这也是第一个以宗教为主的政教合一的组织。

穆斯林公社的成立改变了传统的以血缘、亲属或是地域为联系的社会关系结构。穆罕默德认为，所有的穆斯林兄弟应当团结起来，服从伊斯兰教义，为了共同的宗教利益而战斗。从此，穆罕默德成为宗教、政治和军事的统一首领。应当说，穆斯林公社的成立在伊斯兰教和阿拉伯地区的历史上意义相当重大，它是以后的伊斯兰教国家的表率，为以后政教合一的国家制度提供了样板。虽然在当时的历史条件下，它并未以国家的形式登上历史舞台。

这一年即公元622年成为伊斯兰教历的开始，穆罕默德在麦地那制订了《麦地那宪章》，这是第一部伊斯兰宪章。主张以信仰安拉为唯一信仰，各个民族与部落要服从伊斯兰教的信仰，《麦地那宪章》明确了以《古兰经》为最高指导原则，打破部落与民族的界限，实行全阿拉伯的统一。公元630年，穆罕默德率军攻克麦加，麦加的贵族们纷纷皈依伊斯兰教，宣誓服从穆罕默德，从此，代表伊斯兰宗教的克尔白神庙在阿拉伯半岛就成为宗教和政治的中心。为了加强宗教信仰的向心力，穆罕默德于公元632年在麦加举行了第一次朝觐，这也是他有生之年唯一的一次朝觐。同年，伊斯兰教的缔造者穆罕默德辞世。而伊斯兰教已经成为阿拉伯人的统治性宗教，确立了不可动摇的地位。

《古兰经》在阿拉伯语里被称为"瓦哈伊"也就是主的上天启示的意思。这是指经文，是安拉的话语，这种话语是经过天使迦百列传给先知穆罕默德的，这种传授不是言语，而是一种无言的传授。从这里可以看出，《古兰经》

---

① 参见纳忠：《阿拉伯通史》，上卷，136～137页，北京，商务印书馆，1997。

的来源认识与《圣经》有近似之处，都是上帝或最高神的话语，是天启。而且还有"天使"传经的说法，这都是与《圣经》相似的。关于天启，我们还必须提到"奉使命"的思想，这是指穆罕默德在麦加的格德尔之夜奉安拉之使命，这种思想与耶稣、释迦牟尼的成神经过基本相同。耶稣受洗、释迦牟尼在菩提树下悟觉，都强调通过一种方式、一种思考与神相通。这种相通具有授予权力的含义，一般就是授予解释神的话语，行使神的命令。这就把受命者与众人相分离，使其获得一种神圣性。这一过程与神的旨意和行使等，全都成为宗教经典的内容。

《古兰经》的主要内容可以分为三大部分，其一是宗教原理，包括认识、创世、信仰意义等；其二是宗教信仰与制度，包括宗教的礼仪、规定、教徒的行为方式与道德准则等；其三是社会生活，像所有经典一样，社会生活是宗教信仰的出发点也是它的最终实现，因为宗教都是面向社会的，所以它对社会现象要有评论、界定与批评，如财富、家庭、男女、学问、战争、饮食、衣饰、起居等方面。

在信仰方面，《古兰经》认为安拉是唯一的神，是真正的主，所有的人都应当信奉安拉。伊斯兰教是唯一正教。但是，又认为信仰是自由的，并不强迫信奉伊斯兰教，极力反对以武力胁迫信教。同时，重视信仰与社会义务性，这是伊斯兰教的一个重要观念，即不以物配主，孝敬父母、救济贫民。在宗教中，伊斯兰教尤其重视社会与家庭道德建设，如禁止奸淫、杀人偿命、提倡学习知识等。但是，也有相当多的地方反映出阿拉伯当地风俗与观念，如婚姻、财富、借贷立约、禁忌，等等。

一种宗教信仰所表达的理念具有自己的特色，从每一种宗教的理念我们都可以看出这种宗教的文明环境，它产生的历史与目的。再从更深层来说，我们可以看出这种宗教的哲学，它的世界观、人生观与人性观，它关于人权、民主、社会的理解。

逊尼派人数占到穆斯林人数的 90%，是最大的教派。他们的主张其实是一种相当传统的理念：安拉的本体与德性是区分的，本体第一，德性第二，本体与德性是永存的，而且是无始的。这样就使得安拉的神圣性保持独立，安拉的存在是不同于万事万物的，它具有真实德性，但这种德性不与人同形同性。因为宇宙间一切事物都是安拉所创造的，但这种创造物只具有实体性和偶然性，而不具有安拉的德性。而什叶派则信仰伊玛目，伊玛目在阿拉伯语中具有"领袖"、"师表"、"表率"等含义，一般来说就是宗教领袖。伊玛目的起源是指领着众人祈祷的人。在伊斯兰教初创时期，穆罕默德就是伊玛目，以后的伊玛目曾经是政教一体的领袖的代称，但毕竟由于行政与宗教各有其事务，最终还是分开了。什叶派对逊尼派把哈里发与伊玛目合一、世俗与宗教完全合一的做法并不欣赏，他们坚持伊玛目是安拉所赋予的神职，先知穆罕默德离世后，伊玛目是其继承者，先是阿里，以后是通过遗传产生的，是圣女法蒂玛的后裔，他们甚至把伊玛目作为信条，其中有十二伊玛目派、伊斯玛仪派等。

伊玛目信仰为什么受到这样的坚持？

这个问题对于伊斯兰教是个引人注目的现象，但是对于世界宗教发展史来说，只是一种规律性的作用的发生，这种现象在各种宗教中都曾经发生或必将发生，可以说是丝毫没有值得奇怪之处。

宗教学家涂尔干（Emile Durkheim）曾经揭示过宗教史上一种引人深思的现象，在有的宗教如佛教中，佛陀的神性是在佛教组织之外的；而有的宗教，如基督教中，耶稣却是神的主体，使这种宗教须臾不可离开。他是这样说的：

> 最后，无论人们怎样去构想佛陀的神性，事实上，这个概念也完全是处在佛教的基本组成部分之外的。佛教主要是由救度观念构成的，其前提条件仅仅是知晓善的教义并付诸实践。的确，如果佛陀未曾揭示这种观念的话，人们便无法了解它；但是这种观念一经揭示，佛陀的任务也就完成了。从此以后，佛陀就不再是宗教生活中的必要因素。即使揭明四圣谛的佛陀在人们的记忆中消失了，人们仍然有可能实践四圣谛。基督教则截然相反，如果没有基督永存的观念，如果没有持之以恒的膜拜实践，基督教是无法想象的。因为正是通过永生的基督，通过每天的祭献，基督教徒共同体才能不断与精神生活的至高源泉相互沟通。①

其实这里涂尔干完全错了。他是一位古代宗教特别是原始宗教的专家，但是对于宗教发展原理却不得其要，这里，他主要的错误在于把古代宗教与近代宗教混为一谈。佛教是古代宗教，但基督教是近代宗教。两者最大的不同是，基督教是一种人格神化的宗教，基督教产生的根源在于此。这就是弥赛亚主义，这是近代社会对于宗教的一种要求。近代社会中，原始宗教的神已经不能完全满足理性化以后社会的要求，人类所需要的是人的理性所可以崇拜的对象。这一

---

① ［法］爱弥儿·涂尔干：《宗教生活的基本形式》，渠东、汲喆译，38页，上海，上海人民出版社，1999。

对象必须具有人格性，当然也必须要有神性。这就是犹太教被基督教所取代的原因，与耶和华相比，人们更为需要耶稣基督这种人格神。当然，这里的耶稣是代表了耶和华的，是救世主弥赛亚与天国的人世代表。迪安·彼得逊（R. Dean. Peterson）在《基督教简史》（*The Concise History of Christianity*）中说：

> 虽然关于弥赛亚与天国的看法有所不同，但是耶稣时代的犹太世界却充满了上帝之协助将临近他们并使之到达天国的激情，无数的父母们把自己的儿子取名叫约书亚（希腊文中的耶稣），期望他们的孩子就是那个上帝选中的带领人民的奉使者，到处充溢着这种盼望弥赛亚降临的气氛。[1]

同样，在伊斯兰教中，人们也需要穆罕默德这样的先知。这种先知不同于以前的先知，他是奉神使的先知，是安拉的唯一代表，是神化的人。所以，他的神圣性必须要体现出来。这是涂尔干所没有能够充分理解的，不理解这种近代宗教的转化，就无法正确理解宗教的本质。

从这一角度来说，无论是逊尼派还是什叶派，都重视安拉的使者穆罕默德的神的代表性，"伊玛目"如同"弥赛亚"，或者说伊斯兰教的伊玛目相当于基督教的"弥赛亚"。无论耶稣还是穆罕默德，都是应近代社会宗教的理性化的需要所感召而生的人格神，他们不同于唯一的神，而是作为人间神的使者，从而推动近代宗教与人类社会相接近。这在伊斯兰教原理中是相当重要的。

伊斯兰教的宗教理念中，有我们所熟悉的"末日审判"，这就是说承认有世界末日。《古兰经》第 101 章中说：

> 在那日，众人将似分散的飞蛾，山岳将似疏松的采绒。至于善功的分量较重者，将在满意的生活中。至于善功的分量较轻者，他的归宿是深坑。你怎能知道深坑里有什么？有烈火。[2]

---

[1] R. Dean. Peterson, *The Concise History of Christianity*, Wadsworth, Thomson Learning, 1999, p. 20.

[2] 《古兰经》，马坚译，506 页，北京，中国社会科学出版社，1996。

这种理念与西方基督教是一样的。这种看法就是认为终将有一天世界会毁灭，其中也有人将重生的说法，这也与基督教大同小异。我们可以看到《圣经》中的末世论，如《新约》的《使徒行传》第2章17就说道：

> 神说，在末后的日子，我要将我的灵浇灌凡有血气的。你们的儿女要说预言。你们的少年人要见异象，老年人要做异梦。在那些日子里，我要将我的灵浇灌我的仆人和使女。他们就要说预言。在天上我显出奇事，在地上我要显出神迹。有血、有火、有烟雾。日头要变为黑暗、月亮要变为血，这都在主大而明显的日子未到之前。到那时，凡求告主名的，就必得救。

但是，我们也要看到，毕竟伊斯兰教有自己独特的思想。基督教的世界末日理论虽然消极，但是其中有一种救世的生命之歌，那就是基督耶稣的复活，复活的思想对于现实是有鼓舞力量的。而伊斯兰教产生的历史条件与基督教不同，它没有经受过罗马长期的压迫与迫害，没有耶稣基督被钉十字架的历史，所以它的教义中就没有相应的内容，而这种内容正是基督教不同于犹太教的地方，是经受过苦难的基督教徒们救世的信心之源。弥赛亚精神、救世主精神是数千年受到迫害的犹太民族的深重苦难和呼声，所以这种信念是十分深刻的，不能被别的精神所取代。

阿拉伯民族没有犹太民族这样的历史，两者的民族心理与性格都有所不同，所以不可能产生这种弥赛亚精神。这是两种民族、两种文化的巨大差异，这种差异反映在了他们宗教之中，形成了各有特色的宗教理念。伊斯兰教对于恶的惩治所形成的火狱与天园，在某些方面与基督教的末世论、地狱与天堂的学说是相对应的。伊斯兰教认为，作恶者后世将入火牢或地狱，或称为"烈火"、"火焰"、"赛仪尔"、"杰希姆"等，都是惩罚恶人的地方，作恶的人身后将被穿上火衣、遭受火鞭的抽打等。而行善者所上的天园则是和平之宅与"极乐之宅"，是信徒们的归宿。人们在那里可以过着永远青春年少、长生不老的日子。总括伊斯兰教的报应与末世思想，其特色是具有更多的现实性。阿拉伯是一个刚刚脱离或者仍然保持着游牧生活方式的民族，阿拉伯半岛没有发展农业的优越条件，但是却有地理位置的天然条件，商业与海上贸易是阿拉伯人从事较多的职业。《古兰经》中就有鼓励从事远洋经商与贸易的话语，在这种生活环境中发展起来的文化，关注社会生产与经济活动，是非清楚，善恶观念明显。在他们的宗教信仰中，文化特征也表现得很突出，令人一眼就能看出，这是阿拉伯人的宗教。在这种信仰中，相当重要的就是惩恶扬善的思想主题。

我们再来看一下其善行观念，这也是伊斯兰教最重要的观念之一。在伊斯兰教中，并不强调原罪观念，这是与基督教完全不同的。原罪观念把人的心理作为重要的方面，特别注重人的赎罪。而伊斯兰教注重现世与现实的行为，注重乐善好施，这一点与佛教相似。要求富人救济穷人，这是一种现世精神的体现，是乐观的、活跃的。而相对来说，基督教善的观念则显得沉重而忧郁。虽然这种观念是深刻的，随处可以看到一种犹太人甚至希腊人的悲剧性观念，但是这种观念毕竟与阿拉伯半岛上居民的生活是有一定差别的。

在伊斯兰教中我们看到了最为优美的行善施舍，这是自然的、明朗的善。它是人类善的一种近代宗教形态的完美代表，我们说它完美，正是由于它的单纯、清明、直接可行与易于为人所理解。它把行善的内容直接与施舍、赠与等行为联系起来。从这一点来说，与中国儒学和佛学，与基督教等的"善"是不同的，后两者的善都已经不再是济贫而主要是一种济世的思想，加入了更复杂的社会意识形态与道德内容。而伊斯兰教善的形态，只有在阿拉伯民族，这个半岛上的游牧民发展起来的民族中，才有如此明晰的形态。

第六节　阿拉伯世界大帝国

在伊斯兰文化史上，阿拉伯大帝国是最兴盛的时期，它深刻改变了阿拉伯民族精神世界，使其摆脱蒙昧，进入世界发达民族之林。如今虽然已经过去了几个世纪，但这一时期的文化影响却并未消失，甚至愈来愈显示出其力量。

公元632年穆罕默德逝世之后，伊斯兰的圣战运动向阿拉伯以外的地区扩展，当时主要的敌人是西方的罗马帝国与东方的波斯人。此时这两个腐朽的大帝国其实都已经不堪一击。公元639年，阿拉伯军队攻陷开罗与历史名城亚历山大里亚，东罗马帝国灭亡。四年之后，波斯帝国也被战胜，萨珊王朝宣告失败。在罗马人与波斯人统治的地区，新生了一个阿拉伯大帝国。

阿拉伯人并未就此止步，公元661年，伍麦叶王朝成为阿拉伯帝国的统治者，开始了更大规模的扩张，阿拉伯人的军队向三个方向：地中海沿岸、非洲与印度同时进军，相继在北非和西班牙取胜，甚至渡过直布罗陀海峡，灭亡了西哥特王国，整个欧洲为之震动。不过伍麦叶王朝的大军在公元732年被法兰克人的基督教领袖查里·马特尔所击溃，这才止住了阿拉伯人对欧洲的进攻。

阿拉伯人的东进却一路顺利，他们占领了阿姆河与锡尔河（也就是中国古代典籍上所说的药杀水）地区，进军中亚，占领阿富汗和印度西北部，一直来到中国西域，直到这里，面临当时世界上最强大的唐王朝，阿拉伯军队才停止下来。此时已经建立了一个地跨欧、亚、非三大洲的阿拉伯大帝国。

公元 8 世纪的阿拔斯王朝是阿拉伯文化的鼎盛时代，这个时代中，阿拉伯文化从"蒙昧时代"突飞猛进，吸收东西方文化的精华，成为当时世界发达文化之一。穆斯林商人们重新在国内外活跃起来，开辟了东达中国，西到西班牙，东北到俄罗斯与东欧国家，北到拜占庭，南到也门等地的世界性商业线路，这种繁荣景象一直到公元 13 世纪。中国古代阿拉伯商人众多，特别是公元 8 世纪前后，据唐代史志记载：仅长安就有数千阿拉伯商人居住，即使在当今全球化时代的世界大都市中，外国商人这样集中的情况也是不多见的。

其实自公元 9 世纪后期起，阿拔斯王朝已经渐趋没落，突厥军人掌握政权，各民族纷纷独立建立自己的政权，国内四分五裂。从公元 11 世纪起，欧洲的骑士阶层兴起，1095 年，罗马教皇乌尔班二世在法兰西的克勒芒召集宗教大会，宣布成立十字军，开始东征阿拉伯帝国。

经历了两百余年的征战，阿拉伯帝国虽然未被征服，但是却已经成了强弩之末。公元 1258 年，蒙古人的大军来到了巴格达城下，首领旭烈兀率军攻城，灭亡了阿拉伯历史上最辉煌的阿拔斯王朝。统治世界的阿拉伯哈里发被俘，残酷的蒙古军队给他以游牧民族的处决：被装在口袋中由骑兵的战马践踏，最终悲惨死去。

公元 15 世纪中期，土耳其奥斯曼帝国确立了统治地位，一直到 18 世纪，这个庞大帝国才真正衰落，20 世纪最终灭亡。众所周知，这一历史时期，正是世界发生天翻地覆变化的时代，资本主义长足进展，整个西方世界走向现代化。在这一时期中，伊斯兰的经济思想也有巨大的变化，如先后出现过克瓦夫、瓦哈比运动，圣战运动等，都有独特的经济观念。但是，伊斯兰经济思想的发展不能适应当代社会发展的大潮，仍然停留在一种近代的模式。中国学者曾经这样总结穆斯林的经济思想：

> 从总体来看，近代伊斯兰复兴运动的经济主张主要集中在财产和消费方面。这一方面反映出当时穆斯林下层社会仍然处于传统的落后经济状态中，无法提出具有现代色彩的经济主张来。另一方面，也体现出了他们的主张同经典穆斯林经济主张的渊源关系。另外，伊斯兰教初期"乌玛"的军事、政治、宗教、经济一体化的公社模式成为伊斯兰运动中纷纷仿效的楷模。这种从经济角度看属于独特的集体经济

的公社，往往只是一种战时状态的临时性组织，很难长期实行。乌玛的核心是集体生产、生活——穆斯林皆兄弟的情谊——相对平均、平等的社会关系与物质分配。这种集体公社经济的思想反映了下层贫民朴素单纯的人际关系与相对均等的思想意识。①

对于这一结论，我们是赞成的，只是仍要指出两点：第一，平均思想渊源有自，是从伊斯兰教经典中产生出来的，不是贫民们自发的思想感情，它出自神圣的源泉而不是俗世，它是教义中所内在的不同观念。第二点则更为重要，一种经济思想或者伦理不完全取决于所产生社会的经济发展水平，就是马克思主义也没有这样的认识。上层建筑不只有适应性，它还有一种维护和创造的作用。以基督教宗教伦理为例，宗教改革的发源地不是在英国或法国这样经济水平相对发达的国家，相反，它产生于封建势力浓厚的德国，就是一个明显的例子。认识到这一点，再回顾伊斯兰现代社会中的经济伦理，就会有更深一层的体悟了。

宗教经济伦理的作用最终还体现在社会生产中，当然也包括社会的精神生产，在现代社会中，社会的现代化是一种存在，无法回避。这个现实存在的意义体现于占人口大多数的普通百姓的生活之中，现代化除了政治、经济意义之外，它主要是一种生活方式。任何一种主张都不得不面对这一现实，无论它是否合理，无论你如何认识它，把它看成是西方化或是儒家的、伊斯兰民族自己的现代化，这种现实是你必须面对的。在伊斯兰当代社会中，传统的宗教经济伦理正面临选择，巴格达大学的伊斯兰史教授阿卜杜·阿齐兹·杜利说：

> 阿拉伯人首先作为一种文化，然后作为帝国主义大国的西方的接触，在阐明阿拉伯民族的历史根源，在巩固这些根源，在确立其真正含义方面，是非常重要的。阿拉伯人欢迎自由的含意，试图仿效西方去改善自己的生活和经济。但他们并不准备抛弃自己的遗产或否认自己的特征。②

---

① 刘天明：《伊斯兰经济思想》，138 页，银川，宁夏人民出版社，2001。
② ［美］凯马尔·H. 卡尔帕特编：《当代中东的政治和社会思想》，陈和丰等译，67 页，北京，中国社会科学出版社，1992。

阿拉伯国家从"百年翻译"运动以来，一直是东方世界与西方文明接触的前沿，比起日本、中国这样的东方国家来说，阿拉伯应当说有与西方接触的丰富经验与体会。上文中所说的对于西方文化的态度，应当说是最普遍的，是多数民族都有的。类似于中国张之洞的"中学为体，西学为用"、日本福泽谕吉《文明论概略》一类著作中所提出的"以西洋文明为目标"等主张。这一类观念属于一种定性式的决定论，把一类文明作为一种概念来看。但在今日，用这种观念来看待现代化与东西方联系，却可能已经落后了。西方的道德与经济是不能分的，只取西方经济而抛弃西方道德的思想也是不可能的。西方的理性、科学、精神信仰是一个完整的体系，可谓血肉难分。如果只取其中一部分，就如同莎士比亚《威尼斯商人》剧中那个犹太人只要安东尼的一磅肉，而不出一点血一样，是完全不可能的。而且更为重要的是，如果把别人的肉拿来，也不能补在自己身上。自己也是一个个体，也是一个体系，只有通过把外在的养料消化以后，才能为自己所吸收。西方的经济要进入任何一个东方民族，都必须与这个民族的信仰、精神产生一种逾越作用，才可能为其所用。这就是系统的与辩证的观念，用这种观念来看，伊斯兰的经济伦理只有产生一种与西方科学的融合与逾越，才可能有自己的新经济伦理，这种伦理是出于伊斯兰教本身的，而不是外在于这种宗教的，不是"伊斯兰教＋西方经济"的模式，这种伦理才可能对科学与社会的发展有真正的支撑作用。

当然，任何一种宗教伦理观念产生于其存在的沃土之中，如果伊斯兰教经济伦理与其教义之间产生距离那是不可能得到发展的，所以我们所要做的不是想象某一种宗教的经济伦理走向，而是实事求是地研究它的实质，它所产生的历史环境，这是我们对一切宗教伦理的根本态度。

这里我们关注一下那个灭亡了阿拉伯大帝国的蒙古大帝国。成吉思汗从公元1206年开始对东西方进行征伐，到14世纪前后，各大汗国相继灭亡。其真正具有统治力量与军事威慑力的时代主要在13世纪，蒙古帝国的几个汗国也是如出一辙。我们以金帐汗国与伊凡汗国为例来看这种帝国破灭的必然性。

金帐汗国建立于公元1242年，由成吉思汗的孙子拔都建立。公元1235年拔都奉命远征俄罗斯，1237年攻灭里亚赞（即梁赞）。俄罗斯史诗《拔都灭梁赞》记述了这一历史事件，其战争场面描写之凄惨与悲凉，完全可以与《伊利亚特》相媲美，也使得拔都成为俄罗斯民族记忆中永远难忘的人物。拔都的形象与攻陷巴格达的旭烈兀一样，是中东与欧洲人从未见过的亚洲人形象。相继扫平波兰与匈牙利之后，拔都在伏尔加河流域建立了钦察汗国，这个汗国是以拔都父亲所分封的钦察地区命名的，钦察地区原来是所谓的吉卜赛人的地区。

由于汗国国君帐顶有金饰，所以称为金帐汗国。金帐汗国所处的历史局势十分特殊，一方面，这里虽然并不如中国那样是有古老文明传统的发达农耕地区，但东欧大平原上农业与工商业十分繁荣，城邦经济十分活跃。更加特殊的一个历史条件是，东欧社会制度是公国居多，是典型的欧洲城邦封建与农奴制度，其社会经济发达程度要高于东方诸国。但各个大公之间争权夺利，互不服从。从历史上来看，东西罗马帝国对于这一地区从来都是鞭长莫及，这里长期以来一直没有过真正的统一，大公们之间的纷争为蒙古统治提供了方便。这就是马克思说过的一段历史故事，俄罗斯的大公们在蒙古人的入侵之前团结起来，以抵御入侵。但这种团结并不牢固，一旦涉及各公国的利益，各种联盟就会崩溃，而蒙古人便利用这些公国之间的争夺，巩固了自己的利益。

另外从宗教来看，蒙古人也有得天独厚之处，这里的基督教基础薄弱，多数人仍然信仰萨满教，蒙古人与萨满教之间也有历史关联，这也有利于蒙古人统治。相对来说，另一个大汗国——伊凡汗国——的宗教信仰则相当不利，伊凡汗国的领土过去长期处于伊斯兰教统治之下，这对于宗教倾向不明显的蒙古人极为不利。

纵然如此，金帐汗国仍然是一个纯粹的游牧帝国，丝毫没有向一个宗教帝国或封建帝国转化的意向。在这方面，它与辽金两代、与阿拉伯帝国甚至奥斯曼帝国相比，都经历了完全不同的历史命运。如果从形式上看，金帐汗国仍然在相当长的时期内保持其统治地位，但实际上这种统治是利用了俄罗斯大公们之间的尔虞我诈，汗国自身没有进行制度与法律的建设。汗国没有能进化到有统治效力的帝国，当然更不如任何一个民族国家。这个汗国只是一个外强中干的大型游牧部落，它以酋长或部落首领的方式来管理国家、部族，这种原始的形式是游牧民族国家管理的理想形式，他们从来没有建立过具有健全的法律制度、严密的管理机构的国家形式，这就从根本上决定了这个国家是不可能长治久安的。

如果比较一下游牧民族建立的大帝国与农业民族的民族国家，其间差异相当明显。以国家制度而言是民族与国家建设，以民族性质而言则是从游牧民族向定居的农业民族的转化。农耕民族长期以古代国家为统治，民族意识和民族心理与游牧民族之间是完全不同的。农业民族一般有完备的社会组织形式，以家族、家庭为最小单位，以村庄、集镇、城邦、国家为主要社会结构。有发达的文字和语言体系，道德伦理与法律制度完备。这样的民族一般已经经历了从原始宗教向儒学等文明信仰和基督教等一神论宗教的过渡，建立或接受了世界主要宗教与人文主义信仰。从国家形态而言，就是不但有了国家机器的存在，而且广大民众都建立了民族国家意识。民族国家的意识表现于对于王朝与民族统一体的认证，如对于中国的秦、汉、唐、宋、元、明、清等王朝的认证。而王朝统治主要是建立在封建法制与道德伦理基础上的，所以有没有"王法"、有没有"王土"（即国家土地所有制度）是相当重要的国家认证观念。

游牧民族的特性恰好与此相反，畜牧生产的流动性与不固定性，对外战争的军事活动要求，使得部落长的领导具有超法律的强制性。这种要求虽然在某些时间里可能并不完全合理，但它对于整个部落的安全与利益有决定性作用。同时，它也不需要并且不可能设置过多的管理机构，在这种历史状况下，正规的国家制度当然不可能建立，相应的法律与道德伦理也不可能完善。游牧民族建立的古代大帝国中，其宗教往往处于原始宗教阶段，这是一种矛盾，因为当一个征服者战胜了他人时，并不会轻易地接受他人的宗教。因为一个战胜者的自尊心不会使他接受失败者的宗教。相反，征服者的宗教却极容易被人接受，阿拉伯帝国就是一个突出的例子，所以被征服的国家与民族中，伊斯兰教理所当然地成为国家宗教。相反，一些没有宗教或原始宗教的游牧民族，从来没有把自己的宗教普及给其他被征服的民族。当历史机遇到来时，他们以强大的军事力量征服封建国家，建立起帝国时，却不可能完成民族文明的进化，无法建立起完整的国家机器与相应的法律、道德、宗教等，甚至于连文字系统都没有。这样的游牧大帝国其实并不是一个真正的帝国，而是一个由首领所统治的大部落。

当我们回顾阿拉伯与蒙古大帝国的历史时，阿拉伯人特别是其伍麦叶王朝时的文化进步罕有其匹，特别是"百年翻译"运动，难怪其为伊斯兰文化史翻开了最光辉的一页。

第七节　土耳其与奥斯曼帝国

世界历史舞台上，众多游牧民族来往纷纷，起灭无常，很少有能长期定居聚养、建国立家者。只有为数不多的游牧民族能够改变传统的生产生活方式，适应社会生活的发展，融入其他文化，如果说选择一个代表来看它的民族性，突厥人是较有说服力的。突厥与其他游牧民族不一样，它在历史长河中早已经被改造成农业民族，在这种变化中，民族性格也随之改变。从公元6世纪东西突厥汗国开始，到近代的奥斯曼帝国，突厥人经历了一个又一个王朝与帝国，其游牧民族的性格已经根本改变，可以说现代社会中的突厥人后裔与历史上的突厥民族已经没有本质联系了。西方有一句名言：性格决定命运。这句话是说一个人的性格对于他的生存方式与遭遇都会产生决定性作用。其实，这句话对于民族来说同样适用，一个民族的性格，往往也为这个民族历史命运的内部限定性提供条件。游牧民族的生活方式使其不得不从事征战，胜则取得暂时的统治地位，败则远遁异域。无论胜与负，往往会彻底改变民族性格。

经过与强大的秦汉帝国长期征战，匈奴最终于 5 世纪退出亚洲，走出了西域广漠。代之而起的是多个新兴政权的争夺。北魏太武帝太延二年，使臣董琬与高明出使西域，为我们展示了当时西域主要统治势力的分布状况。当时的西域分为四大势力范围，连结中国与欧洲。第一是流沙—帕米尔地区，从敦煌到罗布泊的沙漠直到帕米尔高原，天山以北的主要地区。第二是波斯古地，从兴都库什山以西到地中海，这是古代波斯国的主要势力控制。第三区域是中亚腹地，塔什干以南到月氏以北，主要是吐火罗人与北印度地区。第四是黑海以南的地区，包括地中海，这是罗马地区。这就是著名的广义西域，这一地理概念中，其实已经把中国以外的欧亚大陆基本划入其中。北魏本身是一个与古代北方少数民族相混融而建立的国家，它的划分标准仍是以中国为中心的划分，直到今天，我们研究历史地理，对于西域与欧亚大陆主体的划分，都有参考价值。

先是柔然与厌哒两大政权争夺不休，随后高车国又加入进来，与北魏相互呼应，欧亚高原上一时成为草原民族斗争的大战场。就在公元 5 世纪，一个原本名不见经传的草原民族悄然兴盛，完全改变了当时的格局，这就是突厥人。突厥人最早可能生活于叶尼塞河流域，这就是《周书·突厥传》所说："突厥之先，出于索国，在匈奴之北。"它与匈奴人有联系，可能曾经是匈奴的一个小部族，但是可以肯定的是，它是一个相对独立的部族。另外，突厥人与蒙古人从人种上来说是有一定差异的，中国人类学者林惠祥先生曾经发表过这样的看法："（甲）蒙古皇室为室韦鞑靼之混合种。（乙）至于蒙古民族之全体，则为东胡。突厥、匈奴之广大的先住民族之混合种也。"[①] 这种说法对于研究古代突厥人的起源是相当重要的。但是，古代突厥人曾经游牧于阿尔泰山，以后又向西迁移，不断与欧洲人种通婚与杂居，所以形成了不同于蒙古人种的特征。与突厥人种族最接近的是"九姓乌护"，突厥人的《必伽可汗碑》中曾经说过："九姓乌护，吾之同族也。"乌护人较早融入中原文化，这个古代民族早就消失了。

突厥人历史上经历了无数次迁移，其中最主要的有下列几次。先是从索国

---

① 林惠祥：《中国民族史》，下册，56 页，北京，商务印书馆，1993。

到高昌北山的南迁，也就是新疆的博格达山，这是匈奴出走之后的重要迁移，向气候较为温暖、水草更为丰美的草原南迁。以后由于突厥被柔然人所役，成为其铁工，这是一次被强迫的迁移，来到了阿尔泰山，这是公元5世纪。公元6世纪中期，突厥历史上发生了最重要的事件，它开始与文明国家中国有了实质性的联系。公元551年，突厥土门娶西魏长乐公主为妻，民众欢欣鼓舞，谓与大国相联姻，摆脱蒙古草原上的柔然人统治的时间即将到来了。不久，土门击败柔然，成立突厥汗国。其后，突厥人"东走契丹，北并契骨"，向东迁移，并且向西方扩张。突厥人的迁移中，相当重要的一个方向是向西的移动，这对于突厥民族的西方化是有重要意义的。虽然在公元7世纪时，突厥人在河西地区遇到伊斯兰教的抗拒，但是直到公元10世纪之前，突厥人仍然在缓慢的西迁，直达里海到咸海地区。

公元10世纪之后，阿拉伯帝国崩溃，西突厥人再次大迁移，突厥人从河西地区西进，经过伊朗，最后到达了中东。还有一些突厥部族走得更远，到了巴尔干地区，可以说至此，突厥人已经完全分化，真正意义上的突厥民族已经不存在了。值得注意的是，进入土耳其的突厥赛尔柱部族从公元11世纪至13世纪曾经建立起一个赛尔柱王朝。公元14世纪土耳其成为一个封建军事国家，这就是奥斯曼帝国。但这个大帝国已经与历史上的古代突厥人没有关系了。这里我们要严正指出的是，突厥人与其他游牧民族一样，古代起源于亚洲，长期在欧亚大陆游动，但是古代突厥民族自从伊斯兰化以后，已经不复存在了。生活在亚欧非大洲的各个现代民族，它的归属只能以现代国家和民族为准则。20世纪后期所谓"东突厥"人的恐怖主义活动，已经被历史证明是不可能得到各国人民支持的。

中国古代史书中曾经这样描写突厥的民族性格与其生活状况：

> 其俗被发左衽，穹庐毡帐，随逐水草迁徙，以畜牧射猎为事。食肉饮酪，身衣裘褐，贱老贵壮，寡廉耻无礼义……大官有叶护，次特勒，次俟利发，次吐毛发，及余小官凡二十八等，皆世为之。……善骑射，性残忍，无文字。其征发兵马及诸侯杂畜，刻木为数，并一金镞箭蜡封之，以为信契。候月将满，转为寇抄。其刑法反叛杀人及奸人妇盗马绊者皆死。淫者割势而腰斩之。[1]

---

① 《二十五史·北史》(3)，杭州，浙江古籍出版社，947页，1998。

突厥人官职设置简单，律法简而严，刑罚特别重，对于他们所占领的地方，皆课以重税，其管理方式相当粗暴。

突厥历史上最重要的变化之一就是伊斯兰化，突厥人的西迁曾经受阻于伊斯兰帝国，对于只有原始信仰的突厥人来说，这是与伊斯兰教的直接相逢。公元10世纪中叶，大批突厥人加入伊斯兰教，从此以后，突厥人所创立的国家中，以伊斯兰教政权为主。奥斯曼帝国是土耳其人（Turkish）所建立的大帝国，土耳其人就是中国史书上所记载的"铁勒"人而不是突厥人。这个帝国实行政教合一，但是行政机构与宗教机构又是分开的，行政机构管理主要由军人进行，宗教机构则包括了宗教、教育与法律等不同部分，控制了国家重要部门。奥斯曼帝国把阿拉伯帝国与塞尔柱王朝的统治结合了起来，向封建制度前进了一步，实行了所谓的"采邑制"。但是，奥斯曼的"采邑制度"与欧洲采邑制度完全不同。欧洲采邑以农业为主，形成了领主与农民、农奴之间的生产关系。而奥斯曼帝国的采邑则是牧业与骑士制度的结合，是以领主、骑士与牧民阶层为主的；奥斯曼领主不世袭，服从苏丹领导，小邑为"提马尔"，大邑称为"札马特"，两者以能否装备5名以上骑士为区分界限。欧洲采邑与大小公国一般采用世袭制度，对于国家与教会来说具有相对独立性，这种制度保证了封建贵族财产的稳定性，是西方文明精神所依附的精神支柱。

从经济与司法方面，有两点重要差异是不可忽略的。

其一是宗教封地，欧洲教廷一直有自己的封地，而中国历代皇帝一般不给寺庙封土地。奥斯曼帝国是政教合一的国家，清真寺被赐予相当多的土地，称之为"瓦克夫"。再加上教民捐赠的土地，所以清真寺不仅有极高的政治权力，而且有相当的经济基础。

其二，从中世纪开始，欧洲庄园主们就开始争取司法权，在自己的领地内实行这种权力。同时，从法律上规定所谓的"豁免权"，与这种权力相适应的，是种种不合理的特权，如在文学作品中广泛反映的领主"初夜权"等，当然这种特权是相对于农奴权利来说的。而中国大一统封建制度没有贵族特权，"王子犯法与庶民同罪"的观念相当普遍，虽然事实上并不可能真正实现，但从法律上已经限制了特权。奥斯曼帝国是政教合一的国家，由伊斯兰教主掌法律，国家法律与宗教教义混合起来，使法律公正性与普遍性受到局限。这也是一条规律，当法律被宗教或政党、皇室所控制时，其必然影响一个国家制度，使一个国家最终得不到正常发展。

如果把游牧帝国的制度与欧洲、中国的封建制度进行比较，我们可以得到这样的一个基本类型图：

制度＼类型	欧洲封建制度	中国封建制度	奥斯曼帝国游牧封建制度
土地制度	封建采邑制度	国家土地所有制与地主所有制	国家土地分封制度
身份关系	庄园主、领主和农奴与自由民	官僚、地主与农民关系	领主与牧民、骑士
政权权力	庄园主具有相对的"豁免权"（immuni-tas）、司法权；自由民接受公众法庭裁决	地主阶层不具有豁免权	伊斯兰教司法权与国家法律权力的结合
宗教地位	帝国制度与民族国家制度为主体；教会有封地	帝国封建制度；除少数寺庙外，基本无宗教封地	伊斯兰政教合一制度；清真寺具有相当数量的封地与捐地称"瓦克夫"
封建形态	国家封建制度与采邑封建制度	国家封建制度	宗教与国家混合封建制度

　　20 世纪 20 年代，古老的奥斯曼帝国被新生政权所取代，结束了土耳其历史上的帝国统治。这一变化不只是一种政体的变化，而且是一种深刻的历史文明变迁。在亚洲土地上，除了以色列之外，土耳其是另一个相当欧洲化的民族（它是一个领土跨越欧亚两大洲的国家），它的民族性格变化是特别引人注意的。

　　具有象征性意义的是这样一些事件，土耳其语原本属于阿尔泰语系突厥语族乌古斯语支。1928 年起，土耳其语从用阿拉伯文字书写变为用拉丁字母书写。在此前，1924 年起哈里发制度不复存在。1926 年改革伊斯兰历法为公历，这一系列变化意味深远。现在预言其得失虽然仍为时尚早，但有一点是必须强调的，土耳其至今仍然可以说是一个农牧业占有重要地位的国家。在这片 78 万平方千米的土地上，生活着 7000 万人，除了土耳其人之外，还有从克里米亚迁来的鞑靼人、库尔德人、亚述人、亚美尼亚人、希腊人、格鲁吉亚人、阿迪盖人、卡巴尔达人、印古什人、车臣人、犹太人、奥塞梯人、列兹金人、阿尔巴尼亚人、塞尔维亚人、波斯尼亚人、保加利亚人、西班牙人、法兰西人等。1826－1828 年，俄罗斯与波斯发生战争，这期间生活在塞凡湖的土耳其人被从塞凡湖地区迁向土耳其，现在主要居住在卡尔斯省的东北角上。众多民族仍然保持自己的生活习俗，这种习俗对于土耳其文明仍然具有极大的影响力。在这块处于欧亚两大洲交界的土地上，充分显示了东西方文化互相交融的特点。

第九章　北美大洋洲文化体系

在论述文化体系的生成机制时，我们已经指出，最普遍的文化生成机制之一就是主合型文化。这种体系的特征是以一种传统文化为主体，接受其他一种或多种文化因素并与之融合，形成一种新的文化。北美大洋洲文化就属于这种主合型文化。美国和加拿大是典型的西方国家，以地中海大西洋文化传统为主体，仅从美、加的地名就可以看出欧洲殖民地的强烈色彩：新英格兰地区、新奥尔良等地名都来自欧洲。同时，北美与大洋洲也接受了本土的原住民文化与其他外来民族的影响。这是由移民或者经过殖民运动而衍生的，染上了新大陆的色彩，区别于欧洲大陆的传统，从这一意义而言，这又是一种新生的体系。这一体系包括美国、加拿大与太平洋上的澳大利亚、新西兰，主要是由于16世纪以后海上交通发展形成的当地与外来文化相结合的文化体系。这种由外来文化主要是欧洲移民所带来的地中海—大西洋文化传统，在美洲和大洋洲的本土化过程中产生变异，与原住民的印第安或其他民族文化相结合，形成了独具特色的体系与品相。

第一节　新大陆的发现与新文化体系雏形

公元15世纪末到16世纪后期，被欧洲人称为"大发现时期"，也有人加上"地理"两字，环球航线的开通使东西方直接会面。这个时代也是西方文化的大扩展时代，西方文化向东方全面扩张，世界主要文明之间的联系初步建立，世界文化体系开始形成。所谓"大发现"主要是指对美洲大陆的发现。在美洲大陆发现以前，欧亚大陆的居民们自认为是人类社会的中心，以其悠久的历史与发达的文明而自视甚高，把其他陆地称之为"岛屿"。其实对于地球来说，并没有绝对的大陆与岛屿之分。无论是大陆还是岛屿都是相对海洋而言的陆地，只有面积大小与大陆架结构的差异，没有本质的不同。非洲因与欧亚大陆相接而为这个世界所理解，成为这个世界的一个组成部分。

直到大航海之前，欧亚大陆的居民们都不能确定，地球上是否还有别的大陆存在。虽然不断有航海家和探险家提出存在一个未知的大陆。这些探险都不可能完全证明新大陆的存在，也不可能建立起美洲与欧亚大陆之间的长期交流。美洲与澳洲的真正的开发，仍然发生在16世纪的环球航线开通，实现了海上大交通之后。这种世界性的海洋开发是殖民主义者寻找东方过程所产生的，与非洲一样，是西方人东方探险历史上的一部分。当然，在西方某些人看来，这是先进的西方文明开发世界、征服野蛮民族的一段历史。因为以前踏上这块土地的入侵者不可能顺利地成为占领者，只有当西方文明高度发达之后，才具有了海上征服的条件与可能性。笔者认为，海上大交通与世界体系的形成，并不是一个偶然现象，更不是上帝对西方的恩赐，也不是西方民族的勇气或者其国民性高于东方，而是工业经济带给西方的一种便利，是它为西方文明的扩张提供了环境。工业化也必然把世界联为一个整体，导致较早进入工业化社会的欧洲人有坚船利炮，可以去"发现"美洲并且征服美洲。

古代希腊人与腓尼基人曾经为了争夺海上的控制权进行过激烈的斗争，不过当时主要的航海范围局限于地中海。希腊人与腓尼基人都是古代杰出的航海家，为了区别于这种内陆海的航行，一般把 15 世纪开始的大西洋与太平洋的远洋航行称为"大航海"。古代世界的杰出航海家还有古代波斯人、犹太人、阿拉伯人、印度人与中国人，波斯人与希腊人之间的海战是决定战争胜负的关键，希腊最终因海上优势而获得胜利。早在 18 世纪，法国学者基尼（Joseph de Guignes）就提出：中国僧人在公元 5 世纪曾经抵达墨西哥。更有学者认为，中国人早在殷商时期就可能远航海外，认为中国航船最早到达美洲大陆的。[①]

从中世纪起，在大洋的近海就有一些海上民族异常活跃，他们曾经袭击欧洲与非洲各国，造成极大危害。其中最为出名的是一些被称为"威金人"的海盗，他们横行海上，拦截各国渔船与商船，欧洲各国对这些海盗都束手无策。海盗力量最强盛的时代还成立了海盗国家，有自己的国王与军队，同欧洲多个国家交战，声名显赫。直到中世纪后期，这些海盗们归顺各国政府，逐渐消失。中世纪时代，阿拉伯人开始与中国通商，历史学家张广达先生曾经指出：

> 商业的发达导致阿拉伯人在海外势力的增长。8 世纪以后，阿拉伯人取代犹太人、波斯人、印度人而取得了海上的优势，并且到 15 世纪末葡萄牙人东来时期为止，控制了这一优势。[②]

---

① 关于古代美洲与中国的关系，可以参见方汉文：《比较文明史：新石器时代至公元 5 世纪》，310～314 页，上海，东方出版中心，2009。

② 张广达：《西域史地丛稿初编》，426 页，上海，上海古籍出版社，1995。

唐代的中国与阿拉伯的大食都是世界大帝国，大食人经阿拉伯海与印度洋进入南中国海领域，古代中国发达的科学技术特别是航海科技大大促进了阿拉伯人的航海术。中国最迟在 10 世纪之前就已经在海上航行中使用罗盘，当时称为针盘，北宋末年的《萍洲可谈》等典籍中已经记载了南海地区针盘的运用。中国人的另外一个重要发明是牵星术，这种技术也就是一种以天上的星象为指导的航海技术，阿拉伯海员们学习应用了这种技术。直到欧洲人的航海图出现之前，在茫茫大海上航行，海员们都是靠牵星板来战胜风暴、识别航线。距今 600 年前，中国伟大的航海家郑和在完成了当时世界上航程最远的航行之后，中国的大船队消失于大洋之上，世界海上远航的创造者中国人悄然退出海洋世界，这是一个意味深长的转变。海上航行对于当时的世界不仅是交通，而且是海外交往与海外扩张、海外殖民的主要途径。海外殖民是开辟海外市场与争夺资源地的重要手段，因此，它如同一块试金石，识别世界不同民族文化的特性。

中世纪中后期，大西洋文化扩张了原有的地中海文化的势力范围，早期工业化在西欧国家中逐渐展开，工业化急需海外市场、资源与劳动力。整个欧洲充满了一种掠夺与冒险的气氛，但是天不从人愿，当时欧亚大陆上的局势并不利于西方。15 世纪中叶，东罗马帝国被伊斯兰教所灭亡，苏丹穆罕默德二世占领君士坦丁堡之后，将其改名为伊斯坦布尔，并且迁都于此。公元 1517 年奥斯曼帝国占领开罗，以后不久又攻克维也纳，建立了跨越欧、亚、非三大洲的奥斯曼大帝国，彻底断绝了欧洲与东方的陆路交通。急于扩张的欧洲只好转向海上发展，大西洋岸边伊比利亚半岛上的两个小国——西班牙与葡萄牙——在欧洲已经初露端倪的工业化中远远落后。除了国小力微之外，这两个国家浓重的封建思想、王权统治与社会构成都使它们无法与英、法等大民族竞争，于是这两个国家的王室将发财的欲望转向海外冒险。15 世纪中期到 16 世纪，在两国政府的支持下，组织大型船队，开辟了两条直达亚洲的航线：其一是印度洋航线，即绕非洲南端好望角，进入印度洋；其二是太平洋航线，即横渡大西洋，经过麦哲伦航线，进入太平洋，到达南中国海。这样，东方的两个大国——中国与印度——在与欧洲长期隔绝之后，再次从海上被"发现"。与此同时，更有一个意想不到的发现，就在东方探险的过程中，发现了美洲，被称为"新大陆"。这个时代因此被称为"大发现"或"大航海时代"。

欧洲人最初的目标是通过海上冒险寻找东方的黄金之国，也就是传说中的印度与中国。当时的欧洲工商业经济雏形具备，货币与金融的作用突显出来，寻找贵重金属的观念非常流行，中世纪的《马可·波罗行纪》中描绘了东方国家，其中对于东方盛产黄金与香料的描写极大地刺激了冒险家的欲望。但实际上，美洲的发现与对南部非洲的深入，使得欧洲资本主义实现了海外扩张的梦想。通过殖民美洲与非洲，获得了美洲的资源与非洲黑奴劳动力，使得西方资本主义迅速发展，欧洲各国纷纷加入到这场掠夺中来，欧洲一跃成为世界经济最发达的地区。

第二节 文明传统与变革

美洲的发现是世界近代史上最伟大的事件，也是世界文明进步的重要成果。

美洲位于西半球，是世界第二大洲，美洲的总面积约为 4200 万平方千米，略大于非洲，占全球陆地总面积的 28％。美洲人口大约有 8 亿左右，占全球总人口的 13％左右。西方人把美洲称为"新大陆"，是由于在 15 世纪地理大发现之前，欧亚非大陆上的居民们从来不知道美洲的存在。1492 年 10 月 2 日，当意大利热那亚水手哥伦布到达中美洲巴哈马群岛时，他并不知道这是一个欧洲人从未听说过的大陆，而以为来到了传说中的东方亚洲大陆。德国地理学家马丁·瓦尔德泽米勒（Martin Waldseemüller）写了一本名为《宇宙学导论》的书，其中肯定了美洲是不同于欧、亚、非大陆的大陆，并且命名为"亚美利加洲"，他当时命名的根据是一位名叫亚美利加的航海家发现了美洲。不过，世界仍然是公平的，虽然哥伦布失去了以自己的姓氏命名新大陆的机会，但是人们普遍承认是哥伦布发现了美洲，直到今日，我们从"全球化"（Globalization）一词中仍然可以看到哥伦布的发现并未付之东流。

所谓"新大陆"一词也并不贴切，它其实只是指新发现而不是指新形成的大陆。实际上美洲大陆的存在与欧亚大陆一样古老，只不过以前两个大陆是通过通道相连的，直到大约 2 万多年前尚且有亚洲人进入美洲，以后由于气候变化，冰上通道断绝，欧亚大陆上的人们才不知道有美洲的存在。所以美洲并不是新大陆，而且有自己的古代文明，更没有理由被称为新大陆。所谓新大陆的提法最初是欧洲人提出的，以证明自己发现了美洲。

这个新大陆主要由南美洲与北美洲两块大陆组成，以巴拿马运河为分界。一般把墨西哥以南到哥伦比亚以北的中美洲独立开来，再加上西印度群岛，这样，美洲分为 4 个大的部分：（1）北美洲主要包括加拿大、美国、格陵兰与百慕大 4 个国家与地区；（2）中美洲包括墨西哥、伯利兹、危地马拉、萨尔瓦多、洪都拉斯、尼加拉瓜、哥斯达黎加和巴拿马，共 8 个国家地区；（3）西印度群岛包括 24 个国家与地区：巴哈马、特克斯和凯科斯群岛、古巴、开曼群岛、牙买加、海地、多米尼加、波多黎各、美属维尔京群岛、英属维尔京岛、安圭拉、圣基茨与尼维斯、安提瓜和巴布达、蒙特塞拉特、瓜德罗普、多米尼克、马提尼克、圣卢西亚、巴巴多斯、圣文森特与格林纳丁斯、格林纳达、特立尼达和多巴哥、荷属安的列斯、阿鲁马；（4）南美洲包括 14 个国家与地区：哥伦比亚、委内瑞拉、圭亚那、苏里南、法属圭亚那、巴西、厄瓜多尔、秘鲁、玻利维亚、智利、巴拉圭、乌拉圭、阿根廷、马尔维纳斯群岛。习惯上把北美以外的地区称为拉丁美洲，拉丁美洲的 46 个国家与地区，在社会经济上有相当多的共同点，同属于当代世界的发展中国家。

美洲的自然地理形态独特，它东临大西洋，西边是浩瀚的太平洋，北部是北冰洋，南方远眺墨西哥湾与加勒比海，可以说周边都是大海，安全比较有保障。特别是北美地区，以美国为例，除了"二战"中太平洋的美军基地珍珠港遭到日本军队的袭击外，美国本土没有受到过大的军事攻击，也没有外国军队登陆美国。直到 21 世纪初期才开始有了恐怖组织对美国纽约等地的"9·11"袭击，使历来不会想到在美国本土发生袭击的情形大为改变。总体来说，从自然条件来看，美洲是一块得天独厚的土地，东西海岸各有两条南北走向的大山。东部是阿巴拉契亚山脉，西边是科迪勒拉山脉，中间是北美大平原，千里沃野，宜于耕种，特别是大面积的农牧业生产。据 1990 年的有关资料统计，拉丁美洲的耕地面积 14 932 公顷，世界总耕地面积 137331 公顷，拉美地区约占 10.9％；而拉美地区的农业劳动力为 4124.5 万，只占世界农业劳动总人口的 3.74％左右。① 由此可见，其发展农业的条件是十分优越的。再以美国的自然条件与我国相比，美国的土地多平原，肥沃平坦，而我国的土地多山。美国的山川风物不如中国美丽多姿，物产不如中国多样，但相对来说，美国土地平坦，有耕作上的优势。只不过 2005 年太平洋上的台风又给人们上了新的一课，墨西哥湾附近的新奥尔良等地受台风袭击后，海水淹没了城市，造成巨大灾难。有的美国地理学家分析，由于北美海岸地势较低，易被海水淹没，一旦被淹，居民无处逃避。反而不如山地较多的中国，有抗击海啸与台风等自然灾害的优势条件。

美洲的气候适中并且具有多样性，适于多种作物生长。从北美到南美，气候条件包括了寒带、温带、亚热带与热带。亚热带与热带有丰富的经济作物，温带产粮食与牲畜，其中咖啡、可可、香蕉、甘蔗、棉花等的产量都在世界上

---

① 参见何百根、梁文宇主编：《拉丁美洲农业地理》，2 页，北京，商务印书馆，2003。

居于重要地位。矿产与物产资源都比较丰富。南半球三大陆中，南美的干旱地区最少，所以 19 世纪大批的欧洲移民来到美洲后，为这里优越的条件深感惊喜，比起人口多、土地少、气候阴冷的欧洲来说，这里自然条件无异于天堂了。

美洲的原住民主要有四个大的民族：北极地区的爱斯基摩人（Eskimos）、阿留申群岛上的阿留申人（Aleuts）、夏威夷的原住民夏威夷人（Hawaiiance）、遍布美洲全境的印第安人（Indians）。15 世纪之后，西班牙殖民者的到来打破了这种宁静的生活，以后欧洲列强纷纷进入美洲，把这里视为一片没有主人的土地，一片野蛮人的土地，一片不属于任何国家与个人、没有主权的土地。其实，在这片土地上生活了数万年的原住民的利益竟然被完全排除在外。

美洲的原住民在现有美洲的人口组成中已经不是主要成分了，美洲的这些原住民，是两万多年前的移民。正如西方历史学家们所指出，这些早期移民全都是亚洲人，至今没有发现欧洲人种的早期移民。这与非洲还不同，非洲虽然黑色人种占多数，但从古代起就有各种族的人民居住。

经过几个世纪的殖民与大批移民，美洲人的种族成为世界上最复杂的地区之一。欧洲移民与印第安人、从非洲大陆贩运来的黑人、来自亚洲的各民族人民，在美洲大陆上共同生活，互相通婚，他们的后代再次通婚，产生了多种多样的混血种族。除了北美地区主要是以欧洲人、黑人与其他移民为主以外，在拉丁美洲，历史本身已经证明了种族歧视政策是多么的低能，这里异族通婚十分普遍，各民族互相融合，创造了新的混血种族。在萨尔瓦多，就有多种称呼来区分不同血统的混血人种，常见的有以下几种：

（1）拉迪诺（Ladino），专指西班牙男人与印第安女人的后代；

（2）卡斯蒂索（Castizo），指西班牙男人与拉迪诺女人的后代；

（3）埃斯帕尼奥洛（Espanolo），卡斯蒂索男人与西班牙女人的后代；

（4）穆拉托（Mulato），黑人男人与西班牙女人的后代；

（5）莫里斯科（Morisco），西班牙男人与穆拉托女人的后代；

（6）阿尔比诺（Albino），莫里斯科男人与西班牙女人的后代。

据说详细的划分可达 15 种左右，不过现在通用的已经不多，主要是用"拉迪诺"来代表一般的混血人种。在巴拿马，则有一种"梅斯蒂索人"，是印第安人与欧洲人的混血种族。另外，对于黑人与异种族通婚的后代有泛称为"穆拉托"的趋势。这是拉美国家的一个特点。当然由于拉美与北美土地相连，所以美国、加拿大的居民中也有越来越多的拉美移民，各民族和种族之间的融合相当普遍。

北美洲的两个大国美国、加拿大的民族情况与拉丁美洲稍有不同，这里的居民可以分为两大类：原住民与移民。移民几乎来自世界各地，最早来到这里的是欧洲移民，以后殖民主义者们贩运大批非洲黑人来到这里，构成主要人种与民族，随之而来的是世界各国的移民大批进入。20世纪后期，经过4个世纪的移民，美洲已经成为世界上民族最多样化的地区。

第三节　美洲进入世界文化体系

西班牙殖民者在征服美洲过程中，把中美洲墨西哥称之为"新西班牙"（NEUVA ESPANA）。这是美洲发现史上一个令人深思的现象，所有发现者都愿意以自己本土的地名来命名新发现的陆地。法国人在美洲的殖民地命名了"新奥尔良"，这个地区以后落入美国人的手中，只有"奥尔良"这个名称能使人想起，这里曾经是法国人的殖民地，在这个城市中，有一条街名"波旁街"，就是以法国波旁王朝来命名的。美国各地，英国式的名称随处可见，诸如"新英格兰地区"、"约克"、"剑桥"之类的称呼，都使人想到殖民者的本土。

以后，由于美洲殖民定居下来，受到其语言影响，就有了"拉丁美洲"的称呼，因为这一语系属于拉丁语系，拉丁语是欧洲古代语言，是欧洲文明的象征。

到达美洲之后，由于当时欧洲人对于日本、中国与印度等东方国家的概念很模糊，他就把当地原住民叫做"印度人"，这就是以后"印第安人"名称的来源。这样就使美洲有了一个新的称呼：西印度。印度本是古代东方文明的代表之一，"哥伦布们"海上冒险的目的就是要"发现东方"，结果把美洲误当成印度。但仅仅从这个误读之中，我们就可以看出，西方把所有非西方文明统统看成是"东方"，无论是美洲还是非洲。

其实无论是"西印度"还是"新西班牙"，甚至包括我们今天普遍使用的称呼"拉丁美洲"，一定程度上都含有殖民主义色彩与西方殖民运动的历史印痕，意味着这里的殖民主义的历史。西方文明在美洲的影响极大，美洲这一片富饶的土地，成为西方工业文明扩张的目标，也是殖民者与冒险家的乐土，他们在本土之外的新家园。移植原有文明，传播殖民文化，一直是其最主要的目的。

现代西方经济学家们把世界体系的形成时间确定于公元1600年，以欧洲工业化时代降临为起点。如果从世界文明体系看，其形成的条件应当说早在征服非洲南部与美洲时已经形成，非洲为西方工业化提供了劳动力，美洲为工业化提供了土地与原料，非洲的黑人被贩运到美洲开垦种植园，美洲种植园的棉花供应了欧洲的纺织工业，欧洲工业文明才可能真正形成。这样，西方工业才可能超过东方，变世界消费市场为生产基地，反向东方输出工业品。也是在武力征服与商品经济的双重作用之下，东方被迫向西方敞开了市场，这就是所谓世界文明体系形成的过程。

世界历史上东西方关系的巨变中，非洲与美洲的殖民地起到了关键的作用。世界文明体系形成中，非洲的劳动力供应、美洲的资源、欧洲的工业生产与技术、东方国家的国际市场，所有这一切，将世界文明连成一个整体。

除了早期的殖民主义冒险家们之外，最早来到美洲大陆进行拓荒垦殖的是一些英国的清教徒，这些在欧洲大陆上处境不佳的农夫与手工业者们想到海外谋生。1620 年，哥伦布发现美洲大陆一个多世纪之后，一艘名为"五月花号"的移民船来到美洲，船上有102 名清教徒，这是经过了西班牙殖民主义野蛮侵略之后，为了开拓新大陆来到美国的早期移民群体之一。从此之后，一批批的移民船停泊于美洲海岸，美国开始接受来自欧洲与世界各国的移民。

北美洲在西半球的北部，处于太平洋与大西洋之间，它西边是太平洋，东边是大西洋，北边是北冰洋，南边是墨西哥湾与加勒比海，基本上是独立的大陆。包括美国与加拿大两个以英国与欧洲移民后裔和新移民组成的国家，也包括格陵兰岛。

"美利坚合众国"（The United States of America）简称为美国，美国本土的土地面积约为 9 372 614 平方千米。北美洲地理环境特点是两侧高，中间低。在陆地的东西两侧是南北走向的山脉，东部是阿巴拉契亚山脉，西部是科迪勒拉山系的北段。中间是北美大平原，沃野千里，一马平川。美国的领土还包括了北美洲西北的阿拉斯加和太平洋上的夏威夷群岛。北接加拿大，南临墨西哥湾，西临太平洋，东滨大西洋。海岸线长 22 680 千米。大部分地区属于大陆性气候，南部属于亚热带，中北部平原温差比较大。北方城市芝加哥气温1月份平均为−3℃，7 月份平均为 4℃；南方的墨西哥湾沿岸 1 月份平均为 11℃，7 月份平均为 28℃。美国的人口约 3 亿（2008），大多数是城市人口，人口分布东部多于西部，沿海多于内地。美国人口自然增长率较高，第二次世界大战后，美国人口进入增长高峰，最高时达到 8％左右。

从 15 世纪末期开始，西班牙、荷兰、英国与法国等西方国家就开始在这里进行殖民。18 世纪之后，英国确立了在美国国土上的统治权，建立了 13 个殖民地，成为以后美国各州的基础。欧洲殖民者们大批屠杀印第安人，贩运非洲黑人进入美国，使美国人口发生巨大变化，白人占人口绝大多数。英国对于殖民地的压迫引发了反抗，1775年波士顿地区人民举行起义，反对英国殖民统治。1776年7月4日，原来英国的各殖民地的代表齐聚费城，召开了第二次大陆会议，在这次会上通过《独立宣言》，成立美利坚合众国。经过8年的战争，美国独立，其后进行了4年南北战争，废除了蓄奴制度。值得注意的是，美国建国之后，土地面积不断扩大，大量兼并各国殖民地与其他国家的土地，一个世纪之内美国的领土扩大了几倍多。

我们已经指出，早在美国立国之前，来自于欧洲的移民已经多达200万人，同时有来自非洲的黑人70万人。建国之后，美国移民人数持续加大。在当代美国人口中，由各种肤色的移民组成的民族集团占人口大多数，其中白人占总人口的84.1%，黑人占到12.4%，人数为3000多万，华人大约有100多万。印第安人等美洲原住民人数已经极少。美国是世界上人口状况最复杂的国家，它是一个移民国家，几乎世界各国都有移民进入美国，号称"民族大熔炉"。据统计，美国居民大约有100多个民族。其实可能远不止这个数字，20世纪末期，美国的人类学家在纽约市中心曼哈顿到市郊的弗拉盛的地铁7号线沿线进行调查，这一地区是新移民集中区，竟然统计出近200个民族的移民，所以有人称美国是"小联合国"。虽然美国仍然有相当严重的种族歧视与人权的不平等，但美国社会仍然为世界各人种与民族的公平竞争提供了较为宽容的社会环境，少数族裔在美国的政治、经济、文化各领域里人才辈出，表现出色。以犹太人为例，美国大约有600万犹太人，犹太人曾经在欧洲受到过严酷迫害，大批犹太移民来到美国后，分布在美国的各大主要城市。美国富豪中间，大约有1/5以上是犹太人。有人曾经作过一个统计，美国诺贝尔奖获得者中，有犹太人血缘者达到一半左右。犹太人还是美国政界不可忽视的中坚力量。特别值得一提的是，来自东方的亚洲人后裔也成为美国这块新大陆的主人之一。19世纪初，由于高速发展的美国经济迫切需要大量劳动力，在黑奴贩运遭到禁止的情况下，大量华工进入美国。在横穿美国全境的太平洋大铁路的建筑中，条件极为艰苦，来自中国广东等地的华工成为建筑工程的主力，为美国的经济繁荣立下汗马功劳。无数的史料证明，黄种人华工虽然不像非洲黑人那样是被抓捕以后进入美国的，也没有在奴隶市场上像牲口一样被转卖，但是华工在美洲大陆所遭受的苦难与黑奴不相上下。大批的华工被枪杀或受到凌辱，华人用自己的血汗建起了横贯美洲大陆的铁路，有人感叹地说：每一根枕木下都有一个华工的灵魂，美洲开发史上，也有华工们的血泪篇章。由于华人吃苦耐劳，聪明勤奋，在美国社会的生存斗争中逐渐处于有利地位。经过一个多世纪的奋斗，华人从经营社会服务性中小企业，如中餐馆、洗衣店、汽车旅馆等，逐渐进入社会主流。中国儒学重视教育的传统在华人中得到保持，华人子女大量进入名牌院校，毕业以后从事科学技术及相关职业者居多，所以其社会地位不断提高，已经有 5 名华裔获得诺贝尔奖，充分显示了其优秀的民族素质。20 世纪末期，又有一批新移民进入美国，他们与昔日的华工完全不同，新移民们中相当多的人是到美国接受大学本科以上的高等教育，毕业后成为美国科学研究与经济、金融等诸多领域的重要力量。

美国人有多种多样的宗教信仰，从文明传统来说，美国受到欧洲影响最大，基督教是美国第一大宗教，其中天主教人数为 5000 万人左右，新教徒人数为 7000 多万，东正教各派人数大约有 400 多万。美国实行宗教自由，所以信仰多元化趋势明显，美国目前大约有犹太教徒 600 多万，穆斯林人数也相当多。由于宗教状况变化相当大，难以确切统计，有的统计结果为：美国基督教新教徒为居民的 57％，天主教徒为 28％，犹太教徒为 2％，其他宗教为 4％，另有 9％的人没有宗教或其他信仰。总之，美国宗教中基督教人数多，而且新教徒势力最大，是可以肯定的。

英语是当代世界最重要的语言之一，美国并没有自己的语言文字，作为一个英国移民众多，并且曾经是英国殖民地的国家，英语就是美国的国家语言。美国的英语在发音与语法上都与英国有一定的不同，被称之为美式英语。美式英语语调平缓，并不注重语法，常省略介词，有时把名词当做动词来用，所以句式相对简明。当代世界中，美式英语风靡全球，大有超过传统的英式英语的趋势，如同英国的英语也有方言一样，美国的英语方言有 7 种，以中西部语言为标准语音。

第四节　新大陆文化体系的构建

两个世纪前的殖民主义征服为西方打开了美洲的大门，大批欧洲移民定居于美洲大陆。他们来自欧洲工业经济发展迅速的英国，经过一个世纪的殖民与垦荒，英国人建立了 13 个北美殖民地，即美国最早的 13 个州，这种文化烙印极深，甚至在美国国旗上都可以表现出来。美国国旗是星条旗，上边有 13 条红白相间的条纹，象征着美国最初的 13 个州。国旗的左上角有 50 颗蓝底白色的五角星，表示美国共有 50 个州。美国国徽上也有一个盾牌，上面也有 13 颗星，表示同样的意义。殖民者们从非洲大陆贩运来黑奴，作为廉价的劳动力，在白人经营的种植园里劳动，在各地开矿采金，建立工厂，发展工业生产。18

世纪时，英国进入大工业化时代，由于早期移民中多数来自于英国等欧洲国家，美国作为英国的海外殖民地，成为英国的主要资源供应地与加工工场，这对于美国工业发展极为重要，因为它使得美国建立了工业系统的基础。

经过激烈斗争，1776 年 7 月 4 日，大陆会议通过《独立宣言》，美国从英国的殖民地成为一个独立国家。1787 年制定了联邦宪法，随后成立了联邦政府。美国的政治制度不同于英国的君主立宪式的议会制度，它虽然是建立在三权分立原则之上，但是联邦政治并不具有中央集权性质，各州有独立的立法权，在行政与司法，包括经济发展规划方面，各州都有相对独立的权力。美国的联邦制度虽然仍是欧洲资本主义政治制度的模式，但具有自己的特点，对于世界政治制度的改革有自己的贡献，这是无可怀疑的。

美国独立后，南北的政治与经济之间产生裂痕，北方是民主力量集中的地区，南方则是殖民主义的大本营；北方工业化程度相当高，成为典型的资本主义社会，但南方的种植园里，以黑奴为主要劳动力，蓄奴制度仍然盛行，这种制度上的不平衡必然引发战争。1861 年 2 月南方的种植园主们发动反对政府的叛乱，美国总统林肯发布命令征集军队，保卫联邦政府，南北战争爆发。经过 4 年内战，北方军队获胜，美国真正实现了统一。从此，美国的资本主义迅速发展，到 1894 年，美国已经成为世界上工业总产值最高的国家。在第一次与第二次世界大战中，虽然美国都参加了战争，但是美洲远离战场，美国在战争期间向世界各地供应军火，大发战争财。第二次世界大战期间，德国开始进行核武器的研制工作，但是未等到研制成功，纳粹德国已经战败。柏林被联军攻占后，美国与苏联瓜分了德国原子弹研究的人员与资料。美国迅速研制成功了原子弹，1945 年 8 月 6 日和 9 日，美国空军分别在日本广岛与长崎投下一颗原子弹，从此，核武器出现于世界。世界各国无不意识到，这是一种具有毁灭性力量的武器，也是对世界战争与政治演变有重要影响的因素。于是，只要有条件的国家无不努力研制核武器，到 20 世纪后期，许多世界发达国家已经拥有核武器或者具备核研究能力。但直到今天，美国仍然是世界上拥有最多核弹头的国家，其核潜艇数量等也居世界首位。

第二次世界大战后，美国成为世界第一经济大国。但同时，美国其实已经达到了其经济与政治发展的顶峰。

从 20 世纪 50 年代开始，美国在国际事务中处于霸主的地位，它的经济发展虽然经历了多次波折，但其发达的科学技术与工业生产一直使其经济总体实力居于世界第一的地位。美国是世界上最大的工业国，生产品种齐全，工业部门分布合理，产量大，资源丰富。工业总产值在 20 世纪末期已经达到两万亿美元左右。传统的工业中，汽车、建材、化工、木材加工、食品、橡胶、纺织等部门一直在世界上保持优势。但近年来，美国加大对高科技产业的投入，降低了能源消耗大的钢铁工业等重工业的产量。曾经是世界钢产量第一位的美国，现在的钢产量却只保持在世界第3～4位。美国是世界石油消耗量最大的国家，但其并不开采本国的大油田，为保护资源，以进口石油为主，是世界上进口石油最多的国家。美国的高科技工业是世界最发达的，其计算机、电子、生物工程、化学工业等生产都是世界第一。同时，美国也是一个农业大国，其主要农产品如小麦、棉花、玉米、大豆等都是西方国家中最多的。美国交通运输发达，铁路总长达40多万千米，占世界铁路总长的35％左右。公路总长度640万千米，无论铁路还是公路，都是世界第一。同时，美国也有世界上最大的航空运输线路，约等于世界的一半。美国的电子计算机技术与空间科学、光电子信息技术、生物工程技术等新兴科学技术居于世界领先地位。世界上第一台电子计算机于20世纪40年代出现于美国，从最早的电子管、晶体管到以后的集成电路与大规模集成电路，计算机技术不断更新换代，发展速度可谓一日千里。到20世纪90年代，在美国产生了信息高速公路，立即引发了各国新一轮的发展。网络技术在世界普及，人们因此知道了一个新的名称：互联网或因特网。全球的信息可以通过网络来传输与利用，遍布世界的光纤网络能够使得世界各个角落里的人们互通信息，其速度与效率远远超过了从古代到今天的邮政设施。

飞机的发明使人类虽然能够离开地面，但是人类还不能够离开地球，不能进入宇宙。1957年10月，苏联的第一颗人造卫星成功发射，这是人类航天史上新的一页。1964年，美国"阿波罗1号"飞船登上月球。从此，人类真正实现了古代神话中的飞天梦想。其后，载人航天器的试验成功，航天飞机、航天空间站、空间探测器等的使用，使得人类掌握宇宙的理想正在变为现实。

最能体现20世纪高等教育特色的是高等教育的大众化。为了适应工业化社会中对于科学技术人才急速增长的需要，同时，各国国民经济与军事国防等各方面也都把大学的科学研究作为基础力量，大学招生量不断扩大，新建高校不断增加，社会入学率大增。昔日只有少数人能够进入的高等学府，变成了大多数人学习的机构。第二次世界大战结束，大量美国退伍军人进入大学，从1946年到1947年，美国进入高等院校的退伍军人每年都达到100万以上，政府为他们入学提供经济资助。到20世纪50年代初，美国高校每年招生总数达到200多万。到20世纪末期，美国在校大学生人数占到全国青年的50％以上，欧洲各国入学率也大幅度增加，虽然没有美国那样高的入学率，但也非昔日可比。英国大学数量仅 60 年代就增加了一倍以上。

现代欧美高等教育的另一个重要特点是多样化的教育体系形成，促成这一变化的根本原因在于社会生产与生活对于大学教育的要求越来越多样。最先实行多种大学体制的仍然是美国，美国的社区学院是一种创造性的高等学校办学方式。这种学校一般为两年制，在美国这种院校总数达到 1000 多所，主要培养实用技术型人才，为当地经济生产服务。到 20 世纪 90 年代，这种社区学院竟达到了 1500 所，学生总数达到 567 万多人。这种具有强大生命力的高等学校，使得美国高等教育以无可比拟的优势成为世界最发达的教育体系。如果说欧洲是世界大学的发源地，早自 12 世纪起，意大利就建立了世界上第一所大学，其后英国的牛津大学、剑桥大学，法国的巴黎大学，德国的哥廷根大学、柏林大学等都是世界名校。但是当代世界大学数量最多的仍数美国，美国正规大学就有 3000 多所，其中常青藤学校联盟中更是集中了世界一流大学，如哈佛大学、耶鲁大学、加州大学伯克利分校、斯坦福大学、麻省理工学院等都是世界著名大学，美国大学科研教学实力雄厚，是美国科学技术发展的主要力量之一。同时，美国的人文社会科学也对世界有重要影响，美国电影中心好莱坞出产的影片特别是所谓的"大片"，依靠其先进的科学技术与演技，居于当代影视娱乐业的霸主地位。当代学者所提出的"文化帝国主义"理论中，美国理所当然是关注的中心。

第二次世界大战后，美国成为世界头号经济大国，在国际政治舞台上的作用举足轻重，无人能出其右。但实际上却往往未能尽如人意，1950 年，美国发动朝鲜战争，60 年代之后又发动越南战争，两次亚洲战场的失利使得美国战无不胜的神话完全破产。特别是在朝鲜战场上与中国人民志愿军的交锋，这是美国在第二次世界大战后首次与一个大国作战，现代化装备的美军在大型战争中不能取胜，对于美国与西方都是一个深刻的教训。相比之下，对于美国民众而言，越南战争的残酷留下了更深的印象，时至今日，在美国的电影或其他文学作品中，越南战争对于多数人仍然是一场噩梦。海湾战争之后，美国深陷中东地区的政治冲突，而且 21 世纪初期发生的"9·11"事件给美国留下了惨痛的记忆，2003 年的伊拉克战争使美国在中东地区的作用虽然更为重要，但其负担也加大，这一段历史应如何评价，尚待来日。

北美洲的另一个大国加拿大（Canada）同样具有西方文明的传统，由于它的主要移民是来自于欧洲，并且是英联邦的成员国，这一历史传统决定了它的文明性质。

加拿大的国旗由红白两种颜色组成，红白两色为加拿大国家象征的颜色，引人注目的是一片红色枫叶位于国旗中央,这是加拿大人民独特的象征物。两边的红色表示太平洋与大西洋,中间的白色则代表了加拿大辽阔的国土。加拿大与美国接壤,在北美洲的北部,陆地面积 992 万平方千米,位居世界第二,仅次于俄罗斯。它东边是大西洋,西边是太平洋,南部与美国交界,北方是北冰洋,东北与格陵兰岛相望,西北与美国的阿拉斯加相对。加拿大的地形特点是西高东低。西部是科迪勒拉山脉,这里还有落基山脉与山间高原,最高的洛根峰海拔达 6000 多米。向东延伸的是一片大平原,与南方的美国平原连接成为北美大平原。在加拿大土地上密布着星罗棋布的湖泊,是世界上湖泊面积最大的国家。位于美国与加拿大之间的五大湖是世界上最大的淡水湖群,总面积达到 24 万多平方千米。加拿大矿产资源丰富,是世界第三大产矿国,位于美国与俄罗斯之后。它的稀有矿物产量相当高,一些重要的矿物如钴、铬、钼、铂等的储量居世界前列。它的森林覆盖面积为 440 万平方千米,占到土地总面积的 44%,仅次于俄罗斯与巴西,位列世界第三。由于濒临两大洋,加拿大海岸线曲折绵长,特别是东部的大西洋海岸有多个大的海湾。海岸边密布着大小海岛,仅 1 万平方千米以上的海岛就有 18 个。

气候寒冷,冬季长,夏季短,雨水稀少,这是加拿大气候的特点。全国大部分地区冬季积雪,东部地区积雪甚至达到 1 米以上。加拿大气候比较寒冷,大部分国土处于高纬度地区,一半的国土在北纬 60°以上。加拿大的原住民是印第安人与爱斯基摩人,如今已经人数不多了。从 17 世纪开始,欧洲移民开始进入加拿大,虽然一直有大量移民进入,但是总人数并不多,至今仍然只有3000 万人。而且人口高度集中,集中于城市,特别是集中于与美国邻近的南方地区。东部的蒙特利尔与多伦多地区,集中了全国人口的 30%以上,另一个人口集中的地点是温哥华。除了这些大城市之外,全国大部分地区,特别是辽阔的北方则人烟稀少。

西方文明中,有两种语言及其所代表的传统一直在进行着激烈的竞争,这就是英语与法语,这种竞争最集中地表现于加拿大。17 世纪开始加拿大成为殖民地,1604 年,法国一个名叫尚普兰的人在这里设立了皇家港,以后又建立了魁北克城,从此法国人在加拿大站住脚跟。基本上与此同时,英国人开始在这里与荷兰人展开争夺殖民地的斗争,正像在非洲等地一样,经济大国英国最终战胜荷兰人,取得主动权。从 17 世纪后期开始,英、法两国又开始了长期的斗争,直到英法战争后,法国失败,加拿大正式成为英国殖民地。虽然屡经变迁,但讲法语的居民一直顽强地保持在魁北克省的统治地位。值得注意的是,20 世纪 80 年代以后,魁北克人再次提出所谓"主权与联系"的主张,实际上仍然在争取该省的相对独立，虽然这个省面积只有 153 万平方千米，人口不过 600 多万，但仍有相当大的文化影响。全国人基本上使用两种语言，使用英语的占总人口的 60％，使用法语的占 25％以上，只有极少数人使用其他民族语言，这些人主要是一些新移民。加拿大移民来自英、法的较多，英国移民人数是最多的，而且来自英国各地。其余一些来自于荷兰、意大利、德国与美国，也有些来自于东欧国家。近年来从亚洲与南美各国的移民大量进入，使这个以白色人种为主的国家成分有所改变。但是由于它靠近美国，迁居美国比较容易，所以加拿大移民虽然迁入的数量相当多，但迁出的数量也不少，特别是进入美国。

由于多数移民来自于欧洲，所以基督教也是加拿大的主要宗教，大约有85％的人口为基督徒，天主教人数与新教徒大致相当，天主教人数略占优势。与美国移民的宗教信仰状况稍有差别，因为美国新教徒稍多于天主教徒。来自各国的移民们有自己的信仰，英国人多数信仰英国国教，德国人中信仰路德教派的人数相对多一些。其余如犹太教、东正教等多种教派在这里也相当活跃。

直到 19 世纪 40 年代，美国与英国还在争夺加拿大西部的领土，而加拿大人决心捍卫自己的独立，联合所有的英属殖民地，建立加拿大国家。1864 年，原来的多个英属殖民地包括上加拿大与下加拿大联合省、新不伦瑞克、爱德华太子岛等共同通过《魁北克决议案》，建立了北美洲不列颠领地联邦，这就是加拿大国家的前身。3 年后，英国议会通过了《不列颠北美法案》，明确了加拿大自治领的建立，这是加拿大的第一部宪法。加拿大实行联邦制度，英国国王兼任加拿大国王，总督为英国国王在加拿大的代表。加拿大自治领的建立为以后加拿大的立国作了准备。1926 年，英国宣布自治领具有外交上的同等权力，这样加拿大才取得了外交权力。加拿大政府宪法规定，中央与各省依据宪法各有一定权限。政府实行三权分立，基本上仿效英、美等国的机制。加拿大的政府实行内阁制，由众议院中占多数席位的政党组阁，总理则由这一政党的领袖来担任。加拿大也实行议会制度，分参众两院，但是它设有枢密院，全称为"加拿大女王枢密院"，委员由总督任命，终身任职。加拿大共有 10 个省与两个地区，联邦与省各自保持独立权力，各省可以自行制定宪法，并且拥有立法、行政与司法的权力。

加拿大经济的腾飞是在 20 世纪 50 年代之后，它长期保持经济的高速增长，远超英、美等其他发达国家。1976 年，加拿大被接受参加西方七国首脑会议，标志着其西方经济大国的地位得到国际承认。

第五节　最后的新大陆：大洋洲文化

在浩瀚的太平洋西南部与赤道附近有一块大陆和一片海岛群，这就是大洋洲。陆地总面积约为897万平方千米，是全球面积最小的洲。不但面积小，而且分布奇特，西部是新几内亚与澳大利亚，东部最远是复活节岛；南面是新西兰，北面直到夏威夷，有1万多个大小岛屿分布在广阔的海面上，蔚为奇观。所以丹麦地理学家于1812年将这个洲命名为"大洋洲"，也就是大洋中的陆地，实在是恰如其分。

大洋洲位于世界各大陆之间的交通中枢，西边是印度洋，东面和北面是太平洋，地扼亚洲、南北美洲和南极洲交通要道，地理与战略位置极为重要。这里是世界的南方，它位于南半球，与其他国家的自然环境和节令相反，远离欧亚大陆中心地带。大洋洲组成复杂：由澳大利亚大陆，新西兰的南、北岛，世界第二大岛伊里安岛（仅次于格陵兰岛），赤道南北的美拉尼西亚、密克罗尼西亚和波利尼西亚三大群岛组成。这三大群岛的得名也值得一提，19世纪法国探险家朱莱塞·迪蒙特·德吕维观察了三个群岛之后，提议用希腊文来给它们命名。所有的岛屿都以"尼西亚"结尾，就是希腊文中的"岛屿"。"美拉斯"在希腊文中是"黑人"的含义，表示当时美拉尼西亚群岛上的居民是黑人，这种黑人与非洲黑人有所不同，可能就是中国古代典籍中所说的"小黑人"，其实是生活在大洋洲的黑人。"密克罗斯"意为"小"，所以密克罗尼西亚意为由多个小岛所组成的群岛；而"波利西"则是"多"，故此波利尼西亚是"岛屿众多的群岛"。

世界殖民运动中，西方列强瓜分了世界，即使是孤悬大洋之中的大洋洲也未能幸免。大洋洲虽然岛屿众多，但是独立的国家并不多，只有澳大利亚、新西兰、萨摩亚、瑙鲁、汤加、斐济、巴布亚新几内亚、所罗门群岛、图瓦卢、基里巴斯、瓦努阿图等国家。其中最为发达的也是面积最大的是澳大利亚，陆地面积768.23万平方千米，面积占大洋洲总面积的80％以上，所以有人将大洋洲称为澳洲。在伊里安岛东部的巴布亚新几内亚面积第二，伊里安岛的西部则属于印度尼西亚所有。新西兰面积只有26.5万平方千米，由南岛与北岛组成，两岛之间是库克海峡，距离为110千米。新西兰位于大洋中央，周围都是大海，西边离最近的大陆澳大利亚也有2000多千米，南面到南极大陆则有4000多千米。这里是南北太平洋交通的中转站，战略与交通地位之重要不言而喻。

　　大洋洲是新大陆中的新大陆，它的发现最晚。直到 1521 年，葡萄牙航海家麦哲伦取道美洲大陆最南端的麦哲伦海峡，南下太平洋，来到了马里亚纳群岛，继而登上关岛和阿普拉港，从这里远眺无际的太平洋，感叹世界之大。从此，欧洲探险家们的船队蜂拥而至，葡萄牙人和荷兰人发现了澳洲大陆，令所有的探险家兴奋不已。经历了一个多世纪的探险，英国人库克船长最终完成了这一发现，1768 年到 1780 年前后，库克首次对大洋洲各地进行了精确测绘，从此，这个太平洋深处的新大陆正式呈现在世人面前。

　　正像美洲新大陆被发现一样，最早的殖民者是伊比利亚半岛上的两个国家——西班牙和葡萄牙——他们永远是海上冒险和殖民的急先锋。这两个国家的冒险家们再次为争夺大洋洲的土地大打出手，最终双方达成协议，划定了双方的势力范围。此后不久，素有"海上马车夫"之称的荷兰人也不甘落后，入侵与大洋洲海域相连的千岛之国印度尼西亚，闯入这一地区，为列强大殖民运动奏响了序曲。

　　从 18 世纪起，大洋洲发展经历了两大发展阶段：欧洲殖民阶段与民族独立阶段。社会政治经济的阶段性决定了文化发展的历程，大洋洲文化在不同阶段呈现出不同形态。

　　殖民主义阶段中，大洋洲文化的基本特征是从原住民向殖民宗主国文化的转型，欧洲基督教信仰与仿欧洲的社会制度建设是主流，这一主流完全掩盖了本土原住民文化。

　　大洋洲至今未发现旧石器时代早期的遗址，人类到达这里的时代大约为 4 万年左右。最先到达澳大利亚的居民属于尼格罗－澳大利亚人种，皮肤黝黑，体毛较多，宽鼻厚唇，这是标准的东南亚先民，大约在第四纪冰期从东南亚进入澳大利亚，这些人与新西兰的毛利人被认为是大洋洲的原住民。但是大洋洲先后到来的居民也相当复杂，特别是三大群岛的居民，以美拉尼西亚为例，最早来的是巴布亚人，后来又从印度尼西亚来了新的居民，通婚后形成了美拉尼西亚人。被认为是新西兰原住民的毛利人则是波利尼西亚人中的一支。大洋洲现在的居民大约为 2800 万人，但是相对集中，澳大利亚就有 1800 万人，其余各国人口都不多，而且重要的特点是移民多，原住民少。原住民只有 600 多万，而移民则有 2190 万左右，近 80％是移民。原住民成为少数族裔，这种构成最终决定了其文化的特性。

　　18 世纪后期到 19 世纪中期，大洋洲输入了大量移民，主要是来自于英国、法国等欧洲国家。这种移民的开端却相当奇特，1786 年 12 月，英国枢密院颁布命令，将澳大利亚殖民地作为流刑殖民区。1787 年 5 月 13 日，海军上校菲利普被任命为澳大利亚新南威尔士首任总督。他带的 1030 个人中竟然有736 人是流放犯。这一批人从杰克逊港登陆，在这里建立了一个"流刑殖民地"，地名就叫悉尼。其后的近一个世纪中，这里经历了从流放地到殖民地的转换。英国工业化是从羊毛纺织业开始的，澳大利亚成为英国最大的羊毛供应地，澳大利亚与英国经济的紧密联系，使其走上了工业化的道路。新西兰的命运与澳大利亚大同小异，同样作为英联邦国家，其政治、经济与社会生产模式完全仿照英国和欧洲国家，移民占到新西兰人口的 73.8%，这些移民基本上是欧洲人，宗教信仰主要是基督教，就连本地的原住民毛利人也成为基督教徒。

澳大利亚与新西兰在殖民地阶段以欧洲文化的普及和本土文化的灭绝为主，经过一个多世纪的经营，大洋洲的文化呈现了一种欧洲亚文化模式，这是欧洲文化的海外版。这里的国家制度、经济生产类型、人民生活风俗及语言、文学艺术等，都与欧洲特别是最大的殖民国英国基本相同。

19 世纪后期到 20 世纪，大洋洲各国进入民族独立阶段。各民族人民反抗殖民主义统治是最重要的推动力，1843—1872 年的"毛利战争"是毛利人争取独立的战争，经过长期激烈的斗争，英国政府不得不承认"毛利王国"独立，并且在国会议会中都设立毛利人的席位。但是无可讳言，大洋洲的主要经济大国仍然部分处于原殖民宗主国的控制之下，特别是在政治、文化方面，处于欧美这样被后殖民主义思想家称为"文化帝国主义"的影响之下。

如果我们总结大洋洲文化，不可忽略这样的现象，他们虽然从地理位置上应当属于亚洲太平洋文化体系。所以有时澳大利亚或新西兰人有时会说自己属于亚洲。但是从文化传统的脉络而言，却与北美相同，它们是以欧洲裔移民为主流社会，以地中海大西洋文化传统为主体的国家。这种文化体系与世界殖民主义的历史密不可分，在取得国家和民族独立之后，特别是在全球化的历史时代中，北美大洋洲文化正在显示出强大的活力，更加为世界所关注。

第十章　拉丁美洲文化体系

拉丁美洲文化体系，是以拉丁美洲为主体的一种体系构成。这一地区有传统的美洲三大古代文明：玛雅文明、阿兹特克文明与印加文明，这些古代文明在欧洲殖民者入侵后，在外来文化的冲击下获得再生，融合形成了一种新的文化体系。

美洲虽然被称之为"新大陆"，但实际上它不仅与其他大陆的历史同样长久，而且这块大陆上也有独立发展起来的古代文明，这就是著名的美洲三大文明，它们分别是墨西哥与危地马拉的玛雅文明、阿兹特克文明和南美的印加文明。这三个文明是不同时代的独立文明，都已经达到发达文明的水平，应当承认其自立于世界文明之林的资格。其中玛雅文明早就已经在 1000 年前灭亡，但其影响仍然存在，是美洲不可磨灭的历史创造。

自从哥伦布发现美洲之后，美洲的文明发生了剧烈变异。首先是北美原有的印第安文化完全被取代，在北美洲这块土地上，美国与加拿大文化是西方文化传统在美洲环境中的新生，成为有代表性的现代文明类型。古代文明的萌生地拉丁美洲也脱胎换骨，完成了文化体系的转换，虽然不是北美那种以欧洲传统为主流的文化，但也与美洲原有的传统文明有根本的不同。这都是比较文化学体系最好的范例，文化体系的划分的意义正于此，它绝不只是一种固定的标签或图式，这是文化交往所产生的血肉之躯。只有多数世界史或者文化史家们都关注历史事实，我们才可以从中看到、听到世界文化体系形成的历史脚步，看到它是如何诞生的。在研究拉丁美洲文化时，我们必须先介绍美洲原有的三个主要文明的概况，然后，我们将通过最初的西班牙殖民者的征服史，来探讨美洲三个古代文明灭亡的过程。这是世界文化史上极为特殊的一页，它反映了旧文明与新文明之间的冲突，从中也可以看出资本主义与西方殖民主义历史上最残酷、最黑暗的历程。

第一节　墨西哥高原上的古代文明

在研究世界文化体系起源时，我们已经看到，公元前 1500 年前后是一个重要时期，这个时期，雅利安人进入印度半岛，征服了印度河谷的古代印度文明。公元前 1570 年，埃及法老阿摩西斯将喜克索斯人驱逐出了埃及，埃及进入新王国时代。也就在这一时期，中国的商王朝开国君主汤就位，即位 17 年后灭夏，建立商朝。可以说，东方文明进入了一个早期的经典时代。几乎与此同一时期，公元前 1200 年前后的奥尔梅克文化，推动了古代美洲的玛雅文明，也可以看成是美洲文明的一种革命性发展。

从公元前 3000 年起，中美洲的墨西哥、危地马拉、萨尔瓦多、洪都拉斯与伯利兹 5 个国家的印第安民族开始创造古代文明——玛雅文明。大量的陶器在美洲出现，标志着美洲文明进入早期发展。危地马拉等地形成玉米经济，这是美洲最早的农业经济之一。玛雅人对于玉米有特殊的情感，产生过多种关于玉米的传说，翻开拉丁美洲文学史，可以看到大量关于玉米的传说神话，以玉米为素材创作的作品，可见这种传统是多么深入人心。

如果再向下继续观察就可以看出，这种农业文明的发展进程中，还曾经受到奥尔梅克文化的影响。这种文化大约发生于公元前 1000 年左右，中心在墨西哥高原，受到这种高原文化的影响，玛雅文明的城邦生活制度、宗教信仰都有质的变化，特别重要的是奥尔梅克文化创造了自己的文字，极大地提高了整个拉丁美洲古代文明的层次。2005 年 3 月 20 日，美国宇航局在现场直播了墨西哥奇琴伊察玛雅文化遗址在春分时出现的"羽蛇下凡"的美妙景象，当时的场景真是令人激动不已。"奇琴伊察"在玛雅人的语言中意为"玛雅人的井口"。遗址大致呈长方形。这是一个著名的美洲的金字塔，位于墨西哥的坎昆 200 千米处。塔基边长 55 米，塔高 30 米，分 4 个面，每个面分为 9 层的台阶，91 个台阶，共为 364 个台阶，加上顶部神庙，总数是 365 阶，与阳历 365 天数目相同，这就是玛雅人的历法：

> 正面台阶的角缘饰有两个巨大的羽蛇头。每年春分时刻，金字塔出现"羽蛇奇观"。阳光将金字塔西北角的阶梯菱角投射到北坡西墙上，波浪状的投影与蛇头石雕恰好连为一体，随着日落角度的变化，宛如一条有生命的巨蟒从塔顶向大地游动爬行。这一奇观并非巧合，而是玛雅人精心设计的结果，是他们精确的天文知识与巧妙的建筑艺术完美结合的奇迹。一些人甚至称这可能是"外星人的杰作"。[①]

公元 10 世纪前后，在奇琴——伊特萨和乌希尔城邦，每年春分时节，墨西哥人都要举行"羽蛇下凡"的观察仪式，以纪念古代人类的科学发现。玛雅人不仅是杰出的天文学家，而且是具有发达文明的民族。这种文明中有一种令人惊奇的现象——玛雅金字塔，在危地马拉的热带雨林中发现的玛雅金字塔比

---

① 何洪：《美宇航局直播"羽蛇下凡"奇景》，载《文汇报》，2005-03-23。

埃及金字塔要小得多，金字塔现象是亚洲文明中常见的，在中国北方草原上自古就有小型堆垒建筑，估计与玛雅金字塔相同，也是神灵崇拜的产物。但是玛雅金字塔建筑形态庄严，别具特色。

大约在公元 5 世纪前后，玛雅文明进入兴盛时期，影响到尤卡坦半岛。从公元 9 世纪起，正在兴盛期的玛雅文明开始衰落，不过玛雅文明从没有断绝过，应当说直到西班牙殖民者来到美洲之后，才灭绝了这一文明。

从社会生产性质来看，玛雅文明是美洲的农业文明，其生产方式简单，以刀耕火种为主，并且曾经在山地上营造梯田。主要农作物与经济作物是玉米、薯类、可可、西红柿、南瓜、豆类、辣椒、烟草、棉花等。由于有雄厚的农业基础，所以玛雅人的贸易也相当发达，他们的商业活动范围甚至可以达到巴拿马地区与墨西哥北部。经营的商品种类繁多，包括陶器、土布、蜂蜜、烟草、染料、燧石、树脂等。这些颇具特色的产品使玛雅人名声远扬，特别是他们生产的可可豆等产品，为玛雅人带来大宗财富。

但值得注意的是，美洲古代文明中有一个特点，就是主要文明全部是农业文明，没有发达的畜牧业文明，也就是说美洲没有产生出游牧民族。为什么会产生这种状况？西方历史学家的看法是，美洲没有培养出宜于饲养的动物。虽然美洲有狗等可饲养动物，但是却没有大量饲养马，没有大量的饲养马就不可能有大规模的畜牧业，没有战马就不可能有游牧民族的骑士。这一特殊历史其实也为美洲文明带来了福音，强悍的游牧民族对于农业文明的劫掠在美洲历史上并没有发生，像欧亚大陆上的草原骑士们纵横大地的战争是惊心动魄的。

但这也同时是个缺陷，美洲的大多数文明没有经历过大型的战争，难以抵御强大敌人的奇袭，他们虽然十分勇敢，但是缺乏大批训练有素的部队。当与西班牙入侵者们战斗时，他们总是处于劣势。据西班牙殖民者记述，西班牙殖民军队与印第安人作战时，由于美洲没有马，西班牙人则海运了骑兵来参战，当骑兵出现时，英勇的印第安武士们感到十分惊讶，他们不知道这是什么，以为人与马是结合为一体的怪物。于是印第安人的战斗队伍变得纷乱起来，首领难以指挥，最终导致了印第安人的失败。

此外也应当说明，我们对于玛雅人宗教信仰的理解仍然十分少，这种神灵的秘密是什么仍然不得其解。有的西方学者认为，玛雅文明崇拜的自然神是一种植物生长的神力，这是一种基于美洲农业发展的推测。这种推测现在仍然不能成为定论。唯一可以肯定的是，这是一种超自然力的崇拜，它不同于一般的自然物象的崇拜，这是玛雅人的发明。或许以后的宗教史研究会证明，在古代文明中，这种崇拜的产生是一种文明进步的重要标志。

第二节 美洲的城邦文明

美洲另一个重要文明产生于墨西哥谷地，这里气候宜人，土地适于耕作。900 年前后，托尔特克人首先在墨西哥谷地发展农业，他们虽然属于部族社会，但是已经有了较发达的文化。大约在公元 12 世纪，这些部族中的一支建立了阿兹特克王国，标志着美洲一种独立文明的产生。经过两个世纪的经营，这个王国强大起来，他们迁移到今日的墨西哥城附近。

公元 14 世纪初期，阿兹特克人在以后墨西哥城建立了自己的王国，这个王国在 15 世纪进入强盛时期。据美洲历史记载，阿兹特克王国最兴盛的时代人口曾经达到过 600 万，这在美洲已经是相当大的国家了。不幸的是，正是在这个国家最繁荣昌盛的时期，西方殖民者来到这里，公元 1521 年，阿兹特克首都特诺奇蒂特兰城被西班牙人攻克，1524 年最后一位君主库奥特莫克被害，阿兹特克王国被欧洲殖民者灭亡。

有的历史书中称阿兹特克是美洲的"帝国"，如果着眼于阿兹特克国家的强大与疆域广阔而言，应当说是有一定道理。但实际上，阿兹特克文明并不真正具有帝国性质，除了统治方式之外，并不具有通常所谓"帝国"的任何特征，正如美国历史学家乔治·C. 瓦伦特所说：

> 在奇奇梅卡人时代，以及在阿兹特克人时代，政治单位是群体，它建立在同一村庄或城市的基础上，靠耕种自己的土地为生。虽然一个集团的人口可以达到几千人，村庄可能变成一个城邦，公社土地可能不足以养活人口，但政治组织则没有什么真正的变化。任何首领都没有那种为秘鲁印加人的首领所成功推行的帝国概念。除了秘鲁是唯一的例外，美洲印第安人的各群体的做法都是拓殖新的领土，从来不通过征服手段去吞并弱小公社。①

阿兹特克王国虽然有势力扩充，但并不重征伐，这是美洲国家的特征之一。阿兹特克文明中相当重要的阶段是伊特斯科亚特尔王朝，1428 年，伊特斯科亚特尔登基，他被认为是阿兹特克文明的真正缔造者。他确立了宗教信仰，如同罗马人确认基督教一般，并且建筑了大型的庙宇，建立了国家政府的各级机

---

① ［美］乔治·C. 瓦伦特：《阿兹特克文明》，朱伦、徐世澄译，220 页，北京，商务印书馆，1999。

构，使国家初具雏形。到孟蒂祖玛一世时，阿兹特克已经成为土地广袤的国家，东部直达普埃布拉与维拉克鲁斯，南部疆界到达了莫雷洛斯与格雷罗各部落，以后它的领土不断扩充，成为当时的大国。

这种文明具有相当发达的科学创造力，在美洲大陆上，他们独立发明了金属冶炼技术，虽然没有进入铁器时代，基本也没有真正意义上的青铜器时代，但他们已经有了紫铜，可以说与青铜器时代只有一步之遥了。同时，制陶工业已经相当发达。这种文明具有城邦文明特色，城市建筑规模宏大，庙宇建筑也精美绝伦，还有优美的壁画，证明这是一个艺术天赋很高的民族。最重要的是他们的象形文字，已经有 800 多种符号，有 3 万多个词汇。令人惊奇的是他们的数学才能，他们早已经开始有了 0 数字，可能比欧亚大陆上要早，欧亚大陆上 0 数字是印度人发明的，传入欧洲已经相当晚了。

阿兹特克人笃信宗教，他们的宗教仍然是多神教，其中太阳神地位最为重要。他们的所有行为都要听从神的意旨，相信征兆，在与西班牙征服者的斗争中，为数不足 400 人的西班牙人与强大的阿兹特克国家对垒，本可以容易地将来犯的西班牙人消灭。但国王与百姓中的相当一部分人竟然相信一些不祥的预兆，士气低落，这也成为抵抗失败的一个原因。

他们创造了相当发达的历法，创造了一种独特的日历石，巨大日历石至今仍然是世界上少有的巨型日历，但这种日历石的作用并不只是一种日历，而是把历法与宗教联系起来，历法受到神的观念指导。通过日历石，阿兹特克人表达了自己的宇宙观，并且渗入了自己的神话。日历石中心是太阳神托纳蒂乌的脸，表示当代；脸周边有 4 个方形，表示以前的时代。以 20 天为一进制，20 日各有名称，环绕为一个圆形，表示了天空与宇宙。其刻制方法有些方面令人想起埃及石刻，也有些方面与中国古代铜器相似，而与亚洲的石刻并不相似。阿兹特克人创造了自己的计数法，这是 20 进制的计数法，这也可能是其日历中 20 日的来历。从阿兹特克人的雕刻、石像及神话来看，有天堂和地狱，有明显的竖向布局，表达出一种高低尊卑的等级制度。

无可讳言，这个文明有其明显的历史缺陷，它的一些陋习是它衰落的因素。例如，阿兹特克人盛行人祭，大型的人祭竟然达到数百人，这是世界历史上少有的。同时，部落之间的联系也呈现出一种简单的利益关系，各个部落经常把相邻部落作为对立面，为了灭亡邻邦，不惜与敌人结为临时的盟友，以获取直接利益。当西班牙人与阿兹特克人作战时，一些周边部落并不支持阿兹特克人，使得西班牙人可以利用他们之间的矛盾，各个击破。这虽然并不是根本原因，无疑也成为这个王国最后灭亡的原因之一。

第三节　安第斯山地文明

　　南美洲的西北部，美洲大陆的西岸，面对太平洋，有一座高耸入云的大山——安第斯山。安第斯山平均海拔 4300 米，世界最大的河流亚马逊河就发源于此，安第斯山脉有许多高达 6000 多米的高山。这里就是著名的安第斯文明的发源地——秘鲁。秘鲁的国土很有特色，地形狭长，沿着海岸线延伸开来，境内山峦起伏，只有沿着海岸线才有狭长的砂土带，没有大河，也没有冲积平原，流淌着几条细小的河流。安第斯山终年积雪，但并不融化，只有在山的东坡上有大的河流。从自然环境来说，这里是典型的山地高原，并不适宜于农业的发展，但恰恰是在这个高原山区，印第安人发展出了自己最发达的文明——印加文明。这种文明从地理位置来说，应当是一种山地文明，这里最低的地方也是海拔 1000 到 2000 多米的山间谷地。地形复杂，不利耕作，与北美大平原形成鲜明对比。即使与相邻的墨西哥阿兹特克文明相比较，这里的自然条件也显得很差，墨西哥高原与谷地都有肥沃广阔的土地，墨西哥高原是世界上少有的大高原，完全有条件发展农业。但秘鲁完全不具备这样的条件，所以秘鲁的农业必须以在山坡耕作为主，开发梯田，发展种植业与初级的畜牧业。世界古代文明中，只有两个创造了改造自然的梯田，一个是中国文明；一个是印加文明。当然，两者的梯田是相当不同的，中国梯田分布广，从北方黄土高原的梯田到南方山区的梯田是重要的土地资源。而印加人的梯田从数量上来看要少得多，不过建造也相当精致，田边全部用石块砌成围堰，玉米与马铃薯是这里的主要农作物。

　　印加人在这里定居下来，他们修筑的梯田沿着山坡层层排列，山上放牧着印第安人自己驯养的骆马和羊驼。在白云深处，可以看到美丽的印加人的山村与城镇。当西班牙入侵者来到这里时大为惊叹，无异于看到仙境一般。

　　"印加"一词的本义是"国王"或"领主"，以后成为这种文明的名称，也有人解释为太阳神后裔的意思，或是西班牙人对于印加人的称呼。如果考虑到有的历史学家认为，可能在西班牙人进入美洲之前，印加人已经自称为印加，我们不妨将其理解为从部落文明向国家文明进化的标志。印加人在诸部落中首先确立王朝，是当时的一个先进部族，因此以此为名。以后，这一王朝征服其他部落，成为一种势力强大的文明社会。

　　安第斯山孕育了古老的印第安文明，从目前的文化遗迹分析来看，这一地区存在过连续的文明社会，但并不固定于一个地区，而是在相对小范围里流动。

公元前 16 世纪到公元前 6 世纪，这里有查文文化等古代文化存在。这些文化遗址中发现了动物崇拜的石刻。这里与奥尔梅克文化一样，以美洲虎为崇拜，可以考虑彼此之间可能存在一定的关联。同一历史时期的帕拉卡斯文化遗址中，古墓里的木乃伊身着棉织品，并且有精美的刺绣，这说明当时的棉纺织业与手工艺已经发展到了较高的水平。稍后，公元前 5 世纪到公元前 3 世纪的帕斯卡文化中，陶器与陶绘已经十分精美。

公元 6 世纪到 10 世纪兴起的蒂瓦纳库文化表明，安第斯山地文明进入了宗教兴盛的时代。印加可能在这一时期发展了太阳神崇拜，在玻利维亚的蒂瓦纳库镇，有一个巨大的石雕太阳门，这个石雕由一块巨石刻成，浑然一体，呈现一个巨大的门形，高达 3 米，宽近 4 米。每年 9 月 21 日，东方太阳升起的第一缕阳光从门的中央射入。这是一个与阿兹特克人的日历石有异曲同工之妙的石雕，其中既有宗教的因素，又有天文学与古代科学的观念，这种混合也是美洲文化的一个特点。

大约从公元 12 世纪起，印加王国进入发达时期，从公元 1438 年第 9 位印加王帕查库蒂开始，印加王国成为一个大的帝国。如同罗马帝国一样，国王确立了太阳神崇拜，实行政教合一的制度，国王独掌大权。印加人征服了卡哈马克、利马、奇穆、纳斯卡等地。到第 11 代国王瓦伊纳·卡帕克时期，印加王朝成为大帝国。以安第斯山的秘鲁为中心，北方边界到厄瓜多尔，南方到智利的马乌莱河，西边直到大海。阿根廷与玻利维亚的相当一部分都属于印加帝国，人口多达 200 多万。正当印加帝国最盛的时代，一支西班牙殖民者的军队来到印加。次年，西班牙殖民者弗朗西斯科·皮萨罗率领的只有 170 人的军队，占领了库斯科，处死国王。公元 1553 年，历史上曾经传承 13 代国王的拉丁美洲最后一个文明印加帝国灭亡。令人惊奇的是，灭亡这一具有数百万人口（据德拉维加说，印加王国人口最多时达到了 1200 万）、面积 100 多万平方千米大国的竟然是一支不足 200 人的西班牙殖民军队。

印加文明是美洲文明中唯一的青铜器文明，印加人已经掌握了多种金属的冶炼技术，可以用的金属有金、银、铜、锡等。但是，对于发展国民经济极为重要的冶铁技术却没有掌握。所以他们的工匠以铜和银的工具来取代铁制工具。秘鲁历史学家印卡·加西拉索·德拉维加说：

> 现在西班牙人做木匠活用的所有工具中，当时的秘鲁人只会做斧子和锛子，而且还都是铜的。木匠活计用的锯、钻、刷子和其他工具，他们一概不会制作。因此，他们的木匠活无非把木头砍断，好歹

弄平能盖房子就行了，至于箱子和房门则一概不会制作。即使斧子、锛子和很少的几种小锄头，也是由银匠而不是由铁匠制作，因为能制作的所有工具都是铜和黄铜的。①

由于没有铁，不可能制作深耕的犁铧，这样就不能深耕土地，不能提高农作物产量。他们只会用木制的犁来耕地，这样就阻碍了印加帝国农业的发展，不可能形成精耕细作的发达农业。

但是相对来说，印加的农业仍然达到了拉美古代文明的最高水平，印加人培育和种植了40多种农作物，玉米、薯类都有相当大的产量，基本满足了人民的需要。他们具有世界一流的梯田技术，造田加工技术极为精细。先用石料垒起三道墙，然后向墙里填土，填到与墙一样高为止。再向上一层层地垒上去，直到山顶，这样把一座山全部变为梯田。印加人有严格的田亩制度，全部田地分为三份，一份给太阳神；一份给国王；一份给百姓耕作。他们已经学会了轮耕与休作，这样对于提高田力是有效的。印加是一个典型的农业国，重视精耕细作，以农为本，国王重视任何有关农业的活动。相对来说，印加人的畜牧业并不太发达，虽然培育出一些牲畜，但不足以发展成大型的畜牧业，这可以说是美洲文明的共性。

印加人的城市建筑水平并不亚于阿兹特克人，库斯科城堪称拉美古代城市建筑的典范，"库斯科"在克丘亚语中意为"肚脐"，这是因为城市恰好在秘鲁高原的中心，正像肚脐在人体的中间一样而得名。这座山城位于高原上，但是供水却十分充足，这在当时是一般城市所难以企及的。城市建筑以石头为原料，所以房屋结实，宫殿豪华，庙宇则高大壮观。欧洲中世纪的古堡建筑举世闻名，但是如果看到印加人的古代城堡，如萨克萨瓦曼古堡、马比比丘古堡等，这些建筑在山巅的古堡，堪称巧夺天工，丝毫不比欧洲中世纪古堡逊色，也称得上是世界建筑史上的奇迹。

印加文明一个令世人不解之处，就是一直没有发现文字。因为它的宗教、天文学、数学知识都达到了相当高的水平，但是却一直停留于结绳记事，这些因素可能会造成文明发展滞后。

---

① ［秘鲁］印卡·加西拉索·德拉维加：《印卡王室述评》，白凤森、杨衍永译，162～163页，北京，商务印书馆，1993。

第四节　美洲大殖民的文化再铸

美洲殖民是西方近代大殖民的主要历史，这一殖民模式有自己的特色，完全不同于非洲殖民模式。美洲殖民活动的特点是殖民者定居美洲大陆，屠杀印第安人，然后大量从欧洲移民，强占美洲原住民印第安人的土地，奴役有色人种，建立自己的国家，我们称之为"征服移民型殖民主义"。而同一历史时代中，西方殖民者在非洲则是另一种模式，他们瓜分非洲后，捕捉黑人，作为奴隶贩运到美洲与欧洲，是一种"奴隶贩运型殖民"。前者是殖民主义土地资源与物质资源的掠夺，后者主要是劳动力的强占。当然，两者的区分并不是绝对的，非洲殖民活动中同样有少量移民和殖民庄园建立等活动方式，但两者的主要模式不同仍是明显的。

我们首先要对美洲征服的过程进行回顾，美洲征服的中心是对印第安原住民文明的毁灭，这一过程主要表现于对墨西哥与秘鲁的征服。

首先征服的是墨西哥，西班牙殖民者来到美洲之后，到处寻找黄金之国，他们的目的是抢掠财富。经过艰苦的搜寻，直到1517年他们才发现墨西哥，但初期的殖民者们人数不多，所以无法战胜印第安部落。

1519年3月25日，商人埃尔南多·科尔特斯带领一支500人的小队伍，在塔马斯科与印第安武士激战，虽然西班牙人有大炮、火枪，但印第安战士毫无惧色，拼命进攻。正当此时，西班牙骑兵从背后偷袭，印第安人没有见过马与骑兵，以为是人马一体的怪物，纷纷败退。此役西班牙人杀死印第安人800余人，这是西班牙人的第一个大胜仗。自此以后，西班牙人掌握了印第安人的习性，他们一方面装出一副伪善的样子，要求同印第安人和谈，声称自己是来帮助印第安人去除野蛮陋习、信仰伟大宗教的，他们为一些印第安人洗礼，安抚他们。另一方面则用印第安人从未见过的火炮与马来恐吓他们，说成是具有神力的怪物，继续屠杀只有长矛、弓箭的印第安人。

西班牙人看到印第安人虽然英勇，但是容易轻信，心地单纯，决定用诡计来战胜他们。西班牙人到达墨西哥城后，国王蒙特苏马相信了他们的谎言，让他们进入城中。但西班牙人出尔反尔，突然反目，逮捕国王，只用了两年的时间，数百万居民的大国竟然被区区数百人的部队所征服。

伟大的历史事件常常出于并非伟大的动机，环球大航海的形成其实是西方人对东方探索的产物，其最初的目的是寻找远东国家，寻找传说中的黄金国度，结果来到了非洲南部、美洲与澳洲，最后也来到了中国与印度。在非洲南部与美洲，他们得到了大量的黄金，部分地实现了梦想。

如果说征服墨西哥的殖民英雄是科尔特斯，那么征服秘鲁的英雄则是弗朗西斯科·皮萨罗。他出身低微，大约出生于1471年前后，早年是一个牧猪人，以后投身于当时极为兴盛的海外冒险，以博取名利，但他命运不济，已经人到中年，才不过是一个区区的上尉，既无名也无利。1524年11月中旬，皮萨罗获得一个机会，组织一支小殖民军队远征巴拿马以南地区，这在当时是极危险的地区。但是野心勃勃的皮萨罗决心借此机会改变自己的地位，因为当时科尔特斯等人已经因在拓展海外殖民地中建立功勋，成为西班牙的英雄而名噪一时，令皮萨罗羡慕不已，因此他绝不会放过这样一个机会。随同皮萨罗前行的人数不多，大约在100人左右，他们向南方逆风行驶，通过圣迈克尔海峡，绕过皮纳斯港，沿着海岸线南行，寻找合适的登陆地点。经过几次探索性行动，殖民者们登陆后遭到印第安人的迎头痛击，只能狼狈地返回巴拿马，第一次大型行动以失败告终。

但是皮萨罗并不死心，卷土重来。1526年3月10日，皮萨罗与另一个冒险家阿尔马格罗、提供冒险资金的埃尔南多·德卢克在巴拿马签订了一个协议书，宣誓共同征服秘鲁帝国，平分所获得的一切财物与利益。这实在是一个荒谬绝顶的协定，因为当时他们连这个"秘鲁帝国"在哪里、它是否真的存在都不确切知道。西方人把西班牙人的冒险称为"美洲十字军"，形容这些冒险家的行径是"燃烧的十字架"，认为这些冒险的初衷与宗教是有密切关系的。但也无可否认，这种冒险实际是杀戮与黄金掠夺。然后，他们带领160多人，分乘两艘船，直航圣胡安河口。然后与以前一样，沿海岸搜索，目标是秘鲁帝国。他们在基多也就是今日的厄瓜多尔登陆，然后绕过了塔库麦兹角、帕萨多角与圣赫勒拿角，进入瓜亚基尔湾，远眺安第斯山，当他们到达通贝斯时，见到了美洲特产——骆马——即欧洲人所说的"秘鲁羊"，这是供给印第安人毛纺物的动物。当一位秘鲁首领问皮萨罗为什么来到这里时，皮萨罗对当地人说，他是世界最伟大与最有权威君主的封臣，他来此是为了确认君主对于这个地区的"合法的统治权"。同时他还说，他来此的另一个目的是为了将当地臣民从不信上帝的蒙昧状态中拯救出来，因为印第安人信的神是邪教，世界上只有基督是唯一真正的神。这样，冒险家皮萨罗发现了秘鲁。1529年7月26日，西班牙皇后制定了一个约定书，授予皮萨罗发现并征服从圣地亚哥以南延伸200千米的秘鲁省的权利，并且终身享有总督兼总司令和先遣官、警察总监等职位。这样，西班牙政府正式授权这些冒险家征服秘鲁。1531年1月，皮萨罗再次出发征服秘鲁，在通贝斯登陆后，继续向内地进军。1532年，西班牙军队翻过安第斯山，来到印加王国。西班牙军队在目睹这个国家十分强大后，不敢轻举妄动，先将军队驻扎在要害地区，正像征服墨西哥一样，西班牙人再次使用阴谋诡计来对付秘鲁人，他们的诡计最终得逞，秘鲁被征服了。

非洲与美洲都经历了残酷的大屠杀与征服战争，非洲黑色人种与美洲印第安人种是这段历史的受害者。美洲，这个新大陆的征服史短促而惨烈，给历史留下了相当大的想象空间。无论曾经是征服者的葡萄牙与西班牙，还是处于被征服地位上的墨西哥与秘鲁，都可以反思这一段历史。历史所展示给我们的，并不是单纯的新旧文明冲突，也不完全是以强凌弱，而是世界文明体系建立中的一种现实。中国读者可能感兴趣的问题之一是，墨西哥人是如何看待这段历史的。1989年，当史学名著——西班牙人贝尔纳尔·迪亚斯·德尔·卡斯蒂略的《征服新西班牙信史》——的中文版出版时，墨西哥驻华大使豪尔赫·爱德华多·纳瓦雷特在中译本序言中有这样的一段话：

> 迪亚斯·德尔·卡斯蒂略把读者带进一个英勇、残酷的世界。无论是他的惊异或是反感，全都和盘托出。从他个人的观点出发，对他不能认可的事情或是觉得美妙的事物，或谴责，或赞美。总之，展现了五百年前两种文化剧烈相撞的情景——今日墨西哥就是从那种冲撞中产生。①

作为现代墨西哥的外交家，这种关于历史的评论无疑具有相当的客观性，这可能是新大陆文明变迁之后特有的一种观念。美洲，无论是印第安征服，还是拉丁美洲的国内战争、美国的南北战争，在美洲历史评论家与民众中都有一种重史实轻判断的特征。受到推崇的是历史事件中的人类精神，是英勇和斗争。南北战争是蓄奴与废奴的斗争，但是对美国民众来说，南方军的英雄却可能成为时代英雄的表率。美国作家米切尔（Magaret Michell）在小说《飘》中，对于旧日奴隶主的南方没落的怀念反而得到了美国民众极大的同情，这里绝不只是一种艺术魅力，而是表达出一种美洲文化所特有的价值评判与文明观念。哥伦比亚作家加西亚·马尔克斯（Gabriel Garcia Marquez）在名著《百年孤独》中描写了一个叫马孔多的小城，这个小城其实是拉丁美洲的缩影，作者

---

① ［西班牙］贝尔纳尔·迪亚斯·德尔·卡斯蒂略：《征服新西班牙信史》，上册，江禾、林光译，1页，北京，商务印书馆，1988。

反思 100 多年来拉丁美洲封闭孤独的历史，其中有对民族神话与历史文明的反思，更扩大一些，可以说是对拉丁美洲历史的反思与遐想。从这部小说中可以看到，作者所尖锐批评的是一种封闭自守，一种由此而产生的反文明与反进步的传统。但是，作者表达的是对于美洲文明的深切热爱，是盼望这一文明进步与发展的情感。从这里也可以看出，经过多民族的长期通婚，多种文化互相融合所形成的美洲文化体系，对于民族传统的替代与融合有自己的观念。这种观念对于其他地区和民族来说可能是难以完全认同的，这是我们在评价这一段历史时所必须明白的。

美洲的发现与征服，是世界文化史上西方发达文化与美洲原住民印第安文化的相遇，两种文化相碰撞的结果是可想而知的。文化的发达与否决定双方力量的强弱，也决定了胜负，这是一个历史事实。一位西方历史学家曾经形容道：手握钢枪的殖民者与手持石器时代武器的美洲人进行战斗，这是一场屠杀而不是战斗。西方殖民者以一种历史进步论来为自己辩护，以为自己是先进文明对落后文明的征服，是有利于美洲人民的。以西方的"个性自由国家"对落后的专制帝国，那些有大量人祭制度、随意杀戮奴隶等的半开化文明，所以西方人认为自己的征服是有理由的。但是从另一个方面而言，任何文明都是建立在道义基础上的，没有道义的文明不是文明，如果西方文明的这种征服本身已经违背了历史道义，侵犯了印第安人的权利，那么归根结底这种征服不啻是一种罪恶。

从另一层意义上看，对于文明社会来说，主权高于一切，不能以自己的需要来取消别人的主权或者以凌驾于主权之上的原则来侵犯主权。美洲印第安人的文明是独立文明，它们有自己存在的权利，文明的毁灭是殖民者的历史罪恶，这是任何人都无法为之辩护的。

正义、信仰与进步是殖民者的借口。但是，这一借口也遭到西方人自身的质疑。

正义的目的是不可能通过邪恶的手段来实现的，手段与目的是一致的。正像一位西方学者所言：正义不能出于邪恶。非洲、美洲乃至整个东方的"征服"都是欧洲国家以战争为手段进行的，以正义的名义进行邪恶手段的征服，这也就是以恶作为历史的推动力，这正是一种帝国主义的逻辑。当年，黑格尔曾经为恶或所谓推动历史的恶来辩护，其依据正是这样一种文化逻辑，对于世人来说，这只是一种为西方殖民主义辩护的强盗逻辑而已。

第五节 复合型的拉美文化体系

21世纪初，世界经济发展中出现了一种"拉美现象"。此时的世界处于金融危机的冲击之下，欧亚多数国家经济遭受重创。北欧的丹麦由于债务过大，甚至有可能出现国家破产的情况，地中海文明的起源地希腊也被迫接受欧盟的经济援助。在这种危机中，所谓"金砖四国"显示了强大的抵抗危机能力，它们分别是中国、印度、巴西与俄罗斯，其中唯一的拉美国家巴西更是引人注目。

自从美洲发现以来，拉美国家从来没有在世界经济舞台上扮演如此重要的角色，拉美经济也没有如此引人注目。世界开始再度关注拉美及其代表性国家——巴西——这个一般人对它的印象只是南半球的狂欢节与足球王国的国度，有什么样的文化基础，竟然创造出这样的奇迹。

应当说巴西是当代拉美国家的欧洲殖民地转型与重建历程的代表，是东西方复合型文化形态的样板，比较研究这一块拉丁美洲的"金砖"可谓意蕴深厚。

巴西位于拉丁美洲的东部，是拉美的核心国，周围分布着秘鲁、阿根廷等10个拉美国家，只有东边是大西洋，巴西突出于大洋之中，实际上是一个半岛国家。国土面积8 511 965平方千米，几乎占到南美陆地的一半，是世界第五大国，恰好巴西的1.6亿人口也居世界第五。全国土地面积一半在巴西高原上，世界最长也是流域面积最大的河流亚马逊河在这里流淌，世界面积最大、最茂密的内陆热带雨林分布在亚马逊河的两岸，巴西森林资源居世界第二位。这里有世界上最丰富的矿产资源：铌、钽和铍的储藏量居世界第一位，铁矿储量700亿吨，而且都是高品质的铁矿石，产量居世界第二位；锰矿产量是世界第三位；铀矿储量24万吨，产量居世界第六位；铝矾土储量47万吨，产量居世界第三位。炼铝业居世界第二位；石墨和石棉储量居世界第一。其他如黄金、铜、锌、铅、钨等也都储量丰富，还有大量的石油、天然气、石膏、云母、白云石、大理石等。毫无疑问，巴西是名副其实的世界资源大国。毋庸讳言，丰富的资源是巴西经济崛起的基础之一。

但是真正使巴西突飞猛进的并不是资源，这些自然资源存在于巴西已经亿万年。数千年来生活在这里的印第安阿拉瓦克族和图皮族人只是在这里从事渔猎生产，种植了木薯和烟草，从没有使巴西富强起来。资源不是决定因素也可以有反面的例证，与资源丰富的巴西形成对比的是，日本、韩国这样一些自然资源乏善可陈的国家，经济成就反而令世人瞩目，这是令任何以资源来解释经济论者都无言以对的。

如果要分析拉美文化，不能不回到巴西的"经济腾飞"时代。"二战"以后，从 19 世纪就已经独立的巴西经济进入工业化时代，这个昔日的"咖啡王国"成为拉美工业化的领头羊。先是采取了进口替代政策，以控制进口、高关税来保护本土工业，工业生产产值增加，农业产值地位下降，汽车、电子、化工、飞机制造等都进入世界先进国家行列。巴西是拉美制造业最发达的国家，经济连续增长，从 1948 年到 1980 年，巴西国民经济增长率平均为 7％，世称"巴西经济奇迹"。

太阳底下没有新的事物，巴西是一个多元文化的国家，这种多元性是巴西民族的历史形成的。首先大量进入巴西的是葡萄牙和英国殖民者，殖民者把非洲黑人贩运到巴西的种植园。到 1822 年巴西独立时，黑人人口已经占到总人口的 60％。虽然以后有所减少，但仍然是巴西的主要民族。19 世纪以来，欧洲移民成了巴西的主要民族，葡萄牙人、德国人、瑞士人、爱尔兰人等源源不断地来到这里。可以说，这里是美国之外最大的欧洲移民国家之一，西方民族的文化实际上成为巴西社会的主流。白人、印第安人、黑人等不同种族互相通婚，这里是混血种族人口最多的地区，黑白混血的姆拉托人、白人与印第安人混血的卡博克人、黑人与印第安人混血而成的卡弗佐人等，遍布全国。这也就产生了宗教的多样性，天主教是最主要的宗教，犹太教、伊斯兰教、佛教以及非洲天主教——马贡巴教（伏都教）——多教共存。众多的民族聚集在这里，多样性的文化，使得巴西被人称为"世界民族大熔炉"，这是除美国之外的另一个获得这种殊荣的国家。由此可见其文化多样性程度之深。

我们仅举一个例子就可以看出这个国家所经历的文化转型之彻底，可以看出其复合型与多元性文化的特点。巴西的民族多，各个民族都有自己的节日，于是巴西拥有世界上最多的节日：圣诞节、巴西狂欢节、复活节、圣约翰节、马贡巴节、新年、蒂拉登斯节、父亲节、独立节、共和国日、基隆博节等，不一而足。特别值得注意的是，巴西每年还有一个"移民节"，为期 10 天，仅从这里就可以看出巴西人尊重多样性、具有开放性的民族心理。所以难怪世界 60 多个国家的移民在这里生活，并且在这里持续自己的文化传统。

从 19 世纪起，欧洲殖民文化消退，代之而起的是多元的移民文化。这种文化经过一个多世纪的本土化，成为巴西独特的文化体系，这是一种最大程度的汲取了地中海大西洋文化，并且与世界多民族文化融合后产生的新文化体系。正是在这种复合型的文化语境中，出现了巴西的经济奇迹。有什么样的文化就会有什么样的经济，这是一个颠扑不灭的真理。

拉美文化体系的一个突出特性就是其整体性，这种整体性是拉美的历史所形成的，美洲发现后，经历了"美洲殖民模式"，这种模式不同于非洲殖民地。15世纪末到18世纪是大殖民时代，先是伊比利亚半岛的葡萄牙与西班牙，其后是英、法、德等国，在美洲大陆杀掠印第安人，贩运非洲黑奴，建立奴隶主庄园，使美洲大陆成为欧洲工业化的生产基地与原料供应地。

19世纪初期，美洲民族独立运动风起云涌。早在1810年，拉美的国家智利就已经宣布独立，摆脱了西班牙人的统治。智利独立的意义重大，这是一个以印欧混血人种为主体的国家，移民只有20％左右，可以看做拉美民族独立的一个重要成果。无独有偶，1810年5月，以白人移民为人口主流的阿根廷独立，当时乌拉圭、巴拉圭和玻利维亚尚属于阿根廷的国土。同样是在1810年，墨西哥开始了艰辛的独立运动之路，1824年成立了联邦政府，结束了300年的西班牙殖民统治。1821年，经过18世纪后期的两次印第安人大起义之后，秘鲁宣布独立。1825年，印第安人居多数的玻利维亚宣布独立，1835年到1839年间，还曾经与秘鲁结为联邦。这两个重要的印第安人国家的联盟，可以看做印第安文化的一次小规模复兴，可惜为时不久，因为与智利的战争失败，使这个联邦瓦解。

从19世纪中期开始，独立后的拉美各民族文化繁荣起来，本土的印第安民族现代化与欧洲文明在美洲的本土化成为主流，这是一种复合型的混融文化。西方的工业化及宗教信仰、民主思想与制度在拉美本来就有相当基础，又有本土的多元性宗教、农业文明模式与勤劳智慧的民族性格，所以拉美体系的诸国在全球化中后来居上。除巴西之外，墨西哥在世界经济发展中位居第13位，其余如阿根廷、智利等国的经济也都是经济较发达的国家。可以看出，这一极为多元化的文化体系是世界经济中一颗冉冉升起的新星。

第十一章　非洲文化体系的历史命运

非洲古代文明历史久远，《圣经》中就已经记载了非洲的古代强国，北非埃及文明是世界上最早的文明之一。环球海上航线开通之后，东西非、南部非洲和中非地区，在古代文明传统与宗教、民族的同一性基础上形成了非洲的区域文化体系。经历了殖民运动之后，非洲民族取得了独立，"第二次世界大战"后，非洲进入现代化进程。这一文化体系对于世界贡献极大，但不幸的是，相当多的文化研究著作中，非洲仍然被排斥在各世界文化体系之外，似乎黑非洲仍是蛮荒之地。本书将非洲文化作为一种独立体系，纳入世界文化之中，可能也是本书的特点之一。

第一节　人类文明起源地：北非埃及

埃及位于北部非洲，古代埃及不但是世界文明的起源地之一，更是非洲文明的起源。埃及地处相对封闭的环境之中，北依大海，东西是沙漠，在沙漠中蜿蜒流淌的尼罗河冲积出的平原上生成了这种文明，所以较长时期一直避开了外来入侵的危险，但是欧亚大陆的文明从来不可能完全孤立发展。埃及同其他文明一样，在其历史上经历了外来民族的侵略，当然古埃及人也进行了大规模的对外征战与讨伐。

古埃及的 31 个王朝中，从早王朝的第 1 王朝直到新王国的第 20 王朝，经历了奴隶制国家形成到统一王国，又进入到统一的大帝国时期。这是埃及兴起与强盛的漫长历程，从公元前 3100 年到公元前 1085 年，历时大约 2000 年，这是它的上升时期。从后王国的第 21 王朝起，直到公元前 323 年亚历山大王突然逝世，埃及进入希腊化时代，这是古埃及文明逐渐衰亡的时代。我们从这两个大的时段来看它在世界文明中的地位变化与浮沉，它与世界其他文明之间的纠葛与交往，体味其中的生聚与教训。

所谓古王国是指从第 3 王朝到第 6 王朝的法老时代，时间大约在公元前 2686 到公元前 2181 年，首都是孟菲斯，这是埃及奴隶制统一国家建立时期，是埃及发展的关键。这个时期埃及开始建造金字塔，众多大型的金字塔成了这个时代的标志，所以这个时代被称为金字塔时代，以一种建筑来命名一个时代，也是埃及文明的首创。

古代埃及在北非只有一个凤敌——利比亚，象形文字与楔形文字史料中都记载了利比亚与埃及的战争。从史书记载来看，主要是埃及人击退了利比亚的入侵。而对南方的努比亚，埃及人则以征服者的姿态出现，统治着努比亚等地。

第 5 王朝时期，埃及与叙利亚之间的交往频繁，埃及的大型船队满载着农产品向叙利亚开去，由于尼罗河流域开采过度，加之原本就没有大面积的森林，三角洲的一些常见木材如枫木、柳木等早已用尽。而埃及城市中的大型建筑迫切需要大量的木材，如家具与神庙供奉、宫殿建造等，当时的叙利亚地区盛产松木等木材，于是埃及与叙利亚之间的商业贸易发展相当迅速。除了从叙利亚进口木材之外，努比亚的槐木与乌木也是埃及人的重要用材，这种大型商贸活动一直延伸到索马里海岸的蓬特港，从那里可以采购到神奇的没药。第 6 王朝高级官吏乌那的铭文中记载，制造大型货船时所使用的材料就是来自努比亚的槐木，这可能是一块巨大的整体木料，长达 60 寸，宽约 30 寸，用 17 天的时间才制成。虽然乌木产量较小，用途也不如其他木料广泛，不过也成为必不可少的木材。

文明的传播是不可阻挡的，埃及的文字也开始向叙利亚地区传播，各种刻有埃及象形文字具有埃及特色建筑圆柱遍布各地。在叙利亚的毕布勒城所进行的挖掘中，出土了一个浮雕，上面刻有第 6 王朝法老在向太阳神奉献祭品。在这个雕刻中，法老使用的称号是"毕布勒的保护女神特霍尔的最宠爱者"，这个女神其实是埃及女神，足以证明当时埃及宗教已经进入叙利亚。

从早王朝起，埃及就开始与巴勒斯坦进行交往，最先进行的是商业贸易。西奈地区的铜矿石是青铜器的重要原料，在铁器使用之前，青铜器作为社会生产与生活的主要用具占有举足轻重的作用，所以为了争取矿石，埃及第 6 王朝前后，曾经连续 5 次派遣大型商业船队远行到西奈。但是纸草文书的记载却说明，其实从第 3 王朝到第 4 王朝时，法老的军队已经紧随商人们来到西奈，掠夺财富与奴隶是军队的主要任务。西奈半岛的古铜矿早已经开采，在这些现在已经废弃的铜矿坑旁，可以看到第 3 王朝法老的雕刻，内容是法老乔赛尔征服这里居民的景象。但当时铜矿仍然未能归埃及所有，直到斯诺福鲁法老时代，西奈铜矿终于归埃及人所有。在瓦迪—玛格哈拉的岩刻上，可看到法老凯旋的姿态，图像是法老正在用标枪击中一个下跪的亚细亚人，可能是代表西奈人。在这里，我们看了著名的王权符号（IO），这个符号成为以后解读埃及象形文字的钥匙，我们在巴勒莫石碑与埃及雕像上都可以读到这个符号。王权符号之下是象形文字"天赐之安定、繁荣与心灵的永久愉快"，雕像一侧的一行字是："外国土地的征服者"。铜矿解决了资源匮乏的埃及的急需，是一件历史大事。

埃及最伟大的金字塔中，相当一部分就是为纪念这些海外掠夺的法老建的，国王金字塔中的胡福金字塔高达 146 米，底座每面长达 230 米，仅底层面积就达 52 900 平方米，塔前是用一块完整的岩石雕刻的狮身人面像。这位胡福法老就是埃及在西奈征服地的保护者，在铭文集中的瓦迪—玛格哈拉岩刻上，可以看到胡福的凯旋浮雕，铭文为：

> 赫奴姆—胡福，伟大的神、犹恩提乌（西奈半岛上的原住民）的
> 征服者，愿他获得神佑与万寿无疆！

第 5 王朝与第 6 王朝起，埃及的太阳神——拉神——崇拜不断升级，国王被描绘成拉神之子，以神权来提高王权的威信。这其实是一个政治动向，表明了国内统治的强化，同时对外征服规模扩大，对于西奈半岛已经不仅是铜矿的占领，而且是进一步发展到大面积征服。从第 6 王朝的佩辟一世的凯旋图中可以看出，他的军队直达第二瀑布地区。高级将领乌那自传中记录了对西奈半岛沙漠地区的征伐，这里生活着一些游牧部落，埃及人征服了这些落后的部落，然后进入了巴勒斯坦地区，俘虏了大批的奴隶。

并非所有的征伐都是一帆风顺的，在叙利亚沙漠中生活着贝都因人，这是一个古老而庞大的游牧部落，他们是阿拉伯半岛上穆斯林们的祖先。虽然当时他们以畜牧业为主，并且基本上不定居，但是他们与定居在巴勒斯坦的一些民族一起，对埃及法老的大军进行了顽强抵抗。由于建筑金字塔与大型神庙需要大量石料，特别是一些产在阿拉伯半岛上的花岗岩石和孔雀石等，法老们不断派军队到叙利亚与巴勒斯坦去征讨，建立采石场，开采石料，这种入侵遇到了当地原住民的强烈反抗。第 5 王朝最后一位法老乌尼斯的金字塔被挖掘时，发现了一幅有珍贵史料价值的雕刻，这是埃及军队与贝都因人之间的战争，为我们再现了当年的真实场景，埃及人的大船上满载着黄金与石料，这是在阿拉伯掠夺的结果，但是埃及士兵们却一个个委靡不振，一改过去雕刻上那种得意洋洋的样子。这幅图像反映出，当时的埃及征伐不但引发了内忧外患与大规模的抵抗，甚至军队产生了消极抵制情绪。

此时的埃及人已经表现出建立世界大帝国的意愿。铭文中将埃及法老孟图称为"所有外国各地的征服者，一切外国地方的摧毁者"。对外侵略已经成为强大埃及的常事，第 5 王朝法老萨胡拉的墓地雕刻中描绘了对利比亚的战争，利比亚人的领袖成为埃及人的俘虏，埃及的军队押解着大批的奴隶和牛、羊、驴等牲畜。可以判断，这是一场战争的收获。

这一时期的文献中已经有关于铁的记载，但是显然当时没有掌握开采大型铁矿的技术，这种金属就成为稀有金属，价格远远高于铜。估计当时的铁不是来自安纳托利亚高原上的铁矿，因为这些铁矿当时还没有形成规模开采。

如果总结埃及对外扩张的特点，有一种现象发人深思：古王国与中王国时期，埃及对努比亚的控制不断加强，但并没有能开拓大的殖民地。古代希腊在其繁盛时期，曾经在海外建立大量殖民地，有人讽刺说，古代希腊像一个大池塘，这些殖民地相当于池周边的青蛙，围绕着池塘不断地鸣叫。但是埃及人相反，古代埃及虽然征服了非洲与亚洲的民族，但很少建立巩固的或以埃及移民为主的殖民地，反倒是大量的外来移民进入埃及，这真是历史上一种有趣的现象，值得历史学家与文明史家们去研究。埃及移民的主流是来自于西亚与西南亚的民族，其中西亚与巴勒斯坦移民的层次较高，这些民族本身的文明程度与埃及相当。移民进入埃及社会，其主体是社会平民与下层，也有少量移民得到高位，一个来自亚洲的罕杰尔曾经成为埃及国王。中王国之后，西亚与波斯人大举入侵埃及，最后，喜克索斯人入侵埃及，统治埃及王国，改变了埃及社会的构成。

古王国第 6 王朝的佩比二世是位著名的国王，他登基时只有 6 岁，但据说他统治了 94 年，按照这一年限他应当是百岁国王了。他所进行的活动中，最具特色的是对非洲腹地的探险，埃及人派出商队与探险家们深入非洲内陆人迹罕至的大森林与草原。最著名的探险家叫哈库夫，他曾经 4 次远行深入内陆，带回来大量的珍宝，有一次还给国王贡奉小黑人俾格米人，当时国王 8 岁，他听到哈库夫将要带给他一个小矮人消息时，兴奋不已，立即写信给哈库夫，要他将小人好生护送到孟菲斯来，不得有误，并对他表示感谢。哈库夫死后将这封信刻在自己的墓碑上，表达出他对国王赏识的感恩之情。

就在佩比二世后期，埃及局势动荡，奴隶起义与贵族叛乱持续不断，强悍的游牧民族贝都因人从沙漠出兵，进攻埃及，使得局面更加危急。

公元前 2040 年到公元前 1786 年是埃及的王国时期，不到 300 年期间，经历了第 11 王朝到第 12 王朝，第 11 王朝的门图荷太普二世以底比斯为首都，宣告了金字塔时代的结束与底比斯时代的开始。在此之前的第 9 王朝到第 10 王朝时，出现了埃及南北分治的局面，北方是赫利奥波利斯王朝，南方由底比斯统治，这位国王是新的统一时代的创建者。所以王表中列出了三位统一君主：第 1 王朝的纳尔迈、第 11 王朝的门图荷太普二世和第 18 王朝的建立者雅赫摩斯。毫无疑问，这也是埃及历史上三个历史阶段的代表人物。

埃及所创造的古代社会行政体系具有代表性，首先当然是其持续的王权统治，这是世界上最长的王表体系。另一方面，埃及的省或州的建置也是一个创造，这是在奴隶社会与早期封建社会中所创立的一种行政单位，它不同于西亚的城邦，是王权的统治单位，近于中国古代封建社会中的郡县。从第 6 王朝起，各州的权力加强，中央政权被削弱，国家面临解体的危险。各州的首长们专权独断，权力极大，州长自称为"世袭的贵族"，将州作为自己的小独立王国。最奇怪的是，神庙的权力也随之加大，国王经常以特颁证书的形式允许神庙免税，而地方政府则与神庙相互勾结，甚至有的州长自立为祭司的头目，这样就可以垄断神权的资产，成为地道的当地大权独揽人物。这种藩镇割据的局面，对于埃及的统一是不利的。

中王国的对外交往范围向纵深方向发展，巴勒斯坦西北地区过去是埃及势力所不能达到的。从中王国起，耶路撒冷西北方的城邦杰盖尔出现了埃及化的文物、埃及式的大型雕塑、象牙雕刻等。这些东西在各个古代遗址中出土，古代埃及象形文字的文物也被发现，刻有埃及法老阿美涅姆黑特二世的公主名字的狮身人面像也在叙利亚的城市卡特那被挖掘出来。这些考古发现证明，埃及人的势力早已经远达这里，当时，也只有埃及这样强大的国家才可能影响到这里。在埃及中王国时期的墓道里发现的壁画上，出现了 37 个亚洲人，根据文字记载，这些人是阿姆部落的居民，他们的首领叫依布沙，他们是到埃及来做生意的。叙利亚的主要城市毕布勒，还有拉司—沙姆拉、乌伽里特等城邦都与埃及有了经常的贸易关系。而美索不达米亚与中王国的交往是大规模贸易的典范，印章与护身符等具有西亚文明特色的文物，在中王国文物中经常可见。

考古发现证明中王国与古代地中海文明之间可能有过频繁的商业贸易，路线是通过东非与红海的萨乌港。东非地区在埃及文书中写为神国，法老谢努塞尔特二世即位后，曾经在神国建立了他的纪念碑，这些国家的宝石与香料远销埃及，成为埃及法老和贵族们的消费品。同时，埃及人也将宝石大量出口，中国古代文献中记录的绿松石等宝石，有的来自于埃及，也有的可能是从埃及人转手的，部分宝石的产地可能在东非。埃及人可能征服过地中海的克里特岛，埃及古城卡呼恩是谢努塞尔特二世建立的边城，位于法永绿洲与埃及的交通要道上，在这里，考古学家们发现了卡玛列斯型器皿的残片，这是克里特文明的特产。有的埃及高级官员的文书中说，埃及曾经征服过这些地区，但是正如我们上文所说，埃及史料中文献性的记载并不多。所以埃及与古代爱琴海的关系有待于新材料的发现，但是可以肯定，至少埃及与这些地区存在过商业贸易。

但此时埃及的政局出现了巨大变化，公元前 1700 年前后，喜克索斯人强大起来，他们有装备良好的军队，占据了尼罗河三角洲东部水草丰茂的地区，建都于阿瓦里斯城。据纸草书的记载，他们崇拜埃及的塞特神与太阳神，国王自称为太阳神之子，但是却废止了其他神，这是一个颇为不凡的历史现象。一个多世纪的时间里埃及竟然由喜克索斯人所统治。

喜克索斯人"最伟大的国王阿波比"统治时期，全埃及向其称臣纳贡，虽然其主要统治地区是埃及北方地区，但其领土开拓时甚至达到过西亚地区。从第 13 王朝到第 17 王朝，喜克索斯人牢牢掌握政权。据《萨勒纸草 I 》记载，阿波比对于统治南方的第 17 王朝十分轻视，他曾经派使臣到底比斯，这里是南方的第 17 王朝的国都，传达了一个十分可笑的但是显然有挑衅意味的要求，让底比斯国王将城郊池塘中的河马全部杀死，因为河马吵得阿波比不能入睡。这个命令到达后，底比斯的国王不敢怠慢，立即执行，杀死了大批的河马。从这个事件中可以看出，喜克索斯人当时有何等的权势。

无可讳言，喜克索斯人的文明程度低于埃及人，但是必须承认喜克索斯人的统治对埃及文明产生了深远的影响，这种统治是最早真正意义上的异族统治。喜克索斯人善用战车与战马，这种作战方式在当时是相当先进的，他们教会了埃及人新的战争方式，以后，埃及军队强大起来，在对外征服中运用从喜克索斯人那里学来的军事技术，战胜了亚洲与非洲的诸多民族。

历史终于迎来了又一次巨变，根据 1908 年发现的《卡尔纳尔书板》铭文记载，新王国时期，埃及第 17 王朝国王卡美斯开始酝酿对喜克索斯人宣战，文书详细记下了国王与群臣之间的对话。当时群臣畏战主和，这些奴隶主其实早已经将自己的牲畜牧放在北方地区，双方之间交往密切。但是国王本人不堪容忍异族国王的存在，宣战决心已定。但是关于这次历史上的大战的详细内容在《卡尔纳尔书板》中记载不详。直到近半个世纪后，在卡纳克挖掘出土的涅西石碑铭文中，后人才知道了这场历史大战的经过。卡美斯王与喜克索斯人展开大战，双方互有胜负，这时，喜克索斯人派信使到南方去，企图与南方的大国库什人联合，形成对埃及军队的南北夹击。但幸运的是埃及人截获了信件，破坏了这一计划，取得了对喜克索斯人的初步胜利。但双方的战争并未立即结束，直到卡美斯的兄弟也是他的继承人雅赫摩斯一世（约公元前 1570 至前 1546 年在位）时，在其即位后的第 17 年，终于驱逐了喜克索斯人，雅赫摩斯占领了喜克索斯人的首都阿瓦里斯，喜克索斯人被驱逐出埃及，埃及军队追击他们一直到巴勒斯坦南方。从此，这个民族消失在历史的尘埃之中。埃及建立起一个新的王朝，这就是埃及第 18 王朝，古代埃及摆脱了异族统治，开始了新王国时代。

新王国时期的世界局势发生了变化，中近东地区战争不断，赫梯、亚述人和米坦尼等强国崛起，群雄争霸。埃及的对外政策也随之改变，从以商贸为主转向军事征服。雅赫摩斯多次发动对外战争，他与其先祖一样，首先是巩固与埃及领土相接的南方地区，南征努比亚，然后向北方的巴勒斯坦等地进攻，新王国时代中，埃及才真正成为大帝国。

经过长期征战，埃及帝国的版图不断扩展，从第18王朝的雅赫摩斯一世起，埃及军队再次南下征伐努比亚与叙利亚、巴勒斯坦。阿蒙霍特普一世与其女婿图特摩斯一世继续扩张，对西亚兴起的强国——胡里特人建立的米坦尼王国——大加征伐，最终取得胜利，这次胜利使得埃及人进军到了叙利亚北部地区，甚至进入到幼发拉底河的源头。埃及人生活在尼罗河流域，尼罗河从南向北流，所以埃及人认为世界上所有的河流都是从南向北流的。当看到幼发拉底河竟然是从北向南流，埃及军人感到新奇不已，他们将这条河称为"逆流的河"。在非洲大地上，图特摩斯一世将领土推进到第三瀑布，这里是埃及人从未到达过的地区。在阿尔科岛发现的努比亚总督图勒的铭文中说，法老派他担任总督，努比亚归法老图特摩斯一世领导。

短命君主图特摩斯二世即位8年后即暴亡，他的王后是同父异母的姐姐哈赛普苏特，这是埃及所特有的血缘婚姻制度的表现，王后无育，于是立妃子所生的图特摩斯三世为法老，这个小法老年仅10岁，哈赛普苏特以太后身份摄政。第二年即公元前1489年，哈赛普苏特宣布自己是上下埃及之王，将图特摩斯三世禁闭在阿蒙神庙，哈赛普苏特在位22年，临终前将王位让给图特摩斯三世。

图特摩斯三世时，埃及势力达到了美索不达米亚西部与安纳托利亚地区，这里到处建设起了埃及式的建筑。埃及帝国兴盛时期，冶金工业迅猛发展，铜的进口猛增，长期处于埃及统治下的西奈铜矿几乎已经开采殆尽，埃及人开始寻找新的矿产地，塞浦路斯、小亚细亚等地的铜矿成为新目标。塞浦路斯盛产铜，这里是西亚通向埃及的必经之地，所以埃及法老极为重视这条航线，与塞浦路斯关系密切。塞浦路斯国王写给埃及法老的信中说："我给您运去500塔兰特（相当于15 000公斤）的铜，这是我赠予我的兄弟您的，如果铜太少，请您不必介意，因为瘟疫之手已经将我国所有的人都杀死了，而且再也没有人能够炼铜了。"从有关文件可知，这些铜并非贡品而是商品，埃及人用白银和手工艺品来交换这种贵重的金属，他们与塞浦路斯之间是平等贸易关系而不是征服关系。根据俄罗斯史学家分析，这是由于当时塞浦路斯国王拥有一只大船队并且与埃及有较好的贸易关系。地中海的东部海岸地区也处于埃及人的统治之下，这里设了三个省：迦南省，其管辖地就是现在的以色列地区；犹比省，就是今天的叙利亚南部，包括大马士革一带；阿莫尔省，即现今的乌加里特、蒂尔等地，这里是腓尼基人的地方与叙利亚的沿海区域。所有这些地方全部宣誓是法老们的臣民，当然埃及人从来都是将非洲与西亚各地牢牢放在自己的视野之中的，利比亚等地也是由法老们所控制的。

好大喜功的图特摩斯三世远征西南亚与西亚达 17 次，其中美吉多战役是一次大战。巴勒斯坦与叙利亚的王公们曾经联合起来，组成联军，以卡迭什王为首，在巴勒斯坦的美吉多城与埃及军队进行决战。底比斯城的卡纳克神庙记载了这场战斗的情景，据埃及人的《图特摩斯三世年代纪》描述，当图特摩斯三世驾着金银制成的战车向敌人冲去时，联军大为恐惧，回头逃向美吉多城，但是城门早已经关闭，于是城中人只好放下吊绳来，将败兵们拉上城去。埃及士兵缴获了无数的财物，由于大多数人只顾去争夺财宝与俘虏，竟然无法继续攻城。于是，图特摩斯三世只好耐心等待，一直用了 7 个月的时间才将城攻破。铭文记载，联军的王公们腹部贴地爬行着请降，埃及人获得了大量的战利品：战车 924 辆，其中有美吉多王的镶金战车，贵重无比；战俘 340 人；马 2041 匹，牛和其他大牲畜 1929 头，山羊等小牲畜 2000 只，绵羊 2050 只；其他还有金银财宝、粮食与酒等无数。

颇有名气的美吉多之战后，埃及军队进入叙利亚内地，直达黎巴嫩山，在那里建立了"图特摩斯平定堡"以纪念自己的功勋。图特摩斯三世远征幼发拉底河时，也在河源地区建立了标志，以宣扬自己的战功，从这些永久性的建筑与铭文中，可以看到文献中所没有记录的历史事件。图特摩斯三世在位期间，埃及帝国的疆域远达尼罗河的第四瀑布，叙利亚北方早已平定，赫梯人与亚述人向埃及人纳贡，巴比伦人也不敢违抗法老的命令，处处顺从埃及法老的意志，埃及成为名副其实的大帝国。

这一时期西亚的赫梯人兴盛起来，埃及与赫梯关系友好，一方面因为赫梯是新兴起的强国；另一方面是因为铁器的使用，使得铁在交易与社会生产中的地位日益重要，而安纳托利亚高原是古代社会中铁矿集中的地区。在第 18 王朝法老图坦卡蒙的坟墓里发现了少量的铁器，证明当时埃及的铁是十分珍贵的。赫梯国王致法老拉姆捷斯二世的信里就说过，他已经将铁运到埃及，请求法老将各种贵重金属制成的雕像送给他，他用赫梯所产的金银来作为交换。从这些商业来往可以看出，两国之间的关系仍然是十分友好的，至少存在一定的贸易关系。

但是这种友好关系并不持久，公元前 1304 年，拉美西斯二世继承王位，这时的埃及经历了祭司与王权之间的激烈斗争和埃赫那顿的改革，内部矛盾激化，国力已经大不如前，对外关系上也呈现一种颓势。特别是与赫梯人之间的关系出现一种戏剧性变化。赫梯人这时变得强大起来，他们趁着埃及国内混乱，进入了叙利亚，取代了埃及人的统治。埃及的驻外官员们对赫梯人的行为极为恐慌不安，纷纷向埃赫那顿求援，要求发兵严惩赫梯。西亚与小亚细亚、巴勒斯坦先后陷入赫梯人的骚扰之中，当地官员以前都是埃及法老所选定，他们也纷纷写信给埃及国王请求帮助。但是从埃赫那顿到图坦卡蒙，埃及内乱不已，自身难保，根本无力顾及这些地区的安危。

历史上充满了出人意料的事变，埃及与赫梯之间的关系最终破裂，起因却是埃及内乱。图坦卡蒙是国王埃赫那顿与同父异母的妹妹秘密结婚所生，他8岁时即位，由于国王年幼，便立大祭司阿伊摄政。但是图坦卡蒙青年时便突然夭折，王后安开孙巴顿当时年仅15岁，尚无王位继承人。按照埃及规定，这种情况下要在国王死后70天时，举行一个"开口"仪式，即由新任国王打开已死国王的嘴巴，好让神灵从其中出来保佑新主。但是王后安孙巴顿怀疑国王是被大祭司阿伊或军队总司令霍连姆赫布所谋杀，于是她给赫梯国王写了一封密信，要求赫梯王派一位王子到埃及来，作为自己的丈夫与埃及国王。赫梯王最后派了王子兹那扎与使臣秘密前往埃及，但不幸途经叙利亚里被埋伏在那里的埃及军队杀害。赫梯国王闻讯后悲愤至极，向埃及宣战。而这时埃及却内乱不止，大祭司阿伊趁乱夺取政权，自立为国王，但随后就被人杀掉，总司令霍连姆赫布自封为国王。

说到图坦卡蒙还有一段小插曲，世界历史上所谓"法老的咒语"即起自于图坦卡蒙法老的陵墓。1925年11月11日，开罗博物馆与世界多个文化组织的官员代表们齐聚一堂，由英国外科医生道格拉斯·戴利解剖图坦卡蒙的木乃伊，竟然发现国王脸上左侧有一处伤痕。更奇怪的是，参与此事的许多人竟然先后逝世，据说是与墓穴和木乃伊沾有含铀物质和病素有关，也有人将其视为法老的咒语。

再说埃及与赫梯的战争，赫梯人因为图坦卡蒙事件所引起的战争进行得也并不如意，最初时赫梯人大获全胜，埃及大批士兵被俘。但是突然瘟疫爆发，赫梯人被迫中止进军，战争停止了。

但战争并没有结束，第19王朝时，埃及与赫梯再次开战，埃及国王希提一世对小亚细亚进行过四次远征，第一次的目标是巴勒斯坦北部的伯善与伯拉；第二次是卡迭什；第三次是在黎巴嫩；第四次也是最激烈的一次是直接对赫梯的战争，结果埃及人获胜。

埃及历史学家们认为对赫梯人真正的胜利却是在拉美西斯二世时取得，拉美西斯上台后即准备与赫梯人决一雌雄，为了表示自己的决心，他迁都到尼罗河东北部的新城"培尔—拉美西斯"即后来的塔尼斯城。这时的赫梯也有一位强主，穆瓦塔鲁于公元前 1315 年即位，同样为了与埃及人争夺领土，他也将首都从哈图什迁到了达塔萨，这里距叙利亚更近，显示与埃及争夺叙利亚地区的意图。

公元前 1309 年发生了世界军事史上的大战——卡迭什战役。

当时的局势是双方都有一定的后援兵力，埃及人的塞特军团刚刚赶到，赫梯人还有八千步兵为后备，但这时双方的统帅却已经无意恋战，拉美西斯二世命令向南撤军，将叙利亚地区的中心大马士革让给了赫梯人，赫梯人也不再追赶。这次大战役就此结束，结局是耐人寻味的，埃及人与赫梯人都刻石铭文，各自强调自己是胜利者。埃及人在卡纳克、阿拜多斯和阿布·辛布拜尔的神庙中都创作了壁画，歌颂卡迭什战役的胜利者拉美西斯二世，但在赫梯人的铭文中，则声称拉美西斯被赫梯人所击败。总之，双方各执一词，莫衷一是。据笔者看来，这种结局其实是双方意愿的一种表现，对于埃及来说，是以取得名义上的胜利为目的，日渐衰弱的国力与内乱使法老无意对叙利亚再有大的企图。而对于赫梯人而言，只要能保证自己对叙利亚的实际占有，远胜过战胜古老大帝国埃及的声名。

声名远扬的卡迭什战役之后，双方在叙利亚和巴勒斯坦的争夺并没有结束，战争断续进行了 16 年。长期的战争使双方都精疲力竭，赫梯在这一时期开始衰落，穆瓦塔鲁逝世之后，其弟哈杜西利三世即位，派出使团与埃及议和。拉美西斯二世经过长期征战，但在叙利亚遭遇赫梯这个强敌，并没有大的进展。从在叙利亚所占领的地域来看，从拉美西斯二世到希提一世时才略有推进，与历史上的进展相比微乎其微，甚至还没有达到图特摩斯三世的边界，而且以后大进取的可能性也不大。公元前 1283 年，赫梯使团向拉美西斯二世呈上议和书草案，议和书刻写在银板上，拉美西斯二世同意议和，并且拟定了埃及的议和草案，转交赫梯国王。这是最早的国际和约之一。条文规定，互相确保边界和平，互不侵犯；任何一方发生暴动或受到第三国侵犯，另一方要提供军事援助；任何一方有义务将来自对方国家的逃亡者交回对方，如此等等。

笔者认为，卡迭什和约是古代社会外交关系中一个有影响的和约，说明国际政治从单一的战争向多层次的合作方向转化，无论从军事与外交方面来说都有重要意义，也是大国之间关系的一种新模式，对于后世的文明交往有一定示范作用。

后期埃及的历史与古代埃及形成鲜明对比，古代埃及以稳定王权为特色，为了维护这种安定，甚至王室婚配都是同血缘的，世系王表成为纯血统的法老们祖孙代代相传的记录，这种情况在世界各国中也是独一无二的。物极必反，后期埃及的政治形势大变，古老的埃及本土反倒成为世界征服者的演武场，非洲人、亚洲人与欧洲人在法老的金字塔前纷纷登场，主宰了昔日大帝国埃及的命运，当然，类似的悲剧同样在波斯、巴比伦大帝国的历史上出现。

后期埃及社会最初的基本矛盾仍然是神权与王权之间的争夺，埃及历史的规律是，强有力的国王会领导祭司们，而国王懦弱时或者国家有变故时，祭司们就会起来夺权。第 20 王朝的内乱就导致了这样的结果，公元前 1085 年，阿蒙神庙祭司赫利霍尔篡夺了王权，从此第 20 王朝与整个新王国结束，后期埃及开始。从第 21 王朝到第 25 王朝，埃及的南北方处于分裂状态，北方被利比亚人所控制，南方的底比斯一直独立，但到了第 25 王朝终于落入努比亚人之手（公元前730 年到公元前 656 年）。公元前 664 年到公元前 525 年，在风云变幻中，赛伊斯的普萨姆提克建立了第 26 王朝，长期分裂的埃及再次统一起来，也有人将第 21至第 25 王朝这段时期称之为利比亚—赛伊斯时期。虽然出现了短暂的统一，但毕竟是强弩之末，此时的埃及已经今非昔比，没落的阴影挥之不去。

古埃及的没落已经无可避免，公元前 525 年，波斯人征服埃及，建立了第27 王朝，从此，古埃及其实已经名存实亡。也就是从这时起的绝大多数历史时期，埃及都处于异族的统治之下。虽然公元前 404 年埃及推翻了波斯统治，建立第 28、第 29、第 30 三个王朝，但波斯人于公元前 343 年再次统治埃及，建立第 31 王朝，直到公元前 332 年亚历山大的到来之前，算起来波斯人前后统治埃及 200 多年，波斯与埃及文化之间的互相濡染也是相当深刻的。亚历山大虽然早夭，但是他的部将托勒密却建立起了托勒密王朝，这个希腊人的托勒密王朝受到埃及奴隶主们的欢迎。这一时期出现了一种有趣的现象，一方面是希腊人以征服者的身份深深地迷恋上了古老的东方埃及这种颇有神秘色彩的文化；另一方面，埃及社会中的高等阶层则以希腊化为时髦，双方处于一种颇为奇特的状态中，文化关系十分暧昧。直到公元前 30 年，罗马人的大军攻入埃及，被称为埃及艳后的女王克里奥帕特拉自杀，托勒密王朝灭亡，这才结束了埃及贵族们希腊化的蜜月。

最后象征性的事件是罗马皇帝于 5 世纪关闭了阿斯旺菲莱岛上的伊西丝神庙，埃及的宗教变成了基督教，埃及历史上最荣耀的阶层大祭司们此时身陷囹圄，成为阶下囚，埃及古代文明的大幕最终落下。

第二节　世界格局中的古代非洲文明

　　非洲是最古老的大陆，也是人们了解不多的"黑暗的心脏"（康拉德语）。非洲的全称是阿非利加洲，来自于拉丁文"阳光灼热之地"。

　　非洲大陆位于东半球的西南部，北部是地中海的南岸，东北部以苏伊士运河和红海与亚洲相交，西边是大西洋，东濒印度洋。非洲的面积为3020万平方千米（另一种说法是3029万平方千米），有人认为它是次于亚洲的世界第二大洲，其实它小于美洲总面积，美洲总面积为4200多万平方千米，非洲应当说是世界第三大洲，它的面积约占世界陆地总面积的1/5。大约在非洲大陆1/3的北方，横亘着世界最大沙漠撒哈拉大沙漠。撒哈拉沙漠把非洲分为两大部分，北方是北部非洲，主要有埃及文明，是世界古代文明之一。沙漠之南，由于居民主要是非洲黑色人种即所谓"尼格罗"人，所以称为黑非洲。非洲目前总人口大约有10亿。非洲并不是人种很复杂的地区，但是民族众多，国家也多。黑色人种占总人口约2/3，主要是苏丹尼格罗人与班图尼格罗人。其余的主要人种有欧罗巴人与混血人，其次是埃塞俄比亚人，蒙古人、俾格米人和科伊桑人。

　　非洲是人类的故乡，科学家对人类DNA分析的结果表明，人类祖先源出非洲。大约150万年前，非洲智人从坦桑尼亚的奥杜瓦峡谷走出，这是东非大草原。1989年西方著名考古学家瑟斯顿·肖指出地球人的祖先是一位非洲女性："夏娃是个非洲人。"人类在非洲起源的根据在于，非洲发现了最为全面的人类形成化石系列，排列成为人类形成的历史链条：古猿—森林古猿—拉玛古猿—南方古猿—能人—直立人—智人—现代人。从中可以看出从猿到人的每一步，这是无懈可击的有力证据。作为一个有争议的学术问题，笔者也必须指出，虽然非洲古人类发现最为全面，但并不意味着非洲是人类起源地的唯一地点，人类也存在着多元起源的可能性。其实从本书上文的相关论述中，读者对此已经不会感到陌生了。

　　从地球自然环境演化的历史来看，非洲也是最早走出冰川时代的地区，地球变暖非洲首先迎来和煦的阳光，所以恰恰今日的撒哈拉沙漠是人类最早文明的起源地。在撒哈拉沙漠深处，法国考古学家亨利·洛特发现了大量的岩画与雕刻，这是一幅美妙的农牧业生产的图卷。画面中已经出现了今天非洲人所居住的圆形草屋，农夫们在开垦种植土地，牧人们放牧牲畜。从阿尔及利亚西部到利比亚、埃及、苏丹的沙漠都有这些岩画，说明这一地区在冰川退去后，森林茂密，雨水充足，非洲人在这里开始了农牧业生产，这一生产要早于北非的埃及与西亚地区至少两千年以上。直到大约一万年前，冰川向欧洲北部退去，烈日下的撒哈拉地区土地严重风化，大沙漠出现。而非洲文明分化为沙漠南北两大部分，尽管自然条件严酷，但非洲人民坚持了自己的文明传统。

一般可以把非洲地理分为五个大的部分，即北部非洲、西部非洲、东部非洲、南部非洲与中部非洲。北非七个国家：埃及、苏丹、利比亚、突尼斯、西撒哈拉、阿尔及利亚与摩洛哥王国，也有人把亚速尔群岛与马德拉群岛划入北非。北非民族多信仰伊斯兰教，与西亚国家合称伊斯兰世界。北非有三个国家突尼斯、阿尔及利亚与摩洛哥，因历史上与欧洲有密切联系，被人称为"马格里布国家"即"非洲的西方"。西非十九个国家地区，包括毛里塔尼亚、佛得角、塞内加尔、冈比亚、几内亚比绍、几内亚、塞拉利昂、利比里亚、马里、布基纳法索、科特迪瓦、加纳、多哥、贝宁、尼日尔、尼日利亚、喀麦隆、赤道几内亚、圣多美和普林西比。西非国家多数人是说苏丹语的黑人以及少量的阿拉伯人。中非有五个国家，包括乍得、中非共和国、加蓬、刚果与民主刚果，中非民族大多说班图语。东非十国包括埃塞俄比亚、厄里特里亚、吉布提、索马里、肯尼亚、乌干达、卢旺达、布隆迪、坦桑尼亚与塞舌尔。南部非洲有15个国家地区，包括安哥拉、赞比亚、津巴布韦、马拉维、莫桑比克、博茨瓦纳、纳米比亚、南非共和国、斯威士兰、莱索托、马达加斯加、毛里求斯、科摩罗、留尼汪与圣赫勒拿。南部非洲人口相对复杂一些，其中，说班图语的黑人占85％，欧洲白人占5％，马来—波利尼西亚语系的人占9％左右。

非洲的炎热无人不知，非洲大陆地处赤道两边，大部分地区太阳直射，气候炎热，平均气温在摄氏20度以上。非洲虽然以干旱少雨著称，但是在赤道两侧的降雨带又是世界上降雨量最高的地区，年降雨量高达1500毫米以上。当雨季到来时，大雨倾盆，冲刷着原本干燥的大地，洪水狂暴泻下。这里的土壤是热带土壤，风化严重，土地肥力不易保持，当受到雨水冲刷时，往往流失。这样，非洲农业一直没有过渡到深耕，在欧亚大陆已经进入普遍采用重犁深耕的农业时代时，非洲一直处于锄耕阶段。而且为了保护易于流失肥力的土地，非洲不得不采用休耕。彻底的休耕极大地限制了农业发展。农业不发达，粮食供给不充足，使非洲长期不能解决基本生活问题。非洲大陆上河流众多，水流量很大，水力资源丰富，这是非洲得天独厚的条件。但是由于非洲地势东高西低，高原相当多，河流不能形成大的冲积平原，这就没有发展农业的条件。东非高原上的尼罗河在下游才可能形成大的平原。而同在这里发源的刚果河，从贾富塔贾隆高原上发源的尼日利亚河、塞内加尔河等，则流淌在崎岖不平的断裂地层上，沿途多瀑布，飞流直下，宜于水力发电，而不宜于灌溉。与亚洲的两河流域、中国的长江黄河相比，发展农业有一定困难。而在其余的时间，有的地区如东非等地，干旱成灾。非洲的农业条件与世界其他地区相比是较为艰苦的，这对非洲特别是撒哈拉沙漠以南地区的农业发展造成阻碍。非洲气候炎热，疾病容易流行，对于居民身体造成一定危害，影响居民长期定居与集中居住，这些客观条件一定程度上影响了非洲的发展，但决定性的因素则是西方殖民主义对非洲的全面瓜分，使非洲长期处于贫穷落后中。

南部非洲占有非洲土地的 2/3，是非洲大陆的腹地，也是某些欧洲人所说的"黑暗大陆的心脏"。这种说法含有明显的民族主义观念与民族歧视色彩，是应当受到批评的。居住在这里的主要是黑色人种，撒哈拉沙漠以南到赤道以北地区，西非几内亚沿岸与埃塞俄比亚高原上是苏丹尼格罗人种，他们身材较高，头发呈卷曲状，肤色黑。他们分为多个民族，如约鲁巴人、富尔贝人、阿散蒂人与曼丁戈人等。班图尼格罗人是非洲最大的种族之一，他们历史上曾经居住于西非，后来向全非洲迁移，推动了全非洲文明的传播。

非洲种族不复杂，但是差异相当大。中非地区生活着俾格米人，他们身材矮小，曾经长期生活在非洲雨林的深处，现在他们遍布于中非地区的 8 个国家之中。在北非地区与大沙漠中，则有阿拉伯人与柏柏尔人，他们是外来的欧洲与西亚种族，只是从古代已经来到非洲，所以有的书中也将这些民族看做非洲原住民，这些民族也已经占到了非洲总人口的近 1/5。非洲民族多样化，据统计，非洲的民族多达 500 多个，其语言更是复杂，有 5000 多种语言，甚至相邻的村庄之间都有不同语言，可以说是世界语种最多的地区，各个民族与宗教之间风俗习性差异极大。

非洲，地球上最美丽、最具特色的大陆，它的文化同样绚丽多彩。

第三节　古国迦太基和努比亚

北非是整个非洲文明起源最早，经济最发达的地区。北非国家和西亚国家中阿拉伯文明与伊斯兰教有巨大影响，北非的突尼斯、摩洛哥与阿尔及利亚地区是古代柏柏尔人的居住地，柏柏尔人在公元前 3300 年已经十分强大，他们曾经入侵埃及，造成一片恐慌，被铭记于埃及石刻之中。

腓尼基人原本居住在地中海东岸，古代腓尼基人从公元前 1100 年前后向北非的突尼斯大量移民，这些移民定居于此。公元前 814 年建立迦太基国，迦太基是非洲也是世界强国，雄踞地中海南岸，与古罗马进行了长期的对抗。但是迦太基人在北非也遇到柏柏尔人的顽强抵抗，所以也不可能全部占领马格里布地区。柏柏尔人建立了毛里塔尼亚与努米底亚。迦太基人与罗马人之间进行了三次布匿战争，公元前2世纪迦太基为罗马所灭，罗马人将非洲的这块土地作为罗马的殖民地称为"阿非利加"。马格里布地区农业生产发达，物产丰富，早在罗马后期就已经受到异族的侵略，汪达尔人与拜占庭都曾经入侵这一地区。公元640年，阿拉伯人进入埃及，670年占领突尼斯，从此，马格里布地区被阿拉伯人所控制。经过几个世纪的经营，大约于公元11世纪后期，这里已经全部伊斯兰化。16世纪后，奥斯曼帝国控制了这一地区，但是摩洛哥并没有被奥斯曼所征服，是为数不多的独立国家。

非洲有一种传奇色彩的古代文明，公元前5000多年前，在东北非地区建立了一种努比亚文明，它的历史发展形态齐全，包括了新石器时代到陶器、铜器、铁器的进化全过程，是一个由黑色人种建立的当时最发达的文明。荷马史诗称赞道："它们是最遥远的国家，人类最公正的地方，诸神最宠爱的地方；奥林匹斯山的圣贤翩翩而至，前去参加他们的盛宴，在凡人向神灵敬献的所有供品之中，他们的牺牲最为适宜。"从中可以看出，努比亚文明可谓声名远播，甚至威震地中海与西亚地区。

这个大名鼎鼎的古代努比亚帝国主要地域分为上下努比亚，南部从尼罗河起源的青尼罗河与白尼罗河交接地区开始到阿卜里·代勒古平原，包括了现代苏丹地区。下努比亚则是尼罗河中部，包括了埃及的部分地区。尼罗河是世界上最长的河流，从东非高原大裂谷地带起源向北绵延4000多英里，直到地中海，从北向南有六个大瀑布，努比亚古国曾经占据整个尼罗河流域。这是古代非洲大陆上的一个庞大帝国，疆域辽阔，军事力量强大，它与埃及之间的关系十分复杂，两者之间存在着长期的贸易关系。努比亚位于埃及与内陆非洲之间，地处北非战略要地。物产极为丰富，大量的非洲象牙、矿石、黄金、紫水晶、黑檀木、熏香、驼鸟、野生动物的毛皮等，都通过这里运向埃及，再走向世界。而埃及的铜器、种子与农产品则通过这里进入非洲内地。

但是公元前3100年，埃及统一后双方关系发生变化，古王国第3至第6王朝时期（公元前2686年到公元前2160年），埃及人入侵努比亚，在尼罗河第二瀑布的一幅岩刻上，记录了当时发生的战争，埃及人将努比亚俘虏双手反绑在背后，下边还有四具努比亚战士的尸体。

努比亚的主要生产是畜牧业，有了较发达的种植业，农作物品种相当齐全。公元前2000年他们建立了库施国家，虽然目前尚没有证据证明这个国家最初的形态是什么，但可以肯定的是，这是一个军事力量十分强大的国家。

骁勇善战的库施人与埃及人进行过长期的战争,最突出的是公元前 8 世纪至公元前 7 世纪时,也就是埃及第 25 王朝时,库施人战胜埃及人,统治了全埃及,这就是埃塞俄比亚王朝时代,是埃及历史上第一个完全由黑人统治的王朝。

古代埃及人是什么种族其实一直有争论,根据纸草文书与铭刻记载,古代埃及人也属于黑色人种,他们自称是"肤色如烧焦的木头的尼格罗",但是北非地区的埃及人比库施等地的居民肤色要稍浅一些,所以埃及人将库施人建立的王朝称之为"黑人王朝"。这个王朝的军事力量相当强大,军队骁勇善战,埃塞俄比亚与当时的亚述都是当时的世界强国,亚述人曾经建立过强大的亚述帝国,他们在战争中的手段十分残酷,以屠杀无辜与俘虏而出名,但是库施人并不畏惧这个军事强国,曾经大败亚述军队。

中国的秦兵马俑举世闻名,但很少有人知道世界上还有另外一种兵马俑,这就是古埃及的努比亚人军团的陶土兵马俑。他们手持式器,列成方阵,异常威武。《圣经》中也曾经记载下了这个王朝的国王特哈加的名字,这种文明也因此闻名遐迩。库施人早在公元前 1 世纪前后就已经掌握了冶铁技术,由于冶铁业发达,素有"古代非洲的伯明翰"之称。

这一支古代文明延续时间相当长,公元 350 年,库施人的王国被阿克姆国家所取代。阿克姆也是一种古老的文明,它最初是黑人所建立的农业国家,大约距今 4000 年前就已经建立,阿克姆人早已经开始种植大麦、小麦与谷类。后来阿拉伯半岛的一个民族萨巴人渡过红海来到这里,他们以具有阿拉伯特色的农业改造了原有的黑人文明,逐渐发展出一个混合型的文明。到了公元 3 世纪至 4 世纪时,阿克姆文明已经成为当时世界最大的帝国之一,以今日的埃塞俄比亚为中心,农业与商业均相当发达,这里出产香料、金砂与象牙等,并且使用金银铜的货币,与波斯、中国、罗马等并列为当时的世界四大强国。

第四节　东非城邦与斯瓦希里文明

古代东非地区是非洲开放的门户,这里位于撒哈拉沙漠以东,介于南北非洲之间,东濒印度洋与红海,与欧亚大陆相接,地理位置有利于交往,所以东非是非洲较早与外界产生交流的地区之一。

古代红海是非洲的重要海上通道,红海位于东非的埃塞俄比亚与阿拉伯半岛之间。埃塞俄比亚是非洲古代强国,这里是人类的起源地,早在 150 万年前,人类开始在这里生存。大约在 3000 年前,这里的主要民族是哈巴沙人与库希特人。公元前 10 世纪,闪族人从阿拉伯半岛进入东非,开始将新的文明在东非传播。闪族人与当地的班图人通婚定居，他们建立了努比亚王国，曾经长期抵抗埃及人的入侵。公元前4世纪之后，哈巴沙人与苏丹的麦罗埃王国之间经历了长期的战争，哈巴沙人最终建立了阿克苏姆王国，也就是埃塞俄比亚帝国。他们从库施人与阿拉伯人那里学习了冶铁技术，有了铁制的犁与农具，生产力大大提高，经济趋于繁荣。同时，铁制兵器使其战斗力大为增强，成为一代强国。其势力不断扩大，一直扩展到了红海边，在公元6世纪时，埃塞俄比亚帝国达到兴盛的顶峰。以后随着阿拉伯人的到来，埃塞俄比亚帝国衰落，到10世纪时被扎格王朝所取代。

著名的斯瓦希里文明也是一种持续文明，这里与埃塞俄比亚同为古代人类起源地。肯尼亚地区早在公元前几个世纪已经有了古代文明，班图人大迁移后来到这里定居，发展农业、种植业。他们与东非海岸众多民族融合，创造了斯瓦希里语与文字。伊斯兰教兴起之后，阿拉伯人对这里的影响逐渐加强。15世纪之后，外来的伊斯兰教移民与本地人共同建立了举世闻名的东非城邦群，大小城邦达37个，其中著名的有摩加迪沙、布拉瓦、格迪、基尔瓦等。这些城邦建立在亚非两大洲的交通要道上，控制了亚非之间的商业贸易。这里是古代丝绸之路的外围地区，东西方货物在这里交换，非洲本地产品也参加交易，商业兴旺，与世界各经济发达地区有大量的贸易。

伟大的中国航海家郑和曾经来到东非，以后的中国旅行家汪大渊、费信等人也曾来到过东非，阿拉伯旅行家伊本·白图泰盛赞这里是最繁华的地区之一。近代西方殖民运动中，这里由于交通便利，成为贩运黑奴的主要港口，这里原本密布的城邦，经过劫掠后一片荒凉，人烟稀少，几乎成为不毛之地。

第五节　西非文明与马里大帝国

古代非洲大陆上的马里大帝国与桑海帝国都在西非，西非是非洲古代文明的摇篮，古代班图人在公元前开始从这里向东非、中非与南非等地迁移，这次古代民族大迁移使得西非的文明向全非洲传播。西非曾经是多个古代文明兴盛的地区，这里曾经诞生过诺克文化、萨奥文化、伊格博—乌库文化、伊费—贝宁文化。在这些遗址上的挖掘说明，非洲不但是重要的人类起源地，也是文明起源地。以后在西非产生了文明古国加纳，在赤道以北，撒哈拉沙漠与非洲大陆内部交通的要道上，古代文明也持续不断的产生。毛里塔尼亚和马里一带，柏柏尔人建立了加纳古王国，柏柏尔人是非洲大陆上为数不多的白色人种，从公元前开始就有白色人种在非洲这一带出现，公元3世纪时他们建立国家。直到 8 世纪，苏丹人入侵古加纳，开始了黑色人种的统治。如同古代库施文明一样，它证明了非洲的原住民无论是黑色人种或是其他人种，都具有创造独立文明的能力。古代加纳的宗教是伊斯兰教，商业与农业都很兴旺，在加纳王国最兴盛的 11 世纪，疆域辽阔，东到廷巴克图，东南到尼日尔河，南面和西南方向一直延伸到了塞内加尔河上，北面同柏柏尔人的土地相接，这个国家已经成为众所周知的黄金之国。直到公元 13 世纪，才被马里大帝国所灭。

灭亡加纳的马里本是尼日尔河上游的一个小王国，公元 13 世纪至 14 世纪它开始强盛起来，在不到一个世纪的时间里，马里灭亡了周围的众多小国，成为非洲一个疆域辽阔的大帝国。这个帝国不仅是当时非洲也是世界上最富庶的国家之一，由于它灭亡了加纳等国家，据有丰富的矿产资源，成为盛产黄金的大帝国，欧洲殖民者早已经得知马里是最富有的国度，千方百计要占领马里。

尼日尔河中游的桑海帝国是西非的另一个古代王国，从 7 世纪起建立，15 世纪起开始强盛，以后灭亡了马里帝国，成为西非大国。桑海帝国不仅国力强大，而且重视教育，全国普遍开设经院，讲授古兰经、逻辑学、天文学、历史学等，可以说汇聚了东西方的学术。16 世纪，这个西非历史上最强大的国家被摩洛哥所征服。西非古国中，尚有加涅姆—博尔努王国等，都曾经显赫一时，有相当大的影响。

第六节　中非与南非的古代文明

非洲大陆的腹地，水量充沛，波涛汹涌的刚果河在这里蜿蜒流淌，刚果河流域是中非地区。公元前后的非洲民族大迁徙中，从西非来的班图人定居在这里。自从班图人到来后，曾经培育出多种古代文明。其中有公元 14 世纪至 17 世纪的刚果王国，它建立于公元 14 世纪后期，是一个农业国，种植非洲主要的农作物玉米、高粱和木薯等，由于开国元勋是一个铁匠尼米·卢克尼，所以国家素有打铁、木工、制陶、编织等手工业的传统。公元 15 世纪末，葡萄牙来到后，终于被灭亡。17 世纪初刚果河流域还有库巴王国，到 19 世纪时被比利时殖民者所灭。20 世纪还存在的一个王国是隆达王国，这是 17 世纪建立的王国，曾经是一个地域广大的帝国，后来逐渐分崩离析，只有刚果（金）、安哥拉与赞比亚等国尚且在其统治之下。

南部非洲正在吸引世界的广泛关注，南非地区最古老的文明是津巴布韦文明，南下的班图人在南部非洲各国，主要是在津巴布韦、马拉维、莫桑比克、南非等地建立多个国家，津巴布韦是一个内陆国家，东邻莫桑比克、西接博茨瓦纳、西北是赞比亚、南方则是南非共和国,这里发现了石器时代人类遗址多处,通过古人类化石与考古研究,可以得知,从1万年前左右,非洲最古老的民族之一布须曼人就在这里生活,稍后,霍屯督人与科伊桑人成为这里的主人。公元3世纪至4世纪间,班图人的一支绍纳人从北方迁移到赞比西河与林波河流域,班图人战胜了当地的布须曼人与霍屯督人,迫使他们向西南方迁移,自己在这里定居下来。

班图人是文化发达的民族,从公元4世纪前后,他们建立了自己的国家,并且掌握了冶炼金属特别是铁器的技术,他们发展了"石城文化",其实就是津巴布韦的本意,这个词意为"石头房子"。公元1100年前后形成了中央集权的国家体制。公元13世纪至18世纪为莫诺莫塔帕王国,15世纪时这个国家极为兴盛,到16世纪后逐渐衰落。可惜的是,这个神秘的南非古代强国竟然长期不为世界所知,它号称"大津巴布韦",西方考古学家们近年来大量的挖掘证明,这是一个相当发达的文明。19世纪,非洲的祖鲁人在殖民者的压力下,揭竿而起,建立祖鲁王国,与殖民者进行了长时间的斗争。

我们认为,非洲是有自己独立文明的大陆,从古代文明到近现代文明都有自己的特色,都有自己的工农业创造,形成了自己的社会经济形态、市场交易方式等,部分民族有自己的国家制度与语言文字。特别突出的是非洲的冶铁业发展早,在古代世界中是首屈一指的,非洲文化形态之完整与发达,并不亚于同时期的亚欧文明。个别人不顾事实将非洲称为"野蛮大陆"是毫无根据的,非洲有没有文明,并不是个别学者说了算,而是由世界文明史的总体进程所决定的。当代考古挖掘与文化研究证明,古代非洲文明曾经有多种形态,相当发达,作为世界文明起源地,非洲至今没有获得应有的承认,这是不应当发生的局面。

第七节　非洲与古代东西方文明

从非洲文化体系的总体来看,古代埃及的对外交流发展很早,但是由于受到地理环境和社会制度的限制,发展速度并不快。直到公元前1567年到公元前1085年前后的新王国时期,埃及的对外关系才得以进入一个新的阶段。埃及与塞浦路斯、叙利亚、希腊、西亚、努比亚之间的商品贸易日益发达。埃及成为世界性强国,从国外进口的主要货物包括木材、蜂蜜、牲畜、葡萄酒与手工艺制品。埃及的船队是当时世界上最大的船队之一。

公元前12世纪,腓尼基人来到北非沿海地区并且建立起殖民地。腓尼基在当时是地中海最发达的商业民族，至少到公元前 2000 年前，腓尼基人已经在地中海东岸建成了他们众多的城邦，这些城邦是相对独立的。腓尼基人是世界杰出的航海民族，他们有当时最发达的航海技术与设备，这就使得他们成为地中海、黑海一带商业交通的主要力量。《奥德赛》中的希腊英雄俄底修斯就曾经搭乘腓尼基人的海船。据荷马描写，这种船是黑色的，运送各种货物。《奥德赛》第十五章写道：

> 岛上来了一些腓尼基人，著名的水手，
> 贪财的恶棍，乌黑的船上载着无数各种各样的货物。

这里对腓尼基人的看法虽然存在偏见，但也承认腓尼基人是古代的航海民族，同时也必须提到，腓尼基人是一个天才的民族，他们发明了拼音字母，这就是腓尼基字母。腓尼基字母全部是辅音，22 个字母。这一发现对于世界文化的影响是无与伦比的。

古希腊兴起以后，与埃及的关系日趋亲近。公元前 7 世纪，希腊的商人和雇佣兵涌入非洲，埃及第 26 王朝时，法老招募希腊籍的爱奥尼亚雇佣兵，提倡希腊人移民非洲。首先是在尼罗河三角洲地区出现了零散的希腊人集聚地，其中最为著名的是纳克拉提斯，这个城堡中完全是希腊人，讲希腊语，按照希腊人的风俗习惯生活，乍一看如同进入了希腊本土。同时大批希腊罗马学者、哲人远游非洲，数学家泰勒斯、德谟克利特、安那克西曼德、梭伦等人都曾经来到埃及，学习高度发达的埃及文化，非洲从此进入西方视域。希罗多德《历史》第二卷详细记载了非洲与埃及的历史，当时他还不知道中国文明的存在，对于印度也知之不多。公元前 1 世纪的学者狄奥多洛斯也记载了埃及文明的历史，同时他还提到了埃及人准备开挖运河的事情。从斯特拉波、普鲁塔克、马涅托到阿米亚努斯·玛尔凯里努斯，都积累了丰富的关于非洲特别是埃及的史料。当时的希腊人所知道的唯一高度发达的文明就是古埃及。

最早与埃及发生关联的东方民族是波斯人，波斯王国兴起后，与埃及之间的斗争日趋激烈，公元前 526 年，居鲁士的长子冈比兹远征埃及。此时的波斯大军是当时人数最多、武器战马最充足的军队，更有早就被征服的腓尼基、塞浦路斯和萨谟斯的海军，再加上原来埃及人的希腊雇佣兵队长爱奥尼亚人达涅特临阵投敌，所以埃及军队迅速败退。法老普萨姆提克三世软弱无能，翌年波斯人攻破埃及首都孟菲斯，以后法老普萨姆提克三世也被杀害。但波斯人并未就此止步，他们继续向迦太基甚至遥远的埃提奥庇亚进军，但这时战况并不如意。

首先是波斯军中的腓尼基人起而反抗，在攻打迦太基时，以腓尼基人为主的舰队突然宣布罢战，因为迦太基其实是腓尼基人建立的非洲殖民地国家，而波斯人其实是一个半农半牧的民族，虽然也有庞大的海军，其实并不深谙海战，其海军主力是被征服的腓尼基人，于是被迫停止进攻。

与此同时，深入非洲内陆的波斯军队陷入进退两难的境地，波斯人不能适应非洲炎热气候，多种流行疾病发作，在沙漠绿洲的进攻中连连失利，虽然得到了埃尔哈尔捷绿洲，但由于付出沉重代价，波斯军队损失近半，也只得罢战。另一路进攻埃提奥庇亚地区的波斯大军更不顺利，只是在希腊殖民地奇列奈卡等地取胜。

也是天不亡非洲古代国家，正在此时波斯国内发生政治动荡，冈比兹的军队只好停止进攻，直到大流士一世时，波斯人终于成功征服了库施国（埃提奥庇亚），大流士王的铭文中说：

> 大流士王，众王之王，万国之王，胡斯塔斯普的儿子，阿契美尼德的国王大流士说："我所统治的从索格地安那后面的斯奇提亚到库施（埃提奥庇亚），从印度到萨尔迪的这个王国，是诸神之中最伟大的阿胡拉玛兹达赐给我的。让阿胡拉玛达保佑我和我的家人吧。"

实际上，波斯人在非洲的统治非常短暂，早在亚历山大灭亡波斯之前，非洲当地起义已经使波斯人撤出非洲。

古希腊人在非洲的渗透却进展顺利，希腊继续进入突尼斯等地，以后又进入阿尔及利亚等地，直到7世纪伊斯兰教进入。非洲这块土地上一直有多种外来的古代民族文化在活跃着。

当然非洲同时还有众多的本土独创的文明，只是殖民者们为了自己的利益，对于非洲的历史文明不予承认，以证明奴役黑非洲人、掠夺非洲资源的行为是一种文化启蒙，是对黑暗大陆的解放。历史事实证明，这种说法是完全荒谬的，非洲的古代文明和伊斯兰化后仍然保持基本独立的文明，只是在近代殖民者入侵之后才被消灭或趋于衰落的。

从以上的论述可以看出，非洲从古代起就已经有了黑色人种独创的文明，在广阔的非洲大陆上，从不同方向开始了文明传播，有的从北非的埃及向非洲大陆各地传播，有的则是独立创造的，并且与西亚和阿拉伯文明之间发生了密切的文明交往。这些文明如同灿烂的群星一样，分布于非洲各地。但是也要指出，非洲古代文明与中国文明不同，不是集中的大型文明，而是分布于非洲大地之上的星罗棋布的文明点，而且缺少历史记载与文献。我们只能对于其中重要的文明点进行简略描述，这是令人十分遗憾的。

第八节　非洲与中国之间的交通

古代中国除了与北非的埃及有相互间的贸易关系之外，与非洲其他地区也有非同寻常的联系，遥远的东亚文明古国与非洲大陆之间虽然山水相隔万里，但是却建立了难以想象的历史关联，这也是人类文明史上的一个奇迹。

非洲物产中首先进入中国的当属火浣布，主要是从埃及输入，中国的《逸周书》《十洲记》《异物志》《拾遗记》等典籍中都记载了这种布，其实就是石棉。除了埃及之外，摩洛哥的德腊等地也出产火浣布。公元 1 世纪至 3 世纪，中国与罗马的丝绸之路开通后，中国丝绸运到埃及的亚历山大里亚，以后进一步将丝绸推广到了尼罗河三角洲，从此中国与非洲开始了频繁的水陆交通。

宝石是非洲的重要物产，也是中国与非洲古代商业交易的重要物资，其中最常见的是孔雀石、青金石、红玉髓、猫眼、蓝宝石。这些宝石在非洲人的生活中，不但是装饰品，也是一种生活必需品。由于非洲天气炎热，撒哈拉大沙漠气候干燥，为了保护皮肤与眼睛，需要用宝石粉来涂抹眼睑与面部，这也是古代世界最早的化妆品之一，非洲盛产宝石，努比亚与马里的红蓝宝石从古代起就闻名世界，埃塞俄比亚高原上则盛产黑曜石，非洲沿海更有黄金、香料、象牙等奇珍异宝。埃及法老们掠夺了非洲各地的特产之后，集中到埃及，与西亚、印度和波斯进行交易，这些货物也辗转进入中国，其中有的是经过波斯人的中介转手而来，竟然以波斯香料等为名，其实有的香料是原产于非洲的。

古代埃及人重视开拓非洲的对外交往途径，埃及与红海之间的运河开通之后，阿拉伯航线成为非洲与中国的主要交通线。因为运河开通，阿拉伯海位置在其中部，如果说陆路交通是被波斯人把持，那么海路交通中，阿拉伯商人起了重要作用，并且随着航海技术的发达，商船从近海走向深海，阿拉伯商人愈加活跃。非洲大陆这时已经基本开放，不再是唯有北非埃及有对外交流关系。从亚丁湾到东非的阿札尼亚，阿拉伯船队频繁光顾。

其他非洲国家中，库施帝国是最早加入非洲运河与红海贸易的大国。托勒密时代，库施的大城邦纳巴达和麦洛埃的商人们经过厄立特里亚海北部，在阿杜利等海港与来自世界各地的商人们进行交易。交易的主要货物是香料和非洲贵重木材。由于地理原因，非洲出产与欧亚大陆不同的木材，其中非洲黑檀、乌木等名贵木材驰誉世界，但这时非洲的黄金尚未被大规模开采，所以黄金只是零星产品。东非地区继北非之后，成为进入非洲大陆的人口，这种传统对于非洲文明的布局有重大影响。

公元 1 世纪之后，罗马人加入到埃及运河与红海贸易之中，罗马人有两大贡献：第一，由于罗马帝国的强大，罗马人保障了航海的安全与顺利，禁止沿途国家勒索商人，清除了海盗；第二则在于罗马人开拓了从阿拉伯湾到印度洋的航线，埃及到印度实现直航，这是 17 世纪大航海时代到来之前，世界航海史上最重要的贡献之一。从此，东西方的海上贸易开始了一个新阶段。

一位生活在亚历山大里亚的希腊航海家写了《厄立特里亚海航海记》一书，作者佚名，但是记载可靠。最早来到厄立特里亚海的是腓尼基人，以后，波斯大流士的海军司令苏拉克斯（Scylax）、亚历山大的海军司令尼亚格都曾经向这里派遣过船队。但是没有人敢于从这里向印度洋方向航行。直到 1 世纪，埃及的希腊海员希巴罗斯（Hippalos）首次利用了印度洋上的季风，他让自己的船随着季风漂去，直达印度洋。在《厄立特里亚海航海记》一书中，海员到达了印度恒河口以东的地区，这里就是黄金之国"金洲"，再沿岸北上，来到"有一座名叫'泰尼'（Thinai）内陆大城市"，这里通过两条不同的路线向印度出口丝绸，第一条道路是通过大夏到达波卢羯车（BaryGaza，就是今天的布罗奇），这是一个大的商业中心；另一条路是沿恒河进入印度。[①] 当然这里所说"泰尼"就是中国了。非洲到印度洋的航线开通之后，中国丝绸通过海路，直接运送到非洲大陆。当然，在这条海路上，得利的是印度商人与罗马人，在亚丁湾停泊的船只上，满载着非洲的宝石、木材、矿石等，而进港的船只上则有非洲人所需要的丝绸、瓷器、小麦、水稻等。

综观中非交易过程，最早的是从中国到波斯湾地区，秦汉时开辟，安息商人是主要中介。以后逐渐南移，埃及到印度洋航线开通后，这一线成为中心，贵霜国位于中印之间，它对中印之间的交易起了重要作用。而亚丁湾到恒河口航线中，罗马人拥有对亚丁湾的统治权，取代阿拉伯商人成最大赢利者。

最令人惊奇的是中国海船直航非洲，公元 3 世纪时，东吴的航海事业取得长足进步，中国与东南亚印度洋的海上航行频繁，中国人趁着印度洋季风，远行到罗马。据《扶南传》和《吴时外国传》中记载，这种航行已经相当普遍。中国海船从广州向南，经过马六甲海峡，经拉温到科佛里帕那、莫席里，再到阿克苏姆的阿杜利港。

---

① ［法］戈岱司编：《希腊拉丁作家远东文献辑录》，耿昇译，17 页，北京，中华书局，1987。

从非洲大陆全境来看，与中国交通最早的是埃及与东非。如果以物产来看，相当多的是产自非洲南部，特别是非洲伸向印度洋的非洲之角，这里是曼德海峡以南的索马里与埃塞俄比亚。

有一种货物颇具传奇性，这就是没药。索马里从古代起就是世界著名的香料产地，其中以没药最出名，这是一种药材，气味芬芳，埃及法老们十分喜爱没药，主要从亚丁湾出口。公元初年就开始运送到中国。《海药本草》说道："没药，波斯松脂也，状如神香。"这是由于最初的没药是从波斯转运到中国的，所以中国人误认为没药产于波斯。以后中国与印度航线开通，通过印度转运没药进中国，中国人又认为没药是印度香料，其实没药的真正产地是非洲索马里。其余还有阿拉伯胶，其实也是索马里的特产，还有多种香料，也都产自索马里。中国与非洲交通发达后，这些药材的真正出产地才清楚了。当然受骗上当的不只是中国人，英国等西欧国家的橡胶一直是经过阿拉伯商人从非洲转到西欧的，因此莎士比亚的悲剧《奥赛罗》中主人公还将自己的眼泪说成是"阿拉伯的树胶"，此时已经是文艺复兴时期了。

第九节　非洲文化的当代形态

在世界殖民运动史上，近代非洲殖民是极为残酷的一页。当然早在近代欧洲殖民者登上非洲大陆之前，犹太教、基督教与伊斯兰教都传入非洲，其中伊斯兰教的影响最大。首先进入非洲的是基督教，公元4世纪，阿克苏姆文明皈依基督教，在此之前，阿克苏姆人信奉多神教，具有祖先崇拜的习俗。公元320年，埃扎纳国王下令改信基督教，从此埃塞俄比亚地区成为基督教文明传播最广泛的地区，这里也是非洲大陆上唯一完全的基督教国家。总体来说，基督教在非洲传播速度并不快，区域也不太广。

伊斯兰教在非洲的传播则大小不相同，公元7世纪伊斯兰教兴起之后就进入了非洲。它首先进入了北非与东非地区，然后迅速向非洲全境蔓延。伊斯兰教与基督教一样，都是通过两种形式进入的，一种方式是军事入侵；一种方式是移民与传教。军事入侵是对于东北非地区，公元641年阿拉伯军队从埃及进入苏丹，战胜了努比亚人，在东北非建立了首批伊斯兰国家。移民进入非洲的方式我们上文已经提到，东非城邦群的诞生与伊斯兰移民关系密切，7世纪后期，阿拉伯人来到东非，在东非建立多个城邦。移民们大建清真寺，宣传伊斯兰教义，经过1000年的经营，东非地区普遍伊斯兰化，索马里、莫桑比克等国全部信奉了伊斯兰教。这一历史似乎启发了穆斯林，证明和平方式的移民胜过军事征服。

伊斯兰教传播的另一方向是西进，从公元10世纪开始，北非伊斯兰教进入非洲文明发达的西非。到公元13世纪之后，廷巴克图已经成为西非伊斯兰教中心，伊斯兰教已经控制了强大的马里王国与桑海王国。到公元19世纪，西非地区经过传教与军事征服等多种手段，也已经基本伊斯兰化。就推动文明进步而言，伊斯兰教对于非洲是有贡献的，阿拉伯商人促进了非洲商业的兴盛。索马里半岛在伊斯兰教的推动下，成为当时世界商业发达的地区之一，东非沿海的象牙与黄金大批运出，东方的丝绸与瓷器运到这里。从公元13世纪到15世纪，大批阿拉伯商人向东方航海，也吸引了中国的商人远行至此。非洲在和平的环境下与东方进行交流，伊斯兰教带给非洲的是文明与进步，特别是商业贸易的发展与国家制度的建立。阿拉伯与非洲文明结合在一起，并且吸收了其他文明的成分，形成了斯瓦希里文明。斯瓦希里文明是非洲文明的一个高峰，有自己的语言文字，是东非地区的主要文明。

欧美列强对于非洲的殖民与奴役经历了不同的历史阶段，从最初的海外冒险寻求黄金，到后来的贩运奴隶，以满足国内劳动力需要，最后又转为后殖民式的利用，在非洲实行文化帝国主义政策。这些不同步骤的驱动力只有一个——资本主义世界体系——它的形成与推动。

推动大航海交通的首先是对非洲特别是南部非洲的再发现，葡萄牙的冒险家们非洲探险的主要目的是寻求黄金，苏丹与东南非沿海都以盛产黄金而著名，当时的欧洲冒险家们大力宣传"非洲海岸盛产黄金"，所以很多人是为了黄金而到非洲冒险的。但是从西方人航海的目的来说，主要还是对东方世界的资源与市场的开拓，绝不仅仅是为了黄金。这种探险的性质决定了殖民主义者采取的方式与行为。葡萄牙人从非洲西海岸开始的探险经历了一个世纪，从公元15世纪初期他们就开始向南方运动。最初他们只是沿海岸线进行探险与掠夺，大约于公元1432年前后发现了亚速群岛，30年后，葡萄牙人来到了加纳，这里以盛产黄金著称，如果说殖民者的目的在此已经达到，那是不对的。殖民者的贪欲是没有止境的。其实在来到加纳之前，葡萄牙人的船队已经到达佛得角，他们立即占领了这个军事要地。以后，他们来到刚果与安哥拉等地，进行奴隶贸易、象牙和黄金交易。

世界环球航线的形成需要绕过非洲，葡萄牙冒险家巴托罗缪·迪亚士（Bartolomeu Dias）公元1486年在海上遭遇风暴，他所带领的三桅轻便帆船被向南吹去，最后到达了非洲最南端，这里就是以后的好望角，"好望"意味着传说中的东方已经有了希望。但是这一历程仍然并不顺利，直到公元1497年，东方的航线有了决定性的进展。这一年，瓦斯科·达·伽马（Vasco da

Gamm）率领的船队从里斯本出发，经过好望角，来到了马林迪港。然后从这里驶向印度洋，公元 1498 年 5 月底来到印度。葡萄牙人完成了欧洲到远东的大航海，以后，他们又来到了南中国海，公元 1513 年，奥维士首先到达澳门。寻找黄金之国是伊比利亚半岛上的殖民者的口号，他们并不知道黄金之国何在，只知道在世界的东方。在征服非洲的过程中，他们在加纳与马里帝国确实找到了盛产黄金的土地，但是殖民者们的野心并未就此满足。随着英、法、德等欧洲大国的加入，殖民者的目标发生了根本性的改变，从黄金之国的寻求变为黑奴贩运，走上了最为残酷的屠杀、追捕、贩运奴隶的道路，这是世界史上从未有过的大型人口贩运与屠杀。

实现这一转折就是进入非洲殖民的第二阶段，欧洲工业化进程使非洲殖民走上了黑奴大贩运的道路。非洲也是"东方"的一个组成部分。对非洲的占领与对美洲是不同的，非洲黑人相对于印第安人来说，人口众多，具有一定的抵抗力。所以殖民者在非洲占领中，主要方式并不是美洲征服式的大规模屠杀，早期非洲占领中曾经有过类似的大型战争，但是这种战争以后逐渐稀少。另外，非洲并不是完全与世隔绝的，非洲大陆离欧亚大陆的距离比美洲大陆要近得多。非洲与亚欧的发达文明相比虽然落后，但非洲的部落与美洲部落的文明程度和生活方式毕竟还是不同的，两者对于外界的适应能力等都不一样。

万恶的黑奴贩运不仅是殖民者的罪行，也是世界文明史上的耻辱，这种罪行在非洲进行了 400 年，虽然已经过去多年，但其历史记忆之沉痛令非洲人永难忘记。在人们的记忆中，有两种最为残忍的遗址。一种是法西斯主义罪行遗址，这种遗址在世界各地相当多，如德国的奥斯维辛集中营的焚尸炉、毒气室，日本法西斯在中国东北的细菌战部队人体试验室和南京大屠杀白骨累累的万人坑。这些遗址也是法西斯暴徒们的耻辱柱，永远铭刻着他们的罪恶。还有另一种遗址不应当被人们所忘记，这就是非洲黑人贩运地，在东非坦桑尼亚巴加莫约的奴隶堡，保存下了当年欧洲人俘虏黑人贩运到欧洲前的临时拘禁地，数以万计的黑人在这里被烧红的烙铁在胸前打上烙印，然后用铁链锁在水泥桩上，经受风吹雨淋，烈日暴晒，还不时遭到毒打。直到现在，我们还可以看到当年抓捕黑奴时留下的铁锈斑斑的铁链。当我们今天追踪黑奴贩运的历史路线时，美洲的海地与东非的巴加莫约遗址令人感慨万千，海地这个原本是印第安人的国家，现在已经看不到印第安人了，只有从非洲运来的黑奴的后裔们在这里生活。而在非洲的这个黑奴贩运的出发点，我们也已经不见了当年贩运黑奴的殖民者们的身影，只有大海的波涛起伏，如同在向人们诉说着往事。

第三个阶段是西方以民主化与现代化方式的后殖民化阶段。经过 400 年的野蛮殖民时代之后，从公元 18 世纪到 20 世纪 50 年代是西方殖民主义在非洲的一个新时代。

到公元 20 世纪之前，非洲作为欧洲宗主国的殖民地，其文明受到两种待遇。一种是所谓的文明同化，这是葡萄牙与法国所推行的政策，就是用法国文明与葡萄牙文明来同化非洲人，他们认为非洲是没有文明的。公元 1761 年，葡萄牙颁布法令，莫桑比克人只要信仰基督教，就可以享有西方文明的一切权力，有选举权、公民权等。其实这只是一种欺骗，绝大多数莫桑比克人从来没得到过公民权。而英国、德国、比利时与荷兰人则更是直接否定了教化黑人的主张，他们眼中的非洲不但没有文明，连让非洲人接受文明的意义也是不大的。400 年间，有多少人遭到贩卖，今天已经无法准确估计，据联合国专家会议估计，非洲约有 2.1 亿黑人被运出非洲！其实远远不止这个数字，据笔者估算，大约有 4 亿黑人被贩运，这是世界上最大规模的贩运奴隶活动，也是一次文明摧毁活动，很多国家的居民被贩运得几乎绝迹，城邦毁灭，村庄断绝了炊烟，一片凄凉悲惨的景象。被摧残的不只是村庄和城邦，更重要的是黑人文明的传统与精神被压制，黑人从此成为西方人心目中的奴隶形象，这是对黑人精神上最大的伤害，留下难以愈合的伤口。

然而非洲的苦难远没有到头，从公元 19 世纪起，非洲陷入被世界列强瓜分的更大苦难之中，这就是新殖民主义时代的到来。从表面上看，新殖民者废除奴隶贩卖贸易，还有一个"4C 政策"，即商业贸易（Commerce）、基督教化（Christinanity）、文明化（Civilization）与殖民化（Colonization）。公元 1844 年，法国与比利时两国在中非刚果河流域争夺殖民权利，其他欧洲列强在非洲也因为利益争夺乱作一团，最后被迫在柏林召开会议来解决争端。德国的非洲殖民活动起步晚，一直没有得到大的利益，如今趁机加入瓜分非洲的队伍。美国当然也不甘落后，美国自身原本也是殖民地直到公元 18 世纪才独立，现在它反而加入列强来殖民非洲。英、法、德、比、美、西、葡、荷等新老殖民宗主国在柏林会议上制定了瓜分非洲的计划，开始了一个世纪的大瓜分与血腥镇压时代，黑非洲的又一次厄运降临了。世界第三大洲非洲的土地被全部瓜分，成为完全殖民地。只要看一下公元 19 世纪的非洲地图就可以发现，整个非洲土地上飘扬着欧洲国家的旗帜。其他一些国家，如西班牙占领了西撒哈拉地区，荷兰人曾经长期占领南非，以后竟然被英国人夺去了南非的殖民权，列强之间因为分赃不均，屡屡刀兵相见。整个欧洲的土地尚且比不上非洲，多数欧洲殖民者的本土都是小国，例如老牌殖民主义国家葡萄牙本土不足 10 万平方千米，非洲殖民地的面积竟然是其本土的 20 多倍。自此之后，非洲文明成为了殖民地文明，这就意味着它必须接受宗主国的领导与改变，没有自主权力，这也就再现了历史上普遍的"殖民文明状态"。第一次世界大战之后，整个非洲只剩下三个独立国家：埃及、利比里亚和埃塞俄比亚。

公元20世纪中期，非洲的民族解放、国家独立与反对殖民主义的运动波澜壮阔，非洲文明已经转型为一种新的文明，既不同于旧有文明，也不同于殖民地时期的文明。公元1945年召开的曼彻斯特第五次泛非代表大会是首次以非洲本土黑人为主体的大会，大会通过了《告殖民地人民书》，号召当时仍然是殖民地国家的人民争取民族独立，建立自己的独立政府。到20世纪90年代，非洲国家基本上全部独立。

非洲文化有什么特性？

笔者认为，非洲文化主要有以下特性：其一，非洲是直接经历了从渔猎—农牧业文明向工业化过渡的社会，除了北非的埃及、阿尔及利亚、摩洛哥等少数国家之外，非洲大陆上的多数国家都是直接从丛林生活或草原畜牧业直接进入现代经济的。这是一种从古代文明甚至原始社会向现代社会的巨大转折。其二，非洲的民族与种族一体精神也是相当突出的，非洲多民族相互融合，不同种族之间和平共处，除了少数地区冲突激烈之外，非洲没有大规模的战争。这是由爱好和平的非洲民族文化特性所决定的。其三，非洲文化重视自然与人类的和谐相处。西非民族主义思想家布莱登早就指出非洲人在原野中生活，他们的歌舞往往是在芒果林中，人与自然结合为一。①

近半个世纪非洲经济发展被称为"马鞍形发展"，其实这正是非洲文化体系的发展轨迹。

我们认为可以从两个方面来看非洲的当代发展，一方面，坚持和恢复自己固有文化是非洲各族人民的共同心愿，摆脱了殖民主义的压制，这是非洲文明的新生。在非洲大陆上，西方式的民主政治、基督教宗教、现代科学技术等因素已经成为非洲社会生活中非常重要的因素，而原有的宗教与文化也并没有消失，多数非洲人仍然信仰原有的宗教，新旧生活方式在非洲的对立是明显的。

但是另一方面，无可讳言，非洲与世界各大文化体系之间有一定差异，不但与欧亚大陆上的文化不同，即使同为殖民大陆的拉丁美洲也与非洲不同。笔者多次指出：西方殖民主义有两大模式，一种是美洲的移民模式，欧洲移民与黑奴进入美洲，将美洲建设成了欧洲工业化的大市场与原料供应地；另一种是非洲模式——掠夺模式——将非洲人与物资从非洲本土以强迫手段运入其他大

① 艾周昌、沐涛：《走进黑非洲》，308页，上海，上海文艺出版社，2001。

陆。前一种模式使美洲包括拉丁美洲有一定的工业基础，经济力量雄厚。而后一种模式则使非洲成为"白茫茫一片大地"，也是世界上最为贫瘠的地区，4亿非洲人成为奴隶，欧美的花花世界建立在非洲奴隶的白骨上。

从总体上来看，非洲仍然是世界上经济落后的地区之一，联合国公布的世界最不发达国家大约有 43 个，其中非洲就有 27 个，大多数非洲国家人民过着极为贫困的生活，粮食与日常生活供给都有很大困难。

无可讳言，从社会政治上来看，非洲国家政治动乱频繁，经常发生政变，在这些政变中，又经常有对于民众的残酷大屠杀，大批无辜平民死于这种屠杀之中。如果从历史起因分析，应当说非洲大屠杀的根源起于殖民征服时代，欧洲殖民者曾经在非洲袭击村庄，杀死无辜的居民。这样，必定导致了非洲大量的难民现象，大批难民突破国家边界，要求避难。这种现象也与长期的非洲殖民有关系，正是在近代殖民活动中，大批的非洲人脱离故土，被贩运到他乡，成为奴隶。非洲人类所承受的灾难可能是世界上最为残酷的和深重的。笔者认为，非洲还有一种更为严重的民族心理创伤，这就是种族歧视。无论是被贩到美洲的奴隶，还是非洲大陆上的居民，由于长期的殖民，长期受到白色人种的种族歧视。直到今天，在拉美与美国，仍然存在严重的种族歧视。非洲人与其他非白色人种被称为"有色人种"，受到一些人的歧视。这种歧视现象对于社会安定有极大威胁，往往会造成动乱与流血。种族歧视现象的历史根源仍然在于近代西方列强的侵略与殖民活动，在殖民活动中，欧洲民族侵入非洲，灭绝古代文明，屠杀与奴役非洲人民，给非洲人民心灵上造成了永久的伤害。

第十二章 犹太文化体系

犹太文化是世界古代文明之一，从公元前 1900 年前后希伯来人进入迦南地以后，经历了三次大离散，饱受侵凌与流亡之苦。公元 135 年罗马皇帝哈德良镇压了犹太人的最后一次起义，摧毁耶路撒冷圣城之后，犹太人离开了巴勒斯坦，分布到世界各地，这就是持续 1800 多年的"世界性大离散"（Diaspora Era）。公元 1948 年 5 月 14 日，流亡到世界各地的犹太人重返迦南地，建立了以色列国。这使得原本分散在世界各地的犹太文化流脉重新聚合于故地，这一文化以延续犹太民族与宗教为特色。现在除了以色列国之外，尚有大量的犹太人分布于世界其他国家主要是欧美地区，他们相当大程度上保持了犹太人的传统，我们把这一有独特历史的文化作为一个完整的体系来研究是有价值的。

现在有一种相当普遍的看法是：希腊罗马文化与希伯来文化可以合而为一，称之为"两希文化"。

这种观念是否正确呢？

笔者以为，希伯来文化与希腊罗马文化是两种独立起源的文化体系，历史上两种文化曾经有过密切的联系。最突出的是罗马帝国时期，犹太教传入罗马，最后产生了基督教，使地中海大西洋文化体系经历了转型，这是无可否认的历史事实。但是也要注意到，希伯来文化与地中海大西洋文化之间是有合有分的，两种文化精神之间有相当大的差异。同时，希伯来文化的主流犹太教从来没有完全融入基督教中，它仍然保持独立发展。所以从比较文化学角度来看，希伯来文化并未消解。特别是近代以来的犹太文化复兴中，犹太人成立以色列国，召回分散于各国的犹太人，在中东地区与伊斯兰教民族形成剧烈冲突，这也是希伯来文化体系在当代的重要发展趋势。所以我们认为有必要将犹太文化作为一种独立的文化体系进行阐释。

第一节 文明古地巴勒斯坦（迦南地）

英国著名历史学家汤因比有一种著名的"刺激—挑战说"，即人类文明往往起源于自然条件最艰苦地区如沙漠等，正因为其条件不好，才激发了人类的创造力，在这类地区显现卓越的文明成果。这种说法有两种不足：第一，这种说法不符合历史主义原则，因为它是从现代世界的自然环境来看古代的，一些古代文明起源地的自然条件恰恰与现在的沙漠荒原是完全不同的，例如地处撒哈拉大沙漠边缘的埃及今日看来十分艰苦，但历史地理学家们恰恰证明，尼罗河流域曾经是水草丰茂、自然条件相当优越的地区。第二，人类文明的起源地的概念过于宽泛，如果以最早的农业文明为标准，可能有些是至今仍然条件较为优越的地区，例如世界最早的农业生产发达地区就在欧亚两大洲交界的"肥沃新月形"（Fertile Crescent）地带，这里土地肥美，至今仍然是适合于农业发展的地区之一，这块地区从美索不达米亚南部起向北，经过两河谷地，向西穿过叙利亚，转而向南到地中海，形状如一轮弯弯的新月。

就在这弯新月的最西端，有一块《圣经》称之为"流着奶与蜜的地方"（A Land Flowing with Milk and Honey），据说是上帝赐给以色列人的名为"迦南地"的地方，就是今天被称为巴勒斯坦的地区。巴勒斯坦的名称来自于一个民族"巴莱斯特"，这是最早在巴勒斯坦沿岸定居的民族之一。但是另外一种说法是，巴勒斯坦地区最早的居民是迦南人与腓力士人，巴勒斯坦的地名就是"腓力士人的土地"的意思。他们在公元前13世纪定居迦南，所以这里又称迦南地，现今生活在巴勒斯坦的信伊斯兰教的民族就是他们的后裔。

这块被激烈争夺的地区——巴勒斯坦——位于亚洲西北部，是一块南北狭长的地带，在地中海的东岸，它的北边是黎巴嫩，同在地中海东岸，古代腓尼基人就是从这里起源的。稍向东北偏一点，就是叙利亚，这块古老的土地与巴勒斯坦一同经受了历史风雨。它的北方与西亚文明的联系是明显的，而它本身就是地中海文明的一部分，东侧就是约旦，在约旦与巴勒斯坦之间是死海，如同一条长长的大鱼位于两国边界上。南边与埃及的西奈半岛接壤，当年以色列人摩西引领自己的人民从这里走出埃及。现在，在这片名为巴勒斯坦的地方其实有两个民族并存。一个是以色列，它占据了南部与沿地中海岸的地方。1948年犹太人重新建立了以色列国，以后占领了约旦河西岸、加沙地带、东部耶路撒冷与戈兰高地。另一个是1988年11月15日巴勒斯坦全国委员会第19次特别会议宣布成立的"巴勒斯坦国"，这也是自古就在此生活的民族。耶路撒冷古城已有五千年历史，是犹太教、基督教与伊斯兰教共同的圣地。世界三大宗教有共同的圣城，不能不说是世界奇迹。以色列与巴勒斯坦土地紧密相连，交通路线互相交织，但两个国家之间的争端尚未解决，是中东地区的焦点之一。

从总体形状来看，这里地呈长方形，这个长方形的末端又加上一个三角形，土地面积并不大，但是地理与气候条件却十分复杂，素有"地球的模型"之称。长方形这一块从北向南分为三个地段：第一是地中海气候，这里是海边平原，虽然只有40千米长的农田，但在人多地狭的巴勒斯坦已经实属珍贵，历来是农业中心。第二段是中央山地，耶路撒冷城便建筑于此，这里的地形虽然具有易守难攻的特点，但是历史上耶路撒冷圣城屡屡失陷，从来没能真正阻挡过入侵者们的铁蹄。倒是北面的斯德伦谷地溪水长流，是迦南最肥沃的地区。第三段则是约旦河谷，这里位于死海之滨，也适合发展农业。最南面的三角形地带是内盖夫旱地，气候较干旱少雨，但战略位置却十分重要。

古代的巴勒斯坦地区曾经水系纵横，气候温润，并且有众多的城邦，人烟稠密，商业贸易发达。畜牧业也相当发达，古代人曾经认为这里产大铜矿，（其实铜矿主要在黎巴嫩），这里的物产主要是小麦、玉米、葡萄酒、橄榄油、陶器、羊毛、皮制品等。由于地处古代文明体系最集中的地区，地扼欧亚非大陆交通要衢，历史上的以色列文明与埃及、两河等都有直接联系，所以它一直受到世界关注。从埃及古王国起，叙利亚与巴勒斯坦就受到埃及人的入侵，以后成为埃及人的殖民地。从此之后，巴勒斯坦地区再也没有安定过，埃及、巴比伦、亚述、赫梯、波斯、亚历山大等大帝国像走马灯一样来来去去。

第二节　以色列文化的历史

区区巴勒斯坦地区面积不过 26 000 平方千米，资源条件一般，但为什么这里一直是世界文明发展的中枢地区之一？

笔者认为，这要得益于它的宗教文化资源——它独具特色的文化创造——正是这种文化创造的价值，使得这块土地及其民族在世界大舞台上扮演了不可或缺的角色。以犹太教与当代世界最大的宗教基督教（Christianity）的关系为例，就可以见其一斑。众所周知，基督教是一种以信仰耶稣（Iesous）为基督的宗教，为什么要称为"基督"呢？这是因为 Christ 的本义是救世主，这是个拉丁文的词，在汉语中音译为"基利斯都"简称"基督"。从其词源来看，这个词在希伯来语中是弥赛亚（Mashiah），就是受膏者或者救世主的意思。基督教从古代犹太教发展而来，以色列文明与西方文明有不可分割的血肉关联。以"受膏"为例，这是一种礼节，在这种仪式中，将羊油涂在即位君主的额上，以表示神圣的救世之意。基督教建立之后，基督专指耶稣，并且与耶稣连用，不再用其他含义。基督教创立于 1 世纪中期，当时出生于伯利恒的耶稣（Jesus），其名就是"主是拯救者"的意思，创立了一个小教派，他们宣称救世主就是耶稣，这个小的教派本属于犹太教，以后独立，成为基督教。因此，要了解基督教的历史，必须先了解犹太文明与犹太宗教。

西亚与小亚细亚地区是古代文明的起源地之一，早在公元前 2000 年前后，邻近的迦南地也已经进入农业文明社会。据公元前 1900 年前后的埃及泥板文书记载，这一时期有一个游牧民族来到迦南地。当时这里是埃及的殖民地，埃及法老接到当地人民的上书，要求派兵镇压迦南地的盗匪。其中提到一个新的民族"哈卑路人"（Habiru），意为"渡河来的人"，这就是以后由于音转所形成的"希伯来人"，可能指他们是从幼发拉底河下游过河而来的。这个民族的首领叫亚伯兰（即以后所说的亚伯拉罕），对于这个游牧民族来说，迦南地是一块肥沃的土地，也是他们定居的最理想之地，以后当摩西领他们重返这一地区之时，《圣经·出埃及记》第三章说："我要把你们从苦难中领出，往迦南人、赫梯人、阿摩利人、比利洗人、希未人、耶布斯人的地方去，就是流奶与蜜之地。"这个游牧民族希伯来人就是以后的犹太人。

亚伯拉罕的父亲他拉居住在西亚古城乌尔（吾珥），他信仰一种原始的宗教，直到亚伯拉罕才转为信仰犹太教。亚伯拉罕奉耶和华之命，从迦勒底的吾珥途经哈兰等地来到了迦南地。到此之后，亚伯拉罕开始宣扬犹太教，这种宗教是一神教，信奉唯一的神耶和华，在示剑、伯特利、希伯仑等地设坛祭祀耶和华。《圣经》上说亚伯拉罕活到 100 岁时才生了儿子以撒，以撒的后代是孪生兄弟以扫和雅各。雅各的晚年，迦南地遇到大灾荒，雅各带领众多的子孙迁移到了埃及，定居于尼罗河畔的歌珊地区，他们在这里生活了大约 400 多年，犹太人在这里繁衍生息，成为人口众多的大部族。公元前 16 世纪喜克索斯人统治结束，埃及新王朝法老把与喜克索斯人一起来的以色列人全都打成奴隶，在埃及沦为奴隶是这个民族的灾难之始，埃及法老开始对他们进行迫害。耶和华通过燃烧的荆棘丛首次向犹太人首领摩西启示其名字，命令摩西带领犹太人走出埃及。公元前 13 世纪中期，摩西率众离开埃及，渡过红海，到达了西奈高地。摩西独自登上了西奈山，领受了耶和华上帝的十诫（Decalogue），其中明确规定了犹太教的基本教义，这标志着犹太教的正式诞生。当摩西走下山时，发现一批犹太人竟然在膜拜金牛犊，他怒不可遏，几乎要当众摔碎手中所持的写着神圣教义的戒板。摩西立即对犹太教进行整顿，根据历史学家的研究，很可能在这一时期杀掉了大批不信犹太教的人。

如果从犹太教的历史来看，摩西是犹太教的真正创立人，他本人虽然未能进入迦南地，但是他的继承人约书亚占领了迦南，并且将所占有的土地分封给以色列人的 12 个支系。以后的 200 年里，史称士师秉政时代，犹太人的势力在迦南扩展开来，建立了犹太人的王国，国王先后有扫罗、大卫、所罗门。但是犹太教还没有圣城。大卫定都耶路撒冷之后，把犹太人与上帝签约的约柜迁入这个城市，并且开始筹建耶和华圣殿，到所罗门时代正式建成了圣殿。从此之后，圣殿成了犹太教的信仰中心，耶路撒冷才成了圣城。不幸的是，所罗门王去世后，犹太王国的分裂引起了宗教的分立，北国以色列在撒玛利亚等地另外建立了圣所，同时，各种异教思想的入侵也使得犹太教出现危机。这时一批先知包括著名的阿摩司、何西阿、以赛亚、弥迦、耶利米等发动了先知运动，对犹太教思想与理论的统一起了关键作用。先知运动还有一个重要观念：强调上帝喜爱善良而不喜爱祭祀，使犹太教的教义更加高尚。巴比伦帝国于公元前586年攻入耶路撒冷，灭亡了当时仅存的南方犹太王国（在此之前，公元前721年，北方的以色列王国已经为亚述人所亡），大批的犹太人被劫掠到巴比伦，这就是著名的"巴比伦之囚"（Babylonian Exile），从此之后，犹太民族散失世界各地。在公元前538年，波斯王居鲁士战胜巴比伦人，解放了被囚的犹太人，所以犹太人对居鲁士十分感激，这与对希腊罗马人的态度是完全不同的。犹太人重返耶路撒冷后，再修圣殿。到公元前331年，亚历山大王灭亡波斯后，犹太人其实在希腊人的统治下生活，犹太人开始向希腊罗马传播自己的宗教。公元前142年，经过血与火的斗争，犹太人建立起自己的国家马卡比王国。可惜的是，在公元前64年，再次被罗马人所亡，圣殿又一次被毁，犹太人被迫流落世界各地。

要了解犹太人，首先要区分几个概念：希伯来人、以色列人与犹太人。

希伯来人一词在希伯来语中是 Iberi，意为过河来的人或穿过者，指的是从幼发拉底河对岸迁移到巴勒斯坦的人，也就是以色列人。以色列（Isral）原文意为"与天神角力者"。据说，以色列是亚伯拉罕的儿子以撒的次子，原名雅各，在来到迦南地的途中，曾经在渡口同神人角力获得胜利，被神人赐以"与天神角力者"的光荣称号。以后这一名称成为以色列民族之名。在《新约》中，保罗就自称为希伯来人，可见希伯来人与以色列人是同义的。无论是希伯来人，还是以色列人都属于犹太人，只是希伯来没有成为国家的名称，以色列与犹太都曾经是国家的名称，这两个国家曾经并存过一段时期，以色列国位于北部，犹太国位于南部。公元前8世纪，亚述人灭亡了北方的以色列王国，公元前6世纪，巴比伦人灭亡了南方的犹太国，这都是历史上的重大事件。犹太民族是一个古老的民族，与他们同时代的诸多民族多数已经湮灭于历史的尘埃之中，比如古代中东的喜克索斯人、阿卡德人、阿摩利人、赫梯人、比利洗人、希未人、耶布斯人等。犹太人虽然国家灭亡，但是民族一直没灭亡，其重要原因之一在于其宗教。关键在于这个民族是否得"道"，得道者昌，失道者亡，这是一个规律。用中国的理论来说，民族兴亡在于是否得"道"。这个"道"就是民族的精神信仰。有了自己的精神信仰，就会有志士仁人为之奋斗，民族精神就不会消亡，国家民族就会兴旺发达。所以正确地说，得道可以兴邦。我们研究这个民族就会发现，宗教可以说是犹太人唯一重要的创造，这个民族在历史上并没有重要的物质创造与发明，特别是在近代科学发展之前。犹太人向迦南人学习农业耕作，较早地发展了纺织业与皮革制造等。而且表现出经商贸易的天赋，犹太人的高利息放贷使他们闻名于世。但是，对世界文化，犹太人真正的贡献是他们的宗教。也正因为如此，犹太人一直相信自己是上帝的选民，他们曾经希望上帝保佑自己兴旺发达。经历了巴比伦的囚禁之后，他们也曾经沮丧过，信心大受挫折，因为异教徒竟然战胜了唯一主的臣民，等于说异教的神战胜了主。从此实际上以色列人的宗教已经成了一种"精神胜利法"，因为一个连国土都没有的民族如何是上帝的宠儿？身为犹太人的精神分析学家西格蒙德·弗洛伊德曾经对于这种说法表示过怀疑，他认为犹太人一直命运多舛，民族受难，国家被灭亡，没有什么证据表明这个民族是"上帝的选民"。

物极必反，否极泰来，就在罗马时代特别是公元前后，这个古老宗教在异族统治下，长期遭受压迫，自我救助的意识终于发展到了极点，产生了弥赛亚主义，宗教革新到来了，在这种改革中产生了新的宗教，这就是基督教。公元135年，罗马皇帝哈德良镇压了犹太人反抗罗马统治的最后一次武装起义，他还下令再次完全毁灭耶路撒冷，并且不准犹太人进入这座城市，这是历史上的第三次大离散，亦即"世界大离散"（Diaspora Era）。从此，犹太人在没有祖国，没有独立国家，甚至没有定居地的情况下持续自己的文明。这样，我们也就能理解当公元1948年以色列宣布成立时，犹太人的思想与情感了。

第三节　《圣经》古史与犹太文化关系的变迁

《圣经》不但是古代犹太教和基督教的宗教经典，而且是世界古代历史文化的重要记录，其中保存了从上古的大洪水时代以来的丰富史料，是研究古代东西方文化最重要的原始文献之一，对我们研究古代社会经济生产和社会政治制度包括城邦与国家的起源等重要问题有不可替代的价值。作为犹太教的经典，《圣经》中的相关记载更是研究犹太古代文化关系的主要文献。

古代希腊人在希波战争中战胜了波斯，按照他们的说法，希腊人获胜的原因是他们有独立的城邦与民主制度，在西方历史学家看来，只有古代地中海文明才产生了希腊城邦，只有雅典、斯巴达城邦才孕育了古代民主精神。但是现代考古学与历史学却证明，世界最早的城邦可能产生于东方，特别是西亚与中国。

当代考古学家们将陶器之前的新石器时代称为前陶新石器时代（Pre—Pottery Neolithic），前陶时代分 A、B 两个阶段，A 期为公元前 8500 到公元前 7300 年，B 期为公元前 7300 年到公元前 6300 年，在 B 期挖掘中出现了早期的灰泥人像，是陶器的前驱，这个灰泥人像是在约旦河谷中的耶利哥发现的。20 世纪 50 年代，英国考古学家、剑桥大学教授卡瑟琳·凯尼恩（Kathleen Kenyon）在约旦河谷进行挖掘，发现了《圣经》中所说的古城耶利哥的存在。

这里我们作个最简明的解释：《圣经》虽然是西方基督教的经典，但是最早产生于西亚，西亚是古代犹太教的故乡。《圣经》原本是犹太教经典，以后随着基督教被罗马人立为国教，《圣经》才来到西方。所以《圣经·旧约》中有大量关于西亚地区历史文化的记载。伊甸园就在美索不达米亚，《创世记》中所记载的大洪水等也发生在这里。而且，这里也产生了世界上最早的城邦群，与中国仰韶文化、龙山文化的城邦群一样，是东方古代城邦群的代表。

《圣经·旧约》中的《约书亚记》写道：摩西带领以色列人走出埃及后，死于约旦河畔，约书亚受耶和华之命，率领以色列人渡过约旦河，由祭司吹响七个羊角号，耶利哥城"城墙崩塌"（the wall fell down flat），以色列人夺取了耶利哥城。根据一些"疑古派"历史学家们的看法，耶利哥城未必真正存在，如果真有耶利哥城，也是公元前 1200 年之后铁器时代的城市。但这些挖掘却彻底改变了这种看法，耶利哥城真实呈现在世人面前，这是新石器时代的纳拉夫文化古城，其年代最迟是在公元前 6300 年之前。

这处遗址有一种文物极为罕见，这就是在耶利哥发现的陶人头。是在墓葬中的人头骨之上加以陶泥制成的，而且据说还有真人大小的陶泥人出土，从这些陶泥人头可以看出，这里可能盛行祖宗崇拜。据《圣经》记载，自从耶利哥陷落之后，这座城池再也没有得到恢复。考古学的发现证明，这个文化古城的存在是确实的，正像《圣经》中所记载，耶利哥是一座富裕的、有着发达文明的大城。而且这里可能是陶器起源地，当时的陶器尚不成熟，不能制作出完美的陶塑，但是可以在骨骼上附加陶泥，用来祭祀祖宗。这一发现其实已经预示着即将到来的陶泥时代。

我们认为文化体系的历史基本上可以分为两个大的阶段。

第一阶段是公元前 7000 年起到公元前 331 年亚历山大征服波斯之前，这一阶段中，以色列与埃及、美索不达米亚、波斯之间有密切的历史联系，也充满了恩恩怨怨，以色列民族主要活动的地域在东方文明之中。第二阶段是从亚历山大时代起，以色列进入希腊罗马文明体系，犹太教开始在西方文明的土地上传播，从此，犹太文化发生巨大变化，从亚洲进入欧洲，主要活动地在地中海文化和欧洲民族之中。位于西亚的以色列国灭亡之后，犹太人流散于世界各地。中世纪一千多年中，他们散居各地，饱受宗教迫害之苦，基督教虽然来自于古犹太教，但犹太人却被罗马帝国统治者与教廷视为"异教徒"，要他们"改宗"加入基督教，不从者受到残酷迫害。世界各国排犹运动此起彼伏，几乎从未中断。其中最著名的是公元 1290 年英国驱逐犹太人，法国也曾于公元 1309 年和公元 1394 年两次大规模驱逐犹太人，其余如西班牙等国也曾经有过驱逐犹太人的运动。

直到公元 1789 年法国大革命之后，犹太人才在法国获得了正式的公民权。公元 1791 年 9 月法国制宪会议准许犹太人定居法国并享有正式法国公民的权利。公元 1807 年犹太教在法国获得与其他宗教平等的权利。欧洲各国这才纷纷承认犹太民族与宗教的合法权益。

犹太人居住与分布的地区主要在欧洲的莱茵河与多瑙河沿岸各国，特别是德国、波兰、俄罗斯、乌克兰、丹麦等多民族国家。第二次世界大战中，由于纳粹德国疯狂"排犹"，大批的犹太人移居美国。近年来有的文化学者提出"犹太文化转型"的说法，我们认为这种说法有一定道理。但是从总体来看，无论在任何地方，各犹太社团都坚持其信仰，固守其文化传统与习俗，使犹太文化得以延续。虽然其对外关系因环境转换与变迁有相当大的变化。但是我们认为，作为一种文化体系而言，犹太文化是相对完整而系统的，并未发生根本的转型。

世界古代民族中只有犹太文化经历了这种东西方之间的历史转换，也使它成为了联系东西方文明的特殊纽带。最后，从 20 世纪中期以色列建国起，犹太人从美国和欧洲各国乃至世界各地回到了以色列国，这已经是后话了。

历史变化无穷，中国和以色列之间两次大的接触，一次是唐宋时期，曾经有以色列人移居中国或在中国经商。最集中的大移民潮是在北宋时期，犹太移民以社团形式在中国开封被批准定居，归依中国，形成中国的犹太民族。公元 1163 年，开封犹太人在开封市建立犹太教寺庙，时称"一赐乐业"寺（为 Israel，即以色列的音转）。元明两代，犹太移民达到盛期，总人数达到 5000 人左右。明末清初，由于社会动荡与开封城不再是政治文化中心等原因，犹太社团衰落，犹太人逐渐迁移或者同化。另一次是 20 世纪 30 年代，由于德国法西斯排斥犹太人，大批犹太人避居中国上海，成为犹太人历史上一次难忘的记忆，这种历史记忆虽然因不同时期的国际政治关系而起伏，但是它永远深藏在以色列人与中国人民的心中，不可磨灭。

第四节 以色列与埃及和两河文明

西方哲人有一句名言：忘记历史的人就是背叛现实。犹太人是一个重视传统与历史教训的民族，这一特点对于世界各民族应当有重要启示，一个健忘的民族永远不会成为自己民族的主人，更无从谈起在世界文明有一席之地。从公元前 18 世纪犹太人进入埃及到公元前 13 世纪出埃及后定居约旦河谷地，犹太人在古埃及生活 400 余年，与埃及的恩怨成为犹太历史重要的不可轻易翻过的一页。

一个民族的节庆日最能代表其历史，犹太教的三大节日中有两个，甚至安息日的安排都与埃及有关，可见其历史记忆的深刻和惨痛。首先是逾越节（Passover），这个节日在犹太历尼散月第 14 日到第 21 日，是专门为了纪念犹太人从埃及出走的历史。据《圣经》记载，摩西按照上帝的安排，吩咐犹太人准备离开埃及，所有的犹太人家必须在 14 日黄昏时分把准备好的羊羔杀了，在门框与门楣上涂上羊血，这是一个标志。上帝凭着这个标志认出以色列人家，好逾越过去，击杀埃及人家的长子，目的在于使埃及不敢阻拦以色列人出埃及。这是以色列人出埃及之前的准备，其中充满对奴役自己的埃及人的仇恨。另一个节日是居棚节（Sukkoth），从赎罪日后第 5 天起，也是一个星期。这个节日期间，所有的以色列人都要住在用葡萄、无花果等七种植物的枝条搭起来的棚屋中，纪念以色列人从埃及出走后漂泊无依的 40 年，不过这个节日的主色调却欢快起来，表达了以后定居迦南地的快乐。安息日是一周工作的结束，在希伯来语中，安息日是"停止一切工作，必须休息"，据说其意义之一是为了纪念犹太人走出埃及，解除了奴役。当然，《圣经》中关于安息日的解释较多，也有一种说法是上帝创造万物，在第 7 天停止工作，是圣日，而犹太人与上帝立约，自然就以这一天不工作来表示纪念上帝创造之功。但无可讳言的是犹太节日中，与埃及和摩西有关的相当多，这一切似乎都在重复以色列人的一句箴言：我们的祖先在埃及当过奴隶。

从青铜时代末期离开两河流域的乌尔城之后，以色列人来到的首先是美索不达米亚，以后过河来到迦南地，定居这里以后，从这里进入埃及，以后在西奈半岛成长起来，最后才在迦南地建立国家。

以色列人与埃及之间的联系其实是一种历史的必然，巴勒斯坦地区早自古王国时代就处于埃及的势力影响之下，古王国法老多次征服西奈半岛，西奈的亚洲人经常出现在埃及石雕之中，最多的场景是被埃及人所俘虏与屠杀。法老纪念碑上经常刻有征服西奈半岛的记录。

从中王国起，埃及的势力到达了耶路撒冷，当代考古学家们从西北方的城邦杰盖尔发现了埃及文字、大型雕塑、象牙雕刻等，古代埃及象形文字的文物也被发现。

公元前 18 世纪末期，埃及王国遭受到异族喜克索斯人入侵，恰在此时，以色列人与喜克索斯人一同进入埃及。虽然同时进入埃及，但两者的身份完全不同，喜克索斯人占领了埃及，成为统治者。但是以色列人最初是为了躲避灾荒，在家乡断粮的情况下进入埃及的，他们在歌珊主要从事畜牧业。公元前 16 世纪随着喜克索斯人的统治被推翻，以色列人在埃及成为奴隶，以色列与喜克索克斯两个民族同属于闪族，但是它们的命运有天壤之别。

在进入埃及之前，以色列仍然是一个以游牧为主的民族，只有短暂的从事农业的历史，亚伯拉罕的儿子以撒来到基拉耳后，与腓力士人共同从事农业生产，以后逐渐占领了迦南的土地。《圣经》的创世纪中写到，亚当和夏娃被逐出伊甸园后，他们生了两个儿子亚伯与该隐，"亚伯是牧人，该隐是种地的。有一天，该隐将地里的出产为供物奉献给耶和华，亚伯将羊群中头生的羊与脂油献上，耶和华看中的是亚伯的供物，看不中该隐的供物"。所以该隐嫉妒亚伯，以后杀了亚伯，上帝因此惩罚了该隐。这种描写是古代以色列人农业与畜牧业并重的表现。来到埃及后，以色列人学习了先进的农业生产技术，并且在农业生产上成为重要的力量，所以才可能取得一定的社会地位。约瑟曾经担任埃及法老的大臣，他所建议的存粮备荒国策恰恰反映出以色列人对于农业的重视。出埃及之后，以色列以农业定居生活为主，不能不说是受到埃及人的影响。特别是犹太人建国之后，以色列人战胜腓力士人，发展农业，希伯来王国时代，国运昌盛，成为西亚、北非最富裕的国家。

世界古代文明史中，犹太人走出埃及的公元前 13 世纪是一个重要时期，特别是在欧亚非三大洲交汇处的安纳托利亚、西奈半岛、叙利亚与巴勒斯坦地区。这个地区民族兴亡交替频繁，如同一个大转盘（汤因比曾将邻近地区一起称之为"环岛地区"），在这个大转盘的中心是强国的舞台，周边民族无不成为其殖民地。从公元前 14 世纪中期开始，埃及与赫梯两个大国在欧亚非大陆的战场争夺霸权的斗争如火如荼。公元前 1350 年，亚述国王鲁巴国特一世登上王位，亚述已经处于上升阶段，到他于公元 1328 年去世时，亚述正在向大转盘的中心的地位靠近，而巴比伦人也已经成为地区大国。公元前 1200 年前后，海上民族突袭赫梯首都哈吐沙，赫梯帝国随之灭亡，海上民族以后被拉美西斯三世的巨大船队所击败，中东的核心地区才恢复了平静。直到这时，埃及人的大型商船队再次来到红海地区，长期以来十分兴盛的巴勒斯坦与埃及和安纳托利亚、巴比伦地区的商业贸易再次繁荣起来。叙利亚的铜矿开采也再度兴旺，源源不断的矿石、青金石、羊毛等从巴勒斯坦出口到两河流域与埃及。

我们再看犹太人与美索不达米亚特别是巴比伦人之间的历史关系。据《圣经》记载，犹太人得到腓尼基人的帮助，学会制造大船，特别是在所罗门王时期，犹太国家富裕起来，商业开始成为犹太人的重要产业。所罗门王开始在红海边的以旬迦造船，这是以色列人最早的造船记录。有了航海的船只后，以色列人进入大海，他们的商船来到俄斐等地，进行黄金与檀香木的交易。所罗门时期恰逢埃及女王示巴执政，对外实行和平政策，这是以色列与埃及交往的黄金时代，犹太人在海上交易中以迦南地出产的橄榄油、葡萄酒、铜等交换宝石、檀香木等物品。据《圣经》记载，所罗门王每年所得的银子为 666 他连得。犹太人重视金钱，并且以金钱表达自己对上帝的崇敬，但古代以色列还称不上是一个商业民族。

从公元前 13 世纪直到公元前 8 世纪，以色列虽然经济实力大大增强，但仍然是一个小国。1845 年，英国考古学家奥斯汀·亨利·莱亚德挖掘尼尼微古城成功，公元前 9 世纪亚述王西尔帕二世宫殿完整地呈现在世人面前，这里是《圣经》中先知约拿曾经说过的地方，也是以色列人记忆中的伤心地之一。1846 年，英国考古学家们还发现了一块黑色方尖碑，可以看到公元前 9 世纪的以色列国王耶户，他正在向亚述国王进贡。其实这位耶户国王在以色列人的历史上威信不高，因为他曾经背弃了同为犹太民族的兄弟国家犹太国，他向亚述王尔马尼瑟尔三世进贡了大量的金银，以求保存自己的国家。

可以说除了受到埃及人的欺压外，美索不达米亚诸国也曾经与以色列结怨。公元前 721 年，亚述王萨尔贡二世的大军攻陷了以色列王国的首都撒马利亚，这是亚述帝国首次大规模征服犹太人。公元前 705 年，萨尔贡在镇压塔巴尔的叛乱时，在陶鲁斯山（亦被译为托罗斯山）中被谋杀，新的亚述国王西拿基立继承了王位，他平息了巴比伦的叛乱后，再次进攻犹太人。《圣经》中记载了这次进攻。同时英国考古学家在耶路撒冷与莱基城等地的挖掘中，发现了亚述人记载对犹太国王希西家的征战。特别是对莱基城的进攻，充分显示了以色列人的英勇。莱基是当时中东的商业大城，商业发达，以财富远近闻名，亚述王采用了建长攻城道等方法才得以破城。亚述人将以色列国王及 27 000 多人民俘虏，带回亚述，这些人大约分属 10 个以色列部落，这些人以后不知所终，这一事件被称为"失踪的以色列 10 部落"（Ten Lost Tribes of Israel）。亚述人在铭文中说："对于没有向我投降的犹太人希西家，我将他堵在他自己的首都耶路撒冷"，表示自己对犹太人的仇恨。毫无疑问，《圣经》中对巴比伦城和亚述人的诅咒是基于这些会令以色列人心碎的历史记忆的。

最值得一提的是犹太人与波斯人的关系。波斯王在公元前 538 年攻克巴比伦后，释放了被囚的犹太人，这一事件对于犹太人与波斯的关系有重大影响。波斯人当时面临着埃及与希腊两个强敌，特别是希腊人与波斯人之间的关系十分紧张，因此释放犹太人是必然之举，这样可以减轻波斯人的负担，而他们认为犹太人至少短期之内不可能构成对波斯帝国的威胁。而当时的犹太人已经今不如昔，他们只能居住在耶路撒冷周围的一小块土地，波斯人扶植了一个政权，这是耶路撒冷圣殿祭司集团，一切建制均为波斯式的，这里是波斯帝国大马士革总督统治下的一个自治省，名为犹太省。《圣经》中曾经赞扬过解放犹太人的波斯王，这是由于两个民族之间曾经有过历史联系。自从伊斯兰化之后，两个民族之间的关系有了一定的变化。

第五节　以色列与古希腊罗马

以色列与古希腊之间的商业贸易开始很早，大约从公元前 13 世纪开始，也就是以色列人出埃及回到迦南地之后，双方的来往就逐渐增多。以色列人与希腊人主要在地中海东南地区进行交易，希腊人的亚麻布、匕首、双头斧、青铜剑、纺织品等进入犹太人的城邦，而迦南地及附近地区的铜矿石、粮食等输入希腊地区。这种交易持续了相当长的时期，直到雅典城邦建立之后，希腊产品还是源源不断地进入迦南地。在这种交往中，希腊的科学技术与文学艺术也进入巴勒斯坦。大约在公元前 8 世纪之后，迦南地区的葡萄种植业已经初具规模，并不亚于希腊与西西里岛。而橄榄油加工的作坊也相当大，这保障了迦南地区自己的使用，并且可能有出口。

与古希腊人精美的工艺制造业相比，以色列手工业工艺相当粗糙。迦南的工艺制造也明显受到希腊人的影响，早自迈锡尼的彩陶器与青铜器，伊特鲁里亚的青铜器、首饰、铁器等传入迦南后，经过本地工匠的提高，成为具有本地特色的产品。早期迦南城邦中盛行一种崇拜称为厄勒崇拜，这是一种公牛崇拜，比布鲁斯城公元前 1000 年产的青铜镀金牛犊造型异常优美。这一时期是从青铜器向铁器过渡的时代，估计铁器的使用当时已经有 200 多年的历史，这时以色列正处于士师时代，但铁器使用并不普遍。以色列铁器普及大约在公元前 1030 年到公元前 920 年前，这是扫罗、大卫和所罗门的时代，这时与腓尼基人的关系十分友好，腓尼基人先进的造船技术推动了以色列的手工业发展，使金属冶炼与加工也日渐普遍。在商业贸易方面，腓尼基人是犹太民族真正的老师，他们开始学会做生意。

但从总体来说，是希腊文化引导了以色列文化的进步。亚历山大东征波斯，使得巴勒斯坦从波斯帝国的行省变为了亚历山大帝国的一部分，从此开始了 170 年左右的希腊化时期，也就是从此开始了以色列人向西方文明转化的过程。公元前 323 年亚历山大在巴比伦逝世，他所创建的大帝国分为三个部分：安提柯王朝（统治着希腊和马其顿）、托勒密王朝（统治着埃及）、塞琉古王朝（统治着西南亚）。巴勒斯坦处于托勒密与塞琉古之间，起先是被托勒密王朝所统治，公元前 198 年之后，又归塞琉古王朝统治。但无论是托勒密还是塞琉古，两者推行的都是希腊化，迦南地区建立了大批的希腊化的城邦，以色列人的生活方式发生巨大变化。对于这样一个笃信宗教的民族来说，最大最深刻的变化莫过于宗教信仰的变化。可以说，正是由于希腊化，相当多的以色列人接受了希腊文明，民族性格发生了根本性的转变。但是作为回报，犹太教经过希腊化之后，最后成为基督教前身，以色列人回报了西方，所以这一段时期既是"犹太人的希腊化"，也是部分"希腊人的犹太化"，并且为后世的犹太文化深入地中海文化之中创造了条件，同时也开启了以色列的西方化进程。

公元前 3 世纪起，希伯来语成为一种古代语言，只在宗教经典与祭祀活动中出现，以色列人开始使用希腊文，并且开始用这种语言来注释古代经典。这一文化转型的中心就是亚历山大城。在托勒密王朝时期，以色列人开始大批进入亚历山大里亚（即亚历山大城），不过与历史上的犹太人进入埃及不同，这次以色列人受到托勒密王朝相当宽厚的待遇，特别是以色列的宗教人士、商人和工匠们。最初他们可能相当多的人是以奴隶身份进入埃及的，托勒密二世为了收买人心，曾经将大部分的犹太奴隶改变身份，成为自由人。托勒密三世时对犹太教更为宽容，他本人曾经亲临耶路撒冷，来到第二圣殿向耶和华献祭。这种行为极大地提高了犹太教的威信，大批希腊人、埃及人与西亚各族人民开始信仰犹太教。

历史出现了令人难忘的文化大交流高潮。亚历山大城成为犹太人最集中的城市，托勒密一世时居住在这里的犹太人已经超过 100 万人。这些犹太人也接受了希腊文化，他们学习希腊语，研究希腊人的哲学与文学艺术。犹太人是一个善于学习的民族，希腊人追求自由、民主和科学的精神为亚历山大城的犹太人所接受，犹太人的思想观念正在经历摩西之后的巨大变化。

有一支曾经为埃及法老作战的犹太人雇佣军现在改变了旗号，成为希腊人的一支能征善战的军队。犹太人充当雇佣军的历史相当长，最早可能追溯到公元前 6 世纪，那时的犹太雇佣军已经驻扎在尼罗河上的埃利潘蒂尼，这支军队当时是为埃及人作战的，他们长期驻扎在那里，将当地变成了一个小小的犹太人的殖民地，甚至在当地修建了一座犹太教神殿。估计在亚历山大时期，犹太雇佣军也参加了东征的战斗。据马丁·亨格尔（Martin Hengel）的《犹太主义与赫伦主义》一书中的考据，亚历山大十分赞赏这支军队，称其为"犹太的"马其顿人，这是他对外国雇佣军的最高评价。据记载，当初埃及地区的犹太雇佣军在托勒密王朝中开始成为重要力量，这支军队最初是大祭司奥尼亚四世带到埃及的，并且在那里建立小殖民地，以后归属了托勒密王朝，他们在托勒密军队中的地位高尚，甚至得到最高指挥权。这支军队一直存在到罗马人与托勒密之间的战争时期，在亚克兴战役中，犹太雇佣军还享有赫赫威名。所以马丁说："希腊化时期的犹太雇佣军与驻军，对于犹太人与希腊人之间形成最紧密的联系纽带，并且最能适应当时的环境。"[①] 这些雇佣军将士长期远离犹太民族土壤，与希腊人密切接触，深受希腊人影响，他们的榜样引动无数犹太人起而仿效，竞相追逐希腊化浪潮。直到公元前 167 年的马加比起义，才拉住了向希腊化滑动的犹太人的马车，使犹太人重新回归本民族传统。

历史上的每一个时代都有其代表性的文化工程，说到托勒密王朝，不能绕过《圣经》的《七十子希腊文译本》。托勒密二世在位期间，亚历山大图书馆的希伯来文献收藏相当丰富，但是令人遗憾的是，《圣经》仍然没有希腊文译本，而翻译《圣经》已经势在必行，托勒密二世决心完成这一历史伟业。他邀集 72 名最渊博的希伯来学者齐集亚历山大城图书馆，共同翻译《圣经》。当然，所谓 72 子译《圣经》只是一个传说，《圣经》翻译是众多的希伯来学者与希腊学者历经近百年才完成的一个工作，到公元前 2 世纪才完工。公元前 1 世纪起，《圣经》的希腊文译本在各地流行，改变了只能用希伯来语读《圣经》的历史。

以色列人生活的地区在塞琉古王朝与托勒密王朝的领域之间，塞琉古王朝与托勒密王朝本是同宗，但他们为巴勒斯坦展开了激烈的争夺。

公元前 301 年，亚历山大的四大名将，即色雷斯的利西马利斯、巴比伦的塞琉古一世卡托、埃及的托勒密一世索特和马其顿的卡山德联合起来，战胜了小亚细亚国王安提阿一世，在伊普苏斯战役中获胜。此后，托勒密与塞琉古之间为了争夺叙利亚进行了长期战争，这个"叙利亚"并不是今日的叙利亚，而

---

① Martin Hengel, *Judalism and Hellenism*, translated by John Bowden, SCM Press Ltd., 1974, p. 85.

是包括了大马士革和黎巴嫩以南的科埃勒叙利亚地区及巴勒斯坦的广大地区。直到公元前 200 年，塞琉古王安条克在第 5 次叙利亚战争中夺取了叙利亚地区，实际上控制了地中海东部，托勒密王朝对这一地区的控制基本结束。

塞琉古王朝地域辽阔，分为三个部分，东部伊朗高原上是古老的波斯文明；中部是巴比伦，包括叙利亚、亚美尼亚、腓尼基直到巴勒斯坦；西部是安纳托利亚古国。文化成分复杂，相对来说，统治者马其顿希腊人的力量非常微弱，时刻有可能被如此众多的古国与民族所推翻。塞琉古自视为古希腊文化的正宗，着力推行希腊化，其力度远胜过托勒密的埃及人，而主要目标之一就是犹太人。

最先的目标是建立希腊化的城邦，这是塞琉古不同于托勒密之处。托勒密人重视发展农业，托勒密统治下，巴勒斯坦的农业经济兴盛起来，但是城市化减缓。相反，塞琉古王朝决心通过城邦化，通过集约型的军事化管理，以与外部正在形成威胁的罗马人抗争。巴勒斯坦地区在这一时期形成了大约 30 多个城邦，前所未有。从埃及边界到推罗的地中海沿岸，这里原本就是城邦密集的地区，经过希腊化，形成一种"现代化"或"近代化"的城市群。特别是莱基、米基多和基泽尔等名城变得繁荣兴盛。

这种城邦为中心的希腊化愈演愈烈，塞琉古的安条克三世与四世时期达到高潮，围绕以色列人的是一片希腊化的城邦，包括地中海边的托勒密（Acco）、推罗和南腓力士坦平原上的阿波罗尼亚、亚实突、约帕、亚实凯伦、迦沙等；北方有撒玛利亚城、西多波利斯、阿尔西诺依、安提阿希波斯城等；东部还有亚门人的菲洛德尔西亚、佩拉、狄翁等。最后，被希腊化城邦所包围的耶路撒冷也走上了希腊化的道路，这种历史痕迹在今日的耶路撒冷还隐约可见。

这些希腊化城邦中有一座最为古代中国人所熟悉，这就是安提阿克城，这个城也称为安提阿克—希波斯（Atioch—Hippos），中国人经常将其译为安条克。它位于地中海东部，是当时犹太人商业经贸的中枢。笔者认为，这里就是古代中国人所说的条支，是中国人最早得知并且可能到达的地中海城市之一。长期以来，我们对于《史记》和《汉书》中的"条支"国不明其详细地理位置，其实这个城市就位于丝绸之路的末端，成为最早与中国交往的地区之一。犹太人此时已经表现出他们经商的才能，在东西方贸易中崭露头角。

什么是"希腊化"？这个词最早的起源来自于《使徒行传》，原意为"说希腊语的犹太人"。19 世纪德国历史学家德洛森（J. G. Drovsen）首次将它解释为"赫伦化"（Hellenism）即希腊化，赫伦人就是古代希腊人。后世所认为的希腊化实际是一个地区的特定的历史时期，按照《简明不列颠百科全书》的解释，就是"地中海区域和近东起自亚历山大大帝逝世（公元前 322）迄罗马征服埃及、奥古斯都皇帝即位时期（公元前 30）。"① 可以看出，这是北非、西亚与地中海地区在公元前近 300 年间的历史，希腊化深入到犹太文化的意识形态之中，这是一个以亚历山大逝世为起点，以罗马人统治埃及和中东为终结的特殊历史时期。

希腊化潮流中，圣城耶路撒冷建立了希腊式的学校、剧院、体育馆、半圆形剧场、大型的公共浴池、拱形的大门、竞技场，等等。这座城市从来没有过如此大的变化，居民们头戴希腊式宽边帽，如果不小心，外来者将会误以为来到了雅典，其实这时的雅典已经衰落，甚至不如耶路撒冷更为"希腊化"。

这一时期的希伯来语与希腊语互相混合，从死海经卷到死人的骨灰盒上，到处都是希腊文，甚至起义军的领导人都用希腊文写作，著名的米德拉西经卷，这种为大众所使用的经卷，全部用希腊文书写。如果不会希腊文，在犹太人中就会被认为是文盲。几乎所有的人都有希腊语的名字，甚至希腊名字的承认程度超过了希伯来文。比如说，一个名叫耶孙的改革派领袖，他的希伯来语名字是耶苏（Jesus），而希腊名字 Jason 却是他正式的名字。有人曾经开玩笑式地说，如果耶稣早点来到托勒密的话，一定会取一个希腊名字，接受希腊文化，那么罗马人也不会将他钉在十字架上了。

希腊化有其深刻的历史背景，公元前 3 世纪末，罗马帝国兴起，从这时起，它时刻威胁着托勒密与塞琉古王朝，一定程度上，正是罗马帝国的兴起，使得埃及人与希腊人厚待犹太人，希望能获得更多的支持。公元前 64 年，罗马大将庞培占领了耶路撒冷。在过去的 300 年里，以色列人无论是在托勒密还是在塞琉古统治下，都享受着本民族历史上难得的和平岁月。在塞琉古王朝的后期，犹太人从希腊化转向恢复本民族的文化传统，建立了马卡比王国，但随着马卡比王国被罗马人灭亡，这个饱经磨难的民族重新沦于罗马人的暴政之下。犹太人并不甘心于这种命运，他们举行多次起义争取民族独立，这就是"犹太战争"。公元 70 年，罗马人镇压犹太人起义后，放火焚烧了第二圣殿，激起犹太人更为激烈的反抗。罗马皇帝哈德良再次残酷镇压了以巴尔·科赫巴为首的犹太人起义，并且于公元 135 年，在耶路撒冷建立起了罗马人的埃利亚城。犹太人被禁止进入他们的圣城耶路撒冷，被迫开始世界大流亡的历程。

---

① 《简明不列颠百科全书》，中文版，第 8 卷，459 页，1986。一般认为，亚历山大于公元前 323 年 6 月逝世于巴比伦。

就在希腊化后期的亚历山大城，一位伟大的犹太哲学家斐洛（公元前20—50年）却以光辉的思想创造闻名于世。这种思想就是用希腊哲学来阐释犹太宗教，将二者结合起来，成为基督教思想的先驱，这是300年东西方文明交融的成果，它为东西方文明结合的成果之一基督教的诞生奠定了基础。

斐洛出生于亚历山大一个犹太贵族的家庭，家族是虔诚的犹太教徒，但本人又接受了完善的希腊式教育。他学习了希腊哲学思想，并且将哲学引入到对犹太神学思想的注释，这就是他的"意义阐释学"（Allegorical Interpretation）。他将《摩西五经》作为依据，提出上帝的意志启示是人类哲学的起源，这就为包括希腊哲学在内的俗世哲学指出了神学的起源，这是一个重要观念。它彻底改变了传统哲学与神学分离的状态，将神学与哲学结合，这是为了适应当时历史环境的需要。犹太人需要用哲学思想来解释自己的宗教，而希腊人需要用一神论的宗教来提升自己的哲学，这两个民族当时都处于罗马人与异族的压迫之下，迫切需要精神解放。为了这种统一性，斐洛创造性地将希腊人的"逻各斯"进行了改造，这本是斯多葛派的观念，包括言说、存在、逻辑等多种含义，在斐洛的神学哲学中，逻各斯成为人与上帝沟通的纽带和中介，这对于上帝与人两分的精神状态也是一大改变。这使得上帝更为神圣，而且更为合理，可以为人类所理解。同时，也使得人类可能与上帝进行沟通。笔者在评介斐洛哲学时曾指出：斐洛是将神学理性化，将哲学神学化，结合了犹太教的神学思想与希腊哲学。

应当说斐洛是真正的基督教精神的缔造者，他所提出的犹太教理性化思想虽然在他有生之年并未实现，但是在其身后数个世纪中，特别是经过中世纪之后，基督教总体发展趋势就是理性化。恩格斯曾经指出："公元40年还以高龄活着的亚历山大犹太人斐洛，是基督教真正的父亲，而罗马斯多葛派塞涅卡可以说是基督教的叔父。在斐洛名下流传到现在的许多著作，实际上是讽喻体的唯理论的犹太传说和希腊哲学即斯多葛派哲学的混合物。这种西方观点和东方观点的调和，已经包含着基督教全部的本质观念……"① 当我们回顾犹太文化与西方文化的历史联系时，这一思想观念的意义和价值相当珍贵。

在这种文化大交流的历史语境中经常会酝酿重大的转折性事件，罗马帝国时期巴勒斯坦神学异常活跃，多种宗教与思想流派丛生，其中最重要的流派之一就是北部名城加利的拿勒撒派，他们坚持认为"救世主即将降临"，"最后的日子"即将到来，他们的首领就是耶稣。公元1世纪，犹太人保罗等人开始向

---

① 《马克思恩格斯全集》，第19卷，328～329页，北京，人民出版社，1963。

各地传教，基督教成为罗马帝国最大的威胁也是最大的希望，经历了艰辛的历程后，最终成为罗马帝国的国教。

第六节　犹太文化特性的现代表现

在长达 1800 年的离散中，分布于世界各国的犹太人受到欧洲各国的排斥。曾经长期被迫与其他民族分开居住，犹太人独立居住区被称为"隔都"。20 世纪德国法西斯的"排犹"达到了顶峰，第二次世界大战中约有 600 万犹太人被纳粹杀害，占到世界犹太人的约 1/3，这是世界历史上骇人听闻的暴行。在这种环境中，犹太人只能以犹太社团的形式坚持传统，他们集中居住，建立犹太教堂与学校，不放弃自己的宗教信仰，一般只是族内通婚，这样保持了种族与文化的统一性。同时，犹太复国主义思想一直不散，特别是法国大革命之后，犹太启蒙主义思潮兴起，进入 19 世纪后，犹太人在欧洲社会中的经济地位逐步提高，政治锡安主义者们提出复国主张，分布在世界各国的犹太人中开始涌动着犹太人国家复活的暗潮。第二次世界大战后，在英、美等国的支持下，以色列国建立，犹太人的复国成为现实。

世界大舞台上众多的民族生生灭灭从未停息，许多曾经主宰世界命运的大民族都灰飞烟灭，不见踪迹，如强大的赫梯人，曾经令罗马人为之惊悚不已的腓尼基人，驰骋于欧亚大草原上的塞人、斯基太人和匈奴人，等等。但是在世界战争史上默默无闻的犹太人竟然经历了四千年历史风雨而顽强地再生，如果探究其中的原因，不能不对这一文化体系进行深度透视。

犹太人是世界上最早的信仰一神教的民族，犹太教是这个民族的精神信仰，也是它对世界的贡献之一。古代民族一般都是多神教或拜物教，如希腊人这样天才的民族，其宗教和神话都是多神的。埃及人曾经提出过以太阳神为主神的宗教，但是没有建立系统的宗教教义与组织。犹太人摩西是公认的一神教创立者，犹太教主张信仰唯一神上帝，创立了一神教的神学。提出上帝与犹太人立约的思想，只有一个圣地耶路撒冷圣殿，反对一切偶像崇拜。这种信仰不但与其他多神教完全相对立，即使与基督教的某些教义如"三位一体"等也是存在一定差异的。上帝是唯一神的信仰使得对上帝的信仰成为精神化宗教，对其信徒的神圣崇拜有巨大影响。

而且犹太教教义是以法典的形式固定下来，在《旧约》中就强调摩西所传达的是上帝的启示，以后先知的教谕也开始进入教义，而且规定严格，是必须遵守的法典。所有的犹太男人行割礼，参加祭祀，遵守一切法典的要求。这种戒律使得教民团结一致，增强了民族自信心。

恰是这种严密的宗教组织与教义又具有多元性文化的开放性使得犹太民族分布世界各国而且具有异常的聚约性，当然也毋庸讳言，多元文化的影响已经深入这个民族之中。以色列的官方语言为希伯来语与阿拉伯语，而来自世界各国的犹太人竟然带来了80多种语言，走在特拉维夫街头，到处可以听到德语、俄语、英语、波兰语、法语等，其欧洲语言的多样性与复杂程度可能超过了欧盟的多数国家，仅常用的语言就有10余种。这种多元文化性其实为这个犹太国家提供了全球化时代多样性语境，有利于各种思想观念的竞争，使这个国家的文化呈现多样性。

最后不能不提到，正如英国学者柯林伍德所言：一切历史都是现代史。这句话的意思其实是说，一切历史经历都会在现代生活中得到体现。犹太民族所遭受的苦难可能成为其民族文化的财富，以色列历史上不是一个黩武好兵的民族，至少历史没有给予它这样的机会，因此重视教育与文明，发展科学技术，繁荣经济一直是这个民族的特点。犹太人的智慧与才能在现代社会中发挥得淋漓尽致，世界杰出科学家与知识分子中犹太人比例相当高。以色列对世界农业、工业和科技的贡献相当突出，"科教是兴国之本"是以色列人的名言。20世纪90年代以来，以色列每万人在国际科学杂志发表比率最高，科技人员比例、教育经费投入等都稳居世界第一，仅举其荦荦大端，就可看出这个民族文化的基本特色。

第十三章　文化体系的可通约性与可比性

第一节　文化译介、交流与可通约性

世界不同文化体系之间，东方与西方之间能不能达到互相理解？

曾经因为编了英文大辞典而颇负盛名的约翰逊博士就说过："一种野蛮人与另一种野蛮人是没有差别的。"虽然他不过是重述了古罗马人所划分"罗马人与野蛮人"的陈腐说教而已，但足以看出个别欧洲人对于东西方文明不可逾越的僵死经验。

互相交流，首先取决于不同民族之间的语言文字是否可以互相翻译与交流。

这不仅是一个语言符号问题，而且关乎人类的心理经验和思维。《圣经》中的巴别塔的故事就是一个象征，说明人类对于不同文化之间的语言符号能不能互通，是一个关键，是人类互相理解的前提。

从历史上来看，绝大多数的人认为不同民族之间的语言有共通性，彼此之间可以互为通译、交流。《礼记·王制》曰："五方之民，言语不通，嗜欲不同，达其志，通其欲：东方曰寄，南方曰象，西方曰狄鞮，北方曰译。"这里虽然也说到言语与嗜欲的不同，但认为可以通过寄、象、译等手段达到理解，所以从根本上是肯定了文化的通约性的。西方历史上，古代希腊学者也是赞同文化通约论的，无论是亚里士多德还是柏拉图，都表达过相近的见解，即认为不同文化之间是可以相互交流的。特别是亚里士多德，认为人类的基本心理经验是相同的，语言符号虽然有不同，但是所起到的作用是相同的，所以也可以互译。长期以来，不同文化之间的语言翻译从实践上肯定了这一事实。

但是无可讳言，仍然存在着人类语言不可互译的观念。无论是古代东方还是西方，历史上都曾有过"文化绝对论"。这种理论的意义当然首先在于哲学之中，特别是在于认识论中，即认识是相对的，绝对真理总是表现为相对的一定程度与一定范围的真理。这种观念以后发展为文化相对论，就是主张各民族文化都有存在的根据，文化是平等的。这种观念有它的积极作用，对于争取民族平等是有利的。但是当这种相对论发展到绝对的地步时，就会成为一种自我中心的狭隘观念，对于异己文化产生排斥，认为文化之间是不可通约的。作为一种历史思潮，它的兴盛是在欧洲 18 世纪的启蒙主义和浪漫主义运动中。地理大发现使得民族自我中心观念受到冲击，不同人种、不同文化的差异引起各国有识之士的普遍关注。为什么人类文化是不同的？哪一种文化是合理的或正确的？这是当时普遍注意的问题。其中有代表性的是 18 世纪德国理论家威廉·洪堡特的语言学理论。他认为，语言是人类思想的反映，人的世界观是最重要的。而世界观与语言又是密切相关的，不同民族的语言与世界观都是不同的。所以，他认为不同语言之间不可能有完全的互译。他在写给奥古斯特·施莱格尔的信中说：

> 在我看来，所有翻译都不过只是试图完成一项无法完成的任务。任何译者都注定会被两块绊脚石中的任何一块所绊倒：他不是贴原作贴得太紧而牺牲本民族的风格和语言，就是贴本民族特点贴得太紧而牺牲原作。介乎两者之间的中间路线不是难于找到而是根本不可能找到。①

我们已经指出，这种文化绝对论的另一个代表人物是德国的赫尔德，他也认为语言与思维之间的关系是完全同一的。但是，赫尔德的看法与洪堡特之间有一定区别，因为赫尔德并不明确主张语言的不可通译性，而是认为人类社会的不断发展，就会把人类社会联结为统一整体，语言就是构成这个统一体的中介，人类语言也有可能成为一种统一的语言。当然，我们也要指出，赫尔德学说中存在着一定的互相矛盾之处，他关于语言通译性更有些模棱两可的议论。以致对他的评价往往互相对立。最能揭露赫尔德短处的其实是他的老师康德，在晚年对赫尔德的批判中，康德就曾经指出赫尔德关于人类文化的同一性的矛盾看法。关于这种批判，可以从康德的《历史理性批判文集》（收入康德1784—1797 年的八篇论文）中看得很清楚。很多人不重视康德对于赫尔德的批判，这实在是相当遗憾的，因为这是一个真正的启蒙主义思想家以其"世界主义"观念对一个"民族自我中心主义者"的重要批判。"世界主义"是 19 世纪德国启蒙主义的一种重要观念，虽然也有其局限性，但是比起欧洲中心主义来说，仍然是有进步性的。

当然这种思想在当代并没有完全消失，除了我们下边要说到的一些后现代主义者之外，一些当代语言学家的理论也宣传了这种观念。美国语言学家沃尔夫（B. L. Whorf）的理论就是其中之一，他把语言与思维的关系看成是一种决

---

① 转引自谭载喜：《西方翻译简史》，137 页，北京，商务印书馆，1991。

定性的联系，不是思维决定语言，而是语言决定了思维，语言创造了思维。同时由于每一种语言系统都有其文化背景，所以不同的语法就是不同的文化法则。不是客观的世界产生语言，而是语言产生世界。

这种理论中，最典型的观念是所谓 SAE（Standard Average European），即"标准成分欧洲语"，这是一种欧洲所特有的语言类型，特别是英语、法语、德语等欧洲主要语言都属于这一语言类型。这些语言学家认为，这种语言类型的基本特征是具有时态，即所谓现在、过去、将来时态。这种时态会给人以"时间观念"和"历史感"。这种语言类型还具有数的特征，因此在这些民族中也较早建立数的概念。与此相对，其他语言类型如印第安语、汉语等就没有这种特征，因此不会有历史感和数的明确概念。[1]

当然这种理论的荒谬早已受到批驳，但是留给后世的教训之一却在于：他们对于汉语其实一无所知，却要大谈汉语的特性，我们没有必要对这种观点进行过多的批驳，因为侈谈自己并不懂的东方中国语言文化对于欧洲学者来说是如此司空见惯，无论是德国的黑格尔或者美国的庞德，尽管对中国语言褒贬不一，但他们共同之处在于——他们全不懂中文——这才真是"空戏滑稽"。

关于这些说法其实无须一一辩驳，说汉语没有数的概念当然十分荒谬了，正像李约瑟所说，直到 13 世纪之前，中国的科技仍然是世界领先的，远远超过欧洲。其中就包括了数学，中国是一个数学王国。汉字是一种最具有数学形象的语言，早在甲骨文中就有完备的数学概念。傅东华指出，汉字"六书"中的"指事"就与数学有关，而且他还推测，汉字中的十个数目字，可能就是由结绳变出来的，这说明汉字中的数学观念是相当重要的。[2]

至于说中国语言没有"历史感"那更是无人相信，也表现出这位学者的无知。甚至西方一些著名学者如黑格尔、马克斯·韦伯等人都曾指出，中国文化是一种历史型文化。西方有见识的学者都承认，从文化类型来看，古代希腊文化是哲学型文化，重视对于世界的认知，以分析为主要方法，以形而上学的思辨和理解为思维特征。而中国是历史型文化，重视对于经验的积累，以感悟、具体现象的记载感知为思维特点。希腊的古代经典是《荷马史诗》而不是历

---

① Einar Haugen："linguistic Relativity：Myths and Method"，in W. C. Mc Cormack and S. A. Wurm（eds.）：*Language and Thought*，*Anthropological Issues*，The Hague：Mouton Pub. Chicago，1977，p. 13.

② 傅东华：《汉字》，19 页，上海，上海教育出版社，1984。

史，希腊人对于诗的评价远高于历史。希腊历史学在希罗多德等人的著作基础上才发展起来。中国的历史学传统早在"六经"中就已存在，中国重视历史，"六经皆史"是一句有代表性的话。如果从"六经"算起，可以说中国历史学比古希腊要早至少4～5个世纪。希腊文化的代表人物是哲学家，如苏格拉底、柏拉图、亚里士多德等；而中国文化的代表人物是历史学家，老子曾经为"柱下史"也就是史官，孔子编写史书《春秋》是这位伟大思想家的重要贡献之一。从孔子的《春秋》到司马迁的《史记》，再到"二十五史"，中国有世界上最丰富的历史典籍与修史传统是无可争论的事实，所有这些历史记载都是用汉语书写的。

无论从理论还是实践上来说，文化不可通约与语言不可翻译的观念，至今仍然没有任何可靠证据，相反，人类社会不同文化间的翻译活动已经有了数千年的经验。早在希腊化时期，古代希伯来经典《圣经》就在亚历山大里亚翻译成希腊文。信仰基督教的欧洲人如果不相信人类语言可以通译，那么在基督教神父看来这也是一桩罪恶了。

再从语言科学的研究与实验角度来看，语言心理学和儿童心理学都在关注这一历史课题。从目前的研究结果来看，甚至连一个民族的语言是否具有自己独特的思维方式，或者说一种语言能否影响其所具有的思维方式，这样前面一个问题的前提仍然一直没有得到证实，所以就更谈不上语言的不可通译了。因为要证明语言不可通译，前提必须说明各民族语言有自己的思维方式和意识心理上的特异之处。

比如说，中国儿童是使用汉语的，那么，他们与使用西方拼音语言的儿童之间，会不会有思维方式的不同呢？心理学家进行的实验说明，目前还没有充足的证据说明这种不同。北京大学许政援的论文《儿童语言和认知（思维）发展的关系》就是进行这方面研究的，我国的心理学家于20世纪五六十年代和八九十年代两次追踪研究3岁前儿童语言发展的阶段，所得结果与外国心理学家研究同年龄英语儿童的结果进行比较。1982—1988年间，采用纵向与横向相结合的方法及情境诱发法，研究了4名3岁前儿童人称代词的获得过程；1982—1992年，又追踪研究了7名3岁前儿童人称代词的获得过程。两项研究的结果是一致的。与国外心理学家追踪同龄英语儿童代词获得的研究结果也非常相似，没有发现不同民族说不同语言的儿童的思维方式有明显的不同。

再退一万步来说，如果说语言与文化是不可通译的，那么首先会在西方文化内部产生矛盾。西方文化的根源是古希腊，而它的现代主体又是来自英语等多种欧洲语言，如果语言不可译，这种继承就无法产生。如果希腊文不能译成拉丁文，那么罗马人如何继承了希腊文明传统呢？欧洲总面积不过相当于中国，但是集聚了数十个国家，各个国家都有不止一种语言文字，如果语言不能通译，那么这个欧洲的共同体就无法存在，更不必说美洲、大洋洲的那些与欧洲关系密切的国家了。另外，如我们上文所指出，《圣经》是用希伯来语写成的，如果不可通译，《圣经》就无法成为西方文化的经典，基督教何能在西方盛行呢？如果不同民族的人都有不同的语言与思维，而且不同的语言与思维又都是不相通的，那来自迦南地的以色列人的宗教，又如何能成为说英语人的信仰呢？

正因为如此，西方的人类学家与语言学家也十分反对这种不可通约理论，艾那尔·豪珍（Einar Haugen）的说法可以作为一个代表，他说：

> 英语中没有什么东西使我们可以谈起相对论、原子能或双螺旋线。我们中间大多数人的科学普及性的介绍，充其量只能是接近于原有的基本理论；我们所读到的那些英语中的新的词语，可以完全无误地翻译成为任何语言，无论其语法、词法和语音的体系是什么样的。当然任何语言（包括英语）所用的词语都会对于原来的思想有所改变，因为这些思想不可能完全用原有语言表达出来。①

历史证明，任何科学与思想都是不分国界的，世界文明是多种文化所推动的。在地理大发现之前，中国古代科学技术、印度科学、埃及与两河流域的科学，都曾对人类有巨大的贡献。如果说科学是无国界的，那么人类的思维当然更是如此。

最有说服力的当然是历史经验了，事实胜于雄辩。只要看一看世界文化经典的翻译，就可以知道民族之间的心灵沟通是多么的普遍。中国与"三西"（所谓"三西"可以包括古代中国的西域邻国，古代中国的西方——古代印度，近现代中国的西方——欧美国家。也有人将西域除外，称为"三西"）之间经历了三次大的历史交往，大量的不同语言文献被翻译交流，成为世界史上的一个奇迹。我们先来看一下公元 2 世纪中期开始的中国佛经翻译，这是世界史上

---

① Einar Haugen: "linguistic Relativity: Myths and Method", in W. C. Mc Cormack and S. A. Wurm (eds.): *Language and Thought*, *Anthropological Issues*, The Hague: Mouton Pub. Chicago, 1977, p. 13.

最早的大型翻译活动，比 3 世纪中期开始的古罗马共和国大型的希腊经典翻译要早一个世纪。公元 151 年，即东汉桓帝元嘉元年，安世高译出第一部佛经要籍《明度五十校计经》，拉开了中国佛经翻译的序幕。从那时起直到宋宣和二年（公元 1120 年），译经院太平兴国寺被废止，我们计算的译经活动时间是公元 969 年。我们这里只计算了大型译经活动，如果包括各种翻译，则从汉哀帝元寿元年（公元前 2 年）博士弟子秦景宪从大月氏王使伊存口授屠经（参见《三国志》裴注引鱼豢《魏略》）开始，翻译活动可以说已经开始了，而书面翻译以汉明帝时摄摩腾译《四十二章》为开端。胡适在《佛经的翻译文学》中指出，在汉明帝永平八年（公元 65 年）答楚王英诏里就已经出现了"浮屠"、"伊蒲塞"、"桑门"等梵文，推测当时就已经可能有佛经译本了。从东汉桓、灵时代，经过东晋、南北朝、隋、唐，宋、元时代，可以说民间私译佛经从未断绝。笔者曾经指出，中国佛经翻译的主要历史大约延续了 1500 年左右。据胡适估算，存世有 3000 多部，15000 多卷。那么，胡适的这一估计是否合乎实际呢？笔者认为至少是不够精确的，因为胡适可能是依据五代和北宋后的木刻印刷大藏经来算的，这种大藏经如《开宝藏》《赵城藏》《万历藏》《大正藏》中最多也就是 3000 多部，10000 多卷。近年来中国开始编《中华大藏经》，汉藏文陆续开编，仅汉文部分就要收入典籍近 6000 多部，2.3 万卷，分装为 220 册。最重要的是，我们还没有计入中国西藏的佛经，其具体数字仍在统计之中，那就更是一个惊人的数字。佛经翻译从古代梵文到汉语，两种语言分属不同语系，却实现了最精微的思想义理方面的沟通与理解。面对人类历史上如此伟大的翻译活动，不知那些所谓"语言不可翻译"的论者将如何回答？

世界历史上大型的历史翻译活动是文化交流的重要潮流，呈现出一派波澜壮阔的图景。公元前 4 世纪末，罗马人开始了对于希腊典籍的翻译，举世闻名的《荷马史诗》与希腊三大悲剧家的作品被译成了拉丁文；罗马帝国后期到中世纪，《圣经》被译成拉丁文与其他各种文字。中世纪更是东西方翻译活动的高峰时代，在西班牙的托莱多，大批阿拉伯语作品被译成拉丁文。几乎同时，阿拉伯人展开了"百年翻译运动"，把大量的希腊文名著译成阿拉伯文。文艺复兴运动中，德国的路德翻译了第一部"大众圣经"，开始了宗教改革。18 世纪后，西方大批传教士进入中国，与中国学者合作，将西方的科学技术著作翻译成中文，并且把中国典籍带回国，翻译成西方文字。正是东西方的这种翻译与交流，促进了世界经济文化的发展。而近现代以来的经济与科学技术的发展，又带动了文化的进一步交流。

第二节　关于后现代主义的所谓"文化不可通约论"

后现代主义文化是当代一种重要思潮，当代理论家福柯、拉康、德里达、詹姆逊等人无不涉足这一领域，从西方到东方，颇具声势。如果仅从字面理解，所谓"后现代"似乎与"现代主义"有联系，其实后现代主义不仅不是现代主义的延续，而且两者之间有一个重要差异：现代主义主要是一些文学家与艺术家，而后现代主义则主要是一些理论家，一些名为后现代主义的创作并没有什么影响和地位。从这一差异中，我们可以看出理论在近年来有何等大的发展，遗憾的是，几乎把作家、艺术家都排除在外了。这是当代"理论化"的一面镜子，也具有一定的讽刺意味，伴随着反对理性中心，理论家却从幕后走到了台前。但在"后现代性主义"与所谓的"现代主义"之间也有共同的特征，这就是它们都是一种虽然范围不大但是影响并不小的思潮。后现代主义理论家从一个特有的角度，加入文化不通约性的大合唱，这是一种否定性理论运用的道成肉身。把与理性相关的语言、思维的同一性予以否定，这就把不同民族的思维与语言的同一性否定了。这种否定与历史上的种种文化不通约论是不同的，以前的反对者仍然聚集于理性的旗帜之下，而后者却已经具有一种反理性的性质了。所以对后者这种文化不可通约性的讨论也还是有重视的必要。

与比较文化相关的后现代主义理论资源并不丰富，却有一段著名的引起学术界普遍关注的例子，这就是法国理论家福柯在《词与物》中引用乔治·路易斯·博尔赫斯（George Luis Borges）的一段所谓"中国百科全书关于动物分类的条目"[①]：

（1）属皇帝所有的　　　　　　　　（2）具有芳香味的

（3）驯顺的　　　　　　　　　　　（4）乳猪

（5）海牛目动物　　　　　　　　　（6）传说中的

（7）无主的狗　　　　　　　　　　（8）包括在目前分类中的

（9）发疯似地烦躁不安的　　　　　（10）数不清的

（11）用特别柔软的骆驼毛笔画出来的　（12）等等

（13）刚刚打破水罐的　　　　　　　（13）远看似蝇的

---

① Michel Foucault, *The Order of Things：an archaeology of the human sciences*, New York：Vintange Books, 1970, p. 15.

也许因为这是后现代义者的代表人物福柯的论述，所以不止一位中国学者谈到它。仅笔者所见，先后已有丁尔苏的《"无法沟通"的神话——文化相对论的符号学批判》[①]，车槿山的《法国"如是派"对中国的理想化误读》[②]，等等，以及数位港台学者的论著中都涉及福柯的这一段引文。笔者也在有关著作中谈到过这一例证，这里再次论及是因为它是一个有代表性的事例。

首先要指明的是，后现代主义者的宗旨并不是真的要完全否定翻译，因为这种实践活动本身是无法否定的，就像无法否定种植粮食、生产汽车等具体行为一样。所有的社会文化活动的产生都出自于社会本身的需要，不以个别人的意志为转移。从后现代主义的出发点来说，他们的目的在于否定理性中心，但是在一种特有的"否定辩证法"的思维方式指引下，走向了全盘否定，否定了人类理性本身。这是后现代主义最大的缺陷，也是其难以克服的致命伤。

问题其实正是张天师被鬼缠住了，反对理性中心主义的后现代主义理论，自己反而陷入了理性中心的泥淖。

从西方传统来看，可以说在古希腊已经为后现代主义的理性中心批判埋下了伏线。因为理性在西方哲学中出现就有先验性的一面，它以主体的先验能力出现，并且在自然和历史中呈现自己。所以在西方哲学中，世界成了理性的化身，历史只是理性的延伸。这种现象早就引起注意，现代主义者已经开始批判理性，但这种批判是用非理性来对抗理性。尼采哲学、弗洛伊德心理学、乔伊斯与福克纳的小说，它们之间有共通的情愫——用来对抗理性的非理性。然而，现代主义毕竟没有能彻底推翻理性的权威，相反，倒是它们自己被边缘化了。现代主义可以说已经融入了当代社会，意识流表现手法、荒诞意识、存在主义观念等在当代社会生活中已经成为随处可见的大众话语，失去了昔日的轰动性作用。所以，后现代主义在反对理性中心时，不可能再走现代主义的老路，他们必须用一种新方式表达自己，这就是一种否定理性的观念。这种观念是对抗性与颠覆性的，而不是建设性的，所以在文化关系中，它必然以一种反对交流与沟通的方式出现。这就是我们从福柯等后现代主义者的文化理论中所看到的一种现象。

这种否定是如此强烈，以至于这些大多数是基督教徒的西方知识分子把上帝都列入了否定的名单。他们揭露了理性在欧洲历史上其实是被当做神性加以

---

① 乐黛云、张辉主编：《文化传递与文学形象》，27 页，北京，北京大学出版社，1999

② 北京大学比较文学与比较文化研究所编：《多边文化研究》，第 1 卷，195 页，北京，新世界出版社，2001。

崇拜的，上帝成为理性的化身。这种历史观念把与这种"理性"不符合的行为看做一种悖谬和疯癫，将疯狂辩护为一种时髦。如果说弗洛伊德还认为精神病是人的病态，那么，福柯正好相反，认为精神病是人类的正常现象，是人类反理性立场的必然表现。狂人呓语从来没有像今天这样，成为颠覆理性的咒语。这一现象是令人深思的。我们当然承认，对于理性中心的批判是有积极意义的，但是不能用后现代的否定理性。其实哈贝马斯也曾说过，任何一种批判都已经含有理性的标准和理性的立场。也就是说，即使对理性中心的批判也正是要通过理性来进行。福柯对于理性中心的批判并没有看到辩证关系的实质，所以，他对于理性中心批判是对唯一的"同"的批判，其途径是通过"异"来反对"同"。如他所说："……从此出发，人们才有可能限定明确的同一性的巨大棋盘（damier），这里的同一性是在模糊的、不确定的、面目全非的和可以说是不偏不倚的差异性背景下确立起来的。癫狂史将是'异'（l'Autre）之历史……"①福柯把中国文化看做西方文化之异，看做一种对于理性的"疯癫"，并据此展开自己对于理性的批判。但他的看法过于简单，同与异其实从来不能分开，没有同就没有异，就像没有异就没有同一样，中国先秦时代的墨子早就说过"同异俱于一也"。中国文化作为西方文化的"异"，正像西方文化作为中国文化的"异"一样。为什么只把中国文化看成是怪异，而不会把西方文化也看成是怪异呢？归根结底，这些反对理性中心的后现代主义者，仍然不能离开西方的同一性观念。他们主观意愿上想成为同一性的对立面，其实恰恰落入了自己的圈套。他们已经从反对同一性走上了不同文化之间的绝对无关联论。这就否定了主体间性，主体间性是众多的后现代主义者喜欢谈论的，但是，他们偏偏又在这里露出了自己的阿喀琉斯之踵。不同文化就有不同的文化主体，主体之间是平等的，是可以对话的。

当然，并不是福柯一个人如此，后现代主义的产生有其必然性。中国虽然不是后现代主义的大国，但是并非没有后现代式的观念，有的甚至以更复杂的形式出现。有的人把"汉字文化"说成是与世界文化全无联系的，或是把中国的理性说成是实践理性，等等。这也是一种无意识中的类似观念的反映。笔者一直反对把中国文化看做所谓"实践理性"或其他低于西方理性的理性。当然，更不赞同把中国文化看做是所谓"怪异"。东方文明与西方文明，都是人类的伟大文明，任何要对这些文明作判断者，先要对理性自身的不同形式有一

①　[法]福柯：《词与物》，参见黄颂杰主编：《二十世纪哲学经典文本——欧洲大陆哲学卷》，778页，上海，复旦大学出版社，1999。

个理解。如果以西方理性为唯一标准，那就会产生错误的观念。因为东方文明同样是无限丰富、崇高和伟大的。当西方学者涉足这一领域时，我们推荐莱布尼茨的关于中国文明的先见之明，他曾经说过："虽然希腊哲学是我们所拥有的在《圣经》外的最早著述，但与他们相比，我们只是后来者，方才脱离野蛮状态。若是因为如此古老的学说给我们的最初印象与普通的经院哲学的理论有所不合，所以我们要谴责它的话，那真是愚蠢、狂妄的事。"可惜的是，后现代主义者比起他们的欧洲祖先来差得太远，当年被莱布尼茨批驳的西方传教士关于中国古代的奇谈怪论，在福柯的笔下再次出现了。这一现象令一些人感到困惑，不理解何以如此。其实也并不奇怪，并且可以从后现代主义观念本身得到解释，这种观念表面上看来可能会走向民族文化的多元共存，其实最后刚好相反，它成为了种族主义的基础。历史的发展往往出人意料，一种观念可能在其发展初期是激进的，具有反抗精神的，而在其后期，则可能发展成为反动的、反历史的。后现代主义可能在其初期具有反传统性，主张文化相对论。但可能在其发展中，会由于极端否定观念，而成为民族主义的。历史有过这样的教训，德国的希特勒最初是以带有欺骗性的"社会革命"的口号登上政治舞台的，以后却暴露出法西斯主义本质。历史上凡趋向极端者，最终都会归之于失败。这并不是中国的中庸之道，而是辩证观念所指出的事实。伊格尔顿曾经表达过相近的意见，他说后现代主义的历史终结论并没有为我们想象出一个与现在十分不同的前途，那种它奇怪地视作一项值得颂扬的事业的前途。但是在几种前途中的确存着这样一种可能的前途，它的名字是法西斯主义。① 笔者认为，目前从后现代主义的发展来看，这种前途实现的可能性已经不大，不过，并不因为它没有实现，就不作为一种可能。即使作为一种历史的可能性，也可以有其认识的价值，虽然可能是反方向的。

这里还要提到一种说法，后现代主义者说中国思维中没有分类概念，这其实是蹈袭了老殖民主义者的旧辞，而且太腐朽了。分类是人类认识的重要范畴，中国文化是世界上出现分类既早且精确的。中国典籍《尔雅》中的分类标准、分类方法与形式，远远超过埃及、希腊与印度的书籍。我们以他们所说的"动物的分类"为例，根据郭沫若考证，甲骨文中就已经有了养殖动物的文字，说明商代就有牧业与养殖，而且动物分类明确：

---

① 参见［英］特里·伊格尔顿：《后现代主义的幻象》，华明译，151页，北京，商务印书馆，2000。

观其牲牢品类，牛羊犬豕，无所不备。而用牲之数有多至三四百者，实为后世所罕见。①

《诗经》中更有多种多样的动物分类，所以孔子在《论语》中说："小子何莫学夫诗？……迩之事父，远之事君，多识于鸟兽草木之名。"《论语正义》曰："故知其名，然后能知其形，知其性。"这就是说明，名目之列就是完备的分类，而且还有更详细的关于形状和特征的分析。据顾栋高《毛诗类释》的统计，诗经中出现的谷类有 24 种，蔬菜有 38 种，药物有 17 种，草有 37 种，花果有 15 种，木有 43 种，鸟同样是 43 种，兽有 40 种，马的异名有 27 种，虫有 37 种，鱼有 16 种。这是何等详细的分类，说明中国古代分类概念已经十分发达。

有两件中西比较文化中的趣事，我们不止一次地提到过，在这里不惮重复再次提出，并不是反复其事，而是因为并没有真正引起学术界的注意，但这些都是具有重要意义的。

其一是所谓"独角兽的传说"，我们上文已经指出，中国古籍中有相当详细的动物分类，在这些兽中还有当时尚不为西方人所知的犀牛，《尔雅》中记作"兕，似牛"，疏曰："一角青色，重千斤"，这无疑是明确的所指。意大利学者恩贝托·艾柯（Umberto Eco）在《东西方文化的差异与共存》中曾经说过："整个中世纪传统使欧洲人相信存在着一种叫做独角兽（unicon）的动物，它看起来很温驯像一只头上长着触角的白马。经过多次周游欧洲之后，人们认为独角兽不大可能生活在欧洲。于是，传统认定，它应该是生活在一个奇特的异国。"马可·波罗在爪哇最终看到犀牛，认定这就是传说中的独角兽。② 其实这种动物早已经被中国人所发现，并且指出它的分类。《山海经注》中说："犀似水牛而猪头黑色，有三蹄三角，一在顶上，一在额上，一在鼻上。"这一说法不如《尔雅》那样精确，但也比欧洲人把它看成"长着独角的白马"要接近得多。欧洲人所说的这种独角兽，在《尔雅》中就已经被列入兽类，并且指出它的基本特征"似牛"，这种分类法与现代动物学家的学科分类方法十分接近。而欧洲中世纪的传统的分类法看起来就不如这一种分类了。

其二则更是一个没有引起重视的发现，而且与当代动物学家的见解相悖，

---

① 郭沫若：《郭沫若全集》，第 2 卷（考古编），415 页，北京，科学出版社，1982。

② ［意］恩贝托·埃柯：《东西方文化的差异与共存》，参见乐黛云等主编：《跨文化对话》（1），84～85 页，上海，上海文化出版社，1998。

这就是所谓"普氏野马"的发现,当然也有的学者对于笔者多次提到的这个事实曾经表示过不同意见。据说,19世纪时,一个俄国军官在中国新疆等地发现了"普氏野马"(Equus przewaiskii),完全可能就是这种野马,现代动物学认为它属于"哺乳纲,马科,体形似家马。是世界上唯一现存的野马"。以笔者之见,《尔雅》所列,正是这种野马,"如马而小,出塞外",疏曰:"释曰,如马而小出塞外。案《穆天子传》云野马日走五百里也。"我们完全可以宣布:中国野马的发现者是中国人,可以说我们的古人早在两千年前已经发现它并把它列为野马,无须等到俄国军官来发现它。再进一步说,中国文献的分类也是发达的,第十九章"释畜"包括了人类所驯养的几乎所有动物,而且分类详细,如马中分出野马。这种野马区别于已驯养的马,属于不同类别。所以,我们不必等着别人来发现我们,因为我们自己已经发现了自己,发现了自己所处的环境与物产,没有必要把发现的桂冠随意奉送。

以上仅通过对后现代主义的文化理论分析可以看出,理性中心观念不可能从内部的反对中被削除,而这种否定走向极端后,反而会成为文化冲突的根据,这是令人担心的。中国文化中的辩证理论,主张不同文化之间辩证发展,肯定了民族文化作为主体的地位,文化主体之间是平等的。有人说中国文化与后现代主义是相同的,这种说法笔者是不能同意的,中国文化的辩证性体现在它的与时俱进,而不是与某一种流派观念的契合。后现代主义的某些观念可能与中国文化相联系,但是它不可能取代中国文化。

第三节 不同文化的可比较性

"可比较性"其实是比较文化学的前提,作为比较文化学学科,其研究的具体对象,特别是文化体系,应当是具有文化体系意义上的"可比较性"。这一点是本学科的特性,这是对学科研究对象的要求。比较文化学的研究中经常遭遇这一类问题:"这两种文化现象是否具有可比性?""这种比较是否有意义?"这就使得"可比较性"成为一种重要的引人注目的特点。

我们使用"可比较性"这一范畴来取代一般的"可比性",是因为"可比性"虽然已经运用十分广泛,国内外比较文学、比较史学、比较哲学等学科中,也在"比较主义"的一些相关论著中已经有所论述。但是,一般的"可比性"范畴是作为逻辑概念来运用的,只注意到它的逻辑的"可比性"与"不可比性"所代表的逻辑悖论,而忽略了作为科学的比较研究的实际意义早已经超出了逻辑要求。事实上,由于多种多样的比较在研究中如此普及,也产生了一些不利于比较研究发展的因素。诸如形式化的类比过多，形成了公式化，等等。因此，要求有更高层次的比较理论。这就要求我们从辩证比较的层次来理解可比较性，比较文化的可比较性是以避免不可比较性为前提的，所以它的实际意义就要求辩证的比较。如同数学中，我们在自然数范围里不可能有负数，但在有理数中却有了不同，负数的存在是必然的。比较文化的"可比较性"的超越之处在于，它不是简单的形式类比和异同之比，它是一种思维方式和方法论所具有的特性，这是一种历史与逻辑视域，它通过具体形态的比较研究展示整体性意义，再从整体的运动方式把握事物的发生学原理与发展规律。在这种视域中，可比较性有异常复杂的、多变的意义，比较方法遵从比较思维的规则，就是多样而丰富。同与异、多与一、同一与区分、联系与分化、影响与反影响、联想与创造……可比较性就是如此之多义的范畴。对此，黑格尔曾经有过一种很多人并没有真正理解的观点，我们认为这种观点对于可比性的理解是重要的，黑格尔指出：

> 我们今日所常说的科学研究，往往主要是指对于所考察的对象加以相互比较的方法而言。不容否认，这种比较的方法曾经获得许多重大的成果，在这方面特别值得提到的，是近年来在比较解剖学和比较语言学领域内所取得的重大成就。……因此假如一个人能看出当前即显而易见的差别，譬如，能区别一支笔与一头骆驼，我们不会说这人有了不起的聪明。同样，另一方面，一个人能比较两个近似的东西，如橡树与槐树，或寺院与教堂，而知其相似，我们也不能说他有很高的比较能力，我们所要求的，是要能看出异中之同和同中之异。①

这里清楚可见：可比较性是事物联系性的反映，它是内容不能简单归结为求同或者求异。如果没有事物之间的本质关联，就没有可比较性。从根本上说，宇宙间一切事物之间都有多种方式的联系，而且存在本身就是联系的前提。比较之目的与意义在此表现得最为充分，它是事物的联系方式的揭示，它不能简单肯定或否定。再深一层来看，以自我与他人相比时，不只有自我与他人的同一与差异，同时也有自我自身的差异存在，这就形成了内外相交，多重的差异性。无论如何，不能因为差异的多重性而否认比较的有效性。同时，更不能把可比性简单化。

---

① ［德］黑格尔：《小逻辑》，贺麟译，252～253 页，北京，商务印书馆，1980。

为了提高对于它的辩证认识，我们还要回到"可比较性"的前提，这就不得不涉及"不可比较性"，因为要确立可比较性先要排除不可比较性，这是顺理成章的。关于不可比较性，我们面临三个主要的，但是却属于不同层次的问题：

（1）形式逻辑的不可比较性；

（2）学科内容与范围的不可比较性；

（3）文化之间的不可沟通与不可逾越性。

首先，从形式逻辑来说，"不可比较性"其实本身就是一个相当重要的逻辑范畴，这个范畴早在逻辑建立之初就已经引起人们的注意。我们认为，《墨经》中关于比较的原则有几种重要的观点：（1）所谓"比较"是对于两个对象而言，可比与不可比须经过比较才能得知，此即《经说上》所言："仳：谓有两端而后可。"这里所说的"仳"与"比"相通，也就是指对比与类比。（2）其中已经提出了"异类不比"的原则，《经说下》："异类不比，说在量。"说明可比较性是建立在逻辑学的同类基础上的，依法取同才有比较的可能，否则就会产生不可比较性。《经说下》所举的异类不比的例子是："木与夜孰长"，如果有人问，一段木头与昨天夜晚的时间，哪一个更长些？这就没有比较的可能，因为两者属于不同的事物类型，没有比较的共同标准。（3）从类比到对比是顺行关系，而从对比到类比就是不可比性的关系。也就是先确定事物同类才可以有比较，而不能因比较才及于事类。《经说下》曰："牛之与马不类，因牛有角，马无角，是类不同也。若举牛有角，马无角，以是为类之不同也，是在狂举也。"这种原则也是说不可比性，不能因为牛、马各有特征，就说它们不同类，而不能比较。

从形式逻辑的不可比较性的论述中可以看出，比与不可比是相对的，没有绝对的不可比，因为要确定可比与不可比是通过"事之两端"，也就是通过比较才可能的。这个观念对于我们比较文化中的不可比较论应当是有所启发的。

其次，从研究范围的不可比较性来看，由于事物包括的内容形成不可比较性，这是正常现象。这方面我们从人们经常提到的马克思一段名言说起，由于这段话经常在不同的地方被使用，断章取义，所以造成对于原文的误读。为此，我们将《德意志意识形态》中的这一段话转引如下：

倍尔西阿尼所以是一位无比的歌唱家，正是因为她是一位歌唱家而且人们把她同其他歌唱家相比较；人们根据他们的耳朵的正常组织和音乐修养做了评比，所以他们能够认识倍尔西阿尼的无比性。倍尔西阿尼的歌唱不能与青蛙的鸣叫相比，虽然在这里也可以有比较，但只是人与一般青蛙之间的比较，而不是倍尔西阿尼与某只唯一的青蛙之间的比较。①

　　这段话经常被引用来说明"不可比较性"。其实恰恰相反，我们从原文可以看到的是马克思和恩格斯对于文化的"不可比较性"的批判。他们认为不可比较性固然是存在的，但只是特定对象之间的一种现象，即使在这种情况下，不可比较也只是一种相对条件，不能完全否定比较的普遍性。比较，在这里首先被肯定为个性自由发展的前提，是自我区分的办法。其次，比较的科学意义是普遍的，比较解剖学、比较语言学等"获得了巨大成就"，这种成就是通过比较和确定被比较对象之间的差别而形成的。最后，肯定了在科学中和世界民族竞争中的比较的积极意义，特别是批判了一些具有市民意识的德国哲学家害怕比较，强调"不可比较性"的做法。总之，马克思是有针对性的对于德国一些学者的相对主义理论进行批判，当然无可置疑的是，马克思对于学科范围、民族文化之间的不可比较性也进行了批判。

　　其实我们已经说到了最后一个问题，即所谓文化的绝对不可比较性，从上文中已经可以看出，这并不是一个新问题。但在全球化语境中，这种理论又重新泛起，并且有了新的表现形式。这就是所谓的"文化不可通约性"，即从极端的文化相对主义出发，认为不同民族文化之间是不可交流与不可互通的，特别是东西方文化之间是不可通约的。

　　由于后现代理论的重要基础是索绪尔语言学，近年来西方兴起了"语言飓风"。文化研究中也处处表现出"语言中心"的倾向，"文化不可通约"的研究集中表现于文学作品能不能翻译等一系列问题上。

　　这个问题并不是翻译实践所能解决的，因为它并不只是一种语言问题，它主要是一种文化问题。在后现代理论家看来，翻译史仅仅证明我们已经进行了翻译活动，却无法证明这种活动是有价值的或文学是可译的。正像人类几千年来都在信仰宗教，但并不意味着已经证明了神的存在一样。从历史上来看，文学翻译可能性的反思其实早已存在，并且在翻译史上发生过多种争执，可以说至今仍未能解决。而从比较文化中的这一特殊角度所反映的问题，表明在这个大的历史语境中，语言、文学和文化虽然是不同层次的问题，但又是互相关联的，它们在不同历史时期中占有不同的地位，但有基本的一致性。因此，我们

---

　　① 《德意志意识形态》，见《马克思恩格斯全集》，第3卷，517～518页，北京，人民出版社，1960。

从比较文化学这一视域来集中讨论它，目的是对从语言可译性到文化通约性这样的总体问题有一个理论的解释。而以往的争论不能解决，主要是不同层次的问题交叉所形成的混乱。

第四节　比较文化学学科的当代意义

在全球化时代中，在所谓的"文化冲突"的时代中，建立比较文化学学科有什么意义？

首先从它的现实意义来看，比较文化学与全球化发展有极密切的关系。当代的经济全球化是一种重要的社会现实，它的发展必然会有文化的差异性和同一性的进一步交流。从全球化的特性来说，它为民族文化走向世界，从文化的总体性来研究文化，为比较文化学发展创造了有利时机，这是全球化与比较文化关系的本质关联。所以，阿里夫·德里克等人论述全球化时，经常引用马克思、恩格斯的《共产党宣言》中那段关于"世界文学"的名言，这是比较文学学者再熟悉不过的了。全球化时代，比较文化学是一个相当引人注目的学科，因为它直接承担着对于不同文化间的比较研究。这也就使得它面对一系列不同的理论观念。其中有代表性的观念是：（1）不同民族文化之间存在着根本利益冲突的文化冲突论（如亨廷顿等）；（2）不同文化可以达到一体化的文化一体融合论。笔者认为，这两种理论均不能反映世界民族文化间关系的真谛。实际上，现实与历史都说明，不同民族的文化之间从古至今都处于一种辩证联系中。这种辩证联系并不否认文化之间的差异，但文化差异并非必然产生文化冲突，冲突不是命定的、永恒的。同时文化之间也存在同一性，但这种同一性并不会导致绝对的文化融合，更不会因经济一体化或全球化而产生文化的绝对一体化。笔者认为，多元文化时代异类文化间通过交往实现结构的同化与异化，从而实现民族文化对于自身传统的认证（identity）和通变（transition），对异类文化的逾越（transgressions）与融汇，达到多元文化间互动互补的辩证关系。

比较文化的产生不是偶然现象，而是有着深远的历史原因的。19世纪以来"比较主义"学科的兴起是现代世界各国之间的统一发展和联系的需要所激发的，世界是一个整体的观念要求有各国文化间的比较研究，逾越文化的自我中心观念，从差别和同一的辩证关系中来认识这种统一性。所以从根本上说，是思维方式的变化促进了文学研究方法的改型。这就说明，比较既是思维方法，也是研究方法，不能把两者割裂开来。特别是不能轻视比较方法。否则我们无法面对一个最简单的问题：为什么比较方法早已是最常见的方法，却在

19 世纪才形成了比较文化等学科。唯一的解释是社会思维方式的变化，是社会生活的需要，才产生了比较文化及其他比较学科。

　　思维方式与研究方法，这两者之间既有联系又有区别。从方法论的角度而言，比较文化研究中的比较方法与其他学科中的一般性的"比较"是不能同日而语的，因为科学研究中"比较"到处存在而否定比较文化是没有道理的。在比较文化中，比较作为思维方式，已经不是普通的方法意义。如果说，因为每一门学科都用"比较"就不必再有比较文化，就如同说每一个人都处在运动之中就没有必要再有体育运动和运动员，已经发明了眼镜就不必再有天文望远镜，每个人都在说话就没有必要有语言学一样。每个家庭都有自己的厨房，可以自己烹饪，为什么到处都有饭店、餐馆和厨师呢？比较方法在其他研究方式中只是常用的研究手段，正像日常生活中家庭的厨房，而比较文化的研究则成为了饭店中的烹饪。后者与前者不同，它是专业的操作，有独特的规则与操作，必然有家庭厨房所没有的品味，走向世界的各国烹饪名菜往往是后者而不是前者。两者不可能互相取代，因为有家庭厨房而主张取消饭店十分可笑，因为一般的科学研究用比较方式而取消比较文化也同样可笑。

　　当代西方重要理论家们已经意识到：他人与主体之间是异质的。因此存在着"冲突"与"对话"的相反可能性。当代比较流行的一些观念，如萨特存在主义的"他人即地狱"、亨廷顿的"文化冲突论"、后殖民东方学理论等表达了两者间的对立方面，而巴赫金的对话论、哈贝马斯的交流论则是两者协调方面的表现。

　　笔者认为，以上理论虽然性质不同，但都不足于说明多元文化时代主体与他人理论的辩证关系。原因在于，以上理论虽然已经承认他人的存在，但仍然是在用黑格尔以来的自我意识为中心的单一主体观念来建构自己的理论。黑格尔《精神现象学》中已经对自我意识与他人的关系作了单一主体观念的最明白的论述，黑格尔在这本书中把自我意识外化为"对立的自我意识"，"自我意识最初是单纯的自为存在，通过排斥一切对方于自身之外而与自己相等同；它的本质和绝对的对象对它说来是自我；……对方在它看来是非本质的、带有否定的性格作为标志的对象。但对方也是一个自我意识；这里就出现了一个个人与一个个人相对立的局面"。① 黑格尔建立了自我与他人之间的"主人与奴隶"关系。虽然他也承认奴隶也有自我意识，但只是与物相关的自我意识，实际上

---

　　① ［德］黑格尔：《精神现象学》，上卷，贺麟等译，124～125 页，北京，商务印书馆，1987。

只承认了主人的自我意识为唯一的、本质的自我意识。他人—奴隶的自我意识是无意义的。西方理性中心与自我意识的中心是一致的，在这种语境中，自我意识永远是主人，而他人只能处于奴隶的地位，不可能实现多元文化中的主体意识重建。

全球化语境和多元文化时代的主体意识应当以承认他人的主体地位为前提，他人与自我都是文化主体，这是真正的人类意识，而且自我与他人都有独立的主体意识。承认他人的主体意识就意味着承认多元主体。主体不是一个，每一个民族都具有我们这个时代的独立主体意识，文化无优劣之分，文化主体之间是平等的。这就是说我们不仅反对西方中心主义，同时也反对任何形式的东方中心主义。其实，人类从距今 1 万年前后进入新石器时代以来，东西方各民族的交流就未曾中断，民族主义观念在这期间也不断表现出来，特别是近代以来，东西方大规模文化交流使得异质文化间的融汇与冲突并存。西方中心主义的急剧膨胀只是近代的现象，当我们批评西方中心主义的同时，未可断言东方中心观念就不存在。赛义德的《东方学》等著作固然对于西方后殖民主义理论是一个反击，但更重要的是从自我中心的认识论角度来批判它，这是治本之策。因为我们自己也不能用一种自我中心论来反对另一种自我中心论，也不需要以重建东方的新儒学或其他宗教以与西方对抗，制造歌德所说的"圣洁的东方"以证实西方的没落。我们需要的是自我与他人共存，自我与他人共同的发展。海德格尔说："在同一个世界中与他人共存"（to be with others, within the world），这是存在主义真正现实的存在，而不是萨特在戏剧《间隔》中所表现的那个主题：与他人共处于一个地狱中。我们必须认识到，世界是我们的，也是他人的。

承认他人主体性是我们的一个新提法，它的根据就是破除自我中心的认识论。自我中心论是一种错误的认识论，弗洛伊德曾经认为精神病人与儿童都有这种认识方式，认为自己可以通过幻想来支配一切。这种心理被皮亚杰从发生认识论中说明，他认为儿童在 18 个月之前，对于外界事物的认识方法是自我中心的："这种活动的认识论意义对于我们是有教益的。在建构的过程中，在空间领域里，以及在不同的知觉范围内，婴儿把每一件事物都与自己的身体关联起来，好像自己的身体就是宇宙的中心一样——但却是一个不能意识其自身的中心。"[①] 这种认识方式也有其产生的情感因素，这就是弗洛伊德经常说的

---

① ［瑞士］皮亚杰：《发生认识论原理》，王宪钿等译，23 页，北京，商务印书馆，1981。

"自恋情结"，主体对于客体和自己的身体没有分化，形成自身中心化。这种状态直到儿童18～24个月期间才会发生变化。产生所谓哥白尼式的革命，活动不再以身体为中心，主客分化，客体实体化，主体把自己的身体看做是处于一种时空关系和因果关系的宇宙的所有客体中的一个。也只有在这个阶段，儿童才能有效地认识世界。

我们把人类社会的发展比作个体的发育过程，正如马克思所指出，古代希腊人是正常的儿童。他们具有儿童所特有的自我中心的幼稚，曾经将地中海作为世界的中心，这个中心就是西方，而东方的波斯是落后的。那么，古代中国人可以看成是早熟的儿童，他们的自我中心观念早已改变。春秋以后就逐渐建立了自我与他人关系的辩证观念，终于形成儒释道三教合流的主体观念。中国清代杰出的学者魏源早就看到了中国文化中曾经存在的同一特点，他曾经指出：

> 物必本夫我，然两物相摩而精者出焉，两心相质而疑难形焉，两易相难而易简出焉。诗曰："秩秩大猷，圣人莫之，他人有心，予忖度之。"又曰："周爰咨度。周爰咨谋。"古人不敢自恃其心也如是，古之善入夫人人之心，又善出其人如之心以自恢其心也如是……①

这种观念就是"他人"的观念，有了这种观念，才可能承认世界文化的多元性，承认他人文化的存在与价值。可惜的是，直到今天，相当多的人仍然没有脱离儿童的认识论，认为自己是世界文化的启蒙者，现代化就是用西方文化去启发东方的落后文化。归根结底，这是一种很幼稚、很可笑的认识论。比较文化学就是从根本上理解不同文化的差异与同一，理解他人文化的学科，这是一门全球化时代的重要学科。

---

① （清）魏源：《皇朝经世文编·叙》，见《魏源集》，上册，156～157页，北京，中华书局，1976。

第十四章 "传统融新"与四大文化复兴运动

第一节 殖民运动与民族文化传统的"融新"

15世纪后期实现了环球航海大交通之后,西方殖民主义开始了世界范围的大殖民运动,殖民地与半殖民地的传统文化体系经历了血与火的历程。在不同的历史阶段,殖民者对各民族的传统采取了不同的或灭绝或改造的方式,西方观念的盲目移植造成了本土文化传统的转型甚至"断流"。在反殖民与独立运动中,经过文化复兴运动后,民族传统再次兴盛,形成了本土文化与外来文化的创新与融合,这就是当代文化体系的"融新"。所谓"融新"就是以本民族传统为中心对文化的有机融合,互补互益,所以这种"融新"并不只是传统的再现,而是革故鼎新,具有改革的性质。这种改革又绝不能脱离本土文化的传统,不是外来文化的"移植",而是传统在新语境中的发展。"周虽旧邦,其命维新",形象地表达出了"融新"的价值,它是传统的新使命。

世界文化体系的融新经历了不同阶段,各个阶段的历史状况并不完全相同。

第一阶段是15世纪后期到18世纪后期的美国独立与法国大革命之前,这是早期的殖民阶段。欧洲殖民者对殖民地采取种族灭绝与文化传统"截流"的政策。非洲的古代文化传统与美洲的三大文明传统全部灭绝,大洋洲的原住民文化也未能免除。所以非洲直到20世纪仍然处于文化传统断流的状况。

第二阶段是18世纪后期到20世纪中期,这是世界范围的殖民主义中后期阶段,也是世界范围的民族独立与文化传统的复兴时期。各大文化体系以转型或者复兴的形式,出现了代表性的"四大文化复兴运动"。由于国内、国际的形势变化,殖民者也被迫改变统治方式,主要采取了文化移植与渗透的方式。其实在所有中断了传统的地区就一直在进行新文化的移植,但是由于殖民地居民成分的不同,又有不同的结果。大洋洲与北美洲是欧洲移民为主的国家,基本上移植了地中海大西洋文化,当然内部由于接受程度不同也有差异。拉美与非洲的部分地区,如南非等地,民族混融较普遍,所以殖民者采取了转型的方式,这种转型即使在独立政府建立之后的相当长时间里仍然在进行。早在独立之前,拉美国家就建立殖民政府,对传统文化进行改造和利用。这些民族独立后，其政治、经济制度在原有的较发达的工农业基础上，部分接受西方的民主、平等、自由思想，政治制度与社会经济结构基本上是本土与西方的混合。巴西、阿根廷、墨西哥、秘鲁、哥伦比亚、智利等国家属于这一类型，非洲的南非、亚洲的印度和日本等也是如此。

第三阶段是 20 世纪中期以后的时期，有人称之为后殖民时期。从第二次世界大战之后，长期的反殖民运动取得基本胜利，在反殖民斗争中，中国与伊斯兰文化经历了这种历程。中国与伊斯兰部分国家虽然都没变成完全的殖民地，但是社会政治、经济和文化同样受到冲击，多数国家受到欧美或者日本的侵略，相当多的民族与中国一样，处于半殖民地的地位。殖民者对这类国家进行的是文化渗透，力图改变传统模式。

综上可见，以上各个阶段与各种文化体系的融新变革是交错进行的，不能绝对用时代进行划分，也不能根据一种类型进行绝对的划分，这是时空交错的混合发展。

从 15 世纪到 16 世纪，随着商业经济与早期工业化的进展，欧洲人开始了一次又一次的海上探险，形成了举世震惊的"地理大发现"。所谓"地理大发现"主要是环球航行，我们列举其中主要的几种：

其一，东西方航线的开通——从欧洲经印度洋到亚洲：公元 1497 年，葡萄牙人达·伽马的船队从非洲渡过印度洋到印度西海岸，标志着东西方海上航线的开通。其后几年，葡萄牙人继续在海上向南亚进发，先后抵达马六甲、摩鹿加群岛，公元 1514 年到达中国珠江口。从此，希腊罗马人所憧憬的遥远东方，"黄金之国"和"丝绸之国"这类美妙的幻想般的国度，真实地再现于西方人面前。

其二，美洲大陆的发现——公元 1492 年 10 月 12 日，水手哥伦布率领的船队到达巴哈马群岛，发现了美洲大陆，这支船队是受西班牙国王所资助的。当时，哥伦布以为自己所看到是传闻中的印度，所以称当地人为印第安人。历史真嘲弄人，发现新大陆者竟然不知道自己的发现所在。以后，一个名叫阿麦瑞克（America）的航海家被认为是美洲的发现者，美洲也就用他的名字来命名。这真是一种最早的商标抢注风波，哥伦布蒙受了这次莫大的损失。不过，历史总是公正的，人们至今还没有忘记这位杰出的探险家。

从此，西方的海外殖民与移民开始了一个新的高潮，受到资本与利益的驱使，欧洲的殖民者、传教士、商人，探险家等各色人等，深入到世界各地，住来不绝。这种殖民狂热令诗书礼仪之邦的中国人大为惊诧，清人梁廷枏在《海国四说》中说道：

夫西国之风气，惟利是图，君民每聚赀合财，计较锱铢之末，跋
涉数万里，累月经年，曾不惮其险远。①

其实远非只是经济利益的追求，而是世界性的侵略与殖民，从此西方自视
为世界文明的代表，将东方与其他民族看成是野蛮人，进行领土占领、人口贩
运与奴役，建立殖民政府，推行西方人的政治、宗教和社会制度。

其三，环球航行——包括了北极、南太平洋与北美海岸等的探险。虽然有
了美洲的发现，但是，欧洲人还没有进行过全球航行。公元 1513 年，西班牙人
穿过了巴拿马海峡进入了太平洋，从此，他们开始了新的探索，以证明环球航行
是可行的。公元 1520—1521 年，麦哲伦的船队经过美洲南端的海峡，进入太平
洋。公元 1522 年，经过近两年的海上航行，终于到达西班牙，完成了世界上第
一次环球航行。不幸的是，麦哲伦在途中死于菲律宾群岛。从此以后，英国、法
国、荷兰、俄罗斯人对北极、南太平洋等地也进行了探险。即使是孤立于大海中
的大洋洲也未能逃离殖民者的视线，最终被纳入世界大殖民的版图。

环球航线开通并不是偶然的历史事件，这是世界文化发展到一定历史阶段
的必然产物。有人把地理大发现说成是欧洲人对于世界文明的贡献，这种说法
有不全面之处。环球航行所使用的罗盘是中国人发明的，而阿拉伯人则早已有
了当时领先的世界航海技术与经验，他们是许多次欧洲人远航的引航员，没有
这一切，不可能有世界性的航行。波斯、阿拉伯的地理文献是当时世界上最珍
贵的文献，世界上流传最早的关于东方中国、印度的历史著作，最完整的应当
是阿拉伯人的《中国印度见闻录》（作者佚名），时间大约是公元 9 世纪至 10
世纪，比《马可·波罗游记》还要早，其中有从"锡兰岛"等经南中国海来到
广州的记录。② 公元 9 世纪阿拉伯的伊本·胡尔达兹比赫的《道里邦国志》中
有"从海上通向东方的道路"，描述了到中国、印度的海路。其中专设一章为
"通向中国之路"，"从拴府至中国的第一个港口鲁金（Lūqin），陆路、海路皆
为 100 法尔萨赫。在鲁金，有中国石头、中国丝绸、中国的优质陶瓷，那里出
产稻米。从鲁金至汉府（Khānfu）海路为 4 日程，陆路为 20 日程"③。虽然我

---

① （清）梁廷枏：《海国四说》，2 页，北京，中华书局，1993。

② 参见《中国印度见闻录》，穆根来等译，北京，中华书局，2001。这是依据法国学
者 J. 索瓦杰的法译本转译出的。

③ ［阿拉伯］伊本·胡尔达兹比赫：《道里邦国志》，宋岘译注，71～72 页，北京，中
华书局，2001。此处的鲁金指越南的河内一带，即唐代的龙编，而汉府则是指广州。

们无意说阿拉伯人是东方海路的真正发现者，但至少这些海上行纪对于以后的欧洲人是有教益的，也许正是这些描写激起了欧洲人对东方探险的兴趣。

同时也要注意到，目前关于许多发现的所有权尚有争议，特别是意义重大的新大陆发现。谁是美洲的发现者，是中国人还是哥伦布？这一讨论并非海外奇谈，近五十年来不断有新的研究成果证明，美洲文明起源可能与中国的商文化有关，是中国文化传入了美洲。有的学者甚至认为只有这一解释才是合理的，因为中美洲突然出现的发达文化，没有直接的先祖。没有猿人，没有旧石器—新石器的发展进程，一种古代文化不可能突然地独立出现。那么，这种远离其他文化的有特性的文化是从何而来的呢？早在公元1752年，法国汉学家吉涅（Joseph de Guignes）就提出了一种有影响的"扶桑国"之说。公元1940年，陈志良的《中国人最先移植美洲说》（《说文月刊》，公元1940年第1卷第4期）提出了所谓的"殷人东渡"的说法，国际上则先后支援此说。哈佛大学艾克荷姆（Ekholm）的"泛太平洋联系"（载《新大陆的史前人》，1964）；美国国家博物馆的贝蒂·麦格斯（Betty Meggers）的"中美洲文明的太平洋起源"（《美洲人类学家》，77；1—17，1975）；圭涅《史前中国人航行美洲》，1761），墨西哥的库瓦鲁比斯（Miguel Covarrubias）的《墨西哥南方》（1946）、《墨西哥与中美洲的古代艺术》（1957）等论著中都认为，中国文化是美洲文化的直接源头。李约瑟（Joseph Needham）的《泛太平洋的回音和实证》（世界科学出版社，1957）也表达了同样的见解。贝蒂·麦格斯为一本关于中美洲奥尔梅克文化的专著《奥尔梅克的发现》一书写了序言，其中说道：

> 确认别具特色的奥尔梅克文化起源于商代，不仅解释了中美洲"母源文化"突然出现的缘由，而且还具有更大更深远的意义。人们通常总是想当然地认为，旧大陆与新大陆的文化发展是各自独立的，其种种相似之处可归因于同一的基本演化过程。越洋相互影响的存在表明，文化的演变，也像生物的进化一样，是自然选择与历史演变独一无二、不可重复的产物。我期待这一认知会带来令人振奋的成果，即远在互联网出现的数千年前，人类早已融入一个交互影响的世界里了。①

千古之谜，有待进一步的研究来说明。是谁第一个到达美洲，这并不是极

---

① 许辉：《奥尔梅克的发现》，5页，昆明，云南人民出版社，2001。

端重要的，重要的是文化之间的交流会带来相互的推动。地理大发现对于近现代社会有重要影响，但是它不是唯一重要的因素，人类进步并不取决于某一两次海外探险，如果不是某一位探险家完成这种功业，迟早有别人会完成它，这就是社会发展的必然性。可以说，近代地理发现并不是某一个人或某一个民族的功劳，这是全人类共同努力的巨大成功。当然这并不是否定探险特别是科学考察的重要性。

地理发现的经济价值固然是可观的，世界资源的开发是近代工业文明形成的决定性因素。但是，地理发现的文化价值更为巨大，全球化进程由此展开，从环球航行发展到全球通讯，乃至全球网络的开通，人类社会发展的新阶段由此展开。

从 15 世纪到 18 世纪，地理大发现带来了海外殖民的热潮，美洲大开发与非洲黑奴贩运等推动了这一发展。其结果是工业化强国的形成，继之是列强对于世界的瓜分，经历了两次世界大战，世界各国的文化类型都经历了不同程度的变异。

在殖民文化的第一阶段中，种族灭绝、强势文化对于弱势文化的压迫与消灭成为这一时期引人注目的现象。这种现象的形成有两种原因，一种是民族之间自动的融合所形成的，这是一种自然的消解。如尼日利亚北部的豪萨族与富尔贝族结合在了一起，他们对其他的 20 多个小民族，如安加斯、安奎、苏拉、巴德、布拉、马萨、穆比等形成了文化合并，这些小民族原本有自己独特的文化，如宗教、语言等，但目前已经使用了豪萨人的语言、改信其宗教、认同其生活习俗。另外如尼日利亚的约鲁巴族，其本身就是多民族分支所组成的，其中包括奥约、伊费、伊杰沙、埃格巴等，而且它还在同化一些小民族，如伊策基里、埃多、乌尔霍博、伊乔等。大民族同化小民族，发达的文化吸收不发达的，这是一种自然现象。特别是近代以来由于社会生活一体化程度增加，民族兼并成为一种相当普遍的现象。但是从文化角度来看，各个分族有自己独特文化的构成，这是不容忽视的。人类学家通常也把分族的文化特性看做民族独立的依据，英国人类学家马林诺夫斯基就认为：

> 我特别要说得清楚，可以看成移民单位的，是分族，而不是各大族。包括许多分族的大族，乃是很松懈的社会单位，是被重要的文化裂痕所分割的：这是不容驳辩的事实。即如马拉西族，有等级最高的分族塔巴鲁，又有最受轻视的分族如布瓦伊他鲁底瓦布阿（Wabuá）与古未索索帕（Gumsosopa）。移民单位的历史假说，更要解说的是

分族与大族的关系。在我看来，不大重要的分族似乎也是先到的，他们底图腾联系，乃是土达瓦与塔巴鲁一类的强有势的移民到了之后因普遍的社会改组过程而有的结果。①

部族中发生的情况与社会是大同小异，往往是大民族吞并小民族，弱势文化融入强势文化。但是这种变化的语境却往往是西方殖民灭绝，多数是在西方殖民者的压迫下，才会产生民族结合与分化。

最根本的原因是由于殖民者对于原住民的文化灭绝与压迫，造成了不发达民族的文化濒临灭亡或者严重削弱。殖民运动初期，欧洲入侵者大量捕杀当地土著，有的小岛上的居民甚至被斩尽杀绝，以后岛上的居民全部成了外来者，特别是欧洲的移民。而一些大的不发达民族文化也由于殖民化而落入了危险的地步，美洲的印第安人在两三万年前就已经从白令海峡进入美洲，在美洲被欧洲人发现之前，印第安人的总数已经达到4000万人。但是，自欧洲人大规模移民美洲之后，印第安人被残酷地杀戮与奴役，最后只剩下700多万人。直到20世纪初期才开始恢复。他们的部族文化在一些国家中几乎灭绝，不得不实行保护，与外界实行一定程度的隔绝，以利于保存。另外如澳大利亚的原住民，在人种学上属于赤道人种澳大利亚分支，他们是澳洲最早的居民，从旧石器时代就已经来到这块土地，当欧洲人来到澳洲时，这支古老的民族有500个不同的部落，人口有30多万，仍然保持着古老风俗与生活方式，相当于原始公社制阶段。但欧洲人到来后，大肆屠杀他们，最后残留4万人左右，现在就是加上混血种族，一共也只有16万人，几乎不到原始居民的一半。"皮之不存，毛将焉附？"在这种大型的殖民主义大屠杀面前，任何原有的文化只能迅速地土崩瓦解，得不到应有的保存与发扬。

殖民主义文化扩张除了对于弱小民族文化的灭绝，另一种形式则是对于异己文化的影响与改造，以欧洲特别是基督教的观念为主要文化特征，以自己的语言、道德伦理与价值观念影响异己民族。同时，我们还要注意到另一种现象，主要是文化革新现象。近代以来，相当多的民族也出于内部的要求，对自己的民族传统进行变革，以适应世界形势发展。

---

① ［英］马林诺夫斯基：《巫术科学宗教与神话》，李安宅译，108页，北京，中国民间文艺出版社，1986。

第二节　文化体系的转型

　　公元 1789 年法国大革命之后，欧洲国家进入了大工业化时代。民主政治制度的推广、世界市场与生产资料供应地的需求，使西方的殖民方式发生了根本变化：从早期殖民者的种族文化灭绝变为文化帝国主义式的改型与渗透。殖民者不再是一手拿剑一手举着福音书的冒险家，而是宣传民主、自由、平等的政客与传教士。当然，船坚炮利的政策没有变，现代化的西方军队永远是随之而来的。

　　时代决定文化接受方式，早期殖民者所实行的"文化灭绝"受到强烈反抗，同时殖民宗主国也认识到，完全切断一个民族的传统，移入外来统治文化的做法是不理智的。于是在新时期出现了新的文化体系变革方式。当然这种改变不是唯一的模式，有的国家受到昔日的殖民宗主国的政治、经济影响，文化基本形态发生了较大变化，对殖民者的文化实行认同。当然这种认同并不是坏现象，也并不意味着完全放弃自己的文化传统，只是说其文化形态的转变是明显的。我们已经指出，印度文化是世界古代文化的经典类型之一，但是近代以来，它的演变轨迹非同寻常，屡经变动，可以说是一种转型幅度较大的文化。我们依据历史来分析印度文化中这一特点。雅利安人从公元前 1500 年左右进入印度，结束了印度河流域的古老文明，从此印度进入经典文化发展时代。公元 12 世纪，穆斯林确立了在印度的统治，从此开始了印度中古时期一个特殊的多种文化并存的时代，伊斯兰教、印度教、锡克教等多种宗教在印度共同发展。但是，经典文化中的佛教——这一印度人贡献给世界的主要宗教——却在印度衰落了。正像印度文化史家所说：

　　　　佛教在其诞生地衰落乃至据说已经消失的原因，是一个自从它成为科学研究探讨的对象时起就使许多历史学家感到困惑不解的问题。①

　　每一个到过中国的人都会对佛教文化留下深刻印象，浩如烟海的佛教经典，遍布山河的名刹古寺，仅描绘古代江南即有"南朝四百八十寺"之说，其

---

　　① ［澳大利亚］A.L. 巴沙姆主编：《印度文化史》，闵光沛等译，144 页，北京，商务印书馆，1999。

他各地如白马寺、寒山寺、少林寺、兴教寺、慈恩寺、法门寺、香积寺、拉卜楞寺、塔尔寺、哲蚌寺、色拉寺……举世闻名的大寺，多得无法计数。"天下名山僧占多"，五台山、清凉山、九华山、普陀山、云台山、梵净山、峨眉山、虎丘山……如同一个佛教的历史博物馆，佛教从汉代传入中国，两千多年的历史风雨，经受反佛排佛的多次反复，但是却有如此深厚的传统，不能不说是一种文化的特性在起主导作用，这是一种内聚性、连续性的辩证发展形态。但是，在佛教的发源地印度却无法找到如此大的佛教影响了。这种比较，充分说明印度文化转型的特性。公元 15 世纪末期，葡萄牙人与莫卧尔人同时进入印度，各自对印度产生影响。以后，英国人在印度取得重大进展，在 19 世纪中叶，受到英国文化影响的各种政治与宗教派别，掀起了一次又一次的改革运动。英语的语言教育、行政管理方式与文化精神深入到印度国家各个层面。由于种种历史原因，在印度民族主义高涨的形势下，英国及其所代表的西方文明再一次极大地改变了印度的社会与文化。整个 19 世纪是印度人民英勇反抗殖民统治，争取民族独立的世纪。经过一个世纪，印度虽然早已经独立，但仍然是英联邦国家，印度文化融入了大量的西方因素，这是无可否认的。今日的印度文化正在向多元化的方向发展。我们从印度文化的进程中可以得到深刻的反思。

西方文化在近代对于其他地区的影响并不完全是一种侵入殖民方式。当某一文化的内部改革要求与西方文化相互呼应时，也会产生这一文化类型的转变。这一转变与上述殖民式的转型是不同的，这是一种自发的、含有相当大的利益追求目的的转型，其中隐藏着本民族文化的成分，到一定时期，这种成分的作用就会显示出来。日本的文化转变就是这一类型的代表。这是一种从东方文化向西方文化转化的重要类型，虽然不能说日本文化完全变成了西方文化类型，但它近代以来的基本转向是西方型的，应当是无可怀疑的。

古代日本深受中国文化影响，特别是从公元 7 世纪之后，由于中国唐代文化的传播，日本的宗教、政治、文学艺术都与中国有相当密切的关系。直到公元 17 世纪德川幕府时代，日本的汉学仍然占有统治地位，日本保持了封建农业国家的形态。公元 18 世纪后期，日本商品经济迅速发展。公元 19 世纪中期，欧美国家强迫日本开口通商，签订了《日美亲善条约》等不平等条约。公元 1868 年终于发起了明治维新运动，标志着日本走上资本主义发展道路。从此，日本迅速西方化，成为亚洲国家中一个特殊的例子。从公元 1853 年美国海军准将佩里的舰队第一次出现于日本海到公元 1868 年明治维新，仅有 15 年时间。这种变化之迅速是世界史上所少有的。所以西方历史学家汤因比对此大加赞赏，认为日本西方化的效率是最高的。汤因比对于中、俄、日三国的所谓现代化时间表作了一个意味深远的比较：

中国：公元1793年马戛尔尼使团到达北京——1911年辛亥革命，费时118年；

日本：公元1853年美国海军登陆日本——1868年明治维新，费时15年；

俄国：公元18世纪彼得一世改革——日俄战争（1904—1905），约200年的变化。

汤因比认为日本的现代化也就是西方化的进程是最快也是最成功的，其标志之一就是它不仅侵略了中国，而且在日俄战争中打败了俄国，从而得到西方列强的承认。

笔者认为，日本的西方化过程中有十分值得注意之处：日本在长期封建统治中所形成的民族主义，日本文化中的武士道精神、"藩阀"势力等，与西方的殖民扩张主义相结合，形成了日本的军国主义，这是日本文化中一个十分重要的特点。侵华战争的发生，乃至以后的珍珠港事件，都充分暴露了转型文化中本土主义与西化的不正当结合的必然结局。当然，这种精神最大的受害者其实是日本人民——广岛原子弹爆炸——就是第二次世界大战带给日本人民的悲惨后果，日本法西斯军国主义是真正的罪魁祸首。

综观以上关于文化转型的论述，关于文化转型特别是西方化有这样一种见解，即现代化不一定就是西方化。当然，当代西方文化是现代文化的重要类型，但不是唯一类型。文化的逾越与转型是现代化中一种常见现象，但这并不意味着对本土文化、民族文化的放弃与完全否定。当然，也不是绝对的"国粹主义"至上。重要的是看到文化转型中的传统融新的发展过程，即民族文化可以与现代化中的外来文化共同繁荣。

第三节　半殖民地的文化渗透

在世界性的殖民运动中，只有少数国家没有沦为殖民地，其中包括部分伊斯兰国家与中国。虽然他们同样多次经历了殖民军队的入侵，帝国主义军队的威胁等，甚至成为半殖民地，但是有幸摆脱被完全殖民的命运。比较文化中，深入研究这一类文化体系的历史演变过程也是相当重要的内容。

中国的元代曾经是一个东西方文化大融汇的时期，但是，随着蒙古人建立的庞大帝国的崩溃，古老的丝绸之路——东西方文化的大通道再次人烟断绝。奥斯曼帝国的统治直到小亚细亚和地中海地区，沿红海到波斯湾、黑海的古道，东西方文化之间的直接交通不再可能。直到15世纪末期，欧洲人才从海上重新来到中国。

首先到达中国的是葡萄牙人与西班牙人。根据有关记载，最先到中国的是葡萄牙人，公元1510年（明正德五年）葡萄牙人先是攻陷了印度西海岸的哥阿（Goa），次年攻占了马六甲。公元1514年（明正德九年）葡萄牙商人首次到中国海岸进行贸易，获得丰厚利润。第二年，马六甲葡萄牙的总督治乔治·阿尔伯克（Jorge I'Alboquerque）先后多次派遣商人与外交官来到中国，并委派了葡萄牙大使。值得注意的是，葡萄牙人进入中国与进入其他国家的不同之处在于，并不是直接的武装进攻。公元1575年6月，西班牙人的第一个使团来到福建，带领他们的人名叫拉达（即所谓僧人腊达），这是一个正式的外交使团，由于受到中国政府的拒绝，他们带着第一批中国书籍离开中国，这是欧洲人最早的中国文献之一。其中有一部名叫《明心宝镜》的中国书，用卡斯蒂利亚语译成，是现存的中国最早的欧洲语言译本。编者是一个名字不为世人所知的中国人樊立本（音译），译者是西班牙多明我会士科布，根据时间推断，译者是16世纪的人。公元1576年（明万历四年），中国使者来到马尼拉，向西班牙人宣布皇帝圣旨，允许西班牙人在厦门通商。继葡萄牙与西班牙之后，其他各国蜂拥而至，来往人员从最初的商人、外交人员与传教士发展到三教九流，无所不有。正如张星烺先生所指出：

> ……16世纪时，来中国者，仅葡萄牙、西班牙二国。至17世纪，荷兰、英国接踵而至。加以葡、西二国，欧洲之国通商中国者，共凡四国焉。17世纪时，英国人专力于印度。远东之商业，尚未盛旺。荷兰人以南洋群岛为根据。在东方商务驾于葡、西二国之上。至18世纪时，英国人不但独占印度，即在中国南海上，商业亦推第一焉。综数世纪之历史观之，在中国海面上商业，大概16世纪推葡、西二国最盛。17世纪荷兰为首。至18、19两世纪，则英国压倒一切焉。于此时期，欧化东渐，俱由海道，自西徂东。其主动力亦推此四国为首。其他诸国皆依此四国而进焉。[①]

西方文化从最初的通商，进而发展到传教、兴办工厂、开矿投资乃至全面渗透到中国社会的各个方面。同时，欧美各国与日本的军事入侵日益加剧，对

---

① 张星烺：《欧化东渐史》，15～16页，北京，商务印书馆，2000。

于中国传统文化从接受到批判，延续了近两个世纪。

在西方在进入中国的同时，中国文化也通过各种渠道，源源不断地进入西方，并且形成了一次短暂的"中国文化热潮"，其实就是中西文化间的交流与融合，是东西方科学、哲学、道德、文学艺术的全面碰撞、互相参益的盛举。这是继丝绸之路之后，近代中国文化西传的伟大历史事件。它的意义曾经被西方强势文化的压迫所遮掩，但随着全球化的推进，东西方文化进一步互相交融，它的意义再次显现出来。

明清两代近 200 年期间，大量的传教士来到中国，从 1582 年利玛窦来华起到 1919 年五四运动，历时近 300 年，先后进入中国的传教士不计其数。中西交往高潮起伏，蔚为大观，是当时世界所关注的大事件。首先是明末清初的耶稣会传教士的活动，时间从明万历年间到清康熙年间（1573—1722），这是对于中西双方贡献最大的时期；其次是清代中期，时间为乾隆继位起到道光二十年（1736—1840），这是经过一段时间中止后，再次出现的高潮；最后是清末到民国时代（1840—1919），其势头不减。据有关资料统计，仅耶稣会士在华就编译了中文著作 437 种。费赖《入华耶稣会士列传》所记载的就有 467人，这仅是九牛之一毛，其总人数是无法计数的。其中先期来华的著名人物有意大利的利玛窦、卫匡国，瑞士的邓玉函，德国的汤若望，比利时的南怀仁，法国的白晋、张诚、杜德美、蒋友仁等。清代中期之后，再次出现传教士来华高潮，他们在中西文化交流中起了桥梁作用，一方面把西方的科学技术介绍到中国来；另一方面则将中国文化向西方传播。

从 16 世纪起，中国学术就在西方引起轰动，葡萄牙巴洛斯的《亚洲史》（1539—1563）是西方人所熟知的中国文化名著，作者并没有来过中国。西班牙拉达所带回的中国书籍中包括有《资治通鉴节选》、《类编历法通书大全》、《徐氏针灸》及中国戏曲、类书等重要书籍，引起了西方学者对中国文化的巨大兴趣。17—18 世纪，随着传教士与商人们的频繁交通，中国大量典籍文献进入西方，特别是中国的《永乐大典》、《古今图书集成》、郑樵的《通志》、马端临的《文献通考》等流入西方。同时，大批长期在中国生活，精通中文的传教士回国开始翻译工作。当时的欧洲文化是无法与有五千年传统的中国相比的，仅以图书规模而言，欧洲人从来没有见识过《永乐大典》这样的大型图书，其卷帙浩繁、工程巨大令当时的欧洲人叹为观止。据说法国启蒙主义者、百科全书派的领袖人物狄德罗就是从中国典籍中受到启发，开始编纂法国百科全书的。

中国文化在西方的影响对于西方文化形态的发展起了重要作用，这是不可回避的历史事实,对于这一重要性,历来很少有人提到。笔者认为,这一作用表现于以下方面。

首先在于,中国文化引进是形成 18 世纪西方启蒙主义思想的重要原因,就像 19 世纪西方文化引进对于中国的现代化进程曾有过推动作用一样。西方长期以来受到基督教神学的思想束缚,新兴的市民与资产阶级努力寻找能对抗这一巨大势力的思想武器,中国文化特别是儒学是一种无神论的、非宗教性的,而且具有世界影响的伟大学说,正是所谓"别求新声于异邦",不过这个异邦就是中国,这种新声就是儒学。这是当时唯一能够对抗西方强大的基督教神学的人文主义思想体系。因此,启蒙主义者对于儒学表现出非同寻常的热情。启蒙主义大师伏尔泰说:

> 欧洲王公及商人们发现东方,追求的只是财富,而哲学家在东方发现了一个新的精神和物质的世界。①

启蒙主义的另一位代表人物霍尔巴赫的《德治或以道德为基础的政府》一书,就是把孔子的道德观念作为治理国家的基础。法国是当时世界的汉学研究中心,几乎所有的启蒙主义者全都认真读过《耶稣会士书简集》等关于中国的文献;几乎所有的启蒙主义者全都写过关于中国的论著,其中伏尔泰、孟德斯鸠、狄德罗等人论中国的著作都是无人不知的名著。这一切都说明,启蒙主义首先在汉学中心的法国出现当然不是偶然的。越过易北河,德国杰出思想家、科学家莱布尼茨更是中国文化的崇拜者。莱布尼茨有一个比喻,如果像希腊神话中用金苹果来评价女神的美一样来评价人民的善,那么这个金苹果应该丢给中国人。他还建议应该由中国派人来教导欧洲人以"自然神学的目的和实践",其矛头直接指向了西方引为自豪的一神教。

由于众所周知的历史原因,西方以后对于中国的态度经历了一个大转变,从初期的惊叹与敬佩转变为后来的蔑视与恃强凌弱。与 19 世纪列强瓜分中国后对于中国文化的轻视完全相反,西方的启蒙主义思想家愿意把中国文化看做一种有价值的参照系。启蒙主义是西方文化发展的重要转折点之一,产生了一种文化体系自身的逾越,资产阶级的自由、平等、博爱思想受到普遍承认,从而引起了欧洲对殖民地民族态度的改变。而作为异质文化,中国文化是造成西

---

① 转引自〔德〕利奇温:《十八世纪中国与欧洲文化的接触》,朱杰勤译,79 页,北京,商务印书馆,1962。

方启蒙运动的冲击力之一，使得西方人用两只眼来看世界，从自我中心的操作中解脱出来，克服神学与自我中心。伏尔泰的《论各族人民的风尚和精神与历史上的主要事件》被认为是比较文化的早期重要著作，苏联学者就曾指出，这本书"实际上是第一部真正的世界史，伏尔泰在这里与所谓欧洲中心决裂，他不仅注意欧洲历史，而且注意亚洲各国的历史，注意中国、印度、波斯和阿拉伯各国的历史"。① 启蒙就意味着与自我中心——欧洲中心论决裂，从历史来看，东方文化的发现，世界文化统一观的树立无疑是这一历程的关键。所以真正的启蒙观念应当是历史性的，当西方人以当代科技文明对于其他民族进行"启蒙"时，当我们自己的理论家在讨论近代中国的"启蒙与救国"时，我们不要忘记，西方文化形态不是当然的启蒙样本，它只是现代文化的模式之一。而且，中国文化也曾经对西方"启蒙"，这是历史的事实。而历史事实似乎永远超出人的想象，孔子这个在中国被顶礼膜拜近一千多年的偶像，突然间漂洋过海，到了欧洲，成为与耶稣分庭抗礼的"精神修养"的祖师爷，被启蒙主义者所供奉。如同天上出现了两个太阳，当时的欧洲出现了两个圣人：来自以色列人的基督与来自中国的孔子。一种古老文化在欧洲思想界奇妙地更新了，并作为现实的武器参加战斗。正如马克思论法国革命与启蒙主义者的那句名言：

　　　　于是他们在最旧的东西中惊奇地发现了最新的东西……②

　　说来真是令人难以置信，中国文化中最为传统的成分——儒学——在中国新文化运动中一直被看成是封建保守思想的代表，当年进步青年曾经喊出"打倒孔家店"的口号，但在 18 世纪的欧洲，儒学竟然被启蒙主义者用来作为"法国革命以及与之相联系的启蒙运动"的精神武器，这对于某些人来说简直是匪夷所思！以笔者所见，其实这正是一种历史辩证观念的表现，启蒙主义者所利用的，正是儒学中反对神秘主义与世俗神学的观念，这是儒学文化的一种重要精神。

　　其实这种精神在中国也曾经发挥作用，在中国历史上，上演过几乎相同的一幕。汉代初年，文帝、景帝都采用了黄老学说作为统治思想，这是一种道家的有神论观念。景帝时，儒者辕固生与道家黄生还就"汤武革命"发生过一场

---

① ［苏联］科斯明斯基：《苏联史学史概要》，转引自范达人：《当代比较史学》，198 页，北京，北京大学出版社，1990。

② 《马克思恩格斯选集》，第 4 卷，597 页，北京，人民出版社，1995。

辩论，《史记·儒林列传》中曰："辕固生……与黄生争论景帝前。黄生曰：'汤武非受命，乃弑也。'辕固生曰：'不然，夫桀纣虐乱，天下之心皆归汤武。汤武与天下之心而诛桀纣。桀纣之民不为之使而归汤武，汤武不得已而立，非受命为何？'黄生曰：'冠虽敝，必加于首；履虽新，必关于足。何者，上下之分也。今桀纣虽失道，然君上也；汤武虽圣，臣下也夫。夫主有失行，臣下不能正言匡过以尊天子，反因过而诛之，代立践南面，非弑而何也？'辕固生曰：'必若所云，是高帝代秦即天之之位，非邪？'于是景帝曰：'食肉不食马肝，不为不知味；言学者无言汤武受命，不为愚。'遂罢。"在这里，儒学赞颂"汤武革命"，给黄老之学的君权神授、君臣上下之分的说法迎头痛击，在当时必然有震动性影响。可惜的是，法国启蒙主义者不知道儒学这一段光荣的历史，否则，在公元 1789 年大革命中攻陷封建堡垒巴士底狱时，写在造反者旗帜上的必然是"汤武革命"的口号，这是一种反对君主"虐乱"、重视民心、以"天下之心"为受命依据的学说，必然受到当时革命者的欢迎。儒学在不同历史时期、不同国度中，因其学说的特性，受到如此的重视，这是值得我们今日反思的，三复其道，必有所得矣。

公元 20 世纪是中国文化发展的关键时期，从公元 1919 年的五四新文化运动起，中国传统文化面临多种冲突：来自西方欧美资本主义国家的民主政治与自由经济，来自马克思主义（主要是十月革命后苏联的马克思主义）思想的影响。公元 1949 年以后，中国大陆走上社会主义道路，经历了 50 年发展，特别是改革开放以后，成为世界经济强国之一。大陆与港澳台地区虽然社会政治制度有所不同，但是基本上坚持了共同的文化传统，这是必须肯定的。但是它们之间又有文化转型的差异。大陆是社会主义文化，是在马克思主义思想指导下，继承了传统文化的正确成分而形成的新体系，文化传统经历了巨大的改革。中国共产党领导下的政治协商制度、社会主义的国有与私营经济的多元化经济，这都是中国文化的新创造。而港澳台地区则在坚持中国传统文化特别是儒家文化的同时，不同程度地接受西方文化成分，经济成就突出，成为亚洲儒学文化复兴的中心区域。

无论如何，中国传统文化的转型是无可否认的，传统文化必须在新历史语境中重建，旧有的思想观念、道德伦理与艺术形式无一不受到检验。只有经过这种革故鼎新，传统文化的各种成分，包括意识形态与艺术等才可能再次焕发新的光彩。"周虽旧邦，其命维新"，这是经历了半殖民与半封建统治之后，中国文化复兴的必由之路。

第四节　四大文化复兴

从殖民地大扩张到工业化社会，再到世界势力的不断重新划分与战争，这是一个必然的历史发展过程。公元 1815 年维也纳会议之后，神圣同盟左右了欧洲的政治，最终引起了公元 19 世纪二三十年代的资产阶级革命，欧洲再次陷入混乱之中。直到之后的几十年中，各主要欧洲国家与美国先后完成了全面的工业化，成为世界经济强国。经过两次世界大战，大多数欧洲国家与美国取得了经济上的先进地位。并且从经济上的强势向文化强势转化，欧美国家与其他西方国家由于原有的文化传统与共同的政治利益相结合，成为世界上最大的强势文化集团。其他各国则处于弱势地位，经济上的不发达与文化的弱势之间有一种相对的对应关系，从而再一次改变了世界文化的分布格局。

文化复兴是这样一种现象，古代文化形成具有民族特色的传统后，有了独立的文化形态，自立于世界民族文化之林。但是，由于种种历史变迁或其他内部、外部的作用，使这一文化类型的发展受到挫折，产生中断或者离散，包括国家灭亡等。在一定历史条件下，这一原有文化体系重新得到继承与发展，这就是文化复兴。一般来说，文化复兴并不只是复活传统，而是发展创造新的文化。世界史上文化复兴其实是一种相当重要的现象，并且有一定的普遍性，它表现了民族文化强大的生命力与抵抗力。世界史上文化复兴的现象也并不少见。欧洲 14—16 世纪的"文艺复兴"（The Renaissance），其实就是一次古希腊罗马文化复兴运动。因为"文艺复兴"在西方的解释是"古典学术的再生"，其实，这次复兴不只限于文学艺术，也远远超出了"学术"的范围。正像马克思、恩格斯《共产党宣言》与恩格斯《自然辩证法》导言里所指出的那样，这是一次由于东西方交通发展，社会生产经济变化所引起的社会大变革，是一次真正的文化复兴，只是由于特定的历史条件下命名有所不同而已。在这个历史时期，古代希腊的文学艺术、哲学观念被作为时代革新的旗帜，古代的人文主义精神对于当时的中世纪宗教与封建专制进行了猛烈的冲击，神学的枷锁被粉碎，人重新成为世界的主人。正像英国诗人雪莱在《希腊》那首诗里所憧憬的景象：

> The world's great age begins anew,
> The golden years return,
> The earth doth like a snake renew

Her winter weeds outworn:

Heaven smiles, and faiths and empires gleam

Like wrecks of a dissolving dream. ①

（世界伟大的时代重新开始，

黄金岁月再度降临，

大地像蛇蜕皮一般，

甩去那陈腐的冬衣：

苍天欢悦，宗教与帝国

如同残梦般消解）

如果用这首热情洋溢的诗来表达近现代以来的民族文化体系的复兴，是再合适不过了。从亚洲的阿拉伯半岛到拉丁美洲的安第斯山下，曾经被殖民主义所压迫的各民族传统文化如春云乍展，世界为之焕然一新。

从超越单一国家与民族的界限而论，近代历史四次大的文化复兴运动，具有世界性的影响，这就是拉美文化复兴、犹太文化复兴、伊斯兰文化复兴与儒学的复兴。前三者是以民族与宗教为中心的复兴，后者是以古老的文明精神为主体的复兴，尽管有各种不同，但是共同组成了世界当代文化中的奇观。特别是在这个全球化的历史时代中，世界上一体化的思潮一浪高过一浪，西方化与现代化被认为是一体化的主要推动力与最终目标，众多的民族文化都进入转型阶段。这时产生的文化复兴运动，展示了文化发展的复杂性，这是一种独特的文化视域。它用一种辩证的观念来看待多种文化。世界性的文化复兴作为比较文化的重要内容也是笔者近年研究中提出的重要观点，是笔者与西方理论家如汤因比、斯宾格勒的文化研究观念的不同之处。

从公元 17 世纪起，世界不同文化之间进入一种大流通、大融汇的时代，欧、亚、非、美几个大洲之间克服重重障碍实现了交通与商业的经常性往来，一种世界性的交通与信息传递开始出现。人类有一种新奇的感觉：地球是一个整体，人类是同一种类。这就是 20 世纪所谓"全球化"的早期反映。在这种交往与流通中，主要的文化类型都经受了传统与改革的冲击。从文化自身构成

---

① Persy Bysshe Shelley, *Hellas*, qouted in *The Oxford Book Of English Verse 1250—1900*, Chosen & Edited by Arthur Quiller-Couch, London: Oxford University Press, 1921, p. 701.

来说，它有一种内向力，就是一种文化聚合力，正像赫尔德所说的是一种保持自我中心的作用力。这种作用力会产生对于外来文化的抗拒力。同时每一种文化又都有从外向内的吸收力，这是一种从外部文化吸取对于自身有益成分的作用力（这是赫尔德等人所未能认识到的特点），在这两种作用力的系统作用下，文化体系在保持自身固有形态与接受新文化因素的辩证作用中，时缓时疾地向前推进，发生着文化的转型。这一时期是世界文化维新与文化自持的明显时期。

第五节　伊斯兰文化复兴运动

伊斯兰文化复兴是指公元 19 世纪中期开始的，以阿拉伯民族为主体的世界性伊斯兰文化运动，它是以阿拉伯民族国家的独立、民族解放为基础的，伊斯兰文化与世界现代经济文化实现同步发展的文化运动。它包括了宗教、政治、道德、法律、文学艺术等各个领域的总体发展趋势。必须要说明的是，对于这一运动的性质与特征，甚至时间、范围等都有不同的看法。为区别囿分，必须指出以下几点：其一，有的书中把伊斯兰文化复兴写成一种"民族主义"运动，而"民族主义"一词本身的意义就很复杂。特别在一些关于全球化理论的著作中，民族主义有一定的贬义，与通常的意义不同，基本上与本土主义是同义词，所以我们建议不要使用这个词来说明伊斯兰文化复兴。其二，伊斯兰文化复兴是一个总体性所指，它与各种伊斯兰政治宗教运动有关联，但不是具体指哪一种运动。近现代以来，伊斯兰世界风起云涌，政治宗教运动不断，如哈瓦比运动的宗教改革、北非赛努西运动、苏丹马赫迪运动、伊斯兰圣战者运动、泛伊斯兰主义与伊斯兰现代主义等，它们作为具体的历史运动与事件，对于伊斯兰文化复兴的形成都是十分重要的，但是并不能取代伊斯兰文化复兴的总体意义。

伊斯兰文化复兴是一种历史现象，它不是偶然的。如同其他文化复兴一样，首先是一种文化由于异己力量的作用导致了其衰败或者被压制，在一定历史条件下才可能产生其自体革新与复萌。这是一种复杂的历史状况，有时是暴力的侵犯，有时是时代进步所产生的作用力，有时是不同宗教观念的冲突。如欧洲文艺复兴运动就是由于希腊罗马文化受到了罗马基督教的压制，在中世纪的后期人文主义思想的作用下，才形成了希腊罗马文化的复兴。伊斯兰文化复兴同样有它的历史原因。

15 世纪时奥斯曼土耳其帝国迅速崛起，公元 1516 年马木鲁克王朝被奥斯曼帝国所灭,从此,阿拉伯人特别是古莱氏人失去了伊斯兰世界长达 800 年的统治权,奥斯曼帝国成为伊斯兰的领袖。以后的几个世纪里,随着法国拿破仑对于埃及的入侵、英殖民主义者的到来,阿拉伯地区处于混乱之中,多种势力在这一地区争夺权力,不同文化互相对抗,导致伊斯兰世界的精神混乱。必须看到,伊斯兰文化复兴绝不只是阿拉伯民族问题,它是世界文化发展中重要的一环。它的社会历史背景是欧美列强所引起的"东方问题"的出现,西方对于土耳其的战争目的仍然在于占领中东这个战略要地。而伊斯兰复兴则是在反对殖民奴役的大形势下的产物。在这种形势下,各教派与各国都盼望振兴伊斯兰文化,在各国实现统一和平,这就为以后的伊斯兰文化复兴创造了条件。从19 世纪初期起,一场影响深远的伊斯兰文化复兴运动终于开始。从时间上来看,伊斯兰文化复兴主要有三个大的历史时期:

第一个时期是公元 19 世纪初到 19 世纪末,这一时期是文化复兴运动的初期,它是阿拉伯民族经过长达近 400 年的土耳其统治之后,争取民族解放与独立的运动。它的旗帜是"宗教改革",主要是对于长期以来与伊斯兰经典文献相悖的思想的排除。其行动形式以"圣战"等武装斗争为主。它最具代表意义的形态是瓦哈比运动,瓦哈比运动是阿拉伯人伊本·阿卜杜勒·瓦哈布领导的一次宗教改革和复兴运动。其目的在于恢复伊斯兰教的真正信仰,铲除长期以来由于异族入侵所造成的异端邪说,以《古兰经》为基本教义与行动准则。实际上,它的意义早已超出了宗教改革,它与西方基督教的宗教改革完全不同,从一开始它就采用武装斗争的手段,进行伊斯兰"圣战"。经过近 30 年的斗争,终于在公元 1932 年建立了沙特阿拉伯王国。同一时期,在西非、印度、印尼等国进行了伊斯兰"圣战者运动"。

第二个时期是公元 19 世纪末 20 世纪初的中东战争,阿拉伯民族在反对殖民主义的斗争中,实现了民族独立。经历了两次世界大战后,因为历史原因,在奥斯曼帝国时代,伊斯兰各国的民族、政体、宗教派别之间十分混乱。在这一历史时期中,阿拉伯地区、波斯、土耳其都开始建立独立的民族国家。这一时期的伊斯兰文化复兴也主要表现在各国的政治关系上,早就提出的泛伊斯兰主义、建立阿拉伯国家联盟等思想,经历了两次世界大战之后再次泛起。公元1926 年在麦加召开了世界伊斯兰大会,公元 1962 年沙特国王提议成立世界伊斯兰联盟,总部设在麦加。

我们可以把这一时期伊斯兰文化复兴运动的主要表现看成是泛伊斯兰主义(也称为大伊斯兰主义)思想的传播,中国学者秦惠彬曾经对于泛伊斯兰主义的思想观念进行过这样的概括:

　　　　泛伊斯兰主义的主要内容是，政治上强调反殖（疑此处缺一
"民"字——方汉文注）和反专制，主张全世界穆斯林不分民族，拥
戴一个共同的哈里发，在伊斯兰教法的基础上建立一个超国家、超民
族、超地域的统一的伊斯兰教大帝国，使东方各民族摆脱内部专制政
权和外来殖民主义；伊斯兰国家必须实行改革，要自强不息，提倡伊
斯兰教的兄弟精神。……在宗教思想上，泛伊斯兰主义提倡改良革
新，认为穆斯林要应付时代的挑战，就应当学习西方国家先进的科学
与文化，扫除文盲，普及教育，既（疑应为"即"——方汉文注）把
宗教教育列为国民教育的第一课题，纯化宗教，提高国民素质，改变
伊斯兰国家落后状态。①

　　应当说这种概括是全面的，不过也应当补充一点：作为一种大的思想运
动，泛伊斯兰主义的思想宗旨是比较复杂的，有不尽统一之处。如有人不一定
完全赞同"一个共同的哈里发"等主张，不同年代与不同国家在观念上有一定
歧异之处，这也不足为怪，但必须肯定，其基本观念是相同的。

　　第三个时期是中东战争之后，由于以色列复国与巴勒斯坦等伊斯兰国家之
间产生了领土纠纷。特别是因为美国等国家的介入，使得形势更加复杂化。这
就在伊斯兰文化复兴运动中也引起了新的反应，这种反应是复杂的，相当突出
的是一种对伊斯兰国家加强团结、采取一致行动的呼声。如公元 1969 年就成
立了伊斯兰国家组织：伊斯兰国家首脑会议、伊斯兰外长会议和常设秘书处。
不久，各种伊斯兰组织相继诞生，如伊斯兰开发银行、伊斯兰发展基金会等，
在新闻传播方面也有了统一的组织。

　　思想观念方面的发展是激进主义与民族主义成为主流，其政治主张是伊斯
兰的政教合一，要求建立伊斯兰国家，并且在伊朗、阿富汗等国成为现实。其表
现为反对西方殖民与共产主义意识形态，全面伊斯兰化，主张开展伊斯兰圣战，
与一切反伊斯兰的政治派别、民族与国家进行斗争。公元 20 世纪中后期阿富汗
与苏联的冲突，21 世纪初期愈演愈烈的中东冲突，甚至美国发动的对于阿富汗
塔利班武装的清除，都正在提出一系列的问题，使我们更加关注阿拉伯与中东。

　　无论如何，伊斯兰文化复兴是当代文化中不可忽视的历史现象，对此只有
联系到不同文化之间的历史与现实关系，进行时间与空间相结合、历史影响与
逻辑比较相结合的研究，才可能有切合实际的观念。

---

　　①　秦惠彬主编：《伊斯兰文明》，127～128 页，北京，中国社会科学出版社，1999。

第六节 拉美文化的复兴与"复魅"

总体来说，非洲殖民运动开始早，殖民主义者在非洲进行了残酷的杀戮，将非洲黑奴贩运到欧洲和美洲，这是一种劫掠性的大殖民。拉美国家的人民同样遭受了最深重的迫害，但是殖民主义者是将拉美作为欧洲工业化的大市场与原料供应地，白人大量移民，在拉美建立工厂与农庄，大批的非洲黑奴在这里作为劳动力，为欧洲工业化进行大生产。也正因为如此，为拉美建立了较好的工农业基础，为以后拉美的经济崛起准备了条件。

拉美文化的复兴出现于19世纪，其直接原因是法国大革命与欧洲革命的政治影响。拉美大国中欧洲移民数量多，欧洲大陆上的风吹草动无不波及拉美。法国大革命后，立即在巴西引起极大反响。公元1820年葡萄牙发生资产阶级革命，原来为了躲避法国拿破仑军队而偏安巴西的葡萄牙国王若奥六世被迫回国，佩德罗亲王就任摄政王，他联合了革新力量策划巴西独立。公元1822年9月7日发表巴西独立宣言，三年后葡萄牙政府承认巴西殖民地的独立。秘鲁的独立则更具典型性，由何塞·圣马丁率领的印第安人远征军攻陷首都利马，公元1821年7月28日秘鲁宣布独立，这块曾经由印第安人创造了印加帝国辉煌文明的地方，名正言顺地回归了印第安文化。当然，这已经不是昔日殖民者入侵前的旧文化了，这是一种由原住民与移民其同创造的融合型文化。巴西独立后，废奴运动日益高涨，经过半个多世纪的斗争，公元1888年巴西正式宣布废除奴隶制度。从17世纪起，非洲黑人就不断被引入巴西，成为种植园的奴隶，黑人占到总人口的10%左右，废奴运动对巴西意义极为重大，如果没有民族解放与废奴运动，拉美文化复兴是不可能的。

大工业化是拉美文化复兴的条件，也是它的契机，独立之后，巴西实现了经济腾飞。19世纪20年代即成为世界最大的咖啡产国，同时农业、畜牧业也发展迅速。20世纪中期以后，工业经济开始居于主导地位，公元1948年到1980年，巴西经济创造连续高速增长的奇迹，为拉美国家经济发展树立了样板。公元1982年之后，拉美经济经历了为期十年的彷徨，直到20世纪90年代终于走出低谷。在所谓"新自由主义"的浪潮中，从公元1991年到1994年，拉美国家经济达到平均3.6％的年增长率，世界贸易额大幅增长。国内实行大规模的经济私有化政策，减少通货膨胀，经济欣欣向荣，文化复兴的大态势得以形成。

在拉美文化复兴中，传统的再现是不可忽视的现象。与中国、以色列或者阿拉伯国家不同，拉美的传统文化的代表不是哲学或宗教，没有中国儒学、以色列的犹太教或伊斯兰宗教，拉美的传统是古老的印第安文明，这种文明具有代表性的传统是其古代宗教、历法等科学技术和神话等文学艺术。因此，拉美文化复兴有自己独特的道路。20世纪拉美文学最重要的现象就是所谓"魔幻现实主义"（Realismo magico）。从20世纪40年代起，拉美作家们就开始有意识地摆脱西方文学的影响，兴起了本土化文学的热潮。1943年古巴作家卡彭铁尔提出"神奇的现实"论，认为拉美文化本身具有神奇迷幻的特性，其自然风光与社会政治局势的动荡就是神奇的，号召文学反映这种神奇的现实。而形成这种神奇观念的核心就是印第安人的传统，因此从20世纪60年代起，拉美作家回归印第安传统，借鉴拉美地区的神话传说、民歌民谣、传统习俗等，形成独特的文学潮流。涌现出了哥伦比亚的加西亚·马尔克斯这样的杰出作家，他的小说《百年孤独》等赢得世界声誉，本人获得诺贝尔文学奖。其他如危地马拉作家米格尔·安赫尔·阿斯图里亚斯、墨西哥作家胡安·鲁尔福等人也是相当杰出的代表性作家。

拉美文化复兴以经济、科技的高速发展与传统回归的结合吸引了世界的目光，其中本土传统与外来文化的有机融合，是这种文化复兴的重要特点。这是经历了数百年殖民地统治之后兴起的新型文化，其历史经验与价值对其他民族具有启发性。事实上，直到20世纪初期，西方最杰出的历史学家仍然将印加文明看成是一种死亡文明，但是今天的观点却完全相反，托马斯·塞克姆在评论美国历史学家普雷斯科特的名著《秘鲁征服史》时写道：

> 但是可以毫不怀疑的是，西班牙的征服摧毁了一种最为卓越的文明，这种文明对于生活在其统治下的人民就主要方面来说带来了少有的幸运。①

其实就在不到半个世纪之后，拉美文化复兴就开始席卷各地，古老的印加文明成为这种复兴中最重要的历史图景之一。当年的西班牙殖民者做梦都没有想到，在他们将1000万印第安人"消灭"到了100万，以为将印第安文化已经从地球上灭绝了300年后，拉美大地竟然为这种古老文明的复兴所震动。而在此时，欧洲殖民者坟墓上的青草却早已枯黄。

关于拉美文化复兴，有些学者认为，由于欧洲殖民主义灭绝了美洲的传统

---

① ［美］普雷斯科特：《秘鲁征服史·序言》，周叶谦等译，24页，北京，商务印书馆，1996。

文明，所以现代的文化复兴其实是传统的宗教与神话的变相再现，是本土宗教的"复魅"。美国人卡洛斯·卡斯塔尼达甚至创造出一个印第安教巫师唐望的形象来，认为拉美文化的复兴得益于印第安古代宗教的"魅力"。

在笔者看来，这是一种极端错误的看法。拉美文化复兴中，传统文化是重要因素，这无可否认，但是文化复兴绝不是宗教时代的复归。拉美文化复兴与当代亚洲太平洋文化中的儒学复兴一样，是一种现代化思想运动。这种运动的特点是以振兴民族文化传统为手段、进行现代化改革为目标的，它是前进的，而不是倒退的。它是社会改革进程的表达，而不是向神秘主义的复归。拉美文化的民族化，正是它的一种现代化方式，这是拉美的现代化模式创造，而不是西方的现代化模式的套用，这是拉美文化复兴的真正价值所在。任何巫师与巫术，都不可能有这种作用。

第七节 犹太文化复兴

犹太文化是世界最古老的文化形态之一，它发源于地中海边的巴勒斯坦，这里的古代是多种文明的中间地带，北边是小亚细亚，东边是两河与阿拉伯地区，南边是西奈沙漠，西边是地中海。这片地区从经济条件来说并不是特别富饶，但是相对于沙漠地区仍然是适于人类居住的地方。古代埃及人与希伯来人称之为迦南地，也就是希伯来人所说的"流着奶与蜜的地方"（A Land Flowing with Milk and Honey）。古代迦南地是人类文明发源地之一，从旧石器时代就有人类活动。进入文明社会之后，由于地处埃及与两河流域之间，这一地区形成多种文化影响的特征，但仍然形成了迦南地特有的文化，以农业为主，有少量畜牧业，商业相对发达。迦南人使用的语言是阿卡德语与楔形文字，部分人受埃及影响，使用埃及的语言与文字。犹太的先祖是闪族语系的希伯来人，大约从公元前1900年在酋长亚伯兰（即亚伯拉罕）的带领下，来到迦南地。公元前18世纪时，希伯来人迁入埃及，在尼罗河流域的歌珊地区安居下来。公元前15世纪，希伯来人的首领摩西率领不堪埃及法老迫害的希伯来人走出埃及，回归迦南地。这就是历史上著名的"出埃及"，从这时起，希伯来人的民族自主意识大大加强。摩西创立一神教，使得犹太人成为世界上最早的一神教民族，这是犹太人对于宗教的一大贡献。公元前11世纪，扫罗建立了第一个希伯来王国，到所罗门王时代（公元前973—前930年在位）希伯来文化发展到一个高峰时期。可惜的是，这一民族多灾多难，公元前586年，新巴比伦帝国攻陷耶路撒冷，犹太王国宣告灭亡。包括国王在内的万余人被俘，押解到巴比伦，这就是所谓"巴比伦之囚"。从此之后，犹太人开始了漫长的复国之旅。虽然以后犹太王国屡次建立但几乎旋即被灭，直到 1948 年当今以色列的建立，历时两千年，才正式恢复了这一文明古国。20 世纪中期，在古代犹太人居住的以色列古国土地上，一个新的以色列国重新建立。

经过半个世纪的奋斗，20 世纪末，以色列成为发达国家之一。1998 年国内生产总值达 900 亿美元，人均国内生产总值超过 15000 美元，在世界各国中名列前茅。以色列的现代化过程与众不同，犹太传统中重视文化教育，以色列在文教方面的多项指标都居世界首位。我们仅举其中相关数据即可知道：其教育经费投入长期约为 9%，居世界第一。有 7 所以上大学是世界著名大学，人均教授拥有量为世界第一，平均不到 5000 人就有一个教授。每万人在国际科学杂志上发表论文数量为 120 篇，也是世界最多的。犹太人重视学习，以色列平均 4000 人有一所图书馆，成人每月读一本书，这些数字也是世界第一。每万人中有 130 名工程师或科学家，远超过美国和日本，同样位居世界首位。

科研领先是以色列工业、农业发展的另一特征，特别是高科技的研究。以色列在计算机、能源研究、化学化工、生物技术、航空航天、医疗设备等尖端领域都在世界上处于最前列。其高科技公司早在 20 世纪末就多达 2000 多家，素有"世界硅谷"之称。以色列的高科技农业更是举世闻名，"艰难玉汝成"，在狭小的国土上，干旱缺水，又没有能源，以色列人发展起世界上前所未有的计算机控制滴水喷灌技术，农业高产再次领先世界。

犹太文化复兴不仅在以色列国土上，同时也发生在美国。美国，这个世界文化大熔炉中的犹太文化放射出异样的光芒，犹太复国的主要力量锡安主义运动就是在美国发展起来的。在美国政治、经济与社会各层面的综合发展中，犹太文化是最强劲的一支。在积极参选参政、支持工人运动、反对纳粹大屠杀、主张和平解决国际冲突（中东问题除外）、援助发展中国家等方面，犹太人及其社团都有举足轻重的作用。当然其中有无可讳言的原因，美国富豪中，犹太人的比例最高，是美国各族裔所不能比的。美国的重要工业、能源、交通、金融与新闻等领域，犹太人更是处于极为重要的地位。历届美国总统大选，犹太社团都是最重要的政治力量之一。

犹太文化复兴是世界文化史上的一个奇迹，灭国两千年后竟然复国并且形成一种影响世界的力量，一种古代文化借助于本体的精神，历经多年奋争，终于重新兴起。这种复兴，某种程度上，正像中国诗人郭沫若的诗《凤凰涅槃》中所描绘的神话：凤凰在火中重生，一个古老民族再度获得精神新生、精神复活的骚动与兴奋。

以色列的复国历程其实就是犹太文化的复兴过程，也就是说，复国是犹太文化复兴的主要目的与成功的标志。对于这一点，无论犹太人还是世界其他民族的认识都是十分清楚的。一种古代文明，经历了五千年历史风雨，其中几乎两千年是在亡国的状态下。而这种长期的磨难并没有使得这一文化传统完全中断，并且最终取得复兴。其民族耻辱之深重、忧患之尖锐是世界史上绝无仅有的。从这一民族文化复兴的历程，我们可以看到民族文化传统的巨大力量与潜能。但是，犹太文化的意义并不在于以色列国家的重现，它的意义更重要的是一种饱经风霜的民族文化重新与当代世界交流，这一复兴是以色列人长期斗争的结果，也是世界爱好和平的各民族战胜殖民主义与民族灭绝主义的表现。这一复兴是"文化平等、文化自由"原则的胜利，也就是我们上文一再指出的，比较文化研究中的基本原则，世界文化无论其发达与否，它都是平等的，有其信仰的权利与发展的自由，这可以说是犹太复兴的最主要启示。

当然，中国等国家在其民族存亡的关键时刻曾经多次予以支持，这是犹太文化得以复兴的重要因素。当"排犹"运动遍及世界时，独有中国向犹太人敞开国门，接纳了一代又一代被世人驱逐的犹太人。中国历史上在一千余年间，曾经多次大规模接纳犹太人，这也是世界史上独一无二的。从7世纪的唐代起，犹太人大批来到中国。第二次犹太人大型入华是从宋代到19世纪，中国的古都长安、开封等地曾经聚集大批的犹太人，建立了犹太人居住区。这是一次延续时间最长的、完全融入主体文化的迁移。在中国历史上，许多周边民族曾经融入中华民族，但像犹太人这样的远方民族，这样长时期与大规模地居住于中国的异国文化群落，却是寥若晨星。最后这一犹太人分支竟然完全融入了中国各民族之中，他们与中华各民族通婚联姻，繁衍生息，最终同化于斯。犹太历史上从来以对异族文化的抗拒、独立于居住地的异域民族而保持本民族传统而著称。埃及、巴比伦、古代希腊与欧洲基督教同化犹太人数百年无果而终，只有中国的犹太人竟然完全同化，被世人看做犹太史上的奇迹。究其原因，就是笔者所指出的，中国文化的基本特性之一。中国文化是一种以儒学为主体，儒释道、伊斯兰与基督教多种宗教与多种民族共存的文化体系。其文化主体儒学不是一神教，甚至不是一种宗教，它主张仁义礼智、多种宗教与民族的共同发展。犹太人在许多国家受到歧视与排挤，反而使他们的社团与社会隔离，一直处于独立发展的境况。只有在中国这种多民族融合的生活环境中，犹太人最终融入当地人中间。这也是发人深省的一段历史。

犹太民族的文化复兴是不是一种历史的特例？

很多学者把犹太文化复兴看成是一种历史的偶然现象，认为是由犹太文化本身的特性所决定的，如犹太人的一神教宗教教义、社团生活习惯、特有的思维方式、民族心理等。毫无疑问，这一切对于犹太文化复兴是十分重要的。长期的流亡生活、残酷的外部环境与巨大的压力，对于犹太文化的传承不但没有起到破坏作用，反而一定程度上使得它具有更大凝聚力。散居世界各地的犹太人顽强地保存自己的传统，组成自己的社团，最终使得这一文化重新复活。但是，这也并不是一种偶然现象，而是一种传统文化反对压迫（首先是外来入侵等）的自我保护的必然结果。文化传统并非不可能消亡，古代战争与近代殖民化过程中的民族文化灭亡的现象可谓比比皆是，触目惊心。但是，文化复兴对于成熟的、有高度修养的文化来说，更是一种必然的规律。这是因为文化体系精神差异是难以消灭的，一种发达的文化精神是人类生存的一种特有方式。文化的多样性，归根结底是人类生存状态多样性的一种表现形式，非洲与欧洲、海岛与高原、人类思维与行为方式之间的差异永远是存在的。并且是这种差异在推动着人类文化的发展，没有差异也就没有发展。一定程度上，是差异促进了发展。因此，差异的存在是自然的，文化复兴就是文化差异辩证发展的一种形式，当一种文化被压制时，也就意味着，它在一定的时期会复兴。

犹太复兴虽然不是一种特例，但是它并不是一种相当普遍的现象，这也是事实。因为历史上像以色列国这样的状况毕竟不是太多。笔者所最感兴趣的是，有人多次把中国文化与以色列文化相提并论，认为两者是世界上从没有间断的文化。这种比较必须有一定范围，中国文化与犹太文化有许多相近之处，但是其历史命运毕竟是不同的。中国学者们已经指出：

> 发端于4000年前的犹太文明是世界上最古老的文明之一，也是世界上两个主体精神从古至今一脉相承的文明之一（另一个是汉儒文明）。不过，与汉儒文明乃至世界上几乎所有文明都不同的是，它是一个在近2000年里失去了故土和家园，没有固定的主体活动地域，因而流散并渗入世界各地域的文明。[①]

应当指出的是，作为一种文化类型，犹太文化不能与中国文化特性完全等同。中国文化是一种持续的文化传统，儒家文化或者汉文化是中国文化的代表形态，从它的主体来说，不但是延续的，而且是发展的。必须要在一个国家或

---

① 潘光、陈超南、余建华：《犹太文明·前言》，1页，北京，中国社会科学出版社，1999。

地区的民族之中具有稳定的历史传承关系，这也是世界主要文化体系所必然具有的特征。而犹太文化则不同，一定程度上它是曾经长期受到肢解与破坏的文化，所以，对它来说，文化复兴的意义更为重要。这与伊斯兰文化复兴、儒家文化的复兴都是不同的。

第八节 儒学的世界化及其复兴

与以上文化复兴运动相比，儒学复兴是一种最少涉及民族、宗教、政治冲突的文化运动，一定程度上，它只是一种思想运动，不像其他复兴运动时有民族斗争的实践。这里没有战火硝烟，只有理论争辩与其密切相关的亚洲国家的经济发展。同时，它又是与历史上西方文艺复兴运动最为相近的一种具有复古名义的文化运动。如同古代希腊罗马的思想观念重新被人文主义者看成是取之不竭的精神源泉一样，中国古代文化传统特别是儒家孔子的学说，经过五四运动及长达六十余年的批判之后，再次吸引了中国理论界与世界的目光。

儒学复兴是指以儒学为指导的中国传统文化重新在当代世界经济与政治发展中处于重要地位。它的主要表现是 20 世纪后期亚洲地区和国家的经济持续高速发展，出现了被称为"亚洲四小龙"的经济实体。从 20 世纪末到 21 世纪初，中国经济经历了多年持续高速增长，特别是在世界金融危机中，与印度、巴西和俄罗斯被称为"金砖四国"，更是使得世界极为关注这一文化复兴。

20 世纪 70 年代，亚洲太平洋文化体系的儒家文化圈国家出现经济高速增长。位列"亚洲四小龙"之首的新加坡的国土只有 56 万平方千米，人口只有 310 万，但正是这个小国，从公元 1976 年起到 1996 年，实现经济腾飞，人均收入仅次于文莱与日本，位列亚洲第三，成为国际金融中心。从公元 1971 年到 1979 年，韩国国民经济总产值从 95 亿美元增加到 614 亿美元，年增长率为 9.9%。到 80 年代末，韩国国民经济总产值居世界第 13 位，人均国民生产总值居世界第 30 位。这些国家的经济奇迹引起世界关注，从而对其文化进行探讨。

这种经济成就的取得有其文化基础，即孔子儒学的道德伦理与世界观对于中国和这一地区的影响。这是亚洲国家在近代以来落后的形势下所取得的成就，也就是其指导思想——儒学的复兴。

这一观念有许多值得商榷之处，如文化与经济的关系方面，文化是不是直接决定经济发展。西方学者中很多人反对马克思主义的"经济决定论",但是现在有人又在用"文化决定论"来解释社会生产。中国 20 世纪的经济发展是不是由于儒家经济作用,更是有争议的。如果说中国早就批判了孔子思想,如何又把经济发展看成是儒学的作用?这一类问题不能一一列出,不管是否赞同"儒学复兴"的说法,这一观念已经有相当大的社会影响,已成为比较文化必须研究的内容之一。

澳大利亚学者李瑞智等人对儒学复兴的表现有一个很清楚的表述,我们不妨引述如下:

(1)强调对社会的义务而不是权利,相互作用所产生的复杂传统,保证他们都强调义务,并有劳也有得。

(2)强调人治,或德治,而不是法治,最大限度地尽可能促进社会的和谐及团结,强调礼仪或"规矩",相互之间竞争是在保持社会一致性原则下以礼而谦恭地进行。

(3)高度强调严厉的甚至无情的教育竞争,受教育是无上光荣的,教育竞争的胜利者可终身获得国家官僚和其他崇高的地位。

(4)强烈的古今一脉相承的意识,促使高度重视远期的历史成就对今天重大体制上的和有关事业上的需要,这同西方强调"账本底线"和"价值效果"的短期观念,形成强烈的对照。

(5)高度的人文社会和秩序的价值意识,而不是物质上的拥有和积累,最了不起的经济权威是掌握在那些高层次的无商业动机而他对商业现实敏锐地一清二楚的人手中的。

(6)高度重视由强烈的必须经受直觉和感情检验的意识加以平衡的逻辑性和合理性,这从儒教和道教许多互补的精神传统以某种方式反映出来。

(7)强烈关注现实的变化和极端事物转换的新情况,而不是持相互冲突对立的观点,这分别反映在《易经》阴阳学说中。

(8)对商业、技术和科学有一种独特的观念,认为"市场竞争"的开展和保护"环境"之间是协调的,不应出现大问题,结果是对科学的"突破"不是很感兴趣,而是热衷于不同技术的"融合",给人们带来更大的好处,如机器人。

(9)治理社会的官有权有责,及其对待问题一贯的实用主义和革新精神,这种强烈的本能是非儒学国家难以想象的。

（10）严重关心避免西化和个人主义的"精神污染"，由于可能削弱并造成社会和国家的危害，这种污染几乎被看成犯罪。①

笔者认为，以上概括中，关于儒学对于社会关系、德治与法治之间的关系、教育与尊重传统的观念、认识上的直觉与逻辑关系、辩证观念等方面的见解是有一定道理的，可以说局部反映了中国儒学的特征。西方学者对于儒学的看法是一种"他者"的观察，是一种异己文化的视域，它是对儒学特性的一种国际的视域，这可以看到中国人自我所看不到的东西，这是无可置疑的。所谓"他人有心，予忖度之"即是如此。从另一方面来说，中国学者对于自己母体文化必然会有更为真切的认识，因为是从这一文化的内部来观察和解释，有自己切身的体会，有自我认证的机制。但关于儒家文化，中国人却是见仁见智，各不相同。笔者以为，上文所说的中国文化的基本特征已经将儒学包括在内，因为儒学不仅是中国文化的主流，而且是中国文化精神的代表。由于上文是一种理论的概括，很多学者问及笔者关于儒学的哲学观念、道德伦理等具体学科中的一些观念，笔者曾在一些论文中多次作过说明，兹简要略述如下：

其一，道中庸是儒家之道的根本，这是众多学者所赞同的，冯友兰曾说：

《易传》与《中庸》的作者，虽说都受道家的影响，但他们却又与道家不同。他们接着儒家的传统，注重"道中庸"。这是他们与道家不同底。②

什么是"极高明而道中庸"？简单说，就是认识方法的辩证合一，其中包括天人辩证、他人与自我辩证、个人与社会辩证的合一关系。这是儒学的认识方式与认识规律，他们不取法自然，也不完全主张人治，不贬低法治，更注重德治。重考证、逻辑与推理，但也不废直觉情感。

其二，礼与仁的制度观念，这是儒家所特有的社会观念。礼，经过数千年礼仪崇拜的内化，礼的观念外化为仁的思想，从低级的礼式行为到高级的行为规范，形成制度观念。成为了主体与主体，主体与客体，个体与群体，个体与个体，群体之间的关系的规范。后现代主义者的"主体间性"在中国文化中是

---

① ［澳大利亚］李瑞智、黎华伦：《儒学的复兴》，范道丰译，62～63页，北京，商务印书馆，1999。

② 冯友兰：《冯友兰选集》，下卷，368页，北京，北京大学出版社，2000。

最容易解释的，因为从历史上来说，儒家从来不是也从未追求自我中心的状态，道家、法家、墨家、佛家、伊斯兰教、基督教等一直与它并行，所以"主体间性"是它必须承认与接受的原则。

其三，"天人合一"的自然观念，这也是和西方人与自然斗争所不同的，它是中庸之道用于天人关系的必然产物。与礼、仁观念一起，成为中庸之道的双翼之一。这也就使得它与当代的环境保护主义或生态观念取得一致。但是，中国的"天人合一"，我们已经多次指出，是一种天人辩证，不是天人融合。这是与美国爱默生、梭罗的自然主义不同的。

以上是儒学的本体论，由此本体论出发，有它的发生论、方法论与实践论范式，也有它的功能与特性，这种特性是多层次的，如无神论与有神论、一神教与多神教、政教合一与政教分离等社会实践的层次等。总之，尊重其他宗教的文化和谐观念，知行统一观念，道德中心观念，平衡发展观念等实践原则表现出一种文化体系的统一性；至于形而上层次的方法论中的辩证逻辑与辩证思维方式则是从《易经》中发展来的。成中英曾经指出过一点，笔者赞同这一观念。如成中英所说：

> 中国哲学特征之一乃是其辩证性。而此辩证性通过《易经》，则可以明确的把握。[①]

其他一些特点，另外如逻辑与直觉结合等。社会历史发展论中的社会稳态结构，社会层次结构等，我们就不一一论述。最根本的仍是核心观念的把握，其余特性是这种核心观念的外化与内化所形成的。

其四，我们要强调的是，儒学的复兴与"新儒家"不是同一个概念。"新儒家"是一个比较混乱的概念，人们有各种解释。有人认为从秦汉时期就有新儒家，也有人认为从韩愈到程朱是新儒家，还有人则把梁漱溟、熊十力、冯友兰、牟宗三等人看成是新儒家。目前在文化研究中，比较多的人同意把现代哲学中的一些有儒学观念的理论家看成是新儒家，把五四新文化运动之后仍然坚持儒学甚至超出儒学的一些学者看成是新儒家。对于这些学者的学说及观点，我们认为其主要特征是从中国古代哲学观念出发来解释现代哲学问题，并且与相关的文化问题有一定关联，一定程度上可以说是一种传统观念的新理解。新儒家的活动方式以理论探讨为主，而且以哲学为主，对于比较文化的研究有一

---

① ［美］成中英：《论中西哲学精神》，135页，上海，东方出版中心，1991。

定参考作用。过去由于历史原因，有的学者对于新儒家有一定的看法，如郭沫若就曾说过：

> 先秦儒家在历史发展中曾经起过进步的作用是事实，但它的作用老早变质，这个时代也老早过去了。这和爬虫时代一去不复返的一样，我们今天虽然在研究恐龙，珍惜恐龙的骨化石，乃至有时颂扬它的庞大，但有谁会希望恐龙夫子再来作一次生物界的主人呢？即使你希望，也是枉然的。在今天依然有人在怀抱着什么"新儒家"的迷执，那可以说是恐龙的裔孙——蜥蜴之伦的残梦。①

历史证明，以上看法有片面之处，虽然"新儒家"的再现未必可能亦不一定必要，但儒学的复兴是可能的，无论这种复兴是以何种形式，是经过一定的思维模式转换或是有新的历史内容。无论它的表现形态是什么，是通过经济发展形成的地域文化特性还是整体的道德伦理系统。总之，作为一种民族文化传统，它已经在当代社会生活中产生了重要作用，我们不能无视其存在。而应当以一种积极的态度去研究它、分析它，使它得到理论阐释，并且可能有进一步的扩展。

---

① 郭沫若：《十批判书》，522页，北京，东方出版社，1996。

第十五章 文化体系的冲突与融合

第一节 全球化时代的文化关系

进入 21 世纪，世界文化的多样化与世界经济全球化并存，成为这个世纪的显著标志之一。人类社会发展史上，从来没有一种理论观念和一种社会意识在如此广泛的范围内受到关注，当代世界中的不同民族、不同种族、不同国家与不同阶层都在使用这一对范畴。

关于全球化的概念，根据西方学者沃特斯（Malcolm Waters）等人考据，"全球化"（globalization）一词的词根"global"早在 400 年前已经出现，这个词的词源即是"哥伦布"。当然也有不同说法，无可否认的是，"全球化"一词是 20 世纪 60 年代才开始使用。1961 年英文韦氏大词典才首次收入了"全球化"和"全球主义"。它在学术界的影响则更为晚近，20 世纪 80 年代以后，"全球化"一词才开始风行，1987 年在美国国会图书馆目录尚未收入"全球化"一词，直到 1994 年才收入相关条目。

所以相当普遍的看法是：全球化作为一种理论概念起于 20 世纪 80 年代，我们基本上赞同这种看法，但是正如以上简单的考据所证明，全球化的实际起源是很早的。有必要说明的是，由于涉及不同领域和理论流派，西方学者对于全球化的解释众说纷纭，很难有统一的见解。如果有人问到：全球化为什么会出现？或者说，全球化观念为什么会产生如此大的影响？答案将会更加纷纭不一，其实在笔者看来，当代世界的现实已经提供了最具说服力的答案。至少有这样几种因素做触媒对于全球化观念最终形成是有决定性作用的：

其一，当代世界最新科学技术的发展已经将工业化时代以来的全球经济联系推进到新的阶段，世界分享了网络技术、数字化与信息化技术革命所带来的全球性技术一体性。从赤道到南极、北极，从东方到西方，任何地方发生的事件几乎瞬间就可以传遍全球。

其二，人类生存条件与生存意义的共同性与相关性愈加明显。表现为全球性的环境保护，地球自然状态与人类行为方式的和谐关系的要求。全球性的经济发展与环境保护意识的加强同时出现。毛泽东诗词中曾经有过一种美好的憧憬："环球同此凉热"，当代社会所关心的则是"地球是否变暖"等一系列环境保护问题，两者所反映出的正是人类大同精神的不同阶段特性。

其三，世界性的文化交流与商品交换所创造的人类物质精神生活方式的变化，正在逾越民族传统的界限。这种变化气象万千，我们不妨从其最具体的现象来观察它。商品作为文化象征正在成为全球化普遍的体现，这是一种最古老的象征，如同古代丝绸之路上的中国丝绸与茶叶、印度香料一样，当今世界各国市场上的美国、加拿大的农产品，波斯湾的石油，荷兰鲜花，日本汽车，中国电视机，哥伦比亚咖啡……如浪潮一般穿越各国国界，形成一种大流通。这种物质现象可以使人对于商品象征意义的认识不断加深，正如一些西方的文化唯物论或新唯物论学者所说的那种"活生生的物质性"（animated materiality）。我们并不欣赏这种过分的强调商品意义的论述，但无可否认这种观念对于比较文化学是有意义的。人类学家马歇尔·萨林斯（Marshall Sahlins）不无调侃地说：

> 我们可能需要回到拉尔夫·林顿（Ralph Linton）几十年前描述过的一般美国人的本土生活惯例中去看看事实。在用过早饭之后，我们的善人习惯性地坐下来读这一天的新闻，而这些新闻是"用古代闪米特人所发明的文字，印制在中国人发明的材料上，讲述的事件过程是在德国制造出来的。如果他是一位善良的保守公民，那么当他聚精会神阅读和以说明外国的困境之处的文字时，他就会以印欧语言来感谢希伯来的某个神的恩德，说这使他自己成为一个地道的美国人"。①

当然，这种生活情景在当代世界已经十分普遍，美国的沃尔玛商店在中国几乎各大城市中相继开业，而美国本土超市的"中国制造"商品堆积如山。2010 年中国的春节到来时，大洋彼岸纽约的大商场挂起红灯笼来欢迎来自中国的大批手持美元的热情采购者。世界性的投资与生产，跨国公司遍布各大洲，各民族文化跨越国境遍地生根。美国与欧洲的中餐馆比比皆是，而中国与非洲则随处可见可口可乐、麦当劳、好莱坞影片。世界各地流通与流行着美元与不同腔调的夹杂着本国发音特色的英语。英国牛津大学的文学理论家特里·伊格尔顿（Terry Eagleton）饶有风趣地为人们描绘过这样一种情形：一个不用说明国籍的客人，乘坐美国的波音 747 飞机，吃着中国餐，欣赏了日本的景

---

① ［美］马歇尔·萨林斯：《什么是人类学的启蒙？——20 世纪的一些教训》，见马戎、周星主编：《二十一世纪：文化自觉与跨文化对话》（一），105 页，北京，北京大学出版社，2001。

色与茶道，身穿巴黎时装，脚上是耐克鞋，开着德国造的汽车，来到南太平洋的塔希提岛上度假。① 这当然不仅仅是一种后现代性社会生活的图景，更是一种经济全球化的表征。

最不可忽略的是：全球的但又具有本土特性或区域的、民族的、宗教的政治或经济联合体的出现，这也是一种超越民族界限，走向一体化的团体。如欧洲经济共同体、阿拉伯联盟、非洲联盟、东盟、东亚、上海合作组织等多样的联合体。统一货币的使用，共同的政治、经济乃至军事化行动，都有世界性影响。但也无可否认，各种团体之间的不同利益冲突也在一定程度上对于全球化有相对抗的一面。差异性与同一性，从来没有如此紧密地融合在一起，这正是全球化时代的基本特性。

综上可见，全球化是一种对于当代世界经济文化发展特征的概括，它反映了各个国家民族的政治经济文化在当代发展中克服间隔，互相关联，互相影响的现实，也是对世界发展的整体性和互动性关系的认识。当代关于全球化的理论中，一般把全球化概念区分为经济全球化与文化全球化两个部分。这种理解目前虽然很流行，但也要看到，这种划分本身也有不足之处，因为从特定角度来说，经济本身是文化的一个组成部分，是一种物质生产的文化系统。经济全球化也必然是文化全球化的一个组成部分。但由于这是一个约定俗成的用法，它的意义在于说明经济成分与非经济性文化之间有一定的差异，也就是说经济是独立于文化的，或可以说正是与文化所代表的精神因素相反的，这种概念也有利于纠正当前无所不包的"文化"概念的膨胀。我们虽然通常沿用文化全球化与经济全球化两个相对的概念，但是却要肯定，两者之间是互通的而不是对立的。

我们可以进一步从两个不同的观念层次来分析。首先是一种历史主义的观念，全球化作为一种思想观念堪称渊源有自，这是指对于全球不同民族国家与社会之间存在的互动性关系这一思想的存在。它的发展中有不同的发展阶段，以研究全球化理论著称的美国学者阿里夫·德里克曾经说：

> 人类自200万年以前在东部非洲某个地方诞生起就不断地运动，这已不是什么大的新闻了。社会之间始终存在着互动作用，其中有些相当的重大，在这样一些由来已久的观念中算不上什么大的突破。我

---

① ［英］特雷·伊格尔顿：《现代主义、后现代主义和资本主义》，戴永沪、宋伟杰译，载《当代电影》，1994（2）。

们应当通过这些关系而不孤立地来分析社会的发展史，这也是一个重要的认识论上的论点，但是这一点的形成已经有了不少时间，也许可以远溯至希罗多德和司马迁，而最近的则可溯至启蒙史观。关于这一现象的新奇之外，至少在美国是如此，它是一种全球性的当代意识对整个过去的具体化，因此不仅在不同社会间的物质互动上抹擦了全球性的不同形式和不同方面之间的重要历史差别，而且或许在全球性的意识方面也这么做了。它同时也抹擦了对它自身的产生条件所持的批判意识。①

其实作者所提倡的正是我们在本书中所使用的观念与方法，这就是把全球化观念的发展分为三个大的历史阶段：

第一阶段是从上古到18世纪启蒙主义，这个时期是全球化思想的初期阶段。笔者已经指出，孔子早已看到"天子失官，学在四夷"，不再以中原文化为中心，看到天子与四夷间的辩证联系。司马迁《史记》中即列有"匈奴列传"、"南越尉佗列传"、"东越列传"、"朝鲜列传"、"西南夷列传"等，已经认识到多民族存在和多元文化的事实。以穿越欧亚两大洲的丝绸之路为代表的民族交往无疑对于早期的全球化观念有极大作用。众所周知，中国的郑和船队远航海外，是世界航海史上的奇迹。到了启蒙主义和浪漫主义时期，欧洲大陆的重要启蒙主义思想家无不具有"世界主义"的情怀，从康德、赫尔德直到黑格尔等人的文化相对论对于全球化思想有更大促进。

第二阶段是从启蒙主义时代开始，经历了近代资本主义的发展所引起工业化，大工业生产改变了民族经济结构，促进了世界性的生产和市场的形成。另外，从反面来看，殖民主义扩张是一个全球性问题，这种扩张从反面对于全球化也有一定作用，这是无可讳言的。正如黑格尔所曾经指出的，历史有时是恶的力量来推动的，尽管这种推动对于人类来说是一种惨痛的经验，更有不可估量的损失。总之，政治、军事、文化、经济一体的全球化进程已经启动。从18世纪进入兴盛时期，到20世纪中叶达到高潮。

第三阶段是20世纪中期以后到今天，在经济生活方面，科学技术的高度发展推动了新的全球论浪潮，多种新技术的使用使全球的经济发展更加一体化。在这个时期，主要推动力已经不再是工业化与蒸汽机，而是信息技术与知

---

① ［美］阿里夫·德里克：《全球性的形成与激进政见》，见王宁、薛晓源主编：《全球化与后殖民批评》，4～5页，北京，中央编译出版社，1998。

识经济。美国学者阿尔文·托夫勒曾经将推动世界发展的力量分为三种：知识、财富和暴力，并且认为在 21 世纪中，真正起到决定性作用的是知识。他指出：

> 我们只有不是把每一重大的力量转移看做是孤立事件，而是辨明贯穿其中的共同力量，那才有可能对未来全球力量格局有所了解。事实上，我们发现，所有这三种具有划时代意义的力量转移都同工业社会的衰落、新的知识驱动经济的兴起紧密相关。①

当然，21 世纪中，工业经济是否必然衰落，这并不是我们的中心议题。但是知识经济在全球化时代显示巨大的能量，特别是信息技术已经将世界联结为一体，这已经是不争的事实。

而这里我们也要提到的是后现代主义的批判精神成为破除文化疆界的推动力，使全球化成为世界性共识。但是，后现代主义的局限性也暴露出来，它的否定观念在一定时期可能成为全球化进一步发展的障碍，这也不是危言耸听。因为部分后现代主义者在批判传统文化观念时，也把全球化观念看成是"不在场"的空谈。同时，也有相当多的人热衷于"反全球化"思想，西方部分学者甚至反对环境保护，将环境保护与"全球化"对立起来，等等。当然无可讳言，全球化时代中，仍然存在着"黑暗力量"崇拜，各种宗教力量也在尽力发挥作用。所有这一切，实际上使得全球化时代各文化体系之间的关系变得更为复杂，多样化与一体化并存，将是相当长的一个历史时期内的基本态势。

第二节　世界流失文化遗产征约：历史与现实的衅争

世界不同文化体系之间的历史，特别是近四个世纪的西方殖民运动给人类文明留下了无数难以化解的矛盾与纠葛。全球化时代的文化平权、文化冲突和融新，则正为这一纷争的最终解决谱写新篇章，历史遗产特别是流失的文物之争在当前尤其突出。

进入 21 世纪以来，世界范围内的跨国文物征约（Requisition，也有人称之为追索）愈演愈烈。国际的商业性文物流通如拍卖和展览等的介入，更是将

---

① ［美］阿尔文·托夫勒：《力量转移——临近 21 世纪时的知识、财富和暴力》，刘炳章等译，426 页，北京，新华出版社，1996。

不同观念的对立带进了必须以法律、行政、经济与外交方式解决争端的阶段。

　　文物是民族文明创造的物质性结晶，所有文物的最终主权归文物宗主国所有，文物宗主国有保存、收藏、利用、流通和保护本国文物的义务、权利与职责。流失文物的征约从本质上看，是维护民族文明的尊严与价值的行动，更是促进民族文明发展的保障。同时，通过协商方式将不同历史阶段因战争、盗卖、偷运、走私、不平等交换等各种不合法与不公平的方式占有的文物归还宗主国，这是有利于世界文明和谐发展的。文物的征约和文明之间的交流对话是一种互补性的联系，这一观念正在成为全球文化研究的共识。

　　联合国在保护世界文化遗产方面所做的努力是巨大的，特别是《保护世界文化和自然遗产的公约》（The Convention Concerning the Protection of the World Cultural and Natural Heritage，1972，简称《公约》）等三个文化相关公约的签订与实施，对于世界范围的文化遗产保护意义重大。联合国早在1981年就通过决议，要求各国博物馆与私人或国家收藏机构全部或部分地将非法收藏文物归还给文物宗主国，联合国教科文组织负责编写这类文物的目录。近年来世界各国征约文物进展迅速，特别是一些文物流失严重的文明古国。2001年埃及政府成功向英国追回了法老拉美西斯二世皇后奈费尔塔丽的被走私贩运的石刻头像。1997年，希腊向美国麦克尔·沃德博物馆追回被盗运的迈锡尼金银物与雕刻，使得公元前13世纪即已闻名地中海的迈锡尼工艺品返回希腊。近期，秘鲁等国正在向耶鲁大学追讨美洲古代文明文物。但是无可讳言，正如联合国教科文组织专家戴维·思罗斯比（David Throsby）所说："同时世界文化遗产正遭受着来自各方面的越来越多的威胁：空气污染和其他环境破坏的侵扰；国际旅游剧增带来的压力；战争和冲突的破坏；保护措施的缺乏和各方面的全然漠视。"无可讳言，世界性的文物征约是文明对话的无可回避的事实。

　　以物质文化遗产而言，21世纪初期的一个事件极具代表性，伊拉克战争中，巴格达博物馆等珍藏的美索不达米亚文明文物大量流失，具有七千年历史的世界最古老文明的10000余件文物，包括苏美尔—阿卡德—巴比伦不同时期的彩陶器、青铜器、泥板文书等散失各地，这是世界文明的巨大损失。

　　世界文化遗产大国中国同时也是一个文物流失大国，明确中国海外文物流失的状况与我国应当采取何种方式来征约流失文物，是我们面临的现实。

　　中国文物流失海外，主要有三种模式：

　　第一是殖民扩张与侵略战争中的文物劫掠，这是大多数世界古代文明特别是东方古代文明在近代以来的普遍遭遇。从鸦片战争开始到20世纪中叶，中国文物在长达一个世纪的连续战争中被劫掠流失数量惊人，其中以 1860 年英法联军攻陷北京后的大洗劫与抗日战争期间的日本军政与商人的劫掠最为突出。外国入侵者与军阀汉奸互相勾结，以暴力形式强抢文物，如震惊世界的 1860 年 10 月 18 日英法联军烧毁劫掠圆明园与 1900 年 8 月 16 日八国联军再劫圆明园事件就是典型的例子。

圆明园经五代皇帝营造，历时 150 年，是当时举世无双的文物藏品与艺术园林建筑，其规模与价值是后世任何一个博物馆所无法取代的。中国的《四库全书》、《古今图书集成》存放的文渊阁被焚；东晋顾恺之《女史箴图》唐人摹本被劫后，现藏大英博物馆。法国于 1863 年专门建立了枫丹白露宫中国文物馆，收藏由 1860 年的英法联军元帅蒙邦利从圆明园文物中精选的 1000 余件珍品，其中如乾隆御笔白玉方玺等是具有重要政治意义的国宝精品，康有为赴法时得见此物称"昔在北京睹御书无数，皆盖此玺文，而未得见……见圆明园宝物令人伤心"。其余还有大量商周青铜器、明清官窑瓷器、历代名人书画、大小金塔、玉册图录、金曼达、象牙、玛瑙犀牛角、水晶、珊瑚、玉器等。伦敦大英博物馆等藏品更是多而且精，尤其是圆明园长春园海晏堂的十二生肖铜兽首更是珍贵。

抗日战争期间，日本侵华日军劫掠中国文物为历史之最，也是世界文物史上前所未有的。据初步统计，大约有图籍 300 万册，重要文物 12 545 件，其余未列入者不计其数。1946 年民国政府专门成立"清理战时文物损失委员会"，中国著名文物专家马衡、梁思成、李济、傅斯年、徐森玉、蒋复聪，法学家徐敦璋，经济学家吴半农；学者吴文藻、谢冰心、王世襄等人参加，历时两年多，追回了部分文物。但是由于盟国管制日本委员会对于中国文物追索工作并不热心，甚至有部分美国专家与日本政府态度暧昧，致使工作进展不大，令爱国人士深感失望。

第二类是对中国文物的偷运、盗卖与盗抢等非法手段占有。从 16 世纪开始，随着海上航线的开通，欧美各国的传教士、商人、考古学者与各色人等，以考古挖掘为名，在我国进行文物偷盗与非法盗卖，历时既久，文物数量巨大。其中仅以 1900 年的敦煌文物为例，先后有俄罗斯的奥勃鲁切夫盗得藏经洞写本两箱（1905）；匈牙利裔英籍冒险家斯坦因第一次盗得经卷写本 24 箱及绣品 5 箱（1907），第二次盗得经卷写本 5 大箱 570 余件（1914），归藏大英博物，英藏经卷写本达到 15 000 卷之多；法国伯希和盗得藏经洞精品 6000 余件 10 余箱（1908），归藏法国罗浮宫等处；俄国冒险家奥登堡盗得逾万件汉文残卷，200 余藏文写本及绢纸壁画无数（1915），归藏俄沙皇冬宫（彼得保爱米

塔什博物馆）；美国兰登·华纳（langdon Warner）盗剥壁画精品60方32006
平方米，归藏哈佛大学赛克勒博物馆。其余还有日本、印度、德国、丹麦和瑞
典等国，也通过盗卖、走私等手段获取了大批敦煌文物。中国历史学家陈垣痛
心疾首地说道："……匈人斯坦因、法人伯希和相继至敦煌，载遗书遗器而西，
国人始大骇悟。"[1] 敦煌只是中国流失文物的冰山一角，但已经是世界文明
关系史上令人惊悸的一页。

第三类是国际文物走私而致的流失，这是目前最大的危险，近年来文物走
私猖狂，相当数量的中国出土文物与传世文物被偷运出境，笔者多次看到近年
新开掘的陵墓和遗址文物保护单位的珍品出现在国际拍卖会上或文物商店，令
人触目惊心，不胜伤感。即以国内引起广泛关注的上海博物馆藏战国楚竹书为
例，这些竹书于1994年发现，分别由上海博物馆与香港友人张光裕先生联系
朱昌言、董慕杰、顾小坤、陆宗霖和叶仲午5位先生出资55万港元购得后捐
献给上海博物馆，大约有竹简1200余支，39 000余字。香港文物市场上当时
新出土的楚国漆器等文物相当多，这些竹简也是新出土的，而且至今连出土地
和遗址状况完全不清楚，必然是走私流失到香港，不仅对于我们的文物保护是
一种挑战，也是我们购回后研究的极大障碍。

以上是海外文物流失的主要方式，其中不包括合法的中国文物交换、转送
和馈赠，如国际文化交往、私人文物捐赠等。如1878年清政府派遣的第一批
留美学生容闳在其出任华盛顿副公使后，将自己的藏书包括一套5040册的古
今图书集成赠给美国耶鲁大学图书馆；简又文教授的收藏包括太平天国起义军
的收藏320种，期刊、拓片、地图、钱币、印章等，其中尤为珍贵的是16世
纪到18世纪的中国和世界地图，这些文物虽然收藏在美国，但是对于世界性
的中国研究、对于中国与美国和各国的文明交往有推动作用。

中国文物的海外收藏以西方国家与日本为主，收藏历史最久的是英、法、
德、俄、日等国，收藏时间集中在18世纪以后至今，藏品的年代历时久远，
从中国石器时代到近代，品种齐全，举凡生产工具石斧、石刀，生活用品如陶
器瓷品、金银器皿、图录文献、珍玩古董、甲骨文、纺织品、字画、玉器，等
等，无所不有。由于数量巨大，收藏地分散，我们只能择其要者简单分类，指
出主要收藏国与收藏地。

从16世纪利比里亚半岛的西班牙与葡萄牙人首先来到中国后，欧洲列强

---

[1] 陈垣：《敦煌劫余录·序》，见刘梦溪主编：《中国现代学术经典·陈垣卷》，845
页，石家庄，河北教育出版社，1996。

连续对华战争，大量中华文物外流，使欧洲主要博物馆因收藏东方各国与中国文物成为世界一流博物馆。其中最重要的是以下国家的收藏。

其一是英国，英国曾经是西方列强之首，特别是在西方殖民大扩张的过程中，英国劫掠中国文物最早，主要收藏在伦敦的大不列颠博物馆（即大英博物馆）。该馆藏品历史阶段完整，包括新石器时代玉斧、商周玉人等，殷周青铜器如商代双羊尊、西周康侯簋、邢侯簋等，汉唐陶俑，宋明瓷器，宋辽佛像，清乾隆道光年间的铜钟等，最著名的当属东晋顾恺之的《女史箴图》，这是1900年八国联军侵华时英国所掠。大不列颠图书馆（即大英图书馆）收藏有世界最多的敦煌文献，这是斯坦因在中国与中亚地区所获全部文献。最著名的是清翰林院文渊阁本《永乐大典》，1860年英法联军入侵北京后劫得后藏于该馆。此外尚有伦敦的维多利亚·阿尔伯特博物馆、伦敦大学的中国艺术馆与牛津亚士摩兰博物馆等，均有珍贵的中国藏品。

其二是法国，法国是最早侵略中国的欧洲国家之一。1860年英法联军劫掠圆明园后，法国将所获文物悉数收藏于巴黎的塞纳河畔枫丹白露宫，这些文物都是举世罕见的珍宝。这也是世界上为数不多的至今未对外正式发表的收藏地，而且参观者不许拍照。法国巴黎图书馆收藏的中国西域与敦煌文献也是举世闻名，法国伯希和与英国斯坦因都是盗取中国文物最多的人物，只不过伯希和的汉学功底远胜过斯坦因，他从敦煌所获得的藏经洞文书品质最优，有明确年代标记的达500多卷，使得巴黎图书馆所藏敦煌文书成为世界四大中心之首，超过了北京、伦敦与圣彼得堡。伯希和还盗取了一批艺术品，先是藏在罗浮宫，后转入集美博物馆。

集美博物馆是巴黎以收藏东方文物为主的地方，其所收的中国青铜器如商代象尊、西周令簋、西周梁其钟等都是绝代精品。巴黎池努奇博物馆也收藏有中国青铜器，其中一尊商代食人兽卣（又称虎食人卣），是湖南安化出土的，一共两件，大致相同，另一件现存日本泉屋博物馆。这两件青铜器在中国器物中殊为罕见，造型独特，猛虎正在吞食人形动物，如同西亚文物中常见的狮食人的造型，对于艺术与文明史研究都有重要价值。

其三是日本，如果从数量而言，日本所藏中国文物可能居世界之最。东京博物馆藏中国陶器与书画最为知名，包括大量的唐三彩、五代后蜀石恪的《二祖调心图》、元代因陀罗的《寒山拾得图》等绝佳绘画。京都国立博物馆、京都泉屋博物馆、大阪市立美术馆、出光美术馆等地，都有青铜器、唐三彩和绘画作品。日本的中国文物收藏特点是分布极广，各地馆藏都有自己的中心，研究家众多，研究水平相当高。如以甲骨文收藏为主的京都大学人文科学研究所、东洋文库等，收藏的中国甲骨达到万余片，占现有出土甲骨近 1/5。笔者的先父善书法，曾有日本所出的《书道全集》一部，笔者幼年翻阅即为其中所收入的中国历代书法精品所惊叹，但一直不知藏于何处。及至有机会看到日本东京的书道博物馆，才恍然大悟，原来此博物馆的创立者中村不折是参加过1895 年中日战争的军人，曾于中国获得过《淳化法帖》等珍品。

其四是美国，现代美国收藏的中国文物数量之多不亚于日本。美国收藏的特点是藏品宏富，特别是艺术与绘画为突出，文物交易活跃。波士顿博物馆就是以收藏中国文物起家的，这里收藏的有：北齐杨子华的《北齐校书图》、唐阎立本的《历代帝王图》、宋徽宗的《摹张萱捣练图》等，相当多的是中国画家一生都梦想一见的真迹。纽约大都会博物馆是世界最大博物馆之一，其中收藏的唐代韩干的《照夜白图》，龙门石窟宾阳洞的《皇帝礼佛图》、《皇后礼佛图》以及湖南长沙子弹库出土的楚帛书，也早为世界所熟知。此外如旧金山亚洲艺术博物馆、哈佛大学福格艺术博物馆、华盛顿弗利尔美术馆、费城大学博物馆、西雅图艺术馆、圣路易斯艺术博物馆、芝加哥艺术中心等，无不收藏着颇有影响的中国文物珍品。而且伴随着这些珍品，还有一件件惊心动魄的盗抢盗卖文物的历史故事，笔者曾经从美国东海岸向西海岸穿越北美大平原，每到一个城市的博物馆中，几乎都可看到中国文物，不禁为之感慨万分。

除此之外，德国的柏林东亚艺术博物馆、科隆东亚艺术博物馆，俄罗斯的圣彼得堡爱米塔什博物馆，瑞典的远东古物博物馆与土耳其的博物馆也收藏有宝贵的中国文物。

中国文物海外流失总数是多少件，各种说法不一，从数万到数十万直到百余万的说法都有。笔者原则上同意台湾学者的看法，如果将历年流失文物包括20 世纪 80 年代以来的走私高潮的文物一起计算，总数可能达到 160 万件以上。数量之大，举世无双。

从比较文化学角度，如何看待世界文化遗产之争？

全球化时代中，世界文化发展的主要趋势是多元化，这就要求维护民族独立文化体系的历史与现实价值。文物是民族文化的物质化形态，征返殖民掠夺所造成的文物流失，是维护民族文明独立主体性与文明整体性的途径。同时，打击文物走私与盗运是当前文化对话的重要内容之一，是建立新的世界文明关系与秩序的必然要求。我国政府与有关部门为此进行了长期的努力与工作。当前，适应全球化时代的新形势，积极进行国际文物征约工作已经势在必行。笔者以为：

第一，根据国际法与联合国关于文物的条约，所有殖民扩张与侵略战争中流失国外的文物应当归还文物所产国。个别博物馆隐匿收藏，有意在出版物中不注明与不公展的做法是错误的。各国应当组织由历史学家、文物学家、国际法学家与外交学专家组成的专家团，与联合国教科文组织与相关国家进行对话，共同商讨文物征约的相关规定、建立起有国际普适性的文物保护法律与模式。

第二，对于因历史语境与复杂关系而流失的文物，应当建立国际对话的有效机制，采取协商归还与有偿归还等多种方式，应首先明确征约主体与客体，落实主要征约主体，即明确由政府何种部门主管此事，不要一哄而上。以笔者之见，征约关系是高层次的国际文化关系工作，征返到位的文物也应妥善保存。

第三，文物征约应在文化对话的前提下进行，本着协商解决的原则，文物征约应有利于国际合作而不是分裂，有利于文化的融合而不是冲突。

第三节　未来社会的文化忧虑："黑暗恐怖"与"技术理性"

对于未来社会发展的预测中，无不与文化比较有直接关系。其中有两种影响最大的思潮——"黑暗恐怖"与"技术理性"批判——引起世界广泛关注。前者与邪教、恐怖主义直接相关，后者则与西方现代社会模式密不可分。因此都不可忽视。它们与世界文化体系差异的关联，更是值得东西方有识之士据以反思。

"黑暗恐怖"的表现是多种多样的，其中美国的"新时代"（New Age）运动是颇有代表性的。它的思想来源相当复杂，有取自"萨满教"的"新萨满主义"，有来自印度瑜伽的思想，也有来自古代希腊神话的"该亚假说"（Gaia hypothesis）等。无论说法如何不一，但是中心观念是明确的，即未来世界并不是如 20 世纪的一些学者所估计得那样是充满光明的，不是如托夫勒所描绘的那种"科技社会"，也不是福山所说的那种"资本主义"的终结。相反，未来社会中，长期以来统治人类社会的理性与启蒙观念将被否定，人类重新回到神学的甚至是蒙昧的社会中。这种寻求当然会在两个主要方向展开：神学、神秘主义方向与原始民族崇拜方向。除了方向性明确之外，他们还往往与部分消极生态主义、消极女性主义、民族自我中心主义等思想流派搭配，组成生态—神圣、女性—原始主义、原教旨主义与消极生态主义等不同组合，共同反对理性中心社会。19 世纪以来，宗教神秘主义与精神分析相结合，在美国与欧洲都出现了荣格崇拜，一种对于未知力量的向往。这种崇拜风靡全球，人类学的图腾崇拜原本被视为荒诞不经的学说，竟然堂而皇之地走进了学术殿堂。原始思想与原始社会生活成为解决现代社会困境的出路。女性主义者波拉·艾伦（Paula Gunn Allen）就大力赞美印第安人的社会，因为这个社会是母系社会，玉米之母与女性族长是统治者，其统治的手段是仪式与崇拜，是非理性的。所以她主张回归到这种原始社会之中。近年来，有一批宣传"新时代"的理论论著出版，但是更为有影响的则是一些新的小说或其他文体的畅销书。这些书之所以能在社会上产生一定影响，原因是多方面的，除了猎奇因素之外，渴望通过巫术的心理治疗作用来缓解社会压力、调节生活节奏等也是重要原因。但这些书又确实产生了对原始社会的向往之情。其中有的著作已经译成中文，如美国学者与作家卡洛斯·卡斯塔尼达的《前往伊斯特兰的旅程》一书中有这样一段总结性的论述：

> 宗教是人类试图回归本来面目的向往，也是古老直观知觉的苟延残喘，但是背负着时间所形成的庞大包袱，徒具形式而失去本质。原本对于完整意识的追求变为权力欲望的满足。
>
> 言语文字的思考萌生了理性，理性的力量终于在欧洲启蒙时代以科技的形式开花结果，船坚炮利的强国开始掠夺纵横世界，欧洲文化对于美洲新大陆的侵略是不折不扣的浩劫，原来残存的古代智慧被视为异端，几乎遭到斩尽杀绝的命运。
>
> 在这种极端的压力下，古代智慧残存的精英分子以生命为代价，开始对于他们的传承进行彻底的检讨；结果他们脱胎换骨，放弃了宗教的形式，诞生出一种抽象而极有效率的修行之道，重新强调完整意识的追求及精神上的最高自由。[1]

这位作者将人类前进的力量寄托于印第安的巫术。千禧年的传说与人类命运的回顾，使得这种神秘主义回流达到高潮，极大地影响人类对于未来社会的瞻望。有感于此，托夫勒惊呼未来的"黑暗的村落"的建立，这种村庄里有多种主要力量：宗教狂热、生态—神权与民族主义，这三种力量的宗旨都在于颠

---

[1]　［美］卡洛斯·卡斯塔尼达：《前往伊斯特兰的旅程：智者唐望的世界》，鲁宓译，7～8 页，呼和浩特，内蒙古人民出版社，1997。

覆理性世界，反对历史的宏大叙事，主张回归神学逻辑或混沌。

此说并非杞人忧天，进入 21 世纪以来世界意识形态与社会政治状况的某些现象说明这种忧患可能正在成为现实。"9·11"恐怖袭击不仅是美国的悲剧，也是世界文明所遭受的巨大挑战。类似的恐怖袭击、人体炸弹、汽车炸弹等无休无止地在美国、俄罗斯、以色列、阿富汗、巴基斯坦、印度……出现。

但是可以肯定的是，无论是乐观还是悲观，人类未来文明都不会终结，也不会陷于万劫不复的黑暗深渊。我们预见未来，只有一个根据，这就是现实与历史。从新石器时代以来的主要文明阶段证明，人类社会的进步是无可争辩的。也无可讳言，正是历史证明，选择是存在的，但这种选择只是一种文明必然性的选择，如宗教时代、神学时代等必然的来临与结束。人类未来的文明面临多种选择，没有一种必然模式会成功地取代其他模式，没有救世主来指导人类。这样就有必要认真观察未来文明的主要精神与构架，以充足理由来论证选择的合理性。

另一种现象就是西方轰轰烈烈的理性批判特别是工具理性批判，从康德直到德国的法兰克福学派，西方哲学家一直在进行理性的批判，批判的目标也从笛卡尔的理性进入到现代社会工具理性。这种批判在法兰克福学派的马尔库塞、哈贝马斯的论著中达到高峰。我们以仍然活跃在世界哲学界的哈贝马斯为例来分析。

哈贝马斯不知是有意还是无意，使用了一个当年列宁著作中的著名比喻来说明后现代主义的理性批判：当我们倒洗澡水时，不要将孩子一起倒掉。用来说明对于工具理性的批判，不要将理性本身一起否定了。

他提倡一种"再语境化"的理性批判。所谓再语境化理性批判，是对于后现代主义的再语境化理性的批判，批判的主体是交往理论。哈贝马斯与所有法兰克福学派先驱一样，长于批判，拙于论证。应当看到，他对于后现代主义者利奥塔的话语理论、麦金泰尔的传统理论等的批判是尖锐的。西方哲学经过语言学转型，主体中心概念已经被一种解先验化的"具体理性"（Stuerte Ve-muntt）所取代了，但是，"再语境化"理论内有一种内在批判极限：它用局部背景条件批判纯粹理性，形成自己的合理性标准。而事实上，一定的世界观、范式与生活方式和文化，都有自己的固定视角。这就有自己的"片断理性"，如果依从再语境化理论，就不可能总体考虑话语的多元性，也不可能有相互通约性。没有通约性，也就对于一种世界观的有效性不得而知了，这就是罗蒂等人的"坦率的人种中心论"。我们在理解他人时，没有可能进入他人，也就根本没有可能理解他人，解释学原理全是一派胡言了。一切试图克服自我中心的人自己就无法解脱了。所以，哈贝马斯提倡一种交往理性，即互相承认交往的自由与交往的义务是对称关系，这些关系体现了戴维森（Davidson）的"宽容原则"和伽达默尔的"视界融合"，也就是解释学的期待，这就使得一切"不可通约原则"达到可通约性。

另外，交往当然是两种：语言交往运用与交往行为。既然有交往行为，就必然有交往理性。哈贝马斯说：

> 因为，分析交往行为，首先就必须阐明交往理性，而在论证实践或日常实践当中，交往理性始终处于在场状态。当然，这样一种交往理性也扎根在不同生活方式的语境当中。任何一个生活世界都用一种共同的文化知识、社会化模式、价值和规范来装饰它的成员。生活世界可以看做是交往行为付诸实现的前提条件，反之，生活世界又必须通过交往行为完成自身的再生产。但是，生活世界的符号结构与交往理性之间保持着一种内在的联系；行为者要想提出可以批判检验的有效性要求，并用一种"肯定"或"否定"的立场来回应这些要求，他们在日常生活当中就离不开交往理性。[①]

哈贝马斯与其他后现代主义者最大区别就在于此，他并不是一般地反对理性，而是以一种新的"交往理性"来取代旧理性。这也是哈贝马斯不同于法兰克福学派的另一些代表人物如马尔库塞等人之处，马尔库塞其实是激烈地反对理性的，他的"新感性"就是把感性与理性对立起来，把精神分析与马克思主义结合为一。这与哈贝马斯是格格不入的，所以，纪念马尔库塞诞辰 100 周年的纪念会上，哈贝马斯作了一篇讲演，题目是"哲学与政治不合拍"，其中在对马尔库塞的评论中，不无惋惜并且略含讥讽，这可以说是哈贝马斯的真实看法。

哈贝马斯的"交往理性"能否成立？

笔者认为是不可能的，原因很简单，理性是人类思维能力，这种思维能力不是形成于一种观念，或者一种学说，它只能建立在一种逻辑形式的基础之上。逻辑则存在于民族思维的整体性中，世界上主要的三大逻辑体系中，西方是以希腊人的形式逻辑为主体，即使是中世纪中，神学家们一方面将亚里士多

---

① ［德］尤尔根·哈贝马斯：《后民族结构》，曹卫东译，199～200 页，上海，上海人民出版社，2002。

德这种生活于耶稣基督之前的希腊人称为异教徒；另一方面却运用希腊哲学家们的学说为神学服务。亚里士多德三段论从古到今影响西方文化，形成了一种以形式逻辑为主体的理性。这种理性并不是可以随意改变的，它深深植根于西方历史之中。理性中心的批判就是西方中心的批判，归根结底是一种文化批判。

一种文化不可能完全依靠自我批判，鲁迅曾经说过，一个人不可能拔着自己的头发离开地球。事实上，虽然后现代主义者们认为蛇可以吃掉自己，但是这是完全错误的，任何动物都不可能真正地吃掉自己。文化批判也是这样，一种文化有其不同结构与整体构成，这些结构与整体性之间的关系形成对应联系。当这种文化体系不能适应于自身的结构调整与外部的应对关系时，必须与其他文化体系之间进行互相渗透与整合，没有外来的新结构方式是不可能改变原有结构的。动物不可能吞食自身，一种文化也不可能对于自身进行彻底批判。哈贝马斯的交往理性仍然是西方理性的一种新发展，它可能部分地适应当代社会，却不会创造出一种新理性。

真正的创造必须是东西方理性之间的"参同合异"，东方作为异己与他者，如果从古代宗教来说，可以看成是"另外的一个上帝"。《圣经》虽然已经不再承认这种说法，但是《圣经》也曾说到，东方有圣人。中国的辩证理性是在非西方的异质文化中发展起来的理性，是一种高度发达的理性。如果创造全球化的理性，则必然是东方理性与西方理性的结合，未来社会中，这种新的理性是辩证性的，是从东西方理性中发展出的不同于其中任何一方的辩证理性。那最后出现的，是人类社会理性的希望，因为它已经饱浸了不同文明中的人类理性智慧。

第四节　文化冲突与文化融合

当代美国学者亨廷顿的"文化冲突论"、萨义德的东方学研究等理论都引起对文化冲突的关注。

文化冲突的存在当然是无可争议的事实，无论这种冲突的具体事件是什么类型、何时发生，所有的人都要面对这种冲突。从希腊波斯战争到十字军东征，包括当代的中东战争，文化差异历来是冲突的重要因素。但也要指出，任何冲突都不是绝对文化差异层面上的对立，文化冲突归根结底是经济、政治和权力的争夺。进入 21 世纪后，文化冲突仍然像一个幽灵般游荡，美国纽约的"9·11"事件、伊拉克战争、无休无止的中东战争，所有这些虽然都不是单一的文化冲突的表现，但无不与文化对立有关，所以我们必须直面这些冲突的存在。既不要粉饰太平，断言从来没有文化冲突，也不要像亨廷顿那样断言当今社会的一切冲突都是文化冲突。在正视政治经济斗争中的文化因素时，努力将其转化为文化融合的有利推动力。

不同文化体系间的冲突，本质上是本土文化与外来文化之间的关系。这种关系在当代社会中，特别集中地表现于本土文化与西方文化之间的关系。全球化的发展在相当多的人看来，就是一种西方化，由于西方文化从近代以来对于世界现代化有重要影响，特别是西方的科学技术发展对于全球化有较大的推动作用，所以有人认为现代化就是全球化，而全球化就是西方化，在全球化—现代化—西方化之间画等号。这种观念也就势必引发争论，争论的中心就是本土文化与全球化之间到底是一种什么关系。

所谓本土文化主要是指本国与本民族的传统文化，我们已经从文化相对论角度论述过它的意义，自古以来就有一种本土中心主义（ethnocentrism），即把本土文化作为一种比较的标准，以本土文化的价值观念为尺度来衡量其他文化，对于异己文化采取排斥对立的态度。在心理上是以自我为中心的，由此形成了自我中心主义。

什么是自我中心主义？

我们必须先说明自我意识与自我中心的关系。自我意识是当代学术中一个相当重要的概念，无论康德哲学、黑格尔哲学还是弗洛伊德心理学理论都相当重视这种"自我意识"。在黑格尔哲学中，自我意识是人对于自身的一种认证，个体的人通过自我意识来区分自己与他人，从而把自己作为一种统一的有特性的个体，他认为：

> 再就同一作为自我意识来说，也是这样，它是区别人与自然，特别是区别人与禽兽的关键，后者即从未达到认识其自身为自我，亦即未达到认识其自身为自己与自己的纯粹统一的境界。[①]

如果说康德到黑格尔是从哲学角度来阐释自我，那么弗洛伊德则是从精神分析学来研究自我的。精神分析学是建立在自我意识基础之上的，精神分析学流传最广的是所谓"三我观念"（自我、本我与超我）。弗洛伊德还研究了自我生成的过程，即所谓的"那喀索斯主义"（Narcissism）的自我映像，就是指

---

① ［德］黑格尔：《小逻辑》，贺麟译，249 页，北京，商务印书馆，1980。

一个儿童对于自己的认识，也是自我意识与无意识的发生过程。不过在弗洛伊德理论中，由于认识是无意识的和精神病态的，所以这种自我意识的发生过程变成了以自我为中心的。弗洛伊德进一步认为，人类是自我中心的，这个自我中心是人对于自己在宇宙中的地位与作用的认识。因为这种认识同样是病态的，是精神病的症状。简而言之，弗洛伊德将自我的本质解释为无意识的表现。

后现代主义者同样关注自我意识与自我和他人的关系，精神分析、存在主义、女性主义等，几乎后现代主义各派无一不将"自我认证"作为彼此共同的话语。法国后现代主义精神分析学家拉康（Jacques Lacan）提出了系统的自我结构三概念，认为儿童生长中经历三个不同阶段，其中对自我认证起关键作用的是"镜子阶段"（the mirror stage），在这个阶段中儿童并没有建立真正的自我意识，相反儿童看到的是站在镜子前的自我与他人的并列形象，因此儿童得到的不是一个完整的自我，只是一个"辩证合成物"。拉康说：

> 重要的在于：这种形式（镜子中的主体）确立了自我的实例，这是在任何社会干扰之前的……无论如何，这些受到欢迎的外来辩证合成物被作为自我，它必须解决与现实的不调和之处。[1]

这就是后现代主义对"自我中心"观念的解构，拉康的这个概念打破了从黑格尔到弗洛伊德的完整自我概念，揭示了现实生活中实存的自我状态，自我只能与他人并存，自我自身不是同一性的，它有内部的差异。拉康的理论受到德里达等后现代主义理论家的青睐，以后发展成后现代主义的著名论断"分裂的自我"。这一理论有后现代主义深厚的色彩——对于主体的内在冲突、主体间性等特性的揭示。

从自我意识发展到文化身份认证（Identity）是当代文化理论的重要方面，在这方面，笔者已经在有关的论著中进行过说明，此处再将其中的主要观念予以强调。

首先从心理学角度来看它，精神分析的自我意识理论外化，成为一种文化理论时，自然就会发展成自我认证。现在，这个理论成了后现代主义最重要的概念，几乎各种后现代主义者动辄就说"自我认证"，"文化身份认证"。我们当然在问：这个概念的始作俑者是什么人？

---

[1] Jacques Lacan, *Ecrits*, Paris : Editions du Seuil, 1966, p. 94.

　　笔者在关于现代西方文艺心理学史的著作中已经指出，比较早地提出这一观念并且引起世人注意的是医生、作家埃里克·埃里克森（Eric Ericson），他其实才是这一观念的真正创造者。他本人是弗洛伊德的女儿安娜·弗洛伊德的学生，也是后精神分析理论的理论家。他的这一观念是出于自己的生活经历，他首先提出了"（自我）认证危机"（Identity Crisis）概念。使得一般人并不熟悉的精神分析概念走向了群众，所谓"认证危机"共由三大危机构成，这三大危机是历史发生的顺序，与人的生长经历是同步的。第一个是"姓名危机"，他原本是德国人，也不叫埃里克森，因为从小失去父亲，便要从继父改姓改为霍姆伯格（Hermberger），经历了这一过程，使他产生了自我认识中的危机——我是谁？最后他确定了自己是这个名字拥有者的正式身份，也就是与自己的继父认同。如果用弗洛伊德的话来说，便是向"伟大的父亲"和"父亲的名字"的认同归顺，这是儿童心理发展中的必然经历，向一种权威屈服。第二个危机是"种族认证"的危机，这个危机时期，由于他在德国上学，他生于犹太人家庭，但他生得金发白肤，一副雅里安人种的样子。所以，他的德国同学说他是犹太人而排斥他，他的犹太人同学又因为他的长相说他是雅利安人，也不接受他，他无法在种族方面认同，使他再次失去自我，不知自己是什么人，造成了心理伤害。第三次是"职业和人生"的危机，他大学毕后，在欧洲到处流浪，没有立足之地，因为当时的欧洲受到排犹思想影响而且经济不景气，没有容身之地，他再次因人生和职业的挫折而失去自我意识，不知道自己是什么人，要到哪里去。最后在为弗洛伊德的病人和朋友子女所办的一所小学里任教，接受了精神分析学说并且在这里结婚成家，自认为找到了人生的自我。埃里克森围绕着自我理论写了《自我发展与历史的变化》（*Ego Development and Historical Change*）、《童年与社会》（*Childhood and Society*）等著作，在精神分析学中成为有特色的学者。埃里克森使得这种"自我认证"思想大大扬名于世，已经超越了心理学的界限，在哲学和文学等有关领域引起反响，并且为社会所重视。同时，由于埃里克森的"身份认证"有一个特点，就是把"自我认证"扩展为一种文化身份的认证，个人与社会问题的内在联系被揭示出来，社会生活的现实矛盾如家庭组成、种族歧视、职业和爱情等与自我的关系得到比较深刻的说明。他的理论既是心理学的，又有丰富的文化含义。所以，我们认为，这是从理性中心和形而上学的思辨方式解脱出来的一种方式，可以说形成了有美国特色的现代自我理论，并且产生了世界性的影响。所以后现代主义者说到文化身份认证时，经常要说起埃里克森，这并不是偶然的。

自我认证、文化身份认证这些概念对于全球化时代比较文化的影响极大，每一个人在全球化的文化交流中，不可避免地有对于自己的文化身份的认证。并且通过这种认证，对于异己文化和本土文化进行评价。

同时，从文化研究本身来说，对于本文化的自我认证又会产生本土主义与一体化的不同立场。从比较文化角度来看，后现代主义对于自我中心批判已经发展到了文化批判的层次，不少学者把自我中心看成是"西方中心主义"的心理根据。也就是本土中心主义文化观念的来由之一，在这种文化观念中，本民族的文化是世界上最伟大的，而其他文化不能与之相比；在文化交流中，虽然有程度的不同，但总有人强调一种文化不相通观念，即文化是不可能译介、交流与互动的。客观地说，这种观念在各民族中都可能存在，东西方文化中都存在。但是，由于西方文化在世界文化中处于强势，所以全球化遭遇有力反对。"全球化被理解为美国化的近义词"①，即强势文化对于其他文化的征服与影响。有的西方学者提出了"后民族认证"（post national identity），就是要在欧洲发展出一种欧洲联盟的单一政治认证，区别于其他的欧洲文化身份。这种认证是西方越来越多的认证中的一种，有人认为它带有来自某一地区与国家的气息，这可能不是偶然的。同时，我们也不能不警惕这一认证的实际意义，历史的教训不可忽视，当年德国希特勒法西斯主义曾经借口雅利安人种的认证，挑起民族争端，给世界带来了战争。

在一种自我中心指导下，在本土主义观念的影响下，必然产生文化冲突论，我们屡次提到的亨廷顿理论就是其中的一种代表性观念。文化冲突论再展开，对于全球化的发展，又必然出现文化西化论，即西方文化将要对于世界文化观念产生主要作用，全球化将是西方化，或者西方文化对于全球的征服。美国学者弗朗西斯·福山在其专著《历史的终结及最后之人》（*The End of History and the Last Man*）中就提出了一个代表性的结论：世界历史的终结已经到来，这就是西方的自由民主，资本主义已经在全球获得胜利。

> 虽然现代化理论之间在历史演变如何直线发展以及是否存在着现代化的替代道路等问题上存在分歧，但没有人怀疑历史是方向性的，也没有人怀疑工业发达国家的自由民主制度就是它的终点。②

---

① ［美］戴维·赫尔德、安东尼·麦克格鲁：《全球化与反全球化》，陈志刚译，5页，北京，社会科学文献出版社，2002。

② ［美］弗朗西斯·福山：《历史的终结及最后之人》，黄胜强、许铭原译，78页。

所谓的"终结"，当然并不是结束，而是一种变化的了"最后审判"，福山及西方学者坚信，上帝会判定西方民主制度的胜利。其实福山并不是最早预言终结的学者，早就有罗马帝国的辩护士，他们相信罗马帝国是人类社会的终结。晚近些的则是福山所崇拜的黑格尔，他的历史哲学提出德意志民族精神是世界的终结。其实这些预言往往"徒托空言，鲜有其实"。用一种文化模式来统一世界，这种幻想是西方政治的主题，公元前327年，占领了印度的亚历山大王自以为完成了"希腊化"的梦想，建立了统一的世界。西边从希腊起，东边到印度，南方可达到尼罗河流域，北到多瑙河。他自认为是埃及法老再世，以一种希腊文化的世界化达到了统一世界的目的。其实还不到4年他就溘然辞世，这个庞大帝国也就随之崩溃。亚历山大的"希腊化"与当代的"西方化"不过是同一幻想的反复再现，只是后者打出了现代化的牌子，其本质仍然是一种当代的"希腊化"。

关于本土化与西方化，笔者一直坚持这样的观点，再录如下：

第一，必须承认文化差异与文化多样性。民族之间，人类群体之间，个体之间关系存在着差异性。最具典型性的是本民族文化与异族文化之间、东方文化与西方文化之间的差异，其差异表现于宗教、政治、道德伦理等不同方面。本土中心主义与西方中心主义都是不妥的。我们主张在文化平等的基础上，实现文化间的互为参照与互为逾越，逾越的是文化间的障碍与自我中心。

第二，新辩证理论可能成为推动研究进展的动力。关于自我中心的心理与认识双重作用，我们认为这种关系主要不是黑格尔那种以自我意识为中心的精神现象学研究，也不是弗洛伊德的自我、本我和超我的无意识研究，而是以自我的认识论为主体。在认识论中，首先是逻辑层次，差异性与同一性是辩证的统一关系，它们必须得到对方的承认，它们都存在于比较这种具体的联系中。

第三，现代化不等于西方化，所谓现代化是一个历史概念，应当说不同历史时代有不同的现代化。笔者关于"现代化"曾经有过一个简略的定义，现代化指的是精神与物质活动的层次与时代的生产与科学技术水平的相契合，由于时代的发展必然推动生产与科学的进步，所以与时代发展是同步的，居于时代相对先进的水平的发展状态就是现代化。现代化在不同历史时期有不同理解，现代化的影响也是相对的，并不是所有产生于当时时代的新潮都是现代化。如法西斯主义曾经在20世纪30年代在德国、意大利、日本形成相当的影响，但不能认为这就是现代化。现代化的影响作用也有历史相对性，现代化从文化上来说，不是某一种文化的输出。而如唐代时，中国文化是当时的最高水平，就可能作为强势文化作用于日本等国。但是日本文化并没有因此而消失，不是使日本汉化，而是促进了日本文化的发展。历史如此，当代也是如此，现代化不是西方文化的普及。我们并不否认西方文化对于现代化有推进作用，但现代化的模式也是多元的，东方现代化是完全可能实现的。

第四，文化差异并不一定导致冲突，人类自产生以来就存在不同种族、部族到民族的差异，差异当然会有冲突的可能，但是同样有文化传统剔旧融新创造的先例。公元前4世纪的希腊化时期，犹太文化与希腊文化的融合。就是同一历史时期，古希腊、中国与印度等多种古代文化交汇，产生了犍陀罗文明，同样是文化融新的先例。未来的文化格局，将以不同文化体系的融合与创新为主，特别是东西方文化的融新，将会创造新的文化。

更重要的是，未来文明是一种基于同一性与差异性辩证发展的文化逻辑之上，这就必然有了人与自然、人与他人、人与自我的三个主要层次上的同异共存。

人与自然在生态化的环境中取得共存，自然的非生物与生物的存在得到人类的尊重，人类自身也得到利益；自我与他人在世界上互相理解，他人之心，予忖度之。多元宗教信仰的共存是未来文明的主色调：我可以信仰基督教，也可以信仰伊斯兰教与佛教，更可以只是一个儒学思想的信奉者，或者无宗教者，而且未来可能会为我们提供更多新的信仰。这个世界是多种宗教和衷共济的世界，孔子文庙、大清真寺、犹太教堂与基督教教堂，在世界的每一个大城市中处处可见；个性与自我、意识与无意识、理性与感性的辩证同一，这是个性自由的张扬。我今日愿做哲学家，有理性思维的自由；明日愿为艺术家，有感性与审美的实践机会。一个民族有选择自己发展方式的自由，有西方的现代化，也有东方的现代化。作为个人则有自我选择的自由，我有选择东方或西方任何一种生活方式的权利，我有权爱我的国家民族和人民，有权利享受本土的与外来的文化。

这就是同异共存的世界文化体系，是多样性与一体性共同呈现的多元文化体系。

后 记

《比较文化学新编》的"新编"是相对于《比较文化学》（广西师范大学出版社，2003）一书与比较文化学学科而言。近年来这一学科如春云乍展，东方学者在这一领域的创造正在受到广泛关注，特别是比较文化学学科理论的新探索应当在教材中有所反映，于是就有了这部"新编"。

从世界范围内看，东方的比较文化研究相对较为活跃。比较文化文明学早有成就的日本学术界一直在努力，特别是 2009 年，拙著《比较文明史》与日本伊东俊太郎先生的《比较文明史》同年出版，就是一个新阶段的标志。中国的比较文化学研究更是后来居上，比较文化学这门从西方起源的学科，21 世纪才在中国首次正式建立了完备的理论体系：建立了文化逻辑、文化认识论、本体论与实践论；梳理了文明与文化的起源和发展史，提出了关于文明起源时代的与发展规律的新见解；总结了比较文化的方法论，并且检讨了研究方法的成果与经验；在前人研究的基础上，进一步划分了世界文化体系，对全球化时代的文化关系进行了系统研究。笔者近年来在出版其他研究成果的同时，先后出版了《西方文化概论》（中国人民大学出版社，2006）、《东方文化史》（上海外语教育出版社，2007）、《陶泥文明》（山东美术出版社，2008）、《比较文明史：新石器时代至公元 5 世纪》（东方出版中心，2009）。比较文化与文明的研究在东方的发展进入了一个兴盛时期。

本书是在近年来国际国内比较文化学新研究成果的基础上，对于这一学科原理的集中论述。它也客观地再现了比较文化学在中国成为一种系统理论体系的过程。

正如前人所言，新编往往有两种方式，可以用两则历史故事或神话来代表：一种是中国古代神话中，逢蒙学射于后羿，艺成而杀后羿。这是指那种新编者全面抛弃旧著，另起炉灶的做法；另一种是李光弼入郭子仪营，旗号不变而号令全新，是指坚持学科的原则，贯彻基本主张，以革新的精神创造新的理论。以笔者理解，此即所谓前修未密、后起补精的做法。本书写作可以看成是属于后者，全书的宗旨虽然未作根本改动，但是其论述内容与基本构架已经大相径庭。本书首次以八大文化体系为视域是全球化时代的要求，也是本书独特的观念，在以后的论著中，将还有与此相呼应的理论结构与观念创新。

　　本书的写作过程中，笔者经常与国际比较文明学会会长伊东俊太郎先生通信，得到他的长期支持与鼓励，并惠赐他的新作。笔者在中国的相关刊物上发表了伊东先生的论文及相关评价，谨对伊东俊太郎先生的厚谊表示感谢。曾经为作者前几本书题词的钱丈仲联、贾丈植芳、季丈羡林，先后作古，身如草木之脆，名若金石之坚，向风怀念，靡不切切，谨以此文字纪念他们对中国比较文化学的贡献。此次应北京师范大学出版社之邀出版此书，幸甚至哉！离开母校倏忽已二十余载，忆囊昔考取博士研究生，初入京师问学，从游于黄师药眠教授，得列门墙。黄师仙逝后，幸蒙童师庆炳教授不弃愚钝，山东大学周师来祥教授远来赐教，慷慨授业，未尝一日能忘也。

　　其他与各位专家商榷切磋之处甚多，不一一提及，在此一并致意。书不尽言，言不尽意，古人所难，在所难免，盼海内外读者鸿裁以断，指正区区矣。

庚寅年清明节日作者谨识于苏州大学牧渔楼

是年立夏日再改于韩国济州岛客寓